Jacques Chirac

Président de la République

LISTE ALPHABÉTIQUE
DE MM. ET MMES
LES DÉPUTÉS À L'ASSEMBLÉE NATIONALE

AIN

J.Michel BERTRAND
Ump
Ain

Etienne. BLANC
Ump
Ain

Lucien GUICHON
RPR
Ain

Michel VOISIN
UDF
Ain

AISNE

Jean-Pierre
BALLIGAND
PS
Aisne

Xavier. BERTRAND
Ump
Aisne

Jacques
DESALLANGRE
C.R.
Aisne

René DOSIÈRE
PS
Aisne

Renaud DUTREIL
UMP
Aisne

ALLIER

Gérard CHARASSE
N.I.
Allier

Pierre GOLDBERG
C.R.
Allier

P.A. PÉRISSOL
UMP
Allier

Yves. SIMON
UMP
Allier

ALPES-de- HTE- PROVENCE

Jean-Louis BIANCO
PS
Alpes-de-
Haute-Provence

Daniel. SPAGNOU
UMP
Alpes-de-
Haute-Provence

HAUTES-ALPES

Joel . GIRAUD
NI
Hautes-Alpes

H.MARTINEZ
UMP
Hautes-Alpes

ALPES-MARITIMES

Bernard
BROCHANT
UMP
Alpes-Maritimes

Christian ESTROSI
UMP
Alpes-Maritimes

Jean-Claude
GUIBAL
UMP
Alpes-Maritimes

JeanAntoine
LÉONETTI
UDF
Alpes-Maritimes

Lionnel LUCA
UMP
Alpes-Maritimes

M.MARLAND-
MILITELLO
UMP
Alpes-Maritimes

Jerome. RIVIÈRE
Ump
Alpes-Maritimes

Rudy SALLES
UDF
Alpes-Maritimes

Michelle.TABAROT
Ump
Alpes-Maritimes

ARDÈCHE

J.C.FLORY
Ump
Ardèche

Pascal TERRASSE
PS
Ardèche

G.WEBER
Ump
Ardèche

ARDENNES

Bérangère. POLETTI
Ump
Ardennes

Philippe VUILQUE
PS
Ardennes

Jean-Luc
WARSMANN
UMP
Ardennes

ARIÈGE

Augustin
BONREPAUX
PS
Ariège

Henri NAYROU
PS
Ariège

AUBE

François BAROIN
Ump
Aube

J.C.MATHIS
Ump
Aube

Pierre MICAUX
Ump
Aube

AUDE

Jacques BASCOU
PS
Aude

Jean-Paul DUPRÉ
PS
Aude

Jean-ClaudePEREZ
PS
Aude

AVEYRON

Yves CENSI
Ump
Aveyron

Jacques
GODFRAIN
Ump
Aveyron

Serge. ROQUES
Ump
Aveyron

BOUCHES-DU-RHÔNE

Sylvie ANDRIEU
BACQUET
PS
Bouches-du-Rhône

Roland BLUM
UMP
Bouches-du-Rhône

R.CHASSAIN
UMP
Bouches-du-Rhône

Bernard
DEFLESSELLES
UMP
Bouches-du-Rhône

Eric. DIARD
UMP
Bouches-du-Rhône

F. .DUTOIT
CR
Bouches du Rhône

M. JOISSANS-
MASINI
UMP
Bouches-du-Rhône

Christian KERT
UMP
Bouches-du-Rhône

CH. Masse
PS
Bouches-du-Rhône

R. MALLIÉ
UMP
Bouches-du-Rhône

Jean-François
MATTEI
UMP
Bouches-du-Rhône

Renaud MUSELIER
UMP
Bouches-du-Rhône

Jean ROATTA
UMP
Bouches-du-Rhône

Guy TEISSIER
UDF
Bouches-du-Rhône

Léon VACHET
UMP
Bouches-du-Rhône

Michel VAXÈS
CR
Bouches-du-Rhône

CALVADOS

Nicole AMELINE
UMP
Calvados

J. Yves COUSIN
UMP
Calvados

Brigitte
LE BRETHON
UMP
Calvados

J.Marc LEFFRANC
UMP
Calvados

Claude LETEURTRE
UDF
Calvados

Rodolphe THOMAS
UDF
Calvados

CANTAL

Yves COUSSAIN
UMP
Cantal

Alain MARLEIX
UMP
Cantal

CHARENTE

Jean-Claude
BEAUCHAUD
PS
Charente

Jacques. BOBE
UMP
Charente

Jérome LAMBERT
PS
Charente

Jean-claude
VIOLLET
PS
Charente

CHARENTE-MARITIME

Dominique
BUSSEREAU
UMP
Charente-Maritime

Maxime BONO
PS
Charente-Maritime

J.L.LÉONARD
UMP
Charente-Maritime

Didier QUENTIN
UMP
Charente-Maritime

Xavier de ROUX
UMP
Charente-Maritime

CHER

Louis COSYNS
UMP
Cher

Yves FROMION
UMP
Cher

Jean-Claude
SANDRIER
CR
Cher

CORREZE

Jean-Pierre DUPONT
UMP
Corrèze

François HOLLANDE
PS
Corrèze

F.SOULIER
UMP
Corrèze

CORSE -DU-SUD

C. de ROCCA-
SERRA
UMP
Corse du Sud

Simon RENUCCI
NI
Corse du Sud

HAUTE-CORSE

P.GIACOBBI
UMP
Haute-Corse

E;ZUCCARELLI
NI
Haute-Corse

COTE-D'OR

Claude DARCiAUX
PS
Côte-d'Or

Bernard DEPIERRE
UMP
Côte-d'Or

Jean-Marc
NUDANT
UMP
Côte-d'Or

François
SAUVADET
UDF
Côte-d'Or

A. SUGUENOT
UMP
Côte-d'Or

COTES-D'ARMOR

Danielle
BOUSQUET
PS
Côtes-d'Armor

Jean GAUBERT
PS
Côtes-d'Armor

Alain GOURIOU
PS
Côtes-d'Armor

M. LE FUR
UMP
Côtes-d'Armor

M.R.OGET
PS
Côtes-d'Armor

CREUSE

Jean AUCLAIR
UMP
Creuse

Michel VERGNIER
PS
Creuse

DORDOGNE

Michel DASSEUX
PS
Dordogne

D.GARRIGUE
UMP
Dordogne

Germinal PEIRO
PS
Dordogne

F.De SAINT
SERNIN
UMP
Dordogne

DOUBS

Claude GIRARD
UMP
Doubs

J.M. BINETRUY
UMP
Doubs

Marcel BONNOT
UMP
Doubs

Paulette GUINCHARD-
KUNSTLER
PS
Doubs

Irène THARIN
UMP
Doubs

DROME

Eric BESSON
PS
Drôme

G. BIANCHERI
UMP
Drôme

Patrick LABAUME
UMP
Drôme

Hervé MARITON
UMP
Drôme

EURE

Jean-Louis DEBRÉ
UMP
Eure

Franck GILARD
UMP
Eure

François LONCLE
PS
Eure

Hervé MORIN
UDF
Eure

J.P. NICOLAS
UMP
Eure

EURE-ET-LOIR

J.P. GORGES
UMP
Eure-et-Loir

Gérard HAMEL
UMP
Eure-et-Loir

Patrick HOGUET
UMP
Eure-et-Loir

Alain VENOT
UMP
Eure-et-Loir

FINISTÈRE

Patricia ADAM
PS
Finistère

Marguerite LAMOUR
UMP
Finistère

Marylise LEBRANCHU
PS
Finistère

Gilbert LE BRIS
PS
Finistère

Jacques LE GUEN
UMP
Finistère

CHristian MENARD
UMP
Finistère

Marcelle RAMONET
UMP
Finistère

Hélène TANGUY
UMP
inistère

GARD

Damien ALARY
PS
Gard

Yvan LACHAUD
UMP
Gard

Etienne MOURRUT
UMP
Gard

J.M. ROUBAUD
UMP
Gard

Max ROUSTAN
UMP
Gard

HAUTE-GARONNE

Gérard BAPT
PS
Haute-Garonne

Pierre COHEN
PS
Haute-Garonne

Jean DIEBOLD
UMP
Haute-Garonne

Phillipe DOUSTE-BLAZY
UMP
Haute-Garonne

Jean-Louis IDIART
PS
Haute-Garonne

Françoise IMBERT
PS
Haute-Garonne

Patrick LEMASLE
PS
Haute-Garonne

Hélène MIGNON
PS
Haute-Garonne

GERS

Gérard DUBRAC
UMP
Gers

Philippe MARTIN
PS
Gers

GIRONDE

C.BOURRAGUE
UMP
Gironde

Pierre DUCOUT
PS
Gironde

Philippe DUBOURG
UMP
Gironde

M.H. DES
ESCAULX
UMP
Gironde

J. Paul GARRAUD
UMP
Gironde

Alain JUPPÉ
UMP
Gironde

Conchita LACUEY
PS
Gironde

Bernard MADRELLE
PS
Gironde

Noël MAMÈRE
NI
Gironde

J. François
REGERE
UDF
Gironde

Michel SAINTE-MARIE
PS
Gironde

HERAULT

PH.CUGNENC
UMP
Hérault

Jacques
DOMERGUE
UMP
Hérault

J.Pierre GRAND
UMP
Hérault

Christian
JEANJEAN
UMP
Hérault

Robert LECOU
UMP
Hérault

François LIBERTI
CR
Hérault

K.MESQUIDA
UMP
Hérault

ILLE-ET-VILAINE

Marie-Thérèse
BOISSEAU
UMP
Ille-et-Vilaine

Jean-Michel
BOUCHERON
PS
Île-et-Vilaine

René COUANAU
UMP
Île-et-Vilaine

Alain MADELIN
UMP
Île-et-Vilaine

Pierre
MEHAIGNERIE
UMP
Île-et-Vilaine

Philippe ROUAULT
UMP
Île-et-Vilaine

Philippe
TOURTELIER
UMP
Île-et-Vilaine

INDRE

Jean-Paul
CHANTEGUET
PS
Indre

Nicolas FORISSIER
UDF
Indre

Jean-Yves HUGON
UMP
Indre

INDRE-ET-LOIRE

Philippe BRIAND
UMP
Indre-et-Loire

J.J.DESCAMPS
UMP
Indre-et-Loire

R. DONNEDIEU de
VABRES
UMP
Indre-et-Loire

G. GREFF
UMP
Indre-et-Loire

Hervé NOVELLI
UMP
Indre-et-Loire

ISERE

Gilbert BIESSY
C.R.
Isère

François BROTTES
PS
Isère

Richard CAZENAVE
UMP
Isère

Georges COLOMBIER
UMP
Isère

Michel DESTOT
PS
Isère

Didier MIGAUD
PS
Isère

Alain
MOYNE-BRESSAND
UMP
Isère

J. REMILLER
UMP
Isère

André VALLINI
PS
Isère

JURA

Jean CHARROPPIN
UMP
Jura

Jacques PÉLISSARD
UMP
Jura

J.Marie SERMIER
UMP
Jura

LANDES

Jean-Pierre DUFAU
PS
Landes

H.EMMANUELLI
PS
Landes

Alain VIDALIES
PS
Landes

LOIR-ET-CHER

Maurice LEROY
UMP
Loir-et-Cher

Patrice
MARTIN-LALANDE
UMP
Loir-et-Cher

Nicolas
PERRUCHOT
UDF
Loir-et-Cher

LOIRE

Gilles ARTIGUES
UMP
Loire

Christian CABAL
UMP
Loire

Jean-François
CHOSSY
UMP
Loire

Pascal CLÉMENT
UMP
Loire

Dino CINIÉRI
UMP
Loire

Yves NICOLIN
UMP
Loire

François
ROCHEBLOINE
UDF
Loire

HAUTE-LOIRE

Jacques BARROT
UMP
Haute-Loire

Jean PRORIOL
UMP
Haute-Loire

LOIRE-

Jean-Marc AYRAULT
PS
Loire-Atlantique

ATLANTIQUE

M.Françoise CLERGEAU
PS
Loire-Atlantique

Claude EVIN
PS
Loire-Atlantique

Jacques FLOCH
PS
Loire-Atlantique

Pierre HÉRIAUD
UMP
Loire-Atlantique

Michel HUNAULT
UMP
Loire-Atlantique

Edouard LANDRAIN
UMP
Loire-Atlantique

G. PRIOU
UMP
Loire-Atlantique

Serge POIGNANT
UMP
Loire-Atlantique

J.P.LE RIDANT
UMP
Loire-Atlantique

LOIRET

Jean-Louis BERNARD
UMP
Loiret

Antoine CARRÉ
UMP
Loiret

Jean-Paul CHARIÉ
UMP
Loiret

J.Pierre DOOR
UMP
Loiret

Serge GROUARD
UMP
Loiret

LOT

Jean LAUNAY
PS
Lot-et-Garonne

Michel ROUMEGOUX
UDF
Lot

LOT-ET-GARONNE

Michel DIEFNBACHER
UMP
Lot-et-Garonne

Jean DIONIS DU SEJOUR
UMP
Lot-et-Garonne

A. MERLY
UMP
Lot-et-Garonne

LOZERE

P.MOREL À L'HUISSIER
UMP
Lozère

F rancis SAINT- LÉGER
UMP
Lozère

MAINE-ET-LOIRE

Roselyne BACHELOT-NARQUIN
UMP
Maine-et-Loire

Gilles BOURDOULEIX RONDAERT
UMP
Maine-et-loire

Hervé de CHARETTE
UMP
Maine-et-Loire

Marc LAFFINEUR
UMP
Maine-et-Loire

Michel PIRON
UMP
Maine-et-Loire

Dominique RICHARD
UMP
Maine-et-Loire

J.Charles TAUGOURDEAU
UMP
Maine-et-Loire

MANCHE

René ANDRÉ
UMP
Manche

Jean LEMIÈRE
UMP
Manche

Alain COUSIN
UMP
Manche

Claude GATIGNOL
UMP
Manche

Jean-Claude
LEMOINE
UMP
Manche

MARNE

Bruno BOURG-BROC
UMP
Marne

Charles de
COURSON
UMP
Marne

Francis FALALA
UMP
Marne

Philippe MARTIN
UMP
Marne

Jean-Claude
THOMAS
UMP
Marne

Catherine VAUTRIN
UMP
Marne

HAUTE-MARNE

J.M. CHATEL
UMP
Haute-Marne

François
CORNUT-GENTILLE
UMP
Haute-Marne

MAYENNE

François d'AUBERT
DL
Mayenne

Marc BERNIER
UMP
Mayenne

Yves FAVENNEC
UMP
Mayenne

MEURTHE-ET-MOSELLE

Claude GAILLARD
UMP
Meurthe-et-Moselle

François
GUILLAUME
UMP
Meurthe-et-Moselle

Laurent HENART
UMP
Meurthe-et-Moselle

Edouard JACQUE
UMP
Meurthe-et-Moselle

Jean-Yves
LE DÉAUT
PS
Meurthe-et-Moselle

Gérard LEONARD
UMP
Meurthe-et-Moselle

MORANO
UMP
Meurthe-et-Moselle

MEUSE

François DOSÉ
PS
Meuse

Jean-Louis DUMONT
PS
Meuse

MORBIHAN

Loïc BOUVARD
UMP
Morbihan

François GOULARD
UMP
Morbihan

AMP
Morbihan

Jean-Yves
LE DRIAN
PS
Morbihan

Jacques LE NAY
DVD
Morbihan

G.LORGEOUX
UMP
Morbihan

MOSELLE

Jean-Marie AUBRON
PS
Moselle

André BERTHOL
UMP
Moselle

Jean-Marie DEMANGE
UMP
Moselle

F.GROSDIDIER
UMP
Moselle

Denis JACQUAT
UMP
Moselle

Pierre LANG
UMP
Moselle

Céleste LETT
UMP
Moselle

Michel LIEBGOTT
PS
Moselle

Alain MARTY
UMP
Moselle

Marie-jo ZIMMERMANN
UMP
Moselle

NIEVRE

Martine CARILLON-COUVREUR
PS
Nièvre

Gaëtan GORCE
PS
Nièvre

Christian PAUL
PS
Nièvre

NORD

Christian BATAILLE
PS
Nord

Alain BOCQUET
CR
Nord

Jean-Louis BORLOO
UMP
Nord

M. PHilippe DAUBRESSE
UMP
Nord

Jean-Claude DECAGNY
UMP
Nord

hristian .DECOCQ
UMP
Nord

J.Pierre DECOOL
UMP
Nord

Marcel DEHOUX
PS
Nord

Michel DELEBARRE
PS
Nord

Patrick DELNATTE
UMP
Nord

Jean DELOBEL
PS
Nord

Bernard DEROSIER
PS
Nord

Marc DOLEZ
PS
Nord

Yves DURAND
PS
Nord

Georges HAGE
CR
Nord

Sébastien HUYGHE
UMP
Nord

Thierry LAZARO
UMP
Nord

Jean LE GARREC
PS
Nord

Patrick ROY
PS
Nord

Bernard ROMAN
PS
Nord

Christian VANNESTE
UMP
Nord

Francis VERCAMER
UMP
Nord

Gérard VIGNOBLE
UDF
Nord

F.Xavier VILLAIN
UMP
Nord

OISE

COURTIAL
UMP
Oise

O. DASSAULT
UMP
Oise

Lucien DEGAUCHY
UMP
Oise

Michel FRANÇAIX
PS
Oise

F.M.GONNOT
UMP
Oise

J.F.MQANCEL
UMP
Oise

Eric WOERTH
UMP
Oise

ORNE

Sylvia BASSOT
UMP
Orne

Yves DENIAUD
UMP
Orne

Jean-Claude LENOIR
UMP
Orne

PAS-DE-CALAIS

Jean-Claude BOIS`
PS
Pas-de-Calais

Marcel CABIDDU
PS
Pas-de-Calais

Gilles
COCQUEMPOT
PS
Pas-de-Calais

Jean-Pierre
DEFONTAINE
NI
Pas-de-Calais

Léonce DEPREZ
UMP
Pas-de-Calais

Albert FACON
PS
Pas-de-Calais

A.FLAJOLET
UMP
Pas-de-Calais

Catherine GENISSON
PS
Pas-de-Calais

Serge JANQUIN
PS
Pas-de-Calais

Jean-Pierre
KUCHEIDA
PS
Pas-de-Calais

Jack LANG
PS
Pas-de-Calais

Michel LEFAIT
PS
Pas-de-Calais

Guy LENGAGNE
App. PS
Pas-de-Calais

Jean claude
LEROY
PS
Pas-de-Calais

PUY-DE-DOME

Jean-Paul
BACQUET
PS
Puy-de-Dôme

A. CHASSAIGNE
CR
Puy-de-Dôme

Louis
GISCARD D'ESTAING
UMP
Puy-de-Dôme

Jean MICHEL
PS
Puy-de-Dôme

Alain NÉRI
PS
Puy-de-Dôme

Odile SAUGUES
PS
Puy-de-Dôme

PYRENEES-ATLANTIQUES

Michèle
ALLIOT-MARIE
UMP
Pyrénées-Atlantiques

François BAYROU
UDF
Pyrénées-Atlantiques

Jean GRENET
UMP
Pyrénées-Atlantiques

David HABIB
PS
Pyrénées-Atlantiques

Jean LASSALLE
UDF
Pyrénées-Atlantiques

Martine LIGNIÉRES-
CASSOU
PS
Pyrénées- Atlantiques

HAUTES-PYRENEES

Jean GLAVANY
PS
Hautes Pyrénées

Pierre FORGUES
PS
Hautes Pyrénées

PYRENEES-ORIENTALES

Chantal ROBIN-
RODRIGO
NI
Pyrénées Orientales

François CALVET
UMP
Pyrénées Orientales

Arlette FRANCO
UMP
Pyrénées Orientales

Daniel MACH
UMP
Pyrénées Orientales

Henri SICRE
PS
Pyrénées Orientales

BAS-RHIN

Emile BLESSIG
UMP
Bas-Rhin

Yves BUR
UMP
Bas-Rhin

Alain FERRY
DVD
Bas-Rhin

Antoine HERTH
UMP
Bas-Rhin

Armand JUNG
PS
Bas-Rhin

François LOOS
UMP
Bas-Rhin

Marc REYMANN
UMP
Bas-Rhin

André SCHNEIDER
UMP
Bas-Rhin

Bernard
SCHREINER
UMP
Bas-Rhin

HAUT-RHIN

J.Louis CHRIST
UMP
Bas-Rhin

Arlette GROSSKOST
UMP
Haut-Rhin

Françis HILLMEYER
UDF
Haut-Rhin

Gilbert MEYER
UMP
Haut-Rhin

Jean-Luc REITZER
UMP
Haut-Rhin

M ichel SORDI
UMP
Haut-Rhin

Jean UEBERSCHLAG
UMP
Haut-Rhin

RHONE

Jean BESSON
UMP
Rhône

Philippe COCHET
UMP
Rhône

A.M.COMPARINI
UDF
Rhône

Martine DAVID
PS
Rhône

Jean-Michel
DUBERNARD
UMP
Rhône

Georges FENECH
UMP
Rhône

Nathalie GAUTHIER
UMP
Rhône

André GÉRIN
CR
Rhône

Emmanuel
HAMELIN
UMP
Rhône

Robert LAMY
UMP
Rhône

Christian .PHILIP
UMP
Rhône

Bernard PERRUT
UMP
Rhône

J.J.QUEUEYRANNE
PS
Rhône

Michel TERROT
UMP
Rhône

HAUTE-SAONE

Maryvonne BRIOT
UMP
Haute-Savoie

Alain JOYANDET
UMP
Haute-Savoie

Michel RAISON
UMP
Haute-Savoie

SAONE-ET-LOIRE

J.Paul ANCIAUX
PS
Saône-et-Loire

Didier MATHUS
PS
Saône-et-Loire

Arnaud
MONTEBOURG
PS
Saône-et-Loire

J.M. NESME
UMP
Saône-et-Loire

Dominique PERBEN
UMP
Saône-et-Loire

Gérard VOISIN
UMP
Saône-et-Loire

SARTHE

François FILLON
UMP
Sarthe

Jean marie
GEVEAUX
UMP
Sarthe

Dominique LEMENER
UMP
arthe

Béatrice PAVY
UMP
Sarthe

Pierre HELLIER
UMP
Sarthe

SAVOIE

Michel BOUVARD
UMP
Savoie

Dominique DORD
UMP
Savoie

HervÉ GAYMARD
UMP
Savoie

HAUTE-SAVOIE

Bernard ACCOYER
UMP
Haute-Savoie

Claude BIRRAUX
UMP
Haute-Savoie

Bernard BOSSON
UDF
Haute-Savoie

Jean-Marc
CHAVANNE
UMP
Haute-Savoie

M.SADDIER
UMP
Haute-Savoie

PARIS

Martine AURILLAC
UMP
Paris

Edouard BALLADUR
UMP
Paris

Serge BLISKO
PS
Paris

Patrick BLOCHE
PS
Paris

J.-CH. CAMBADÉLIS
PS
Paris

Christophe
CARESCHE
PS
Paris

Michel CHARZAT
PS
Paris

Yves COCHET
VERT
Paris

A. LEPETIT
PS
Paris

Tony DREYFUS
PS
Paris

René GALY-DEJEAN
UMP
Paris

Gilbert GANTIER
UDF
Paris

Jean de GAULLE
UMP
Paris

Claude GOASGUEN
UMP
Paris

Jean-Marie LE GUEN
PS
Paris

Pierre LELLOUCHE
UMP
Paris

M. BILLARD
VERT/PS
Paris

Françoise de
PANAFIEU
UMP
Paris

Daniel VAILLANT
PS
Paris

D. HOFFMAN-
RISPALS
PS
PARIS

Jean TIBÉRI
UMP
Paris

SEINE-MARITIME

Pierre ALBERTINI
UDF
Seine-Maritime

Jean-Claude
BATEUX
PS
Seine-Maritime

Jean-Yves
BESSELAT
UMP
Seine-Maritime

Pierre
BOURGUIGNON
PS
Seine-Maritime

aurent FABIUS
PS
Seine-Maritime

Daniel FIDELIN
UMP
Seine-Maritime

Patrick HERR
UMP
Seine-Maritime

Michel LEJEUNE
UMP
Seine-Maritime

Edouard LEVEAU
UMP
Seine-Maritime

Denis MERVILLE
UMP
Seine-Maritime

Daniel PAUL
C R.
Seine-Maritime

A.TRASSY-
PAILLOGUES
UMP
Seine-Maritime

SEINE-ET-MARNE

Chantal .BRUNEL
UMP
Seine-et-Marne

J.François COPPÉ
UMP
Seine-et-Marne

Charles COVA
UMP
Seine-et-Marne

Guy DRUT
UMP
Seine-et-Marne

Guy GEOFFROY
UMP
Seine-et-Marne

Christian JACOB
UMP
Seine-et-Marne

YVES JEGO
UMP
Seine-et-Marne

Didier JULIA
UMP
Seine-et-Marne

Jean-Claude
MIGNON
UMP
Seine-et-Marne

YVELINES

Christine BOUTIN
UMP
Yvelines

Pierre BÉDIER
UMP
Yvelines

Pierre CARDO
UMP
Yvelines

Henri CUQ
UMP
Yvelines

J.M.FOURGOUS
UMP
Yvelines

Anne-Marie IDRAC
UDF
Yvelines

Pierre LEQUILLER
UMP
Yvelines

DEUX-SEVRES

Jacques MASDEU-ARUS
UMP
Yvelines

Pierre MORANGE
UMP
Yvelines

Jacques MYARD
UMP
Yvelines

Valérie PECRESSE
UMP
Yvelines

Etienne PINTE
UMP
Yvelines

Jean-Marie MORISSET
UMP
Deux-Sèvres

Dominique PAILLÉ
UMP
Deux-Sèvres

Geneviève PERRIN-GAILLARD
PS
Deux-Sèvres

Ségolène ROYAL
PS
Deux-Sèvres

SOMME

Jérome BIGNON
UMP
Somme

Stephane DEMILLY
UDF
Somme

Alain GEST
UMP
Somme

Maxime GREMETZ
CR
Somme

Joel HART
UMP
Somme

Gilles de ROBIEN
UDF
Somme

TARN

Thierry CARCENAC
PS
Tarn

Bernard CARAYON
UMP
Tarn

Philippe FOLLIOT
UMp
Tarn

Paul QUILÉS
PS
Tarn

TARN-ET-GARONNE

Brigitte BARÉGES
UMP
Tarn-et-Garonne

J acques BRIAT
UMP
Tarn-et-Garonne

VAR

Jean-Michel COUVE
UMP
Var

Georges GINESTA
UMP
Var

Jean-Pierre GIRAN
UMP
Var

Geneviève LEVY
UMP
Var

Josette PONS
UMP
Var

J.S.VIALATTE
UMP
Var

Philippe VITTEL
UMP
Var

VAUCLUSE

Jean-Michel FERRAND
UMP
Vaucluse

Maurice GIRO
UMP
Vaucluse

M.Josée ROIG
UMP
Vaucluse

Thierry MARIANI
UMP
Vaucluse

VENDÉE

Dominique
CAILLAUD
UMP
Vendée

Louis GUÉDON
UMP
Vendée

Jean-Luc PRÉEL
UDF
Vendée

Joël SARLOT
NI
Vendée

Philippe
de VILLIERS
NI
Vendée

VIENNE

Jean-Pierre ABELIN
UDF
Vienne

J.Y.CHAMARD
UMP
Vienne

Alain CLAEYS
PS
Vienne

André LEPERCQ
UMP
Vienne

HAUTE-VIENNE

Daniel BOISSERIE
PS
Haute-Vienne

A.MARSAUD
UMP
Haute-Vienne

M.Françoise
PEROL-DUMONT
PS
Haute-Vienne

Alain RODET
PS
Haute-Vienne

VOSGES

Gérard CHERPION
UMP
Vosges

J.Jacques GAULTIER
UMP
Vosges

Michel HEINRICH
UMP
Vosges

François VANNSON
UMP
Vosges

YONNE

Philippe AUBERGER
UMP
Yonne

J.M. ROLLAND
UMP
Yonne

Jean-Pierre
SOISSON
UMP
Yonne

TERRITOIRE-DE-BELFORT

Daniel MESLOT
UMP
Territoire-de-Belfort

Michel ZUMKELLER
UMP
Territoire-de-Belfort

ESSONNE

Geneviève COLLOT
UMP
Essonne

Julien DRAY
PS
Essonne

Nicolas DUPONT-
AIGNAN
UMP
Essonne

François LAMY
PS
Essonne

Pierre LASBORDES
UMP
Essonne

Franck MARLIN
UMP
Essonne

Jean MARSAUDON
UMP
Essonne

Georges TRON
UMP
Essonne

Manuel VALLS
PS/G
Essonne

Pierre-André
WILTZER
UMP
Essonne

HAUTS-DE-SEINE

M.AESCHLIMANN
UMP
Hauts-de-Seine

P. Christophe
BAGUET
UDF
Hauts-de-Seine

Patrick BALKANI
UMP
Hauts-de-Seine

Jacques BRUNHES
R. C
Hauts-de-Seine

Patrick DEVEDJIAN
UMP
Hauts-de-Seine

Jacqueline
FRAYSSE
CR
Hauts-de-Seine

Jean-Jacques
GUILLET
UMP
Hauts-de-Seine

Janine JAMBU
C.R
Hauts-de-Seine

Jacques
KOSSOWSKI
UMP
Hauts-de-Seine

Patrick OLLIER
UMP
Hauts-de-Seine

Philippe PEMEZEC
UMP
Hauts-de-Seine

André SANTINI
UDF
Hauts-de-Seine

Nicolas SARKOZY
UMP
Hauts-de-Seine

SEINE-SAINT-DENIS

Jean-Claude
ABRIOUX
UMP
Seine-Saint-Denis

François ASENSI
RC
Seine-Saint-Denis

Claude BARTOLONE
PS
Seine-Saint-Denis

Patrick BRAOUEZEC
CR
Seine-Saint-Denis

Jean-Pierre BRARD
RC
Seine-Saint-Denis

M.G.BUFFET
CR
Seine-Saint-Denis

Elisabeth GUIGOU
PS
Seine-Saint-Denis

Muguette JACQUAINT
PCCR
Seine-Saint-Denis

J.Claude .
LAGARDE
UDF
Seine-Saint-Denis

Bruno LE ROUX
PS
Seine-Saint-Denis

Michel PAJON
PS
Seine-Saint-Denis

Robert PANDRAUD
UMP
Seine-Saint-Denis

Eric RAOULT
UMP
Seine-Saint-Denis

VAL-DE-MARNE

Patrick BEAUDOIN
UMP
Val-de-Marne

J.Alain BENISTI
UMP
Val-de-Marne

J.Yves
BOIUILLONNEC
UMP
Val-de-Marne

Gilles CARREZ
UMP
Val-de-Marne

Laurent CATHALA
PS
Val-de-Marne

R.DELL'AGNOLA
UMP
Val-de-Marne

Michel HERBILLON
UMP
Val-de-Marne

Jean-Claude LEFOR
CR
Val-de-Marne

M.A.nne
MONTCHAMP
UMP
Val-de-Marne

Henri PLAGNOL
UMP
Val-de-Marne

René ROUQUET
PS
Val-de-Marne

R.Gerard
.SCHWARTZENBERG
NI
Val-de-Marne

VAL-D'OISE

Jean BARDET
RPR
Val-d'Oise

Jean-Pierre BLAZY
PS
Val-d'Oise

Jérome CHARTIER
UMP
Val-d'Oise

Françis DELATTRE
UMP
Val-d'Oise

Philippe HOUILLON
UMP
Val-d'Oise

G.MOTHRON
UMP
Val-d'Oise

Francois SCELLIER
UMP

Val-d'Oise

Axel PONIATOVSKI
UMP
Val-d'Oise

Dominique
STRAUSS-KAHN
PS
Val-d'Oise

GUADELOUPE

Joël BEAUGENDRE
UMP
Guadeloupe

Gabrielle LOUIS
CARABIN
UMP
Guadeloupe

Eric JALTON
NI
Guadeloupe

Victorien LUREL
PS
Guadeloupe

GUYANE

Léon BERTRAND
UMP
Guyane

Christiane
TAUBIRA-DELANNON
NI
Guyane

MARTINIQUE

Alfred ALMOND
UMP
Martinique

Alfred
MARIE-JEANNE
NI
Martinique

Louis joseph
MANSCOUR
PS
Martinique

Pierre jean SEMOT
NI
Martinique

LA REUNION

Bertho AUDIFAX
UMP
La Réunion

Huguette BELLO
NI
La Réunion

Christophe PAYET
PS
La Réunion

René paul
VICTORIA
UMP
La Réunion

André
THIEN AH KOON
UMP
La Réunion

MAYOTTE

Henry JEAN-BAPTISTE
UMP
Mayotte

SAINT-PIERRE-ET-MIQUELON

Gérard GRIGNON
UMP
Saint-Pierre-
et-Miquelon

NOUVELLE-CALEDONIE

Pierre FROGIER
UMP
Nouvelle-Calédonie

Jacques LAFLEUR
UMP
Nouvelle-Calédonie

POLYNESIE FRANÇAISE

Michel BUILLARD
UMP
Polynésie française

Béatrice VERNAUDON
UMP
Polynésie française

WALLIS-ET-

Victor BRIAL
RPR
Wallis-et-Futuna

LISTE ALPHABÉTIQUE
DE MM. ET MMES
LES MEMBRES DU SÉNAT

AIN

Jean-Paul EMIN
RI
Ain

Jean PÉPIN
RI
Ain

AISNE

Pierre ANDRÉ
RPR
Aisne

PauL GIROD
RDSE
Aisne

J. PELLETIER
RDSE
Aisne

ALLIER

Bernard BARRAUX
UC
Allier

G. DÉRIOT
UC
Aisne

ALPES-de- HTE- PROVENCE

CL. DOMEIZEL
PS
Alpes- Hte- Provence

HAUTES-ALPES

Marcel LESBROS
UC
Hautes-Alpes

ALPES MARITIMES

J. PEYRAT
RPR
Alpes-Maritimes

José
BALARELLO
RI
Alpes-Maritimes

Charles GINESY
RPR
Alpes-Maritimes

Pierre LAFFITE
RDSE
Alpes-Maritimes

ARDÈCHE

TESTON
PS
Ardèche

Henri TORRE
RI
Ardèche

ARDENNES

Maurice BLIN
UC
Ardennes

Hilaire FLANDRE
RPR
Ardennes

ARIÈGE

Jean-Pierre BEL
PS
Ariege

AUBE

Philippe ADNOT
NI
Aube

Yann GAILLARD
RPR
Aube

AUDE

Raymond COUR-
RIÈRE
PS
Aude

Roland COURTEAU
PS
Aude

AVEYRON

Jean PUECH
RI
Aveyron

Bernard SEILLIER
RI
Aveyron

BOUCHES-DU-RHÔNE

Henri d'ATTILIO
PS
Bouches-du-Rhône

Robert BRET
PC
Bouches-du-Rhône

Jean-Claude
GAUDIN R.I.
Bouches-du-Rhône

Francis GIRAUD
RPR
Bouches-du-Rhône

Jean-Noël
GUÉRINI- P.S
Bouches-du-Rhône

André VALLET
RDSE
Bouches-du-Rhône

Jean-François
PICHERAL
P.S
Bouches-du-Rhône

CALVADOS

Ambroise DUPONT
RI
Calvados

Jean-Léonce
DUPONT . R.I
Calvados

René Garrec
RI
Calvados

CANTAL

Roger BESSE
RPR
Cantal

Pierre JARLIER
RPR
Cantal

CHARENTE

Henri de RICHEMONT
RPR
Charente

Philippe ARNAUD
UC
Charente

CHARENTE MARITIME

Claude BELOT
U.C
Charente-Maritime

Jean-Guy BRANGER
UC
Charente-Maritime

Michel DOUBLET
RPR
Charente-Maritime

CHER

Serge LEPELTIER
RPR
Cher

Serge VINCON
RPR
Cher

CORREZE

Bernard MURAT
RPR
Corrèze

Georges MOULY
RDSE
Corrèze

CORSE DU SUD

photo non
communiquée

Nicolas ALFONSI

Corse-du-Sud

HTE CORSE

NATALI
RPR
Haute-Corse

COTE-D'OR

Louis DE BROISSIA
RPR
Côte-d'Or

Louis GRILLOT
R.I
Côte- d'Or

Henri REVOL
RI
Côte-d'Or

COTE-D'ARMOR

Gérard LECAM
PC
Côtes-d'Armor

Claude SAUNIER
PS
Côtes-d'Armor

Pierre-Yvon .
TRÉMEL . PS
Côtes- d'Armor

CREUSE

André LEJEUNE
PS
Creuse

Michel MOREIGNE
PS
Creuse

DORDOGNE

Bernard CAZEAU
PS
Dordogne

photo non communiquée

Dominique
MORTEMOUSQUE
Dordogne

DOUBS

Georges GRUILLOT
RPR
Doubs

Jean François
HUMBERT R.I.
Doubs

Louis SOUVET
RPR
doubs

DRÔME

Jean BESSON
PS
Drôme

Bernard PIRAS
PS
Drôme

EURE

Joël BOURDIN
RI
Eure

Jean-Luc MIRAUX
RPR
Eure

Ladislas
PONIATOWSKI R.I
Eure

EURE et LOIR

Gérard CORNU
RPR
Eure-et-Loir

Joël BILLARD
RPR
Eure et Loir

FINISTERE

Yolande BOYER
PS
Finistère

Alain GÉRARD
RPR
Finistère

Louis LE PENSEC
PS
Finistère

François MARC
PS
Finistère

GARD

Alain JOURNET
PS
Gard

Simon SUTOUR
PS
Gard

André ROUVIÈRE
PS
Gard

Hte GARONNE

Bertrand AUBAN
PS
Hte Garonne

Marise BERGE-
LAVIGNE PS
Hte Garonne

Jean Pierre
PLANCADE PS
Hte Garonne

Gérard ROUJAS
PS
Hte Garonne

GERS

Aymeri
de MONTESQUIOU
R.I. Gers

Yves RISPAT
RPR
Gers

GIRONDE

Gérard CÉSAR
Ap. RPR
Gironde

Bernard DUSSAUT
PS
Gironde

Xavier PINTAT
R.I.
Gironde

Philippe MADRELLE
PS
gironde

Jacques VALADE
RPR
Gironde

HÉRAULT

Gérard DELFAU
PS
Hérault

André VEZINHET
PS
Hérault

Marcel VIDAL
PS
Hérault

ILLE et VILAINE

Michel ESNEU
RPR
Ille-et-Vilaine

Yves FRÉVILLE
U.C
Ille-et-Vilaine

Patrick LASSOURD
RPR
Ille-et-Vilaine

Philippe NOGRIX
UC
Ille-et-Vilaine

INDRE

Daniel BERNARDET
UC
Indre

François GERBAUD
RPR
Indre

INDRE- et- LOIRE

Marie-France
BEAUFIS
G.C.
Indre-et-Loire

Dominique
LECLERC
RPR
Indre-et-Loire

Yves DAUGÉ
PS
Indre-et-Loire

ISERE

Annie DAVID
G.C.
Isère

Jean FAURE
UC
Isere

Louis MERMAZ
PS
Isere

Bernard SAUGEY
R.I.
isere

JURA

Gilbert BARBIER
RDSR
Jura

Gérard BAILLY
RPR
Jura

LANDES

Jean-Louis
CARRERE
PS
Landes

Philippe LABEYRIE
PS
Landes

LOIR -ET-CHER

Jacqueline
GOURAULT
U.C.
Loir-et-Cher

Pierre FAUCHON
UC
Loir-et-Cher

LOIRE

Bernard FOURNIER
RPR
Loire

J. Claude FRECON
PS
Loire

Josiane MATHON
G.C.
Loire

Michel THIOLLIÉRE
U.C
Loire

HTE LOIRE

Adrien GOUTEYRON
RPR
Hte Loire

Jean BOYER
U.C.
Hte Loire

LOIRE ATLANT.

François AUTAIN
PS
Loire-Atlantique

Gisele GAUTIER
U.C.
Loire-Atlantique

Charles GAUTIER
PS
Loire-Atlantique

Monique PAPON
U.C.
Loire-Atlantique

André TRILLARD
RPR
Loire-Atlantique

LOIRET

Eric DOLIGÉ
RPR
Loiret

Janine ROZIER
RPR
Loiret

J.Pierre SUEUR
P.S.
Loiret

LOT

André BOYER
RDSE
Lot

Gérard MIQUEL
PS
Lot

LOT et GARONNE

Jean FRANÇOIS-PONCET
RDSE
Lot-et-Garonne

Daniel SOULAGE
RDSE
Lot-et-Garonne

LOZERE

Jacques BLANC
RI
Lozère

MAINE-et-LOIRE

Christian GAUDIN
U.C.
Maine-et-Loire

André LARDEUX
RPR
Maine-et-Loire

Daniel RAOUL
PS
Maine-et-Loire

MANCHE

Jean BIZET
RPR
Manche

J.P. GODEFROY
P.S.
Manche

Jean-François LE GRAND
RPR
Manche

MARNE

Yves DÉTRAIGNE
U.C.
Marne

J.Claude ÉTIENNE
RPR
Marne

Françoise FÉRAT
U.C.
Marne

HTE MARNE

CH. GUENÉ
RPR
Hte Marne

Bruno SIDO
RPR
Hte Marne

MAYENNE

François ZOCCHETTO
U.C.
Mayenne

Jean ARTHUIS
U.C
Mayenne

MEURTHE-ET-MOSELLE

Jacques BAUDOT
UC
Meurthe-et-Moselle

Evelyne DIDIER
G.C.
Meurthe-et-Moselle

Daniel REINER
P.S.
Meurthe-et-Moselle

Philippe NACHBAR
RI
Meurthe-et-Moselle

MEUSE

Gérard LONGUET
R.I.
Meuse

Claude BIWER
U.C.
Meuse

MORBIHAN

Odette HERVIAUX
P.S.
Morbihan

Joseph KERGUERIS
U.C.
Morbihan

Josselin de ROHAN
RPR
Morbihan

MOSELLE

Philippe LEROY
RPR
Moselle

J. Pierre MASSERET
P.S.
Moselle

J.Louis MASSON
RPR
Moselle

Gisèle PRINTZ
PS
Moselle

J.Marc TODESCHINI
P.S.
Moselle

NIEVRE

Didier BOULAUD
P.S.
Nièvre

René-Pierre SIGNE
PS
Nièvre

NORD

Marie-christine
BLANDIN
Nord

Michelle
DEMESSINE
G.C.
Nord

Sylvie
DESMARESCAUX
Nord

Photo non communiquée

B. FRIMAT
PS
Nord

J . René LECERF
RPR
Nord

Jacques LEGENDRE
RPR
Nord

Valerie LETARD
U.C.
Nord

Pierre MAUROY
PS
Nord

Paul RAOULT
PS
Nord

Yvan RENAR
CRC
Nord

Alex TURK
NI
Nord

OISE

Philippe MARINI
RPR
Oise

André VANTOMME
P.S
Oise

Alain VASSELLE
RPR
Oise

ORNE

Daniel GOULET
RPR
Orne

Photo non communiquée

Brigitte LUYPAERT
U.C.
Orne

PAS-DE-CALAIS

Photo non communiquée

Brigitte BOUT
RPR
Pas-de-Calais

Yves COQUELLE
G.C.
Pas-de-Calais

Françoise
HENNERON
R.I.
Pas-de-Calais

photo non communiquée

Michelle
SAN VICENTE
PS
Pas-de-Calais

J.Marie
VANLERENBERGHE
U.C.
Pas-de-Calais

Daniel PERCHERON
PS
Pas-de-Calais

Michel SERGENT
PS
Pas-de-Calais

PUY-DE-DÔME

Michele ANDRÉ
PS
Puy-de-Dôme

Michel CHARASSE
PS
Puy-de-Dôme

J. marc JUILHARD
RI
Puy-de-Dôme

PYRÉNÉES ATLANTIQUES

André LABARRÉRE
PS
Pyrénées-Atlantiques

Didier BOROTRA
UC
Pyrénées-Atlantiques

Auguste CAZALET
RPR
Pyrénées-Atlantiques

Htes PYRÉNÉES

François
FORTASSIN
RDSE
Htes-Pyrénées

Josette DURRIEU
PS
Htes-Pyrénées

PYRÉNÉES ORIENTALES

J.Paul ALDUY
R
Pyrénées-Orientales

Paul BLANC
RPR
Pyrénées-Orientales

BAS-RHIN

Francis GRIGNON
UC
Bas-Rhin

Daniel HOEFFEL
UC
Bas-Rhin

Joseph OSTERMANN
RPR
Bas-Rhin

Philippe RICHERT
UC
Bas-Rhin

HAUT-RHIN

Daniel
ECKENSPIELLER
App. RPR
Haut-Rhin

Hubert HAENEL
RPR
Haut-Rhin

Jean-Louis
LORRAIN
UC
Haut-Rhin

RHÔNE

Gilbert CHABROUX
PS
Rhône

Guy FISCHER
CRC
Rhône

Emmanuel HAMEL
RPR
Rhône

Serge MATHIEU
RI
Rhône

Michel MERCIER
UC
Rhône

Gérard COLOMBE
PS
Rhône

René TREGOUET
RPR
Rhône

HAUTE SAÔNE

Bernard JOLY
RDSE
Hte -Saône

Siege à pourvoir
Hte-Saône

SAÔNE ET LOIRE

Jean-Patrick COURTOIS
RPR
Saône-et-Loire

Jean-Paul EMORINE
RI
Saône-et-Loire

André POURNY
Ratt. RI
Saône-et-Loire

SARTHE

Jacques CHAUMONT
RPR
Sarthe

Marcel-Pierre CLEACH
Ratt. RI
Sarthe

Roland du LUART
RI
Sarthe

SAVOIE

Roger RINCHET
PS
Savoie

Jean-Pierre VIAL
RPR
Savoie

Hte SAVOIE

Jean-Paul AMOUDRY
UC
Hte-Savoie

Jean-Claude CARLE
RI
Hte-Savoie

Pierre HERISSON
UC
Hte-Savoie

PARIS

Nicole BORVO
CRC
PARIS

Michel CALDAGUES
RPR
Paris

Jean Yves AUTEXIER
PC
Paris

Jean CHERIOUX
RPR
Paris

Jean-Yves Mano
PS
Paris

Jacques DOMINATI
RI
PARIS

Claude ESTIER
PS
Paris

Philippe DE GAULLE
RPR
Paris

Christian de LA MALENE
RPR
Paris

Bernard PLASAIT
RI
Paris

Danièle POURTAUD
PS
Paris

Maurice ULRICH
RPR
Paris

SEINE MARITIME

Annick BOCANDE
UC
Seine-Maritime

Thierry FOUCAUD
P.C
Seine-Maritime

Patrice GELARD
RPR
Seine-Maritime

Marc MASSION
PS
Seine-Maritime

Charles REVET
RI
Seine-Maritime

Henri WEBER
PS
Seine-Maritime

SEINE-et-MARNE

Philippe FRANÇOIS
RPR
Seine-et-Marne

Jean-Jacques HYEST
UC
Seine-et-Marne

Jacques LARCHE
RI
Seine-et-Marne

Paul DUBRULE
RPR
Seine-et-Marne

YVELINES

Nicolas ABOUT
Ap. RI
Yvelines

Jacques BELLANGER PS
Yvelines

Dominique BRAYE
Ap. RPR
Yvelines

Alain GOURNAC
RPR
Yvelines

Gérard LARCHER
RPR
Yvelines

DEUX-SÈVRES

Michel BECOT
Ratt. UC
Deux-Sèvres

André DULAIT
Ratt. UC
Deux-Sèvres

SOMME

Fernand DEMILLY
RDSE
Somme

Marcel DENEUX
UC
Somme

Pierre MARTIN
RPR
Somme

TARN

Roger LAGORSSE
PS
Tarn

Jean- Marc PASTOR
PS
Tarn

TARN-et-GARONNE

Jean-Michel BAYLET
RDSE
Tarn-et-Garonne

Yvon COLLIN
RDSE
Tarn-et-Garonne

VAR

photo non communiquée

André GEOFFROY
RI
Var

René-Georges LAURIN
RPR
Var

François TRUCY
RI
Var

VAUCLUSE

Alain DUFAUT
RPR
Vaucluse

Claude HAUT
PS
Vaucluse

VENDÉE

Philippe DARNICHE
NI
Vendée

Louis MOINARD
UC
Vendée

Jacques OUDIN
RPR
Vendée

VIENNE

René MONORY
UC
Vienne

Jean-Pierre RAFFARIN R.I.
Vienne

HAUTE-VIENNE

Jean-Pierre DEMERLIAT
PS
Hte Vienne

Jean-Claude PEYRONNET
PS
Hte Vienne

VOSGES

Gérard BRAUN
Ap. RPR
Vosges

Christian
PONCELET
RPR
Vosges

YONNE

Serge FRANCHIS
RI
Yonne

Henri
de RAINCOURT
RI
Yonne

TER. de BELFORT

Michel DREYFUS-
SCHMIDT
PS
Territoire de Belfort

ESSONNE

Laurent BÉTEILLE
RPR
Essonne

Paul LORIDANT
CRC
Essonne

Claire-Lise
CAMPION
PS
Essonne

Michel PELCHAT
RI
Essonne

Max MAREST
RPR
Essonne

HAUTS-DE-SEINE

Robert BADINTER
PS
Hts de Seine

Denis BADRÉ
UC
Hts de Seine

Charles CECCALDI-
RAYNAUD
RPR
Hts de Seine

Roland
MUZEAU
PC
Hts de Seine

Jean-Pierre
FOURCADE
RI
Hts de Seine

Robert
KAROUTCHI
RPR
Hts de Seine

Jean-Pierre
SCHOSTECK
RPR
Hts de Seine

SEINE-ST-DENIS

Danielle BIDARD
CRC
Seine St Denis

Robert CALMEJANE
RPR
Seine St Denis

Marcel DEBARGE
PS
Seine St Denis

Christian
DEMUYNCK
RPR
Seine St Denis

Jacques MAHEAS
PS
Seine St Denis

Jack RALITE
CRC
Seine St Denis

VAL DE MARNE

Jean CLOUET
RI
Val de Marne

Serge LAGAUCHE
NI
Val de Marne

Lucien LANIER
RPR
Val de Marne

Hélène LUC
CRC
Val de Marne

Jean-Marie POIRIER
UC
Val de Marne

Odette TERRADE
CRC
Val de Marne

VAL D'OISE

Bernard ANGELS
PS
Val d'Oise

Marie-Claude
BEAUDEAU
CRC
Val d'Oise

Jean-Philippe LACHENAUD
RI
Val d'Oise

Nelly OLIN
RPR
Val d'Oise

GUADELOUPE

Dominique LARIFLA
Ap. Soc.
Guadeloupe

Lucette MICHAUX-CHEVRY
RPR
Guadeloupe

MARTINIQUE

Rodolphe DÉSIRÉ
Ap. Soc.
Martinique

Claude LISE
Ap. Soc.
Martinique

GUYANE

Georges OTHILY
RDSE
Guyane

RÉUNION

LYLIAN PAYET
R.D.
La Réunion

J.P. VIRAPOULLÉ
RPR
La Réunion

Paul VERGÈS
CRC
La Réunion

ST-PIERRE-MIQUELON

Victor REUX
RPR
St Pierre et Miquelon

MAYOTTE

Marcel HENRY
UC
Mayotte

Nlle CALÉDONIE

Simon LOUECKHOTTE
RPR
Nlle Calédonie

POLYNÉSIE Fse

GASTON FLOSSE
RPR
Polynésie Fr.

WALLIS-FUTUNA

Robert LAUFOAULU
Wallis et Futuna

FRANÇAIS ÉTABLIS HORS DE FRANCE

Pierre BIARNES
PS

Paulette BRISEPIERRE
RPR

Jean Pierre CANTEGRIT
RATT UC

Monique CERISIER BEN GUIGA
PS

Robert-Denis Del PICCHIA
RPR

L. DUVERNOIS
RPR

M. GUERRY
NI

André FERRAND
RI

Christian COINTAT
NI

H. DURAND-CHASTEL
RPR

Guy PENNE
PS

Xavier de VILLEPIN
UC

RÉALISÉ SOUS LA DIRECTION DE

JEAN-PIERRE VENTILLARD

NOUS VOUS PROPOSONS

L'ALMANACH VERMOT 2003

Avec le concours de : Françoise FÉLICE - Arnaud FAURE - Denis HERVIER - Louis POULY - Miss Ch. MOULIE de LONDON - René THOLY - J. V. DESEPAS - Yves VIENQANT - CH. VILLARD - Patrice COMMISTOIRE - M. MOREL-KLEIN- Christian PLUME - Jacquy GOULARD - Henri CANAN - L. LACAU - Yves ROBIN - Guy DELECRAZ pour les textes, histoires, interviews, mots fléchés.

Quelques "Pensées" drôles de Frédéric DARD, Jean YANNE. COLUCHE.

Les interviews de Muriel ROBIN-Anne ROUMANOFF- Sophie JÉZÉQUEL - Blandine MÉTAYER.

Laurent RUQUIER et son équipe

Des merveilleux *FOUS du VOLANT* dans leurs drôles de machines

---

Dessins humoristiques et illustrations de :
BELOM - BRAKA - CHERVALIER - Rik CURSAT - Jac FAURE - GÉRALD - HARVEC - JILUK - JICKA- KRISTIAN - LAVERGNE - LAPLACE LASSALVY - René LAY - OLIVIÉRO - PIÉDOU - PIERRE - SCHMIT.

Réalisation : J. FAURE. Agence HUMOPRESS
Collaboration artistique : Marc-Henri FAURE
Photos Humopress

PUBLICATIONS GEORGES VENTILLARD - S.A. au capital de 786 900 €
Siège social - Direction - Administration - Rédaction - Publicité
2 à 12, rue de Bellevue, 75019 PARIS - Tél. : 01.44.84.84.84

N° d'éditeur : 2210 - Dépôt légal : 4e trimestre 2002
N° ISBN 2-85110-276-1

Imprimerie : MAURY IMPRIMEUR, 45331 MALESHERBES

PRINCIPALES FETES À SOUHAITER

JANVIER
3 : GENEVIÈVE
5 : ÉDOUARD
8 : LUCIEN
10 : GUILLAUME
13 : YVETTE
15 : RÉMI
16 : MARCEL
20 : SÉBASTIEN
21 : AGNÈS
22 : VINCENT
26 : PAULE
30 : MARTINE
31 : MARCELLE

FÉVRIER
4 : VÉRONIQUE
5 : AGATHE
6 : GASTON
8 : JACQUELINE
10 : ARNAUD
13 : BÉATRICE
14 : VALENTIN
15 : CLAUDE
17 : ALEXIS
18 : BERNADETTE
20 : AIMÉE
22 : ISABELLE
25 : ROMÉO

MARS
1 : AUBIN
6 : COLETTE
9 : FRANÇOISE
10 : VIVIEN
13 : RODRIGUE
14 : MATHILDE
15 : LOUISE
17 : PATRICE
19 : JOSEPH
21 : CLÉMENCE
22 : LÉA
30 : AMÉDÉE
31 : BENJAMIN

AVRIL
1 : HUGUES
2 : SANDRINE
3 : RICHARD
9 : GAUTIER
12 : JULES
14 : MAXIME
16 : BENOIT
19 : EMMA
20 : ODETTE
22 : ALEXANDRE
23 : GEORGES
25 : MARC
28 : VALÉRIE
30 : ROBERT

MAI
2 : BORIS
3 : PHILIPPE JACQUES
5 : JUDITH
7 : GISÈLE
10 : SOLANGE
11 : ESTELLE
14 : MATTHIAS
15 : DENISE
17 : PASCAL
18 : ERIC
19 : YVES
22 : ÉMILE
23 : DIDIER
25 : SOPHIE

JUIN
1 : JUSTIN
2 : BLANDINE
7 : GILBERT
9 : DIANE
12 : GUY
15 : GERMAINE
16 : RÉGIS
19 : ROMUALD
22 : ALBAN
23 : AUDREY
27 : FERNAND
28 : IRÉNÉE
29 : PIERRE PAUL
30 : MARTIAL

JUILLET
1 : THIERRY
3 : THOMAS
4 : FLORENT
5 : ANTOINE
7 : RAOUL
12 : OLIVIER
13 : HENRI
17 : CHARLOTTE
21 : VICTOR
23 : BRIGITTE
24 : CHRISTINE
25 : JACQUES
27 : NATHALIE
30 : JULIETTE

AOÛT
2 : JULIEN
5 : ABEL
8 : DOMINIQUE
9 : AMOUR
10 : LAURENT
11 : CLAIRE
16 : ARMEL
18 : HÉLÈNE
20 : BERNARD
21 : CHRISTOPHE
22 : FABRICE
25 : LOUIS
27 : MONIQUE
28 : AUGUSTIN

SEPTEMBRE
1 : GILLES
2 : INGRID
3 : GRÉGOIRE
4 : ROSALIE
6 : BERTRAND
9 : ALAIN
10 : INÈS
13 : AIMÉ
15 : ROLAND
16 : ÉDITH
19 : ÉMILIE
21 : MATTHIEU
29 : MICHEL
30 : JÉRÔME

OCTOBRE
3 : GÉRARD
5 : FLEUR
6 : BRUNO
7 : SERGE
9 : DENIS
14 : JUSTE
16 : EDWIGE
18 : LUC
19 : RENÉ
20 : ADELINE
21 : CÉLINE
24 : FLORENTIN
26 : DIMITRI

NOVEMBRE
3 : HUBERT
4 : CHARLES
5 : SYLVIE
7 : CARINE
8 : GEOFFROY
10 : LÉON
12 : CHRISTIAN
15 : ALBERT
17 : ÉLISABETH
20 : EDMOND
23 : CLÉMENT
26 : DELPHINE
30 : ANDRÉ

DÉCEMBRE
1 : FLORENCE
3 : XAVIER
4 : BARBARA
5 : GÉRALD
6 : NICOLAS
10 : ROMARIC
11 : DANIEL
14 : ODILE
16 : ALICE
23 : ARMAND
26 : ÉTIENNE
27 : JEAN
29 : DAVID
31 : SYLVESTRE

Mon truc en plus

Quoi de plus énervant que cette petite chaîne en or que l'on veut mettre pour sortir le soir et qui est tellement emmêlée que c'est devenu un tas informe dans le creux de votre main ? Défaire les nœuds ne sera plus un casse-tête si vous la gardez au creux de votre main en versant dessus deux gouttes d'huile alimentaire. Avec le bout des doigts, frottez doucement et avec un peu de patience, les noeuds disparaîtront.

Mercredi 1er janvier 2003,le soleil se lève à 08 h 46 mn et se couche à 17 h 03 mn.

Les étrennes et les vœux

Ils sont vraiment fous ces Romains !
À cause d'eux, les premiers jours de janvier, bénédiction des concierges, pompiers, facteurs et autres éboueurs sont ressentis par tous ceux qui n'appartiennent pas à ces vénérables professions comme une calamité ! Quel besoin avait en effet Numa Pompilus de rajouter les mois de janvier et février, aux dix mois de l'année, composée par Romulus ?

Je n'ai pas voulu vous faire attendre pour vous présenter mes meilleurs vœux —

Dès lors, les calendes de janvier sont particulièrement consacrées au dieu Janus, l'un des plus anciens dieux de la mythologie, représenté avec deux visages opposés qui évoquent les deux faces d'une porte.
Mais aussi, l'année qui vient de s'écouler et celle dans laquelle on est en train d'entrer.
Le premier janvier, on offre donc à ce dieu, doublement gourmand, le gâteau nommé janual, ainsi que des figues, des dattes et du miel.
Quant aux voisins, et amis, on leur rend visite, on leur adresse des vœux et on leur offre de petits présents, avant de se régaler tous ensemble le soir, en l'honneur dudit Janus.
Et les étrennes ?
On fait remonter leur origine au temps du roi Tatius, roi des Sabins, qui régnait dans Rome conjointement avec Romulus.

Il eut en effet le malheur de considérer comme un bon augure, le cadeau qu'on lui fit le premier jour de l'an nouveau, de quelques branches coupées dans un bois consacré à la déesse Strenua - la Force -, en signe de paix et de concorde entre les Romains et les Sabins.
Cet usage se perpétua et tous les Romains se firent de semblables présents en se souhaitant une bonne et une heureuse année.

C'est le 1er janvier 1863 que naquit Pierre de Coubertin, père des Jeux Olympiques actuels. En 1927, le 1er janvier naissait Maurice Béjart. Par contre c'est un 1er janvier 1966 que disparaissait Vincent Auriol, premier président de la IVe République. Maurice Chevalier a quitté le devant de la scène le 1er janvier 1972. Le 1er janvier 2002 l'euro a été distribué.

JANVIER
jeudi 2

Saint Basile
Appelé "le grand", fondateur d'un monastère

- Bonne année, ma chérie ...!

Jeudi 2 janvier 2003,le soleil se lève à 08 h 46 mn et se couche à 17 h 04 mn.

Mon truc en plus

Problème pour peindre les pieds d'une chaise? sauf pour ceux qui connaissent le truc des clous. Vous n'aurez plus à attendre que le haut soit sec pour peindre le bas si vous plantez des gros clous dans les pieds de la chaise. Après quoi vous n'avez plus qu'à peindre la chaise reposant sur ces clous et la surélevant.

Un livre pour la reine

Dès sa parution en 1865, Alice aux pays des merveilles conquit le coeur de tous ses lecteurs, petits et grands.
La reine Victoria adora la livre et invita l'auteur, Lewis Carroll à venir prendre le thé.
Au moment où il s'apprêlait à prendre congé, elle lui dit : "J'insiste pour que vous m'envoyiez un exemplaire de votre prochain livre. "
Lewis Carroll obéit, seulement la reine fut bien déçue !
Le livre était un ouvrage très compliqué sur les mathématiques, la véritable passion du papa d'"Alice aux pays des merveilles "!

- Pour la pilule de jeunesse, vous auriez pu me prévenir des effets secondaires...

- C'est mon premier accident, vous permettez que je le prenne en photo?

Vermot santé mesdames
les huiles sont... essentielles

Quelques gouttes d'essence de cyprès sur l'oreiller stopperont rapidement une toux spasmodique.
La lavande, madame et monsieur, calmera l'excitabilité du système nerveux, ce qui est bien par ces temps ou le stress nous envahit.
Quelques gouttes d'essence d'estragon déposées sur la langue devraient supprimer un hoquet intempestif!
Un rhume ? vite quelques gouttes d'essence de thym sur un demi morceau de sucre deux fois par jour. Cela devraient être efficace.

Fausto Coppi a fait sa dernière course vers le ciel le 2 janvier 1960 et Errol Garner, le célèbre pianiste de jazz est parti, lui, le 2 janvier 1977.

- Je finis de déblayer la route et vous allez pouvoir foncer !

- Oh, il faut voir ça de toute urgence vous avez le nez qui coule...

Mon truc en plus

C'est un Américain, Charles Osborne, qui a battu le record du hoquet. Sa première crise l'a pris en 1922, à 28 ans et l'a quitté 68 ans plus tard ! N'attendez pas autant : en cas de hoquet, buvez un verre d'eau par petites gorgées sans respirer si possible. Vous pouvez aussi avaler une cuillerée de sucre en poudre et retenir vos respirations le plus longtemps possible.

Vendredi 3 janvier 2003, le soleil se lève à 08 h 46 mn et se couche à 17 h 05 mn.

Sainte Geneviève patronne des gendarmes

Les bandits eux-mêmes ayant des protecteurs, on ne pouvait imaginer la police privée d'un saint patron.
Certes, les forces de police s'expriment quelquefois par des musculatures dignes de poulets aux hormones.
Mais si la police secrète des brutes, il y a aussi une police urbaine et une police mondaine aux meilleures manières.
Celles-là considèrent qu'un saint patron est un bon complément d'agent même s'il ne fournit pas à la police d'assurance.
Les gendarmes voulant donc qu'on leur donne le saint, on pensa à Robert.
Mais, une brève enquête montra que c'était un faux saint.

- René, sois aussi méchant que lui, approche-toi bien qu'il attrape ta grippe !

C'était bien une femme qui était recherchée par la police.
Pour contenter chacun, on ne la choisit ni jeune ni vieille, et ce fut Geneviève.
Depuis, partout son image les accompagne. Les gendarmes la garde à vue, si vous me permettez l'expression!

C'est le 3 janvier 1929 qu'est né Sergio Léone, réalisateur de "Il était une fois dans l'Ouest". Quarante ans plus tard, c'est Michael Schumacher qui prenait le départ dans la vie. Pépone, de "Don Camillo", de son vrai nom Gino Cervi quittait ce monde le 3 janvier 1974. En 1959, le 3 janvier, l'Alaska devenait le 49e état des Etats-Unis.

JANVIER
samedi 4

Saint Odilon
Abbé de Cluny ; eut l'idée de la fête de tous les saints

- Il y a erreur, ce n'est pas le 26 qui est paralysé...!

- Enfin on va avoir de la soupe chaude !...

Samedi 4 janvier 2003, le soleil se lève à 08 h 46 mn et se couche à 17 h 06 mn.

Mon truc en plus

Contre le stress : riez, riez encore et toujours, c'est ce qu'il y a de meilleur pour la relaxation. Un quart d'heure de rire par jour serait le rêve. Espérons que le *Vermot* va vous y aider !
Faire preuve d'affection envers ses proches est un antidote au stress, alors, aimez et apprenez à être aimé...

Garçon ou fille

La différence

Elle est énorme la différence. Les hommes et les femmes naissent égaux mais différents, la preuve : si vous habillez une petite fille de sa plus belle robe, elle aura l'air aussi mignonne une heure plus tard, en arrivant au restaurant.
Si vous habillez un petit garçon de son plus beau costume, il arrivera à trouver toutes les flaques d'eau entre votre domicile et le restaurant. Même si vous y allez en voiture.

Si une petite fille ramasse une branche d'arbuste, elle s'émerveillera devant l'œuvre de la nature.
Si un petit garçon ramasse une branche d'arbuste, il en fera une mitraillette!

Sourire

Il était tellement bien élevé, qu'avant d'entrer dans la mort
il laissa passer sa femme avant lui...

Sourire

Il n'y a pas de bonheur parfait, dit l'homme quand sa belle-mère mourut et qu'on lui présenta la facture des pompes funèbres.

Jérôme K Jérome

Plus pessimiste que A. Breffort, il n'y a pas quand il déclarait :

Mes parents disaient de moi : s'il continue, il mourra de faim... sur l'échafaud!

De Philippe Héraclès :
" Il était dans un tel état qu'il a rendu son dernier souffle avant de mourir!

- Vous n'avez pas peur de monter avec moi, monsieur l'inspecteur?...

Le 4 janvier 1809 naissait Louis Braille créateur du célèbre alphabet pour les non-voyants. Le 4 janvier 1920, Robert Lamoureux vagissait pour la première fois, ce qui devait être son premier sketch. Le 4 janvier 1960 disparaissait Albert Camus, prix Nobel de littérature en 1957. Après une fugue non programmée, la Joconde retrouvait le Louvre, le 4 janvier 1904.

- Avec mon patch, je vais où ?

- Déjà, il n'aura pas de problème dans la vie pour lacer ses chaussures !...

Mon truc en plus

Problème de transit intestinal ? Il vous faut boire beaucoup de jus de fruits et consommer légumes verts et fruits frais. Consommez aussi la rhubarbe et les pruneaux. Si la constipation résiste buvez le matin à jeun, un grand verre d'eau froide mais il serait prudent d'en parler alors à votre médecin.

Dimanche 5 janvier 2003,le soleil se lève à 08 h 45 mn et se couche à 17 h 07 mn.

Vermot santé: A la vôtre!

La consommation alcoolique des femmes reste nettement inférieure à celle des hommes, mais comme pour le tabagisme, elle tend à se rapprocher des comportements masculins.

Pour le dernier baromètre santé on a procédé à une enquête qui a montré que pour les plus jeunes - de 15 à 19 ans - les femmes consommaient un demi-verre de moins que les hommes.

On note aussi que, comme pour les hommes, la consommation féminine d'alcool est plus importante pendant le week-end que les autres jours de la semaine.

Dans la tranche 20 - 25 ans, les hommes boivent un verre et demi de plus que les femmes.

Globalement, les femmes ont encore un peu de chemin à faire pour rattraper les hommes - mais elles s'y emploient ferme! -

26 % des hommes de 12 à 75 ans déclarent boire de l'alcool tous les jours de l'année, contre seulement 9,4 % des femmes.

Entre 55 et 65 ans, période de la plus forte consommation, 65 % des hommes déclarent boire de l'alcool quotidiennement contre 33 % des femmes.

Par contre on boierait moins- en général- 15,6 litres d'alcool soit 230 litres de vin, on est descendu à 173 litres...

Le 5 janvier 1938 naquit Juan Carlos, roi d'Espagne. Le 5 janvier 1956, Mistinguett quittait la scène définitivement et le 5 janvier 1995, c'est Francis Lopez qui s'en allait aussi. Le 5 janvier 1939, Jean Renoir recevait l'Oscar du meilleur film étranger pour "La Grande Illusion". Le 5 janvier 1975, l'ORTF quittait les petits écrans pour laisser la place à Antenne 2 et FR 3.

JANVIER lundi 6

Saint Mélaine
Évêque de Rennes

- Cet imbécile à croquer la fève… il lui faudrait une couronne !

Lundi 6 janvier 2003, le soleil se lève à 08 h 45 mn et se couche à 17 h 08 mn.

Mon truc en plus

Pour aiguiser vos ciseaux, rien de plus facile si vous avez sous la main du papier de verre. Il vous suffira de couper ce papier pour que cela redonne du tranchant à vos ciseaux.

Vermot santé : Premiers maux d'hiver

L'hiver est là et les coups de froid ne sont jamais loin. Plus on les traitera rapidement, plus vite on les éliminera.
Le rhume, c'est d'abord le nez qui coule et la tête lourde. Alors vite, un lavage des fosses nasales avec du sérum physiologique ou une solution d'eau de mer en pulvérisations. Inhalation, solution nasale devraient finir le traitement.

Mais s'il n'y a pas d'amélioration il faudra songer aux solutions nasales à base d'antiseptique, mais là il faut voir impérativement le médecin.
Les maux de gorge, pharyngite ou angine sont la suite logique des coups de froid. Dès les premiers symptômes prenez des pastilles pour la gorge ou des collutoires. Evitez de fumer ou de rester dans une atmosphère poussiéreuse.
Un petit coup de froid est souvent bénin mais consultez rapidement votre médecin si la fièvre persiste par exemple. Une petite infection de la gorge peut gagner les bronches rapidement.

SOURIRE

Vous savez que vous commencez à vieillir quand tous les gens d'un certain âge que vous rencontrez sont vos amis et non pas ceux de vos parents.

Mon truc en plus

Vous souffrez de crampes à la jambe ? Dès la première alerte, liez votre

jambe assez fortement avec un lien, un foulard, au-dessus du genou et cela pendant quelques minutes. Ce genre de garrot devrait vous soulager.

Thierry Ardisson est né le 6 janvier 1949. En 1955, le 6 janvier, Mister Bean entrait dans la vie sous le nom de Rowan Atkinson. Deux jours après avoir fêté ses quarante trois ans, Louis Braille décédait. Le 6 janvier 1911, Sir Arnold Lunn organise le Challenge Robert of Kandahar, la première compétition de descente en ski.

- Comment voulez-vous que je reconnaisse mon exhibitionniste... s'ils restent habillés ?

- Pssitt, laissez - le moi, c'est mon mari !

Mon truc en plus

Qui n'a jamais couru sur le parquet ou la moquette pour retrouver la petite vis de la lunette qui se sauve souvent ? Pour éviter ce désagrément, mettez une goutte de vernis à ongle transparent sur la tête de la vis avant de finir de la serrer.

Mardi 7 janvier 2003, le soleil se lève à 08 h 45 mn et se couche à 17 h 09 mn.

POUR JOUER À LA TÉLÉ

Certains jeux, à la télévision, semblent avoir été créé pour attardés mentaux.
Devant l'indigence de certaines questions on s'est dit que nous pouvions nous aussi vous poser des questions, qui ne vous feront pas gagner des millions mais notre plus sincère considération.
Par exemple :
- Combien y a t-il de doigts dans une main?
- Et combien dans une main de femme?
- 6 et 4 font-ils plus que 5 et 5 ?
- Combien y a t-il de lettres dans l'alphabet?
- Quel était le grade du général de Gaulle?
- Qui était Président de la République quand F. Mitterrand était à l'Elysée?
- Combien de candidats restaient en course au deuxième tour de la dernière présidentielle?
- Qui est maire de Paris : Bertrand Delanoé, Bernard Tapie ou Fabien Barthez?

Si vous avez trouvé toutes les bonnes réponses, écrivez à la Télé en vous recommandant de *l'Almanach Vermot*, on appuiera votre candidature.

Une histoire vraie que raconte Charlie l'animateur du Charlie Show sur Sud-Radio :

Cela s'est passé à Air France : au déchargement d'un avion, une caisse grillagée tombe de plus d'une dizaine de mètres dans le hangar. La caisse s'écrase et à l'intérieur... un chien... mort sur le coup. La Direction décide de trouver dans les heures qui suivent un chien identique et, lorsque le propriétaire vient rechercher sa caisse, on lui donne son chien. L'homme crie au miracle car il avait envoyé, afin d'autopsie, son chien mort dans des circonstances qu'il voulait connaître!

Bernadette Soubirous voyait le jour le 7 janvier 1844 et Francis Poulenc, compositeur, le 7 janvier 1889. Hirohito, empereur du Japon depuis 1926, quittait ce monde le 7 janvier 1989. C'est un 7 janvier 1929 que Tarzan faisait son entrée dans le monde, dans une bande dessinée.

JANVIER mercredi 8

Saint Lucien
Évangélisateur de la Gaule

- *Je ne veux pas vous inquiéter, mais ça sent le roussi par ici!*

- *Ah! vous l'avez finalement attrapée cette ressemblance !*

Mercredi 8 janvier 2003, le soleil se lève à 08 h 44 mn et se couche à 17 h 10 mn.

A méditer
Monsieur,
Vous supporterez mieux les grosses chaleurs si votre femme est ombrageuse!

Les épices, élixirs de longue vie

Les épices peuvent se prévaloir d'une longue et riche histoire dont la Bible témoigne dans le fabuleux cadeau que la reine de Saba fit au roi Salomon. Médecins grecs puis latins en feront grand usage et la médecine arabe lui attribuera le pouvoir d'accroître la virilité et d'allonger la vie.
Le D.H.E.A. n'était pas encore inventé.
Dans le passé, on distinguait les "épices de chambre" des "épices de cuisine".

Il faut dire qu'en ce temps-là, dans les "épices de chambre" on notait la présence des confitures, des dragées, nougats et autres fruits confits.
Alors que dans les "épices de cuisine", outre les plus connues et les plus utilisées, il y avait aussi le miel, le sucre et le lait.
Voisi la liste des épices que le célèbre Taillevent dressait à l'usage des connaisseurs : gingembre, girofle, cannelle, cardamone, poivres divers, safran, laurier, cumin, amandes, sucre, ail, oignon, ciboule et échalote.
Le persil, l'oseille, le cerfeuil, le blé vert étaient appelés "épices pour verdir".
On emploie actuellement d'autres épices comme celles utilisées dans les restaurant asiatiques mais la qualité n'est plus du tout ce qu'elle était jadis.
Alors, usez des épices, mais il n'est pas utile d'en abuser .

-Des merguez dans la bouillabaisse et alors... c'est pour relever le goût!

Mon truc en plus
Madame, vous avez décidé de repeindre la cuisine mais l'odeur de la peinture vous soulève le cœur? Alors essayez ce truc tout simple : disposez dans la pièce des bols de lait ou bien un oignon coupé, mélangé à de la mie de pain dans une assiette.

Le 8 janvier 1934 naissait Jacques Anquetil, vainqueur du Tour en 1957, 1961, 1962, 1963 et 1964. Le 8 janvier 1947, c'est le petit David Bowie, futur chanteur qui poussait son premier cri. Paul Verlaine lui nous quittait le 8 janvier 1896. Le 8 janvier 1959, le général de Gaulle devient le premier président de la VeRépublique Française.

Saint Alix
Fonda la congrégation de Notre-Dame

JANVIER jeudi 9

- Rassure - toi ce n'est pas pendant ses heures de travail...

d'Alphonse Allais
- Dans la vie, il ne faut compter que sur soi-même et encore pas beaucoup!
- Il ne faut jamais faire de projets, surtout en ce qui concerne l'avenir.

Jeudi 9 janvier 2003, le soleil se lève à 08 h 44 mn et se couche à 17 h 12 mn.

Un auteur *Vermot* : YVES ROBIN

Ce spécialiste en chirurgie vertébrale chez le chien est un amoureux des mots qu'il triture, malaxe, coupe, arrange et aligne ensuite sous toutes les formes.

Auteur de romans comme "Sale Rouzic" et de " Poèmes d'avant le silence", de pièces de théâtre et de nouvelles , il nous donne ici quelques exemples de ses jeux d'esprit, qu'il a baptisé : *"Coquecigrues et autres calembredaines"*

- Déblatérer, c'est dire du mal des cafards.

- En France, il n'y a guère qu'à la belote que l'on peut déclarer avoir quatre valets.

- Qui osera écrire les mémoires d'un pot de chambre? Ce n'est pourtant pas la matière qui manque!

Pendant la guerre, j'avais un pantalon de golf. Avec ma première cigarette, je lui ai fait dix-huit trous.

- Les barbelés n'ont jamais empêché l'esprit de s'évader.

- A mon âge, je ne m'adonne aux plaisirs de la chasse que dans les toilettes.

- La chasse aux parapluies est interdite depuis que les baleines sont en voie de disparition.

- Un sédentaire, c'est un pantouflard qui a encore toutes ses dents.

- Pour être certain du poids de ses arguments, un bon orateur doit savoir peser ses mots.

- L'araignée est coléreuse : elle prend facilement la mouche.

Sourire

J'ai connu un type qui n'était jamais sûr de rien. Lorsqu'il poussa son dernier soupir, il était tellement peu sûr de lui qu'il en poussa un autre!

Quant à moi je ne joue plus à la roulette russe car je perds tout le temps!

Elles chantent toutes les deux et sont nées le même jour : le 9 janvier 1941 pour Joan Baez et le 9 janvier 1970 pour Lara Fabian. C'est un 9 janvier en 1975 qu'est décédé Pierre Fresnay. Le 9 janvier 1968, la sonde américaine "Surveyor 7" se pose sur la lune et le 9 janvier 1972, le paquebot "Queen Elizabeth" est ravagé par un incendie.

JANVIER vendredi 10

Saint Guillaume
Canonisé par le pape Honorius III

- On joue aux escargots, les traces on les fait avec des tubes de mayonnaise.

- Non merci... j'ai arrêté la cigarette il y a cinq ans!

Vendredi 10 janvier 2003, le soleil se lève à 08 h 44 mn et se couche à 17 h 13 mn.

Mon truc en plus

Comment garder une bouillotte chaude plus longtemps ? Simplement en ajoutant une poignée de gros sel en remplissant la bouillotte d'eau.

L'histoire d'un canard... et des mots croisés

A sa création en 1785, *The Daily Universal Register* (Le Registre Universel Quotidien) est considéré comme un vulgaire torchon qui ne fera pas long feu à Londres. L'année suivante, son fondateur, James Walker, est même jeté en prison pour avoir critiqué le Duc d'York ; mais, en dépit de sa mauvaise réputation, le vilain petit canard continue, persiste. Et il va savoir se faire respecter ! Rebaptisé *The Times*, il gagne ses lettres de noblesse.

Aujourd'hui *le Times* est une véritable institution. Very English Tradition. Et du sérieux, rien que du sérieux. Ce n'est pas dans *le Times* que vous risquez de trouver des potins et autres on-dits de bas étage. Du sérieux, on vous dit.

Les mots croisés du *Times* sont également célèbres. Et comment ! Ils jouissent d'une solide réputation. "To do *the Times'* crosswords" (faire les mots croisés du *Times*) cela signifie que vous êtes très doué. S'attaquer à la redoutable grille de ce quotidien, c'est un acte de bravoure et un test de contrôle de votre QI. Un abonné du Kent, véritable fanatique, détient tous les records : 2 minutes 44 secondes, c'est le temps qu'il lui faut chaque matin pour remplir la grille. En 1966, une habitante des Iles Shetland a informé la direction du journal qu'elle venait enfin de résoudre la grille du N° 678 du 4 avril 1932 !

Bel exemple de persévérance...Rappelons que les permiers mots croisés du *Times* dans les années 1910/20 étaient rédigés... en latin !

Hé oui, à l'époque, on estimait que seuls les érudits de haut vol avaient droit aux mots croisés ! Imaginez donc les mots croisés du *Vermot* dans la langue de Jules César ? Astérix se retournerait dans sa tombe !

Sourire

L'homme est imparfait, mais ce n'est pas étonnant si l'on songe à l'époque où il fut créé.

Aimer l'Angleterre c'est bien, je ne suis pas contre mais il ne faut pas lâcher la proie pour Londres!

Naissance, le 10 janvier 1929, dans un quotidien bruxellois de Tintin, le petit reporter d'Hergé. Buffalo Bill, lui, descend de son cheval et range pour l'éternité son colt, le 10 janvier 1917. C'est un 10 janvier, en 1971, que Coco Chanel quitte ce monde. Inauguration de la première ligne de métro londonien le 10 janvier 1863.

- *Je pourrais gagner beaucoup plus d'argent ailleurs mais j'ai le showbiz dans le sang!*

- *Evite de faire ça quand il y a du monde !*

À méditer
- Un cannibale est quelqu'un qui aime son prochain le plus souvent bien cuit.
- Il vaut mieux être cocu que veuf. Il y a moins de formalités.

Samedi 11 janvier 2003, le soleil se lève à 08 h 43 mn et se couche à 17 h 14 mn.

Vermot jardin : Préparez le printemps

Profitez des belles journées de janvier pour soigner vos plantes et prendre quelques longueurs d'avance avant le printemps. Mais à une condition, qu'il ne gèle pas.

C'est le moment où les arbres fruitiers ou d'ornement sont en pleine période de repos végétatif. Vous pouvez donc leur apporter tous vos soins : taille, élagage, protection contre les parasites, déplacements des sujets, etc.

Les espèces fleurissant au printemps se taillent après floraison, celles qui s'épanouissent en été et en automne doivent l'être "à sec", durant leur repos de végétation.

Pensez après la taille à soigner vos arbres ou arbustes. Otez les branches trop mal en point, désinfectez à la bouillie bordelaise et mastiquez avec un produit cicatrisant. Surveillez également les récentes plantations de conifères et de persistants qui peuvent parfoir souffrir d'un manque d'eau.

- *J'ai planté une rangée de feux verts, je vais bien voir ce que ça donnera une fois mûrs...*

Insolite

En Arabie Saoudite, les hommes souhaitant se procurer le Viagra en pharmacie devront désormais présenter, outre une prescription médicale, leur livret de famille pour prouver qu'ils sont mariés.
" Il sera imposé à tout client qui veut acheter du Viagra de présenter ce livret car il faut empêcher que les hommes non mariés puissent acheter cette pilule" a expliqué le ministre de la Santé. On se demande encore pourquoi...

Pierre Mendès-France est né le 11 janvier 1907. Bernard Blier aussi mais en 1916 et Paul Amar de la télévision le 11 janvier 1950. Le 11 janvier 1935, Amélia Earhart est l'auteur du premier vol féminin en passagère entre Hawaï et la Californie. Le 11 janvier 1948, lors du premier match de rugby, la France gagne par 13 à 6 à Colombes contre l'Australie.

ALMANACH VERMOT 2003

JANVIER dimanche 12

Sainte Tatiana
Martyrisée sous l'empereur Alexandre

- Nous avons aujourd'hui la joie d'accueillir dans nos bureaux le président du comité contre la soif dans le monde !

- Tu appelles les pompiers ?
- Non l'assurance !... j'ai oublié de régler la cotisation !

Dimanche 12 janvier 2003, le soleil se lève à 08 h 43 mn et se couche à 17 h 15 mn.

Mon truc en plus

Une grosse bosse sur le front ? Vite un glaçon appliqué fortement, en cas de bleus, bosses ou ecchymoses sans lésion. Pour dégonfler ces bobos, des glaçons dans un gant de toilette feront l'affaire.

MAUVAIS CALCUL

José Sosa, un habitant d'une petite ville de Floride avait décidé de trouver un tueur à gages pour exécuter un contrat sur une personne dont il voulait se débarrasser parce qu'il lui devait de l'argent et ne pouvait payer. Mais le futur tueur à gages est allé tout révéler à la police. Il avait pour cela une excellente raison. Il était le fils de la personne à éliminer.

Maintenant, M. José Sosa doit toujours autant d'argent à sa supposée victime, mais en plus, de la prison, il aura du mal à réunir les fonds.

De plus, il peut faire une prière pour que sa victime ne meurre pas de mort violente un jour ou l'autre, sinon on lui collera l'affaire sur le dos.

- C'est pas quelqu'un qu'on connaît... il a les mains propres !

Sourire
Allô, Docteur, c'est M. Duchose, vous savez que je me suis cassé les deux poignets en tombant. On me les a plâtrés, mais on m'a dit que je pourrais quand même une fois déplâtré, jouer du piano ?
- Mais bien sûr, M. Duchose.
- Ah, ce serait chouette, parce que je ne sais pas en jouer...

Sourire: Il y a quand même quelque chose de sûr c'est que seuls les borgnes ne dorment que d'un œil!

- Pensez qu'il vaut bien mieux entamer une conversation plutôt qu'un camembert trop fait.

Le 12 janvier 1893 naissait Hermann Goering qui allait devenir maréchal. Le 12 janvier 1976, Agatha Clarissa Miller dite Agatha Christie a mis "fin" au dernier chapitre du roman de la vie. Jean-Edern-Hallier est parti lui aussi un 12 janvier, en 1997.C'est un 12 janvier 1991 que George Bush ouvre les hostilités avec l'Irak, afin de libérer le Koweit.

Sainte Yvette
Soigna les lépreux et vécut cloîtrée.

JANVIER
lundi 13

- Sans légende

- Le client n'a pas encore dit oui, M. le Directeur, mais ça ne saurait tarder ..!

Mon truc en plus

Passez du vert à dents à la brosse verte : plongez votre brosse à dents dans la pâte épaisse obtenue avec l'argile verte mélangée à un peu d'eau. Frottez, rincez. L'argile verte blanchit les dents et élimine la mauvaise haleine.

Lundi 13 janvier 2003,le soleil se lève à 08 h 42 mn et se couche à 17 h 17 mn.

J'ai la mémoire qui flanche

Avec l'âge, on a tendance à oublier où l'on a rangé ses affaires, ce qu'on a fait la veille et le nom des gens qui vous sont proches.

Ceci- dit, avec un peu d'exercice, une bonne hygiène de vie et quelques nutriments indispensables on peut pallier quelque peu à ces déficiences.

La mémoire c'est comme un muscle, il faut l'entretenir si l'on veut qu'elle marche bien.

Le nombre de nos chers petits neurones qui conduisent les informations jusqu'au cerveau baisse d'année en année et cela dès notre enfance. Bref, si, en vieillissant, vous restez, dans votre coin, à sommeiller, ça ne s'arrangera pas. Menez avant tout une vie active, le plus longtemps possible. Faites travailler votre mémoire. Tout est bon, des jeux télévisés aux mots croisés, des poèmes à apprendre aux souvenirs à réinstaller dans votre tête. Votre cerveau a besoin de glucose que l'on trouve dans les pâtes, le riz, le pain, les sucres, les pommes de terre. Et il a besoin d'oxygène. Alors c'est au yoga et à la relaxation qu'il faudra penser tout autant qu'à la promenade au grand air.

- Si tu y penses , coupe la lumière en partant...!

Sourire

Ne croyez pas aux miracles... comptez sur eux.

Charles Chaplin

On ne sait pas s'il y est allé, mais si c'est le cas, on peut compter que le bon roi Dagobert ait mis sa culotte à Anvers !

Roland Petit, danseur chorégraphe et Richard Anthony, crooner des années 60-70, sont nés le même jour, le 13 janvier, 1924 pour le premier et en 1938 pour le second. Denise Grey n'a pas pu être centenaire, à 99 ans, elle est partie le 13 janvier 1996. Le 13 janvier 1915, la terre tremble dans les Abruzzes en Italie, bilan 30 000 morts.

JANVIER mardi 14

Sainte Nina
Évangélisa la Géorgie au IVe siècle.

- Toi avec ta jalousie...!

Mardi 14 janvier 2003, le soleil se lève à 08 h 41 mn et se couche à 17 h 18 mn.

Mon truc en plus

Votre pot de moutarde n'a plus sa fraîcheur du début alors redonnez à la moutarde un peu de renouveau.
En versant simplement quelques gouttes de pastis dans le pot. Mélangez vigoureusement avec une cuillère et voilà un pot de moutarde... tout neuf.

Sourire

- Ces jeunes qui sniffent de la colle devraient savoir que l'abus de la colle est dangereux.

- Il vous renseigne en regardant sa montre ? C'est un dealer...

Du vinaigre pour maigrir

Depuis l'Antiquité le vinaigre de cidre a toujours été reconnu conmme un facteur amaigrissant.
Au XVIIIe siècle, à la cour, les femmes l'utilisaient souvent et on dit que madame de Sévigné considérait la "chopine d'eau vinaigrée" indispensable pour se permettre de pren-dre du chocolat afin que les méchantes compagnies vous paraissent bonnes.
Tout un programme! Aujourd'hui, la publication d'importants travaux scientifiques attestent des effets amaigrissants du vinaigre de cidre a rappelé si on l'avait oublié les vertus de ce merveilleux produit.
On a réussi aujourd'hui à extraire les actifs du vinaigre en supprimant une bonne partie de son acidité. Cette acidité naturelle que ne supportaient pas les estomacs fragiles.

- Moi, j'aime pas les voyages organisés, t'es pas libre...

Alors, mesdames surveillez votre ligne et utilisez pour cela le vinaigre de cidre.

LU DANS :

La "Semaine du Lot" 23/8 :
" De nombreux chasseurs confrontés dans leurs observations aux agriculteurs soulignent une recrue d'essence des chiens et des chats errants ".

- Cette recrue d'essence c'est pour prouver qu'il y a un monde fioul ?

"La Provence" 26/8 :
" Parmi les 17 blessés, 45 l'ont été grièvement "...

- Difficile de compter la - dessus pour en tirer des statistiques exactes !

Faye Dunaway, la belle actrice américaine, Jean Dutourd, l'écrivain et Dominique Rocheteau, "l'ange vert" de Saint-Etienne sont nés le même jour : le 14 janvier 1941 pour Faye Dunaway, le 14 janvier 1920 pour Dutourd et le 14 janvier 1955 pour Rocheteau.

Saint Rémi
Archevêque de Reims il baptisa Clovis

JANVIER
mercredi 15

- Je dois tout de même te féliciter, pour une fois il n'y a pas de fautes !

- Cette fois tu ne prétexteras pas que tu n'as pas entendu le réveil !

Mon truc en plus

Ne pas avoir à courir après les petites vis minuscules c'est bien. Pour cela, magnétisez les vis en les plaçant dans un pot en verre avec un aimant. Au bout de quelques temps, les vis magnétisées tiendront d'elles-mêmes au bout du tournevis.

Mercredi 15 janvier 2003, le soleil se lève à 08 h 41 mn et se couche à 17 h 18 mn.

La bonne table, au XVIe siècle, en Angleterre

Le "Manuel de la Bonne Femme" paru à Londres en 1585 nous offre des recettes de cuisine anglaise fort intéressantes. Exemple :
- Galettes de saumon aux figues.
- Saumon au four avec prunes et épices, le saumon pouvant être remplacé par de la carpe. (Notons que la carpe était très à la mode à l'époque.)
- Ragoût de poulet, caille et agneau, mixture inattendue mais plat très prisé, servi pendant la grande foire de Smithfield.
- Lapin rôti avec sauce à la mie de pain épicée, mets très apprécié et souvent servi au château de Windsor appelé à l'époque par les Français château "Guinesore".
- Sanglier farci : farce à base de pain, romarin, raisins secs, (recette déjà citée dans un manuel de 1455).
- Tarte aux groseilles : pâte parfumée au safran (recette déjà connue en 1500).

Sous les Tudor, les Anglais raffolaient de la pâte d'amande. Certains gâteaux de l'époque étaient de véritables chefs-d'œuvre. La pâte d'amande prenait la forme de feuille de lierre, fleur-de-lys, paon, cygne, soleil, demi-lune, coeur. On raconte qu'un jeune baron fit confectionner un énorme gâteau surmonté des initiales en pâte d'amande de la bien-aimée. Mais à l'époque, peu de gens et surtout peu de femmes savaient lire. L'heureuse destinataire ne comprit pas que ce gâteau était une déclaration d'amour !
Le "Trésor des Secrets Cachés" paru à Londres en 1584 nous donne des recettes de pâtisseries fines, ainsi que des recettes de vins aux épices : vin rouge à la cannelle, au gingembre, etc...
En ces temps reculés, on utilisait, pour lier les sauces, des amandes pilées mélangées, à la mie de pain à la place de la farine. De nombreux agents colorants naturels employés jadis ont hélas disparu aujourd'hui. Les colorants artificiels ont pris le dessus !

Sourire

Pour avoir son diplôme de médecin, il faut avoir réussi à tous ses eczémas.

Mais non, les Italiens ne sont pas tous des psycho... pâtes.

Ce Lord anglais avait une femme qui n'arrêtait pas de lui faire la morale. Il l'avait appelée Lady Commandements.

Molière , de son nom, Jean-Batiste Poquelin, est né le 15 janvier 1622. Michel Debré qui fut Premier Ministre de 1959 à 1962 était né le 15 janvier 1912. Marius Trésor qui fit les beaux jours de Marseille et de l'équipe de France de football est né le 15 janvier 1950.

JANVIER jeudi 16

Saint Marcel
Mourut esclave

Sainte Roseline
On fête aussi saint antoine

JANVIER vendredi 17

- Là, c'est le cousin Henri, dit "Henri le petit"...

- Sans légende

Jeudi 16 janvier 2003, le soleil se lève à 08 h 40 mn et se couche à 17 h 21 mn.

- Le superintendant des finances tenait les bourses du Roy de France. Et la morale là-dedans ?

Vendredi 17 janvier 2003, le soleil se lève à 08 h 39 mn et se couche à 17 h 22 mn.

Saint Antoine

Quand on n'a fait que des pâtés de sable, on n'est guère capable d'être charcutier.

Au début, face à un morceau de viande, on ne sait pas si c'est du lard ou du cochon. Les charcutiers ignorent presque ce qu'ils servent là. Ils répondent aux clients avec un discours haché.

Et ces derniers, ne faisant pas de quartier, n'hésitent pas à les traiter d'andouille en leur reprochant d'ignorer les règles du lard.

Parfois ces débutants craignent même de se prendre une pâtée, de se faire larder, de se faire charcuter.

- Si les affaires continuent je vais devoir acheter l'étage au-dessus!

Eux dont on voit les côtes, il leur arrive, à l'approche d'un gros lard, de prier en égrenant leurs chapelets de saucisses.

Très vite cependant, ils comprennent que la réussite ne tombera pas toute rôtie. Alors ils travaillent pour avoir lard et la manière jusqu'à fabriquer un pâté impérial. Du coup, ils ont la côte auprès de leurs clientes et, aux meilleurs d'entre elles, dans une même journée vendent du pâté deux fois.

Ils sympathisent aussi avec leurs collègues avec qui ils deviennent copains comme cochons.

Certes, il peut toujours y avoir parmi eux un sale ami qui leur joue un tour de cochon, mais en général ce sont des gens bons

17 JANVIER 1966

Au cours d'une opération de ravitaillement en vol, un énorme bombardier B-52 de l'US Air Force heurte l'avion-citerne derrière lequel il vole en formation.

Le bombardier lourd laisse tomber ses quatre bombes atomiques et s'écrase non loin du village espagnol de Palomares.

Grâce aux parachutes, deux bombes sont récupérées intactes, l'une à terre, l'autre, après bien des recherches, au fond de la mer. Les deux autres explosent en partie seulement. Il faudra décontaminer le sol sur 200 hectares en enlevant une couche de 5 centimètres de terre, puis en labourant sur 30 centimètres d'épaisseur.

Le 16 janvier 1942 naissait Richard Bohringer. André Michelin, était né le 16 janvier 1853. Arturo Toscanini, le célèbre chef d'orchestre italien a quitté définitivement la baguette le 16 janvier 1957.

Le 17 janvier 1933 naissance de Dalida et le 17 janvier 1944 naît Françoise Hardy.

Saint Prisca ou Priscille
Martyrisé sous Tibère

JANVIER
samedi 18

- *Il est courageux votre copain... il a voulu discuter avec ma femme!*

Mon truc en plus
Vous rentrez, il a plu et vos chaussures sont trempées. Ne les laissez pas près du radiateur pour la nuit. Pour les retrouver bien sèches le lendemain, bourrez-les de papier journal.

Samedi 18 janvier 2003, le soleil se lève à 08 h 38 mn et se couche à 17 h 24 mn.

patron des charcutiers

qui se tapent sur l'épaule et se tiennent les côtes en se racontant des histoires cochonnes.
Et puis le charcutier rencontre une jolie femme par sa chair appâtée.
D'abord elle lui dit : on verra!
Mais à force de manger côte à côte, ils en viennent à la fricassée de museau et ne tardent pas à faire de petits lardons qui n'ont pas forcément des têtes de lard.
Non les charcutières ne sont pas des boudins, elles ont seulement le jarret ferme et de belles rondeurs ravissant le client qui, pour son pot au feu, réclame une grosse poitrine.
Et le charcutier, qui préfère que sa femme fasse le pied de porc plutôt que le pied de grue, est un homme heureux.
Un jour c'est la retraite et, avec la bénédiction de Saint Antoine, il dit au porc : salut !
Au lieu de rester confit dans sa charcuterie ou de s'encroûter à la ville pour finir sa vie en eau de

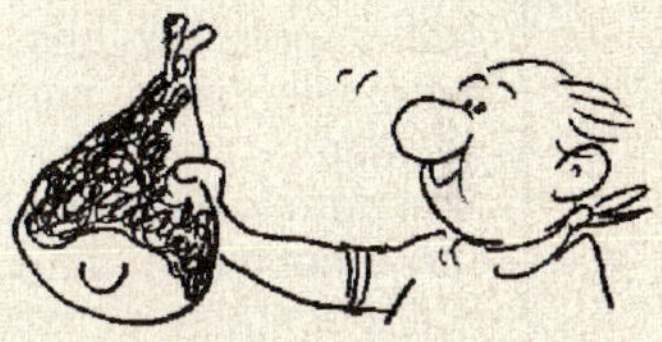

boudin, il se retire souvent à la campagne.
Là, troquant lard pour l'art, il tire un trait sur le porc et tire des portraits.
Ou plus simplement, avec ses amis, il lance le cochonnet.

- *Je suis assez satisfait de mon portrait de l'homme invisible !*

18 JANVIER 1892

Naissance du futur acteur comique Oliver Hardy. Fils d'un avocat, il paraîtra dès son enfance dans quelques-uns des spectacles populaires caractéristiques du vieux sud des Etats - Unis. Puis il deviendra acteur et scénariste pour une société de Floride. C'est le producteur (ex-chercheur d'or en Alaska), Hal Roach qui le présentera à un autre comique, anglais celui-là : Stan Laurel, avec lequel il formera un fameux duo. Hardy, c'est le gros, et Laurel, le maigre.

Les célèbres Olivier Hardy, Danny Kaye et Kevin Costner sont nés un 18 janvier. Dans l'ordre, 1892, 1913 et 1955.
Le président Fallières est élu le 18 janvier 1906. C'est le 18 janvier 1968 que Washington et Moscou proposent un projet d'accord sur le contrôle des armes nucléaires.

JANVIER dimanche 19

Saint Marius
Péri décapité

Saint Sébastien
On le représente criblé

JANVIER lundi 20

- Les patins !

Dimanche 19 janvier 2003,
le soleil se lève à 08 h 38 mn
et se couche à 17 h 25 mn.

Lundi 20 janvier 2003,
le soleil se lève à 08 h 37 mn
et se couche à 17 h 27 mn.

INCROYABLE MAIS VRAI

Un britannique de 44 ans, amputé des deux bras à la suite d'une grave maladie a saisi le tribunal de Manchester pour récupérer son permis de conduire, arguant du fait que depuis dix ans, il conduisait avec ses pieds sans le moindre accident.

Son permis lui avait été retiré après son amputation, mais il avait continué à conduire sa voiture en tenant le volant avec un pied et en appuyant sur les pédales du frein, de l'embrayage et de l'accélérateur avec l'autre.

Après avoir refusé de repasser le permis comme lui demandait le tribunal, il a déclaré qu'il conduirait sa voiture avec ses pieds quoi qu'il arrive et qu'on avait pas intérêt à les lui casser... les pieds !

Un exploit le 19 janvier 1919

On sort de la Grande Guerre et une envie de vivre a envahi le pays. Toutes les idées, même les plus baroques voient le jour.

C'est ainsi que les magasins parisiens "Aux galeries Lafayette" avaient créé un prix de 25 000 Francs de l'époque (!) destiné au premier pilote qui poserait un avion sur le toit d'un de leurs magasins et en redécollerait.

Un certain Jules Védrines tenta l'aventure et posa son biplan Gaudron G-111 de 80 chevaux sur le toit du magasin.

Malheureusement il ne put redécoller, la police étant intervenue. Mais, heureusement pour lui, le magasin versa à Jules Védrines le prix convenu pour cet exploit.

20 JANVIER 1775

Naissance d'André-Marie Ampère. Enfant, il montrera déjà son génie : à 12 ans, il savait tout des mathématiques de l'époque. A 13 ans, il compose un traité sur les sections coniques. Son père, ancien négociant en soie, exploite un domaine près de Lyon mais sera exécuté en 1793. Quant à André - Marie, il deviendra le plus grand physicien et mathématicien de son époque (découverte des relations entre les phénomènes électriques et magnétiques, invention du galvanomètre, du télégraphe électrique...

C'est le 19 janvier 1839 qu'est né Paul Cézanne, Le roi Dagobert n'avait pas mis sa culote à l'envers pour quitter ce monde le 19 janvier 639. Paul Meurisse fit la même chose quelques siècles plus tard, le 19 janvier 1979. C'est le 19 janvier 1978 que les usines Volkswagen sortiront la 16 200 000e coccinelle . Quel record!

Frédérico Fellini est né un 20 janvier en 1920 . George V, roi d'Angleterre a rendu sa couronne le 20 janvier 1936. "Tarzan" au cinéma, le nageur Johnny Weissmuller est décédé le 20 janvier 1984. Le 20 janvier 1993, Bill Clinton s'installe à la maison Blanche. Le 20 janvier 1997, il obtiendra un nouveau bail de quatre ans...

Mon truc en plus

Soulager les maux de dents avec des clous de girofle tout le monde connaît. Mais il est préférable de faire une décoction bien bouillie avec cinq clous de girofle puis de vous rincer la bouche abondemment. Ceci en attendant le rendez-vous chez le dentiste, le plus vite possible.

Mardi 21 janvier 2003, le soleil se lève à 08 h 36 mn et se couche à 17 h 28 mn.

VERMO... ROSCOPE

VERSEAU

21 JANVIER -19 FÉVRIER

Laissez passer les trois premiers mois de l'année. Mais, dès le printemps suivez vos inspirations ou votre intuition. Si c'est dans votre activité ce sera du mieux dans l'année.
Vos problèmes familiaux ne devraient pas vous inquiéter outre mesure. Ils n'ont rien de bien catastrophiques.
Soyez conscient que la vie ne se limite pas à la routine du quotidien.
N'ayez pas peur de vous lancer dans des directions sortant de vos habitudes. Une bonne étoile financière vous accompagnera pendant quelques mois.
Mais vous devrez ignorer les promesses mirobolantes.
Ne donnez aucun crédit aux faiseurs de fortune rapide. L'avenir vous prouvera que la prudence paie finalement le plus souvent.

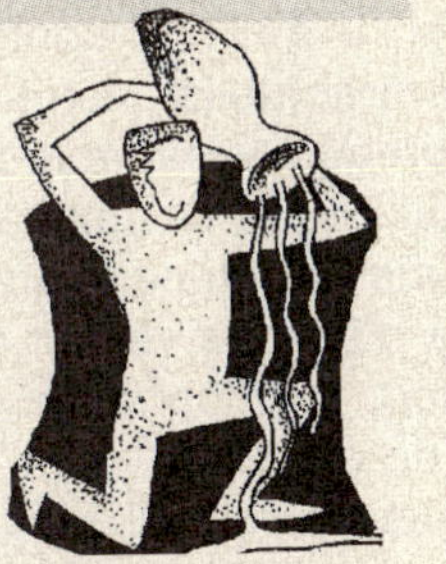

A la fin de l'automne, n'hésitez pas à entreprendre un grand nettoyage.
Pas dans la maison.
Dans vos relations, dans vos affaires ou dans vos problèmes de santé.
C'est peut-être le moment de faire un bilan complet.
Pour les affaires, il serait temps de demander des comptes.
Pour les relations, un tri serait nécessaire.
Il y a peut-être trop longtemps que l'on vous demande sans rien vous apporter... ou si peu !

LE 21 JANVIER 1924

Lénine nous quitte. Issu d'une famille bourgeoise, né le 22 avril 1870, Vladimir Ilitch Oulianov, dit Lénine, devint l'une des tête pensantes et agissantes du communisme.
Etudiant à Kazan, il est vite exclu de l'université car trop "militant" (1887). Installé ensuite à Saint-Pétersbourg, il se lance dans le marxisme. Arrestation, prison, puis trois ans en Sibérie. Libéré en 1900, il séjourne en Allemagne, à Paris, à Londres, mais surtout en Suisse. Chef des "bolcheviks", il apprend la Révolution de 1917. Les Allemands aident à son retour en le laissant traverser le pays en wagon blindé. Ensuite, il doit repartir en exil, en Finlande. De retour, devant les luttes politiques, il déclenche l'insurrection le 7 novembre 1917. Il est nommé Président du Conseil des commissaires du peuple. Le 22 mai 1922, une attaque d'apoplexie l'oblige à ralentir ses activités. Il meurt bien bourgeoisement dans sa petite maison de campagne de Gorki, près d'un arbre de Noël, à 53 ans.

Jean- Paul Sartre a vu le jour le 21 juin 1905. "Kojak", le célèbre chauve à la sucette, de son nom Telly Savalas est né lui le 21 janvier 1924 et Michel Jonasz aussi, ...enfin un 21 janvier mais en 1947. Un autre chanteur (dans une catégorie très différente) est né le 21 janvier 1941 ; il s'agit de Placido Domingo.

JANVIER mercredi 22

Saint Vincent
Excellent orateur, patron des vignerons.

- Votre ancien patron vous a licencié parce que vous faisiez le singe !

- Mais c'est toi le chien méchant..!

Mercredi 22 janvier 2003, le soleil se lève à 08 h 35 mn et secouche à 17 h 30 mn.

Le saviez-vous?
Au début de notre ère, le naturaliste romain, Pline l'Ancien préconisait l'urine comme lavage de bouche. Jusqu'au XIXe siècle, on utilisait l'urine pour prévenir la carie dentaire.

QUI L'EÛT CRU ?

Un sondage tout ce qu'il y a de sérieux nous en apprend de belles...
A la question : "Etes-vous drôles ?" 71 % des personnes interrogées ont dit oui, pour 29 % qui ont répondu non.
Vous ne vous doutiez pas que vous étiez entourés de tant de gens drôles... ou du moins qui se croient drôles.
Parmi les 71 % de gens drôles qui vous côtoient, il doit y avoir la concierge, la contractuelle, votre chef de bureau ou même le patron et vous ne le saviez pas !
Mais maintenant qu'on vous l'a dit, vous verrez certainement le monde environnant d'un autre oeil.
Puisque les trois quarts des gens sont drôles !

22 JANVIER 1961

Dans la nuit du 21 au 22, un commando d'une trentaine de terroristes, venus à bord comme faux passagers, investissent la passerelle, la salle radio et la salle des machines du paquebot portugais "Santa Maria" croisant dans la mer des Antilles. Leur chef, Henrique Galvao, espère pouvoir rallier les colonies portugaises d'Afrique et y fomenter un soulèvement contre le gouvernement de Salazar. L'affaire a un retentissement planétaire, d'autant, qu'au début, on ignorera durant deux jours ce qu'est devenu le paquebot de luxe. Les plans de Galvao seront changés après la mort de deux des membres d'équipage durant l'attaque. Au bout de deux semaines, le "Santa Maria" devra stopper dans le port brésilien de Recife.

21 JANVIER 1848

Arrivés peu auparavant dans les zones boisées de la côte californienne, James Marshall, un colon américain, et John Sutter, d'origine suisse, s'installent sur les rives du fleuve Sacramento. Ils construisent une scierie fonctionnant grâce à un moulin à eau.
Dans l'un des conduits, ils découvrent un jour une grosse pépite d'or, puis d'autres alentour.
Cette découverte va déclencher la fameuse ruée vers l'or. Mais Marshall finira pauvre, et Sutter connaîtra la banqueroute...

Frank Lebœuf, a vu le jour un 22 janvier 1968. Jean-Louis Barrault a quitté la scène de la vie le 22 janvier1994. Telly Savalas, alias "Kojak" a pu fêter ses 68 ans puis il est parti pour l'autre monde le lendemain, le 22 janvier 1994. Le 22 janvier 1972 voit l'Angleterre, le Danemark et l'Irlande adhérer à la CEE.

Saint Barnard
Fonda l'abbaye de Romans-sur-Isère

JANVIER
jeudi 23

- *Je voudrais celui-ci mais en blanc..!*

INCROYABLE MAIS VRAI

Aux dernières élections législatives au Gabon, certains résultats ont laissé rêveur les observateurs.
Par exemple, le cas du ministre des Transports, M. Idriss Ngari du Parti Démocratique Gabonais qui a décroché la timbale avec 99,98 % de suffrages exprimés.
Bien sûr ça n'a rien d'exceptionnel mais par contre deux candidats indépendants, Antoine Mbadinga Mboumba et Eugène Ndzeng Minsa ont réussi l'exploit de ne recueillir aucune voix.
Ce qui dévoile un certain laxisme car ils auraient dû avoir au moins une voix chacun... la leur !

Le saviez-vous ?

La douche moderne comme on la connaît, alimentée en eau courante fut imaginée par le médecin-chef de la prison de Bonne-Nouvelle à Rouen. C'était en 1872...
Pour améliorer l'hygiène des détenus, il avait pensé à cette manière de les laver collectivement.

Jeudi 23 janvier 2003, le soleil se lève à 08 h 34 mn et se couche à 17 h 32 mn.

Petits trucs pour vous mesdames

• Petit problème avec le crayon pour maquiller les yeux : il est toujours délicat à tailler. La mine s'écrase bien souvent sur la lame du taille-crayon. Pour y remédier, c'est tout simple : placez-le pendant quelques heures au réfrigérateur.

• Vos chaussures en daim clair sont tachées ?
Avec un peu de talc que vous saupoudrerez sur la tache, vous verrez que tout ira mieux.
Laissez le talc sur la chaussure au moins une nuit et brossez le lendemain. Vous pouvez renouveler l'opération si besoin est.

• Votre bague en or, madame, est encrassée.
Lui refaire une beauté sera facile si vous la brossez méticuleusement avec une brosse à dents et du dentifrice.
Rincez, ensuite à l'eau claire.

- A part " glou - glou - glou" je ne vois pas ce qu'il veut dire ...!

JAMAIS MALADE

Les médecins ont étudié avec intérêt le cas d'une Canadienne qui ne ressent jamais la moindre douleur, le moindre mal.
Elle est née dépourvue de la sensation de douleur, comme certains naissent sourds ou muets. On peut penser que cette personne en a bien de la chance. Pas vraiment. Son corps est couvert de bleus et cicatrices.
Comme elle est privée du signal d'alarme que donne la douleur, elle se blesse et se brûle très souvent!

Jeanne Moreau est née le 23 janvier 1928, Mac Gyver, alias Richard Dean Anderson, a peut-être bricolé son arrivée au monde le 23 janvier 1950. De même Christophe Dechavanne est arrivé le 23 janvier 1958.

Le 23 janvier 1982, Alain Prost gagne le premier Grand Prix de la saison en Afrique du Sud sur Renault.

JANVIER
vendredi 24

Saint François de Sales
Évêque de Genève. Auteur de" l'introduction à la vie dévote"

- Sans légende

- Tu la connais, elle n'a pas l'air causante...!

Vendredi 24 janvier 2003, le soleil se lève à 08 h 33 mn et se couche à 17 h 33 mn.

Mon truc en plus

Vous avez renversé du plâtre ou du ciment par terre.
Avec une serpillère imprégnée de vinaigre blanc chaud et d'un peu de sel, vous enlèverez tout ça.

Malaise ou incompréhension

Une récente étude vient de montrer que la relation médecin-malade était d'une grande complexité et était variable suivant les individus (étude faite à l'étranger).
Pour cette étude, plusieurs dizaines de patients ont consulté des généralistes différents et ont été interrogés avant et après les consultations.
Sur l'ensemble des patients qui ont participé à l'étude, à peine un dizième d'entres eux seulement ont eu le sentiment d'avoir donné à leurs médecins, tous les détails concernant leurs troubles.
Et surtout ils n'étaient pas certains d'avoir posé les bonnes questions les concernant.
On mesure le malaise qui peut exister entre les deux parties et qui montre aussi que les médecins généralistes doivent trouver le temps d'examiner leurs patients et surtout les pousser à se confier.

DE QUOI SE FAIRE DES CHEVEUX

Le laboratoire de bio-technologie britannique Phytopharm ne fera pas fortune avec sa dernière invention ; la lotion pour faire repousser les cheveux. Au cours d'un "banc d'essai" public, sa nouvelle crème miracle a montré que les hommes qui avaient, soi-disant, constaté un mieux dans la repousse ou un coup d'arrêt dans la chute de leurs cheveux, étaient ceux à qui on avait proposé... un placébo, c'est-à-dire une crème où il n'y avait aucun produit quelqu'il soit.
A la suite de ces résultats, l'action Phytopharm a chuté de 15 % à la bourse dans les heures qui ont suivi.
Et là, ce sont les patrons de l'entreprise qui se sont fait des cheveux...

Georges Lautner, est né le 24 janvier 1926. Michel Serrault est arrivé après. Il est né le même jour, deux ans plus tard. Daniel Auteuil est né aussi un 24 janvier, en 1950. Le premier ordinateur Macintosh est mis sur le marché le 24 janvier 1984. Le 24 janvier 1970, Vassili Alexeiev bat, en haltérophilie, son premier record du monde. Il en battra encore 80 avant de raccrocher ses haltères!

- Je ne me fais jamais prier pour aider ma femme à tenir le magasin..!

Le saviez-vous?

L'omelette norvégienne n'est pas née dans la cuisine d'un grand chef mais dans la tête d'un physicien, l'Américain Benjamin Rumford qui a découvert que le blanc d'œuf battu était un bon isolant.
Il a donc voulu prouver sa théorie et, sur une glace posée sur un biscuit, il a mis du blanc d'œuf et a passé le tout au four chaud. Le blanc s'est coloré, mais la glace n'a pas fondu...

Samedi 25 janvier 2003, le soleil se lève à 08 h 32 mn et se couche à 17 h 35 mn.

Majesté, peut-on considérer La Montespan et la Lavallière comme des poupées de sire ?

Conseils d'expert

Les secrets de la réussite ? Voici les conseils prodigués par un homme d'affaires qui a formidablement réussi :
- Ne donnez jamais aux gens les choix que vous ne voulez pas qu'ils fassent.
- Essayez de convaincre les gens qu'ils ont absolument besoin d'un produit totalement inutile.
- Ne faites jamais une offre que quelqu'un ne peut pas refuser, mais plutôt une offre qu'il ne peut pas comprendre.
- Ne critiquez jamais quelqu'un qui a acheté le produit de votre concurrent ; faites plutôt comme si vous aviez pitié de son choix désastreux et offrez votre aide.
- Neutralisez votre concurrent, mais ne le tuez pas, il vous en saura gré.

Ce lui qui prodigué ces conseils est devenu archi, archi-riche.
Non, ce n'est pas Bill Gates.
Ce n'est pas un gars d'aujourd'hui. Il se nommait Hapu et vivait en Egypte, 1300 ans avant J.C.

David Ginola est né le 25 janvier 1967 tandis que Modigliani quittait ses pinceaux pour l'autre monde de 25 janvier 1920. Jean Nohain dont nos lecteurs (les moins jeunes) se souviennent certainement est décédé le 25 janvier 1981. Le 25 janvier 1944 débutait la terrible bataille du Mont-Cassin en Italie. Le 25 janvier 1983 arrestation de Klaus Barbie.

JANVIER
dimanche 26

Sainte Paule
Construisit deux monastères à Bethléem.

- Avec les biscuits qui nous reste, tu pourrais nous faire une blanquette...?

- On avait pourtant bien donné rendez-vous à Max ici, non?

Dimanche 26 janvier 2003,le soleil se lève à 08 h 30 mn et se couche à 17 h 36 mn.

Mon truc en plus

Vos outils ne rouilleront plus si vous prenez le soin de les ranger dans un endroit sec avec quelques boules de naphtaline. S'ils sont rouillés, frottez-les avec un chiffon imbibé d'huile alimentaire. Ensuite, passez légèrement du papier de verre à grain fin et remettez de l'huile avec le chiffon.

La tête de l'emploi

"Etre chauve diminue considérablement les chances de trouver un emploi..."

En Allemagne, c'est à cette conclusion qu'est parvenue une étude menée par un cabinet d'experts.

Six hommes ont présenté chacun deux C.V. L'un accompagné d'une photo où il apparaissait avec des cheveux, l'autre avec une photo retouchée où le candidat apparaissait chauve.

588 demandes d'emploi ont été soumises à 98 responsables de recrutement. Le résultat est probant, 41 % des candidats avec cheveux ont été retenus pour un entretien, contre seulement 32 % des mêmes mais qui étaient chauves.

Les chevelus sont considérés comme dynamiques (49 %) contre seulement 29 % des chauves.

36 % des chauves ont droit au qualificatif de "physique agréable", mais les chevelus sont 49 % a avoir ce "physique agréable".

Heureusement, les responsables des ressources humaines qui ont répondu à l'étude ont affirmé, ensuite, qu'ils ne prenaient pas en compte l'apparence physique des candidats.

Néanmoins quand on est chauve on n'a pas forcément la tête de l'emploi.

Et une situation peut parfois tenir à un cheveu...

- C'est bien toi, son avocat, qui m'a dit qu'il en avait pris pour dix ans..!

Sourire

Toute sa vie, ma mère s'est chamaillée avec mon père. Elle était pour la tisane de bourrache et mon père pour la tisane de camomille. Il fallut longtemps pour faire cesser ces querelles par tisanes.

Paul Newmann, le comédien américain, est né le 26 janvier 1925. Bernard Tapie, un autre comédien, est né aussi un 26 janvier 1943 et Michel Sardou le 26 janvier 1947. Le 26 janvier 1950 l'Inde obtient son indépendance et le 26 janvier 1971 une sonde spatiale soviétique se pose sur Vénus. En 1984, le 26 janvier, une vague de froid tue 54 personnes en Angleterre.

- *Il faut vous dire que je suis représentant en pièces détachées !*

- *Il ne faudrait pas profiter de l'absence de ma femme pour me vendre n'importe quoi...!*

Mon truc en plus

Gardez les artichauts quelques jours, si vous ne les mangez pas tout de suite. Pour cela, mettez-les dans un récipient rempli d'eau. L'essentiel est que la queue de l'artichaut trempe bien dans l'eau.

Lundi 27 janvier 2003, le soleil se lève à 08 h 29 mn et se couche à 17 h 38 mn.

Attention la machine à laver vous cause...

"Vous avez mis le linge sale, alors mettez la lessive. Fermez le couvercle, choisissez le programme, appuyez sur le bouton *marche* et relaxez-vous. Tout va bien se passer!" sussure une douce voix féminine sortie tout droit de la machine à laver.

C'est que votre modèle- le dernier que vient de sortir 'une grande marque mondiale- a de la conversation.

Il peut vous parler dans différentes langues et a plus de quatre-vingt dix phrases en stock!

Pourquoi faire parler votre machine à laver? C'est simple ont répondu les responsables de la marque: jadis c'était la femme qui faisait la lessive, soit c'était la mère, la femme ou bien la domestique.

Or, de plus en plus de jeunes hommes vivent seuls et se sentent plus démunis devant la machine à laver que devant la télé ou le magnétoscope.

Il fallait donc trouver le moyen de les rassurer, les mettre en confiance, et pour cela...leur parler d'une voix douce de préférence...

BIZARRE MAIS PAS ÉTRANGE

Le cou d'un être humain et le cou d'une girafe se composent également de sept os. Bon mais chez la girafe, ils sont juste plus longs!

Les Américains possèdent presque tous des armes personnelles.
C'est que l'Amérique est un pays... s'armant!

Edith Cresson, première femme à accéder au poste de Premier Ministre est née le 27 janvier 1934. Le 27 janvier 1945, les Russes libèrent le camp d'Auschwitz. La cabine Apollo éclate après son lancement, le 27 janvier 1967 faisant trois morts. Disparition du sous-marin français "Minerve" au large de Toulon avec 52 hommes à bord, le 27 janvier 1968.

JANVIER mardi 28

Saint Thomas d'Aquin
Un des plus grands maîtres de la scholastique

Mardi 28 janvier 2003, le soleil se lève à 08 h 28 mn et se couche à 17 h 40 mn.

Mon truc en plus
Par ici la bonne oseille... Si l'oseille est bonne pour la soupe, elle l'est aussi pour les yeux. Ses feuilles renferment beaucoup de vitamine C, de fer, de magnésium et une forte concentration de caroténoïdes. Et tout cela est bon pour les yeux!

PAR ICI LA BONNE...

En hiver, 75 % des Français commencent leur repas du soir par une soupe.
A l'origine, la soupe était composée de bouillon et de pain, d'où l'expression «tremper la soupe» (verser le bouillon sur des tranches de pain). Elle était plus épaisse que le potage, fait de liquide dans lequel où a cuit des aliments solides.
Le mot potage est dérivé de pot, marmite, où l'on fait bouillir la viande ou le poisson. À travers toute notre Histoire, on retrouve les potages à l'eau de lard, aux pois, aux betteraves, aux choux, aux épinards, aux vieilles fèves, aux navets, au fromage, au fenouil, à la citrouille, etc.
Lorsque Du Guesclin alla combattre l'Anglais Guillaume de Blanc bourg, il mangea trois soupes au vin, en l'honneur des trois personnes de la Trinité.
Certains racontent que la soupe au vin blanchit les dents, éclaircit la vue et a des vertus stomachiques, rien que ça!
Le cuisinier français Marie-Antoine Carême affirmait avoir réalisé 196 sortes de potages français et 103 potages étrangers. Il leur donnait de beaux noms : Potage Condé, Potage Lamartine, Potage Boieldieu, Potage Victor Hugo...
La soupe fait-elle grandir, comme on l'affirmait aux petits enfants?
La plupart apportent des protéines indiscutables à la croissance : soupes de volaille, de poisson, au lait. Les bouillons de viande, par contre, sont peu nutritifs et doivent toujours être dégraissés pour être digestes. Conservez-les

Richard Anconina, est né le 28 janvier 1953. Burne Hogarth lâche son crayon pour l'au-delà : Tarzan perd son créateur le 28 janvier 1996. Le 28 janvier 1921 est inaugurée la tombe du soldat inconnu sous l'Arc de Triomphe, à Paris. A 17 h 38, heure française, la navette Challenger explose en vol faisant 7 morts, le 28 janvier 1986. Le 28 janvier 1998 est inauguré le Stade de France.

Saint Gildas
Baptisé " le sage" exerça son zèle en Bretagne

JANVIER
mercredi 29

- C'est drôle M. le directeur, à chaque fois qu'on fait une quête on a du mal à vous trouver..!

- Ras le bol des détournements d'avion...

Mon truc en plus
La boîte de cirage est vide, rien de bien grave si vous avez une crème après-soleil. Votre tube ou flacon de crème qui se périme rapidement trouvera là une utilisation inespérée. Et vos chaussures en cuir brilleront comme jamais.

Mercredi 29 janvier 2003, le soleil se lève à 08 h 27 mn et se couche à 17 h 41 mn.

SOUPE!
au frais et utilisez-les rapidement. De toute façon, la soupe est un excellent moyen de faire absorber à des enfants des légumes variés, qu'ils bouderaient (si ceux-ci n'étaient pas écrasés au moulin à légumes) et des aliments nourrissants, comme le tapioca, la semoule ou le vermicelle.

Quant aux potages en sachets ou en boîte, ils gardent leur valeur nutritive et sont réalisés avec des légumes sains, mais sont souvent trop salés. L'idéal est d'y ajouter du beurre, ou de la crème fraîche, ou du gruyère, ou des croûtons, selon la soupe choisie.

C'est une solution rapide, mais moins bonne que le potage confectionné à la maison.

Le portable qui supprime les cabines publiques

Les cabines téléphoniques sont devenues de moins en moins rentables en France et, dans les mois qui viennent, beaucoup pourraient disparaître du panorama français. La cause en est le portable.

Dans certains départements, déjà 20 % des cabines ont disparu.

Pour être rentable, une cabine téléphonique devrait encaisser environ 2800 euros, mais, à part au centre des grandes agglomérations où ce chiffre est parfois atteint, ailleurs c'est la bérézina.

On a noté que certaines cabines ne rapporteraient pas 150 euros dans l'année.

L'âge d'or des cabines culmina au milieu des années 90. Puis vint le portable... et pour le téléphone des campagnes, ce qui a commencé à sonner, c'est... son propre glas !

SOURIRE
- A ma mort, j'ai l'intention de me faire enterrer avec mon aspirateur. Puisqu'on doit tomber en poussière!

- Je n'ai pas peur de la mort, mais quand elle se présentera j'aimerais autant être absent !

Woody Allen

Sacha Distel est né le 29 janvier 1933. Le 29 janvier 1866, Romain Rolland, venait au monde. Le 29 janvier 1635, l'Académie française voyait le jour. Le 29 janvier 1949, le nouvel état d'Israël est reconnu à Londres. Yves Saint-Laurent présente le 29 janvier 1962, sa première collection. Robert Hue est élu secrétaire national du Parti Communiste le 29 janvier 1994.

JANVIER jeudi 30 — JANVIER vendredi 31

Sainte Martine
Patronne de Rome
Sainte Marcelle
Torturée et tuée en l'an 300

- La courte- paille ? et qui vous dit qu'il y en a trois de trop !?

- On veut simplement vérifier votre fameuse loi sur la gravitation..!

Jeudi 30 janvier 2003, le soleil se lève à 08 h 26 mn et se couche à 17 h 43 mn.

Vendredi 31 janvier 2003, le soleil se lève à 08 h 24 mn et se couche à 17 h 44 mn.

Un amour voyageur

Yan et Amy se languissaient d'amour l'un pour l'autre, mais l'un, Ian, était en Australie et l'autre, Amy, en Grande-Bretagne. Tous les deux eurent une idée originale : se faire l'agréable surprise de se rejoindre sans se prévenir pour que l'effet de surprise soit le plus fort possible. Ils prirent l'avion, se croisèrent dans le ciel et se retrouvèrent, lui en Grande-Bretagne, elle en Australie.
Yan selon la presse britannique avait prévu de demander Amy en mariage, lors de cette visite. Mais au moment où il arriva à l'appartement de son amie, fleurs à la main, celle-ci frappait à sa porte à Sydney. Munis de billets à date fixe, non échangeables, ils se sont recroisés une seconde fois dans les airs et, chacun, de retour chez soi, a promis de recommencer, mais cette fois en se concertant... ce qui est tout de même plus prudent.

- Mais non, gros pataud, c'est parce que maman est en colère qu'elle dit qu'elle va acheter un chat!

Mon truc en plus

Faites-vous un vrai-faux expresso.
Dans une tasse, versez l'équivalent d'une cuillerée à café de café soluble, un peu de sucre et quelques gouttes d'eau chaude. Battez ce mélange jusqu'à ce que cela devienne comme une sauce crémeuse, versez alors l'eau très chaude et vous aurez un "presque vrai" ex-presso.

Franz Schubert a vu le jour le 30 janvier 1797. Franklin Roosevelt, lui, le 30 janvier 1882. Vanessa Redgrave, actrice anglaise a vu le jour le 30 janvier 1937.Le 30 janvier 1933 Adolf Hitler est nommé Chancelier du Reich.

Le 31 janvier 1943, tournant dans la dernière guerre, c'est la reddition de l'armée allemande à Stalingrad. Le 31 janvier 1961, les Américains envoient un chimpanzé dans l'espace. Fernand Sardou, a quitté la le 31 janvier 1976.

Sainte Ella
Belle-sœur de Richard Cœur de Lion

FÉVRIER
samedi 1

- Sans légende

- Pas étonnant que nous ayons des parasites, ton antenne radio est toute tordue!

Si février n'est jamais "tout bon", il n'est jamais "tout mauvais" non plus. Qu'il commence "comme un mouton" c'est-à-dire larmoyant, étouffé de brumes, il finira "comme un lion" lacérant de gel les carreaux et rugissant ses tempêtes de neige.

Le soleil se lève à 08 h 23 mm et se couche à 17 h 46 mm

Une invention qui a du cachet

Un 1er février...
C'est aux laboratoires allemands Bayer, qu'un chercheur, Félix Mottmann met au point, vers 1894, un produit calmant pour son père qui souffre de rhumatismes.
A ce produit nouveau, l'acide acétyl salicylique, il donne le nom d'Aspirin (prononcer : Aspirine).
Le mot a été formé par ces différentes syllabes : «A» est la première lettre d'acétyl ; "Spir» vient de Spirsaüre (acide spirique, soit acide salicylique); «In» est juste une finale commune aux termes de la chimie industrielle. Mais «a» est aussi un radical privatif, le mot pouvant être traduit par : «qui est fait sans spirae», une plante qui contient naturellement l'acide. Le nom est déposé en Belgique. Et il est mis en vente le 1er février 1899.

- Je sais que le temps est mauvais mais tu pourrais quand même sortir pour travailler !

Sourire
- Dans le Midi-Pyrénées c'est certainement à Lourdes que le soleil fait ses plus belles apparitions.

Mon truc en plus
Comment peindre le plafond sans que la peinture coule du pinceau sur la main et de la main dans la manche de la chemise ? A l'aide d'un cutter, découpez une balle de tennis en deux et coulissez le manche dans l'entaille que vous avez faite au centre de

Boris Eltsine est né un 1er février en 1931, de même que Claude François, un 1er février mais lui en 1939. Stan Laurel ne fait plus le comique avec Oliver Hardy depuis le 1er février 1965 et un autre grand comique, Buster Keaton est parti, lui aussi, jour pour jour, l'année suivante.

FÉVRIER
dimanche 2

Saint Théophane et Sainte Jeanne de l'Estonnac

- Encore une crêpe ?

2 Février 1905
-Aux éditions Gauthier-Languereau, un nouvel hebdomadaire, «La semaine de Suzette», va voir le jour ce jeudi. L'équipe rédactionnelle est en effervescence au moment du «bouclage», lorsqu'un des rédacteurs fait faux-bond et ne peut livrer son texte. Il faut remplir le «blanc» occasionné dans la dernière page. L'un des éditeurs, Maurice Languereau, ébauche alors le brouillon d'une petite histoire en bandes dessinées racontant l'arrivée à paris d'une jeune domestique bretonne qui commet une grosse bévue chez sa nouvelle rnaîtresse. Le dessinateur de la maison, Pinchon, exécute le dessin. La naïve domestique prend le nom de **Bécassine.** C'est un succès inattendu et immédiat auprès des jeunes lectrices.

Le soleil se lève à 08 h 22 mm et se couche à 17 h 48 mm

sourire
- Dans le vignoble, on était six pour tailler la vigne. Dommage, un de plus et on nous aurait appelés : les ceps mercenaires".

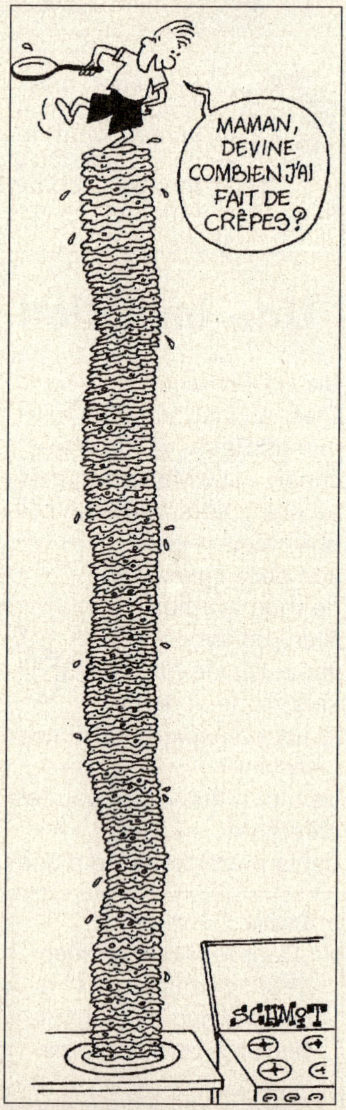

Chandeleur... la sainte crêpe

La Chandeleur et Mardi Gras donnent le signal en février, pour le démarrage de l'opération "crêpes" en tous genres. Voici quelques astuces que nos grands-mères connaissaient bien pour réussir les crêpes :
- Il est recommandé de mélanger dans un grand saladier la farine, le sucre, le sel et les œufs. En faisant un puits dans la farine avant d'y verser progressivement le lait et un peu d'eau.

- Testez la consistance de la pâte. Pour cela trempez une louche dans le récipient. Retournez-la et passez un doigt dessus. La trace du doigt doit être nette.
- Avant la première crêpe, faites un essai avec un peu de pâte. Ajoutez un peu de lait si elle attache.
- Utilisez un tampon de toile ou une demi-pomme de terre crue trempée dans l'huile pour graisser la poêle.
- La pâte faite le soir pour le lendemain est souvent plus facile à "travailler".

Sourire
- Chez le dentiste : pour payer vous avez une carte de crédit ? Je croyais que pour un bridge, une carte à jouer suffirait !

- Quand on parle de somme d'argent, c'est de l'argent qui dort ?

Valéry Giscard d'Estaing est né le 2 février 1926, Gene Kelly, danseur-chanteur est décédé un 2 février en 1996. Haroun Tazieff a quitté ses volcans le 2 février 1998. Le 2 février 1943 , l'armée allemande décide a capituler à Stalingrad après trois jours d'âpres négociations.

Saint Blaise
Décapité sur l'ordre d'Agricola

FÉVRIER
lundi 3

- *Il va se décider, il est déjà venu hier...*

- *C'est votre client Indien du Texas au téléphone..!*

Le soleil se lève
à 08 h 20 mn
et se couche
à 17 h 49 mn

Vermot cuisine: la crêpe solaire

La crêpe serait apparue sur les tables d'Occident au milieu du Moyen-Age, mais il semble à peu près certain que les civilisations antiques l'aient appréciée également à sa juste saveur...
Plusieurs auteurs grecs et romains en font état car ce symbole solaire dépasse largement le cadre de la pure gastronomie.
Si dans ses villas bordelaises le poète Ausone s'en régalait de façon informelle, Constantin, premier empreur chrétien, identifie souvent son Dieu unique au soleil invincible, dispensateur de bienfaits et de victoires militaires.

A ce titre, dans un rituel mi-païen, mi-chrétien, la crêpe joue un rôle œcuménique car elle est servie, dans les plus grandes circonstances, aux dignitaires de l'Empire, au moment de toutes les grandes fêtes solaires.
Louis XIV récupère comme il se doit ce dessert, boudé sous la Renaissance.
La crêpe devient alors un instrument de l'absolutisme, accompagnée dans son service par les violons de Lully.
Après une présentation en grande pompe, le roi Soleil déguste dans la plus grande rigidité possible tout un assortiment de crêpes salées et sucrées, à l'occasion des solstices d'hiver ou d'été.

Un 3 février...

Dans le mouvement général de démantèlement de l'empire ottoman, une volonté indépendantiste apparaît en Grèce.
Une révolution éclate dans le Péloponnèse en 1821.
Des conflits se déclarent pour la direction politique du pays.
L'Égypte intervient pour calmer le jeu. La Triple Alliance (France, Angleterre, Russie) propose l'indépendance de la Grèce à la Turquie, qui la refuse. La guerre qui s'ensuit est favorable aux alliés et la Turquie doit se plier aux exigences russes.
En 1829, le traité d'Andrinople reconnaît l'autonomie de la Grèce.
Le lundi 3 février 1830, le protocole de Londres proclame enfin l'indépendance de ce royaume. L'état ainsi créé comprendra 600 000 personnes (Péloponnèse, Grèce centrale, Eubée), Othon de Barrère en devenant roi en 1832.

André Cayatte était né un 3 février en 1909 et il est reparti quatre-vingt ans plus tard... De même, John Cassavetes, cinéaste américain est décédé un 3 février, en 1989. Le premier billet de banque américain a vu le jour le 3 février 1690. Le 3 février 1994, Bill Clinton lève l'embargo sur le Vietnam, embargo qui durait depuis 19 ans.

ALMANACH VERMOT 2003

FÉVRIER mardi 4

Sainte Véronique
Essuya le visage du Christ montant au calvaire

- *Félicitations, vous avez remporté la coupe du saut le plus spectaculaire !*

- *M. le directeur, j'ai là deux personnes pour un hold-up, mais elles n'ont pas rendez-vous!*

Le soleil se lève à 08 h 19 mn et se couche à17 h 51 mn

Mon truc en plus

Pour gardez une salade prête à l'emploi plus de huit jours, il faut la laver, bien l'essorer, la ranger dans un récipient en plastique hermétique et la mettre au frigo. Mais avant de refermer le récipient, posez une feuille de papier absorbant sur la salade.

Hortense, Aglaé ? non, Suzette...

A la fin du XIXe siècle et au début du XXe, la Côte d'Azur, on le sait, était le rendez-vous élégant des rois et des princes de toute l'Europe. Les Cours d'Europe s'y rencontraient et s'y divertissaient au bord de la Grande Bleue. A cette époque, les palaces ne désemplissaient pas de célébrités.

La reine Victoria d'Angleterre ne fit pas exception à la règle. Elle aimait fort ce séjour méditerranéen ; le prince héritier de ce pays, le futur Edouard VII n'en appréciait pas moins la région.

Alors qu'il adorait les jeunes et jolies femmes, les "old ladies" en villégiature sur la Côte le harcelaient littéralement.

César Ritz, de "L'Hôtel de Paris" de Monaco s'efforçait d'installer autour de sa table, en guise de protection, un superbe cordon de jeunes et jolies femmes.

Un soir de Chandeleur, le prince dînait à Cannes en compagnie d'une jolie danseuse rencontrée au Casino. Des crêpes furent servies à la fin du repas.

Le prince, aussi raffiné en gastronomie qu'en amour, s'en délecta. Puis, il fit appeler le chef de cuisine pour le féliciter et s'informer sur la nature de ces crêpes délicieuses.

- C'est ma recette, Votre Altesse . Elles sont arrosées de jus de mandarine.
- C'est une excellente recette ! Comment les appelez-vous?
- Pour le moment, elles n'ont pas de nom, Votre Altesse.

Le prince héritier se tourna vers sa compagne du moment et la questionna

- Quel est votre nom, chère amie ?
- Je m'appelle Suzette.
- Eh bien chef, ce seront des "Crêpes Suzette".

Sourire

- Il avait baptisé la prison "l'aspirine" parce qu'il revenait régulièrement y prendre un cachot.

Jacques Prévert est né un 4 février en 1900 et Yves Lecoq, la voix des Guignols, le 4 février 1946. Le 4 février 1957 est mise sur le marché la première machine à écrire électrique et le 4 février 1969, Yasser Arafat est nommé président de l'OLP.

- *Je n'ai jamais vu autant de monde au stade ...!*

Mon truc en plus

Une clef cassée dans une serrure de placard ne sera plus un problème si vous possédez un bon aimant. Posez-le sur le trou de la serrure et bougez doucement. Vous devriez finir par récupérer le morceau cassé.

Se soleil se lève à 08 h 17 mn et se couche à 17 h 53 mn

Question d'adresse

Autrefois, les adresses sur les enveloppes postales étaient plus ou moins longues quand ce n'était pas farfelues, car il fallait situer en détail le destinataire.

- *Enfin vous êtes jeune et fort, vous n'avez pas honte de faire la mendicité ...?*

On pouvait par exemple lire, avant le nom de la ville: Monsieur X, la maison blanche juste après le petit pont, à droite de la ferme en ruine, face à l'étang...

Au XVIIIe siècle, on décida, pour faire plus simple, de numéroter les maisons dans les villes.

Mais après une mise en application longue à venir, les numéros étaient établis tout à fait arbitrairement et de façon fort confuse.

Vint alors, Napoléon. Le lundi 4 février 1805 le préfet Frochot publie un décret instituant le numérotage que l'on connaît actuellement avec les numéros pairs d'un côté de la rue et les impairs de l'autre côté.

SOURIRE

Dans un élevage de dindes en Angleterre, on a trouvé un moyen pour qu'elles arrêtent de se battre entre elles. Un chercheur de l'Université de Leeds a eu l'idée de suspendre des CD au-dessus des volatiles. Ce n'est pas la musique qui les calme, c'est simplement qu'elles sont hypnotisées par les reflets métalliques des CD accrochés au plafond. Un genre d'épouvantail en somme.

Sourire

- En Russie, l'amateur de roubles, pour devenir riche, n'a qu'une solution : consulter le guide du roublard.

La marquise de Sévigné est née le 5 février 1626, André Citroën le 5 février 1878. Charlotte Rampling est arrivée beaucoup plus tard, le 5 février 1946 et Daniel Balavoine était né, lui, le 5 février 1952.

FÉVRIER jeudi 6

Saint Gaston
Évêque d'Arras, mourût en 540

- J'estime que dans un hôtel quatre étoiles, on devrait avoir droit à un petit bisou au réveil !

- J'emporte le dossier pour l'étudier à tête reposée !

Le soleil se lève
à 08 h 16 mn
et se couche
à 17 h 54 mm

Mon truc en plus

Une tache sur un meuble en bois disparaîtra en le frottant avec un linge trempé dans du lait chaud puis avec un morceau de laine imbibé d'un peu d'huile ordinaire. Ensuite, encaustiquez.

Crêpes? une recette très... Antilles!

Voici une recette très simple de crêpes qui feront saliver les petits et les grands, la crêpe antillaise :

Ecrasez à la fourchette quatre bananes bien mûres.
Incorporez-y dans l'ordre : 100 g de sucre en poudre, 1 sachet de sucre vanillé, 1 sachet de levure chimique, 250 g de farine et 3 cuillerées à soupe de rhum, sauf si ces crêpes sont destinées à des enfants.

Déposez dans la poêle un petit tas de cet appareil et écrasez au maximum.
Faîtes dorer sur les deux faces et dégustez.

- Dans la catégorie des "poids plume" ce sont des choses qui peuvent arriver...

Sourire

J'ai connu un hôtel qui se voulait à la pointe de la modernité mais je pense qu'ils allaient trop loin en mettant l'air conditionné dans le sauna...

J'ai vu un jour un type qui n'avait pas de front. Sa tête s'arrêtait au ras des yeux et des sourcils. Mais ça ne se voyait pas. Sauf quand il soulevait son képi...

Ronald Reagan, acteur de cinéma devenu président des Etats-Unis est né le 6 février 1911. François Truffaut est né, lui, un 6 février 1932, de même que Jacques Villeret né lui aussi un 6 février, en 1951. Triste 6 février 1998 qui a vu l'assassinat du préfet Erignac.

- Sans légende

- Sans légende

Dicton

“Belle avoine en février donne espérance au grenier” et “Février sans neige, saison d’été sèche”.

Le soleil se lève à 08 h 14 mn et se couche à 17 h 56 mn

Vermot jardin: la mousse déborde

A force de s’entendre dire que février est le mois où il faut détruire la mousse du gazon avec du sulfate de fer, cela devient une obsession.

Il est vrai que c’est un vrai plaisir de faire admirer une belle pelouse sans la moindre mauvaise herbe. Alors vive la guerre aux mousses et autres herbes qui détériorent le gazon. La mousse vient de l’augmentation de l’humidité, de l’asphyxie du sol et de l’acidification de la terre. Pour éliminer, tant que faire se peut, la mousse, il faut aérer et drainer le sol : un carottage suivi d’un apport massif de sable, par exemple. Ensuite apportez de la chaux et sulfatez chaque printemps.

Car n’oubliez pas que partout où la mousse s’installe, le gazon disparaît.

Alors, gardez la mousse si elle fait un tapis mœlleux et régulier.

On l’admire, par exemple, dans les jardins japonais.

Sourire

A force de descendre son chien et sa poubelle le soir, un jour il jettera son chien et fera pisser sa poubelle tellement il est distrait.

- Excellent ! maintenant on met de la pellicule et on tourne !

C’est le 7 février 1812 que Charles Dickens vit le jour. De même Juliette Gréco, mais en 1927. Le 7 février 1999 disparaissait le roi Hussein de Jordanie. Le 7 février 1971, obtention du droit de votre pour les femmes suisses.

FÉVRIER samedi 8

Sainte Jacqueline
Saint François l'avait baptisée "frère jacqueline"

- Ne sois pas idiot, Jules, c'est sûrement notre fille qu'il vient demander en mariage !

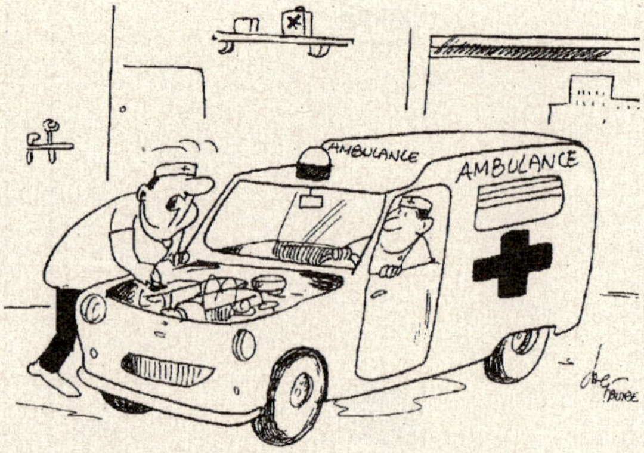

- Fais la tousser un peu pour voir ...

Le soleil se lève à 08 h 13 mn et se couche à 17 h 58 mn

Mon truc en plus

Pour dégeler une conduite d'eau, une solution : laissez le robinet ouvert tout en chauffant le tuyau avec un sèche-cheveux.

Dépassé le tunnel sous la Manche

Une très vieille idée, un tunnel sous-marin reliant l'Europe à l'Amérique, refait surface depuis quelques années.
Dans ce tunnel long de près de 5 600 km, un train glissera à la vitesse incroyable de 3700 km/h (!) et un millier de passagers pourraient rallier Bristol à New-York en 90 minutes. Ce train supersonique, guidé par des champs magnétiques, circulera dans un conduit totalement sous vide pour éliminer les problèmes de frottement.
Un des promoteurs de cette idée, M. Franck Davidson est un chercheur célèbre du Massachussetts Institute of Technology de Boston qui a participé à la fondation Chanel Tunnel Study Group, pour la réalisation du tunnel sous la Manche.

Pour les auteurs du projet, le tunnel sous la Manche apparaît comme une simple plaisanterie à côté du leur. Ce conduit sous-marin, ancré à 30 ou 40 mètres au-dessous du niveau de la mer devrait coûter dans les 300 milliards de Francs (en Euros, comptez vous-même!) et pourrait être réalisé aux alentours des années 2030-2040.
M. Davidson a une réponse pour tous les problèmes soulevés.
Mais lorsqu'on lui a parlé d'un éventuel "déraillement" du train, il a admis que s'il heurtait la paroi, il serait littéralement "atomisé".
On pense qu'avant d'embarquer on demandera aux voyageurs s'ils ne sont pas claustrophobes.

Sourire

- Le faisan se chasse en France, mais pour le coq de Gruyère c'est en Suisse.

- Ne sois pas stupide, si je rentre en bus c'est que la voiture est inutilisable !

Georges Guétary avait poussé sa première note le 8 février 1915. Lana Turner est née le 8 février 1920 et James Dean de son vrai nom James Byron Dean a vu le jour un 8 février 1931. Michel Jazy bat le record du monde du 3 000 m le 8 février 1964.

- J'ai un mot d'excuse du café d'en face ...!

- Enfin, chéri, tu connais un autre moyen de louer quatre chambres avec un seul lit!

Mon truc en plus

Pour éliminer une tache de gras sur un vêtement, utilisez tout bêtement du produit à vaisselle. Lavez ensuite comme indiqué pour chaque sorte de vêtement.

Le soleil se lève
à 08 h 11 mn
et se couche
à 17 h 59 mn

9 février sainte Apolline patronne des dentistes

Les jeunes dentistes ont les dents longues, mais au début ils n'ont pas grand chose à se mettre sous la dent. Il faut d'abord qu'ils se fassent les dents. Puis, peu à peu, les clients montrent les dents. Ceux qui ne veulent pas les desserrer, ceux qui au contraire, faisant des remarques incisives, avaient la dent dure comprennent au bout du compte qu'avec ces spécialistes leurs dents seront gâtées. Alors ces petits jeunes qui avaient les crocs prennent racine et deviennent des gens du palais.

On se les arrache. Ils sont sur les dents du matin au soir. Ils voient des sourires d'anges et des dents de laids. Ils font une vraie cure dents. Ce sont des mordus du travail, ils croquent la vie à pleines dents et mangent à tous les râteliers.

Mais ils ont aussi besoin, dedans, de sagesse et d'une sainte qui les insensibilise contre les incidents pouvant émailler leur carrière.

Car il y a des clients craintifs qui claquent des dents. Il y a ceux qui se déchaussent et du fait ont une mauvaise haleine. Ceux qui s'accoutrent comme s'ils allaient aux fraises. Il y a les enfants qui justement préféreraient que l'on sucre les fraises. Des qui rient jaune pour avoir trop fumé. Des qui sont à bout de nerfs. Certains qu'il faut endormir pour leur mettre un peu de plomb dans la tête. D'autres contre lesquels on se casse les dents. Pas moyen de leur arracher le moindre maux. Leurs molaires sont comme des tours d'ivoire et c'est tout un problème d'extraire leurs racines carrées.

Pour couronner le tout, il y a des clients qui amènent leur chien sous prétexte qu'ils ont une rage dedans ou qu'ils ont contracté la peste canine. Qu'en sera-t-il quand les poules auront des dents !

Puis un jour, ces dentistes sont à la retraite et peuvent s'adonner au bridge et à la roulette.

Et quand la vie les a rongés, ils partent parfois sans fleurs ni couronnes.

Les plus irrités d'être encore au fond du trou, prenant le mors aux dents, prendront les dents aux morts.

D'ici là, que Sainte Apolline les prothèse...

Le célèbre dessinateur Poulbot était né un 9 Février 1879, Mia Farrow, actrice américaine est née elle, le 9 février 1945. Pierre Dac, notre maître à tous en loufoquerie a réalisé son plus mauvais gag en s'en allant définitivement le 9 février 1975.

FÉVRIER lundi 10

Saint Arnaud
Mort après 8 ans de cachot

Notre-Dame de Lourdes

FÉVRIER mardi 11

- *Et vous, vous fumez le terrain avec quoi?*

- *Je peux avoir la voiture ce soir papa?*

Le soleil se lève à 08 h 10 mm et se couche à 18 h 01 mm.

Deux dictons pour ce mois de février :
"Si février est chargé d'eau, l'été n'en sera que plus beau" et
" Eau de février vaut jus de fumier".

Le soleil se lève à 08 h 08 mn et se couche à 18 h 03 mn.

Problèmes d'hommes

Si personne dans votre famille proche n'a souffert d'un cancer de la prostate, alors jusqu'à quarante ans, vous ne devriez pas avoir de souci.

Passé cinquante ans, demandez à votre médecin un touché rectal et, le cas échéant, voyez un urologue pour un dosage du taux de PSA (Antigène spécifique de la prostate).

En dessous de 60 ans, le PSA total doit être inférieur à 2,5 nanogrammes. Après 60 ans, une visite annuelle est recommandée.

Sourire
- "Monseigneur, dit l'abbé à son évêque, si vous ne trouvez pas le sommeil, prenez quelques cachets de cardinal."

- Qui a écrit : "Les Légions Dangereuses ?"
- Un romain certainement.

SOURIRE

Le bac, cet examen tant redouté, est comme la lessive. Avant, on mouille, pendant, on sèche, après... on repasse !

- Avec mon acné juvénile, j'ai l'impression de garder un troupeau de boutons.

- A la campagne, il y a des médiums qui font tourner l'étable.

Boris Pasternak, prix Nobel de littérature a vu le jour le 10 février 1890. Pierre Mondy acteur, metteur en scène est venu sur la scène de la vie le 10 février 1925. Bernard Rapp est né le 10 février 1945. Serge Lama pousse sa première note le 11 février 1943 et Jacques Pradel le 11 février 1947.

- Si à PDG vous n'avez rien à me proposer voyez à manœuvre ou coursier...

- Henriette, tu as encore oublié de fermer la porte du pré...

Sourire

Dans ce bar du Texas, il y avait un écriteau où on lisait : "Ici on paye l'attorney général."

Le soleil se lève à 08 h 06 mm et se couche à 18 h 04 mn.

Assurances sourires

On ne rate jamais ce genre de perles qu'elles soient des écoliers, des fonctionnaires ou comme celles-ci qui proviennent de clients et qui sont adressées à leur assureur.

- ... Il faut dire à ma décharge que le poteau que J'ai buté était caché par l'invisibilité du brouillard.

- ... Ma voiture gênant la circulation, un Portugais m'a aidé à la mettre sur le trottoir, ainsi que ma femme qui rentrait de son travail.

- ... Je désire que ma voiture soit utilisable accidentellement par mes enfants majeurs considérés comme novices.

- ...J'ai été blessé par une dent de râteau qui m'est tombée sur le pied. La dent était accompagnée du râteau.

- ... Je suivais la voiture qui me précédait qui après que je l'ai dépassé m'a suivie, c'est alors qu'elle m'a choquée en plein derrière et m'a forcé par la choquer moi aussi le derrière de celle qui était devant.

-... Circonstances de l'accident : est passé à travers une porte vitrée lors de l'"opération "portes ouvertes" de l'entreprise.

à suivre

- Tu verras, Henri m'a dit que son copain faisait un métier artistique...

SOURIRE

- Je soupçonne mon pâtissier de trafic de drogue. Je l'ai entendu parler de tarte opium.

- Dans le vignoble, quand on se fâche on est souvent à côteaux tirés.

Abraham Lincoln est né le 12 février 1809. Liza Minnelli est née le 12 février 1946 bien après Costa-Gavras, réalisateur de films qui lui est né le 12 février 1943. Le 12 février 1968, Jean-Claude Killy gagne la deuxième de ses trois médailles d'or aux J.O. de Grenoble.

FÉVRIER
jeudi 13

Sainte Béatrice
Fonda la Chartreuse d'Exmeu dans la Drôme

Le soleil se lève à 08 h 05 mn et se couche à 18 h 06 mn.

Mon truc en plus

Comme dit ma concierge qui s'y connaît : "Quand les langues vont bon train, souvent ça déraille. "

Un auteur Vermot

Derrière son volant, Jacquy Goulard tourne à droite, tourne à gauche, tandis que dans sa tête les mots tournent aussi. Au moindre arrêt du car, les mots descendent et s'alignent sur son petit carnet. Et en faisant sa tournée habituelle, il a fait un détour par le *Vermot* pour nous livrer ses jeux de mots.

Suivons-le :

- Le gourou d'une secte a été inculpé... pour trafic d'âmes.

- Un berger en montagne aimait à chanter sur les crêtes. Depuis qu'il a pris du recul,... il ne chante plus!

- Les jeux à gratter. Ah, la la... ça fait mal à la tête. Heureusement il y a *astro*... effervescent !

- Un vieil original concassait des pierres pour faire de la confiture de... murs.

- Grève chez les cambrioleurs. Mais nous apprenons que 80 % des vols seront assurés.

- J'aimerais acheter des couverts en argent. Pouvez-vous me donner une fourchette de prix ?

- Dans un magasin d'électroménager, un client fait une remarque : "Ce rabais sur le prix des ventilateurs, c'est du vent ?

Sourire

- Il y en a qui ont le vin gai ! Le vingt gai ? Mais alors qu'est-ce-qu'ils font le 19, le 21 ou le 22 ?

- Ancien pêcheur et inventeur de génie, il avait inventé une machine à remonter le thon.

Georges Simenon est né le 13 février 1903, Kim Novak est née le 13 février 1933 de même qu'Emmanuel Ungaro, grand couturier. Lily Pons, cantatrice, est décédée le 13 février 1976. Les frères Lumière déposent le brevet du cinématographe le 13 février 1895.

- Bien sûr qu'on a de l'alcool... mais pas dans la valise si vous voyez ce que je veux dire...

- Mon chéri... c'est pour toi...

sourire

Il est à peine neuf heures. Si je rentre maintenant, dit ce type au bar, je vais surprendre ma femme...
- Avec qui ? dit son pote...

Le soleil se lève à 08 h 03 mn et se couche à 18 h 08 mn

Jacquy GOULARD

- Quelle est la différence entre un homme et un pigeon ? L'homme peut être marié. Le pigeon peut être ramié.

- Bach, le compositeur avait une école de jeunes musiciens. Et c'est quand la période des vacances ?
- A Bach, comme d'habitude.

- Quand on discute du trou d'ozone ou de la chaleur de la planète, le boulanger en profite pour parler lui, du réchauffement de la bannette.

- Deux chevaux attelés discutent : "Il y a un moment qu'on ne s'est pas vus, t'as pas vieilli, t'as pas pris une bride".

A suivre...

Sourire
- Je voudrais être policier au Groenland...
- Dans quel service ?
- Inter pôles !

- Tolstoï a écrit un livre sur les régimes amaigrissants : "Guère épais."

Quand un ivoirien se fait opérer de la cataracte, est-ce qu'il y voit mieux?

- Je peux vous dire que c'est profond par ici... je suis sur les épaules d'un porteur...!

Roland Giraud (Trois hommes et un couffin) est né le 14 février 1942 et le Général Bigeard est né le 14 février 1916. C'est le 13 février 1951 que Ray Sugar Robinson devient champion du monde des Moyens en battant Jack La Motta. Le 14 février 1997, l'écurie "Prost Grand Prix" prend le départ en F1.

FÉVRIER samedi 15

Saint Claude
Prédicateur à Londres

- Sans légende

- C'est pas le type qui a déjà été malade avec vos champignons, il y a une semaine ?

Le soleil se lève à 08 h 01 mn et se couche à 18 h 09 mn.

Mon truc en plus

Pour protéger vos meubles de l'humidité, glissez des bâtons de craie dans les tiroirs. C'est un absorbeur d'humidité très efficace et surtout économique.

Les astuces du Vermot

Avant de ranger théière, bouteille isotherme ou tout autre récipient fermé, mettez à l'intérieur un ou deux morceaux de sucre. Cela suffira pour éviter les odeurs de renfermé.

Vous avez , dans un coin du jardin à côté de la maison un endroit ou il n'y a rien... Prenez le vieil escabeau qui ne sert plus à grand chose, un coup de peinture vert foncé et dressez-le. Sur chaque marche posez des pots de fuschias, de géraniums-lierre ou des capucines grimpantes. Vous aurez là une cascade de fleurs.

SOURIRE

C'est un homme qui se réveille dans un lit d'hôpital après y avoir été admis à la suite d'un accident.
Il appelle le docteur :
- Docteur, docteur...c'est horrible, je ne sens plus mes jambes...
- Oui, je suis désolé, mais on a dû vous amputer des deux mains, dit le docteur...

Saint Valentin

Le 14 février, fêtez la Saint Valentin. C'est tout le bonheur que l'on vous souhaite. N'oubliez pas que la tradition veut que l'on offre un peu de tout, du chocolat au bijou, mais le plus souvent ce sont des fleurs quand il s'agit des dames.

N'hésitez pas à demander, en cas de doute, à votre fleuriste qu'il vous dise le langage des fleurs. Les roses s'offrent en nombre impair et depuis quelques années, les bouquets prennent des formes pleines de charme.
Cela va des petits coussins aux cœurs de roses. Allons, Messieurs, il est de plus en plus facile de faire preuve d'originalité.

Louis XV, roi de France est né le 15 février 1710. Nat King Cole, chanteur noir est mort, lui, le 15 février 1965. Bonne nouvelle pour les petits, Walt Disney lance Cendrillon" sur les écrans le 15 février 1950. Georgette Lemaire est née le 15 février 1943.
Le 15 février 1989 annonce la fin du retrait des troupes d'URSS d'Afghanistan.

- La promotion sociale dans votre entreprise ne me paraissant pas assez rapide, j'ai décidé d'épouser votre fille !

- A ton avis, est-ce qu'ils vont continuer la course à pieds?

Proverbes

Qui veut cracher loin, n'a qu'à s'avancer...
et : Qui veut voyager loin - en bateau - ménage sa mâture.

Le soleil se lève à 07 h 59 mn et se couche à 18 h 11 mn.

Un séjour dans les étoiles

D'après les concepteurs du projet, dans dix à quinze ans, certains heureux privilégiés (et fortunés à l'occasion) pourront passer leurs vacances dans l'espace.

A partir des réservoirs de carburant des navettes spatiales américaines, les promoteurs ont imaginé une résidence de luxe, un complexe hôtelier dans une station à 600 km au-dessus de la terre !

Les plans sont déjà établis. Reste le plus compliqué : la réalisation. Et surtout la façon d'arriver à cet hôtel, car sur place, rien ne devrait poser de problème.

Il est prévu des suites avec baies vitrées pour admirer la terre, des salons, discothèques, cinémas et même un jardin botanique.

Pour ceux que cela intéresse, prévoyez déjà de faire des économies car la semaine pourrait coûter de 80 000 à 100 000 francs.

En euros, ça ne fera jamais que 12 200 à 15 000 euros...

A ce prix, certains vous diront que ça ne vaut pas la peine de se priver.

Mon truc en plus

Cheminée, dalles ou autres objets en marbre se rénoveront facilement en suivant ces petites astuces.

Détachez avec de l'eau savonneuse ou du savon noir.

N'employez pas d'acide mais du gros sel mouillé pour activer le lavage. Faites une pâte avec 2/5 de blanc d'Espagne, 1/5 de cristaux de soude dilués dans 2/5 d'eau et frottez.

Le célèbre Jean Nohain était venu au monde le 16 février 1900. Jonh McEnroe est arrivé sans raquette, le 16 février 1959. Le couturier, Guy Laroche a quitté définitivement la couture et le monde le 16 février 1989. Le 16 févier 1943 création du STO pour fournir de la main-d'œuvre en Allemagne.

FÉVRIER lundi 17

Saint Alexis
Fondateur de l'ordre des serviteurs de Marie

Sainte Bernadette.

FÉVRIER mardi 18

- En montagne, vous savez, il vaut mieux regarder où on met les pieds...!

- A mon avis, vous vivez replié sur vous-même...!

Le 17, le soleil se lève à 07 h 54 mn
et se couche à 18 h 16 mn
Le 18, le soleil se lève à 07 h 56 mn
et se couche à 18 h 14 mn

Dicton de février

Si l'hiver ne fait pas son devoir
En décembre ou en janvier,
Au plus tard, il se fera voir,
Dans le deuxième de février.

Vermot jardin en février

C'est en février qu'il faut bêcher les massifs lorsque le sol n'est ni gelé ni trop trempé.

Il faut semer, à l'intérieur, au chaud, les géraniums et les bégonias, les pétunias et les impatiens, les œillets et les roses d'Inde, à condition que vous ayiez un local clair et où la température oscille autour de 10-12 °C.

A la fin du mois, il faudra tailler les rosiers et élaguer les arbres trop développés.

Au potager, pensez à la fin du mois, à semer les pois, les fèves, les poireaux, les oignons jaunes et blancs.

Repiquez de l'ail et des échalottes et semez, sous abri, les carottes "primeur" et les premières laitues du printemps.

Des trucs pour détacher

De la rouille sur du tissu: Tamponner avec un chiffon imprégné de vinaigre blanc ou de jus de citron additionné de sel fin, à moins que vous ayez un détachant spécial rouille. Mais lisez bien la notice d'emploi, cela vous évitera de

- Laisse-moi, tu vois bien que moi aussi j'ai les mêmes problèmes !!

Sourire

- Les **affres** d'emplois, c'est quand tu cherches du boulot et que t'en trouves pas.

- "Loin des œufs, loin du beurre" a l'habitude de dire ma crémière.

David Douillet est arrivé sur le tatami de la vie le 17 février 1969. Avant lui, mais un 17 février en 1946, c'est André Dussolier qui venait au monde. John Travolta est né le 18 février 1954 alors que Paco Rabanne est arrivé lui aussi le 18 février mais bien avant, en 1934. Le 18 février 1975, Coluche démarre une grande carrière en triomphant à l'Olympia.

Saint Gabin
Sénateur et prêtre romain, fut enterré dans la basilique sainte suzanne

FÉVRIER mercredi 19

- J'ai hâté l'ouverture de ce testament à la deman-de de certains membres de la famille très impatients...

Mon truc en plus
Pour supprimer les mauvaises odeurs dans un réfrigérateur, il suffit d'y placer une petite quantité de marc de café dans une soucoupe. C'est efficace et surtout...économique et écologique...

Le soleil se lève à 07 h 54 mn et se couche à 18 h 16 mn

Le hold-up comme antidépresseur

Comme il traversait une période de dépression, parce que sa femme l'avait quitté, Giuseppe De Carlo s'est tourné vers un anti-dépresseur d'un genre tout à fait nouveau. " Je cherchais des expériences fortes pour sortir du tunnel" à déclarer le jeune homme, conseiller financier turinois de 37 ans.

Ces expériences fortes c'étaient tout simplement les attaques de banque. Bilan, en dix mois, vingt et un établissements ont fait les frais de sa thérapie.

Armé d'un faux pistolet. le jeune dépressif a attaqué ces établissements, empochant le butin puis il attendait au volant de son véhicule ... l'arrivée de la police.

" Pour combattre la dépression rien ne vaut un bon hold-up" a-t-il expliqué aux policiers.

Lesquels en ont par dessus la tête de cet olibrius qui leur fait perdre leur temps à venir le cueillir à la porte des banques dès qu'il a un coup de blues...

- Pas de panique, je suis compris dans le forfait "chambre d'hôte"...

Ces mots mortels

Elle avait eu le malheur de dire "New Jersey" et son petit ami avait sorti un pistolet et l'avait abattu de trois balles... Thomas Ray Mitchell a alors expliqué aux policiers et ensuite aux juges qu'il y avait des mots, comme "chaussures de tennis", "Mars" ou "Wisconsin" qui le plongeaient dans une colère noire et incontrôlable. Lors de son procès au Texas, ces mots avaient inscrits sur des pancartes et placés bien en vue afin qu'aucun témoin ne les prononce à haute voix.

Rika Zaraï est née le 19 février 1940. André Gide est décédé le 19 février 1951 et Andrew, le duc d'York est né le 19 février 1960. Deng Xiaoping a quitté le monde communiste chinois et le monde tout court le 19 février 1997.

FÉVRIER jeudi 20

Sainte Aimée
Appartenait à une illustre famille, les Offreduccio

- Je te fais confiance, si cette nouvelle bonne a d'excellentes références, engageons-la...

- ... Chef, quand j'ai dit que le 7312 était sorti... c'est de la loterie dont je parlais!

Le soleil se lève à 07 h 52 mn et se couche à 18 h 17 mn

Mon truc en plus

Contre la fatigue et le stress, en rentrant du boulot, remplissez le lavabo d'eau froide et trempez d'abord les poignets quelques minutes, puis les bras jusqu'aux coudes.

VERMO... ROSCOPE

POISSONS

20 FÉVRIER - 20 MARS

Si les astres ne vous ont pas été favorables l'an passé, il ne devrait pas en être de même cette année. Surtout après juin. Ne faites pas pourtant trop de comparaison avec les derniers mois. Il y a du changement dans l'air mais cela se fera doucement.
Cette année vous devrez compter sur vos amis, vos relations. Votre carnet d'adresses vous sera bien utile, mais vous devriez en allonger la liste grâce à de bien sympathiques rencontres. Et l'avenir vous prouvera l'utilité de ces rencontres.
Côté santé, réagissez avant que la fatigue ne prenne trop d'emprise sur vous. Tout le monde pâtit de vos sautes d'humeur et vous n'avez rien à gagner à laisser les choses s'envenimer. D'autant que lorsqu'il faut réagir, vous savez le faire. Attaquez-vous à des situations difficiles, vous devriez pouvoir compter sur des appuis.
On vous a reproché un certain laxisme, de la nonchalance, presque de la paresse ? Coup de fatigue seulement. Dans quelques semaines ce ne sera plus qu'un mauvais souvenir.
Osez vous investir, faites des efforts, certains n'en croiront pas leurs yeux...

Ah la vacherie!
Caroline Lenaert est sans doute la seule femme à avoir été harcelée téléphoniquement par une vache laitière! Le propriétaire de l'animal avait relié une trayeuse électrique défectueuse à son téléphone pour être alerté en cas de panne.
Malheureusement il avait programmé par erreur le numéro de Mme Lenaert, qui était souvent réveillée à 5 heures du matin!

Sidney Poitier, acteur noir est né le 20 février 1924 et Robert Altman, réalisateur de films est né lui, plus tard mais néanmoins aussi le 20 février, en 1925 . Le 20 février 1986, début de la première chaîne privée française, la "5".

Saint Pierre Damien
Un des meilleurs poètes d'expression latine du moyen âge

FÉVRIER vendredi 21

- ...Faut pas te croire obligé de faire des figures pour m'impressionner...!

- Sans légende

Mon truc en plus

Vous avez cuisiné et vos mains sentent l'ail alors lavez-vous-les avec du marc de café. Et si elles sentent l'eau de Javel, lavez-les avec de l'eau allongée d'un peu de vinaigre.

Le soleil se lève à 07 h 50 mn et se couche à 18 h 19 mn.

Manque de sommeil = alcoolémie

Une récente étude australienne a démontré qu'une longue période d'éveil entre 15 et 19 heures semblait valoir une alcoolémie de 0,5 g/l ; c'est-à-dire que, prendre la route à 23 heures après une journée de travail commencée tôt le matin, faisait courir à soi-même et aux autres un risque du même ordre que celui que sanctionnent la plupart des codes de la route.
Comme l'alcool, la fatigue est aujourd'hui montrée du doigt comme cause d'accidents sur la route.
L'étude a montré que sur une quarantaine de personnes, la prise d'alcool ou la privation de sommeil arrivait au même résultat : diminution de l'attention, retard dans les réflexes. Après une journée normale, ceux qui prennent le volant peuvent s'attendre au pire.
Entre 19 heures et 5 heures du matin, la vitesse de réaction au volant chute de 57 %.

insolite

Jim Harmston, fondateur de l'Eglise véritable et vivante de Jésus-Christ des saints des derniers jours, dans l'Utah a été condamné à verser 300 000 dollars à des ex-fidèles. Il est vrai qu'il leur avait promis un tête-à-tête avec le Christ (en chair et en os) s'ils faisaient don de tous leurs biens à son église.
Mais le messie, peut-être trop occupé, a dû oublier le rendez-vous car il n'est

Sacha Guitry est né le 21 février 1885, Raymond Queneau, lui aussi un 21 février mais en 1903 et Paul Préboist, comédien est né le 21 février 1927.
Malcom X, leader noir américain est décédé le 21 février 1965. Le 21 février 1916 débutait la bataille de Verdun.

FÉVRIER samedi 22

Sainte Isabelle de France
Sœur de saint louis.

- Qu'est-ce qui vous ferait plaisir ? une valse, un slow, la marche funèbre ?

- Pour un imprimeur, vous avez vraiment une mine de papier mâché...

Le soleil se lève à 07 h 48 mn et se couche à 18 h 21 mn.

A méditer

Le type qui a le cœur sur la main et le cul entre deux chaises ne peut que finir à l'hôpital !

Des capteurs ultra-sensibles

Il s'agit des vibrisses. Entourées à leur base par une multitude de terminaisons nerveuses, les moustaches du chat, les vibrisses, sont en fait des poils tactiles.

Elles renseignent le chat sur le moindre mouvement, même un courant d'air, car elles sont d'une sensibilité extrême. Elles lui permettent de repérer des obstacles, d'identifier des objets dans l'obscurité, de communiquer avec ses congénères.

En contact avec la proie qu'il chasse, ces poils le renseignent sur l'endroit précis où il va planter ses crocs.

On dit de faire attention à ces "moustaches" mais, même si vous en coupez accidentellement, rassurez-vous, d'autres vibrisses viendront les remplacer.

Cependant, il faudra attendre qu'elles repoussent et pendant ce temps-là votre chat aura plus de difficultés à se déplacer, la nuit surtout.

Si vous riez avec des histoires cochonnes, ça prouve que le rire n'est pas toujours le propre de l'homme...

- Je ne sais pas si la Sécu va accepter comme accident de travail la chute d'un sein... !

Sourire

- Mon pépé joue au loto toutes les semaines et ne gagne jamais. C'est ça, mon grand... perd !

- J'ai pris vingt kilos en prison. Ça doit être ça la cellu... lite.

Frédéric Chopin est né le 22 février 1810, Jules Renard, le 22 février 1864, Roger Gicquel lui aussi un 22 février mais en 1933. Sylvette Héry, plus connue sous le nom de "Miou-Miou" est née, elle, le 22 février 1950. Une date à retenir, le 22 février 1630, c'est le jour où le pop-corn a été inventé !

Saint Lazare
Aurait été le premier évêque de Marseille

FÉVRIER
dimanche 23

- Ne profite pas que je ne sais pas nager pour me faire une farce...!

- Sans légende

- Vous n'avez pas adressé la parole à votre femme depuis trois mois ?
- Non, Monsieur le Juge, je ne voulais pas l'interrompre !

Le soleil se lève à 07 h 47 mn et se couche à 18 h 22 mn.

Restez vigilants, vous êtes surveillés

Depuis un an déjà, un prototype de "voiture sécurisée" roule sur les routes de France.
Ce véhicule est équipé de capteurs, à la hauteur du rétroviseur intérieur qui décryptent le moindre écart sur la route en étudiant l'angle du volant, la vitesse et la position des roues par rapport aux lignes blanches.
Et surtout, les caméras testent "l'endormissement" éventuel du conducteur, analysant le moindre mouvement de paupière ou la position des mains sur le volant.

Les recherches durent depuis plusieurs années et la commercialisation de ces équipements devrait arriver dans les trois-quatre ans qui viennent. Déjà de gros constructeurs équipent des prototypes.
Quand on sait que 30 % des accidents sur autoroute sont dus à l'hypovigilance, ce phénomène d'endormissement qui nous guette tous après une trop longue conduite, on se dit que tout ce qui améliorera nos moyens de conduite sera bienvenu.

Insolite

La nouvelle loi approuvée par le maire de Rio de Janeiro ne fait pas que des heureux.
Journée de huit heures, assistance médicale obligatoire, repos hebdomadaire, congé maternité et retraite, c'est bien beau. Mais ces acquits sociaux sont destinés aux ânes, mules et chevaux de trait brésiliens. Un certain Adilson Silva a fait part de son mécontentement vu que sa mule sera mieux traitée que lui qui n'a ni vacances, ni retraite, ni sécu...

Claude Sautet, cinéaste de renom est né le 23 février 1924, Philippe Chatel a poussé son premier cri, sans micro, le 23 février 1948 et Bruno Saby, champion de rallye-auto est né le 23 février 1949. Paul Claudel est décédé le 23 février 1955 .

FÉVRIER lundi 24

Saint Modeste
Évêque de Trèves, mentionné dans le martyrologue d'usuard

- Penses-tu avoir mis assez de moutarde sur ta cravate ?

- Il est intéressant ton bouquin sur la lévitation des moines tibétains ?

Le soleil se lève à 07 h 45 mn et se couche à 18 h 24 mn.

Dicton

"Pluie de février et rosée de mai rendent le laboureur gai. "

La fête des grands mères

Avant que Numa Pompilus ne rajoute les mois de janvier et février au calendrier, l'année composée par Romulus comptait seulement dix mois et commençait le 1er mars.

Et bien que ce qui est désormais pour nous le troisième mois ait pris son nom du dieu de la guerre, il était placé chez les Romains sous la protection de Minerve, laquelle, faut-il le rappeler, protège toujours aujourd'hui nos cous meurtris... Ou devenus rhumatisants suite à de trop fréquentes expositions à la pluie. Pluie qui se transforme en giboulées durant les trente un jours du mois de mars. Pour ceux dont la télé était en panne au moment des explications du regretté Alain Gillot-Pétré, rappelons que la giboulée est une pluie soudaine, rapide, de courte durée, qui, s'accompagne souvent de grêle et parfois même de neige. Un temps à ne pas mettre le nez dehors ! Sauf, pour se rendre chez sa mamie afin de lui souhaiter une bonne fête.

Sourire

Il s'était présenté aux élections législatives polonaises et n'avait pas été élu. "Si j'ai perdu, c'est à cause de la guerre", a alors déclaré le candidat, M. Razak. Effectivement, d'origine syrienne M. Razak a comme prénom, Djihad !

Le 24 février 1932, Michel Legrand venait au monde en musique. Jean-Marie Cavada, l'homme de télé est né le 24 février 1940, Alain Prost a pris le départ dans la vie le 24 février 1955. Le 24 février 1963, naissance de l'humoriste laurent Ruquier.

- *Quand on est amiral, sur un bateau, on est dispensé de ramer ?*

- *Sans légende*

Sourire

Quand un gangster achète une voiture, il s'intéresse d'abord à son rayon de... braquage.

Le soleil se lève à 07 h 43 mn et se couche à 18 h 26 mn

Eh oui, car à la Fête des Mères et des Pères, nos talentueux communicants ont désormais ajouté la Fête des Grands-Mères. Laquelle fait le bonheur non seulement de toutes les aïeules de France et de Navarre, mais aussi des fleuristes, éditeurs de cartes en tout genre et autres opérateurs téléphoniques qui se chargent gentiment de nous rappeler à nos devoirs de petits-enfants.
Avouons cependant que malgré l'inspiration ô combien commerciale de cette fête, elle apporte un peu de soleil dans un mois pluvieux, placé sous le signe de la guerre...
Et les maris des grands-mères? Oubliés... ce sont les grands-pères...dants de l'histoire.

Nouvelles bizarres

Les chemins de fer chinois ont décidé de s'attaquer aux mauvaises odeurs.
Notamment celles provoquées par les voyageurs qui prennent le train pieds nus.
Les voyageurs malodorants se verront sommés, par des contrôleurs munis de seaux d'eau et de savon, de se laver les pieds afin de ne pas indisposer les autres personnes présentes.
Il ne faudra pas vous étonner, si vous prenez le train là-bas, d'entendre le contrôleur demander de lui présenter votre billet et vos pieds ...

Les instituteurs néo-zélandais n'ont plus le droit , depuis 1990, de "corriger" les élèves indisciplinés. ils ont pourtant fini par trouver une parade à cette interdiction.
Soucieux de respecter les "exigences bibliques" de discipline, comme ils disent, les dirigeants de la Homeleigh Christian School ont décidé que les coups de baguette seraient dorénavant, infligées aux élèves... par leurs parents eux-mêmes, avec qui ils seront mis en tête-à-tête dans un local prévu pour cela.

Sourire

- Elle disait que sa richesse c'était ses jolies jambes. En somme, son compte en cuisses...

- On parle toujours de l'heure du laitier mais, à Paris, quand on est zingueur... c'est l'heure du plombier.

Caruso, le célèbre ténor est né le 25 février 1873. Emile Allais, champion de ski est né aussi le 25 février, mais en 1912 et Georges Harrison, des Beatles, a vu le jour le 25 février 1943. Herbert Léonard a poussé sa première note le 25 février 1947.

FÉVRIER mercredi 26

Saint Nestor
Évêque qui fut crucifié

- Sans légende

- En ce moment, la recherche fondamentale est surtout orientée vers les lunettes du patron...!

Le soleil se lève
à 07 h 41 mn
et se couche
à 18 h 27 mn.

Sourire

Méfiez-vous des repas bien arrosés, surtout si vous n'avez pas de parapluie.

Pour rester vert

Pour rester en forme longtemps, on vous vantera la DHEA ; mais sachez qu'il n'y a pas que ça. Pensez un peu aux plantes !

Par exemple :

- le romarin est un bienfait pour les neurones et le système nerveux;

- le thé vert est bon pour les artères et le cœur;

- le gingko, beaucoup moins connu chez nous est souverain contre le vieillissement. Cet arbre d'ornement est de plus en plus répandu en Europe depuis trente ans au moins;

- les pépins de raisin rouge que l'on peut acheter sous forme d'extrait sont des anti-vieillissements eux aussi. Ils sont bons pour l'arthrite également;

- l'aubépine pour le coeur et la circulation sanguine, tout comme le gingembre qui, de plus, améliore la digestion;

- le curcuma, utilisé dans les currys, aide le foie et facilite la digestion.

Et bien d'autres encore à découvrir, si vous avez la chance d'avoir encore un herboriste près de chez vous.

Sourire

- Les peintres sont généralement des gens joyeux. Ne dit-on pas gai comme un pinceau.

- Comment peut-on être éploré et avoir la mine des fêtes ?

- Vous pourriez me la tenir une seconde ?

Buffalo Bill est né le 26 février 1846. "Tex Avery", dessinateur est né le 26 février 1908. Charlélie Couture est bien moins âgé puisqu'il est né le 26 février 1956. Quant à Fernandel, il ne nous fait plus rire depuis le 26 février 1971.

Sainte Honorine
Morte pour sa foi au IVe siècle en Normandie

FÉVRIER
jeudi 27

- Qu'est-ce qu'on peut faire? elle se prend pour une autruche...

Sourire

Vous qui allez skier souvent, avez-vous penser à vous assurer contre les dégâts des os.

Le soleil se lève à 07 h 39 mn et se couche à 18 h 29 mn.

Du gazon dans le désert, un mirage?

Pas du tout, si l'on en croit un jeune chef d'entreprise qui, après avoir engazonné plusieur hectares du désert marocain, espère utiliser son savoir-faire pour mettre en culture les terres les plus arides de la planète.

C'est pour un problème de réception des ondes hertziennes dans un site désertique, au sud de Tanger que V. Antoniucci a fait pousser de la végétation.

Devant le résultat, on se prend à rêver de gazon dans le désert. Le procédé serait assez simple : il consiste à engazonner, par projection hydraulique, la surface désertique, sans apport de terre végétale. Cela s'appelle l'hydroseeding. La méthode n'est pas nouvelle, elle date d'avant la guerre, mais elle a été améliorée au point où les résultats sont probants, même dans le désert.

Les spécialistes se penchent sur ce procédé car dans le désert, l'idéal, avant le gazon, serait de faire pousser du blé, de l'orge, du mil...

Sourire

- Est-ce que l'on peut demander à un agitateur professionnel arrivé sur ses vieux jours,... de sucrer les fraises.

- Il n'est pas utile d'avoir une bonne conduite pour entrer à la Compagnie des eaux.

John Steinbeck, prix Nobel de littérature est né le 27 février 1902. Elisabeth Taylor, actrice américaine est née le 27 février 1932. Le 27 février 1933, les nazis incendient le Reichstag.

FÉVRIER vendredi 28

Saint Romain
Bâtit deux monastères et vécut longtemps en ermite

- Je me demande comment vous arrivez à travailler dans une telle tabagie...!

- Je ne vous cache pas qu'il y a quelques travaux à prévoir...

Le soleil se lève à 07 h 37 mn et se couche à 18 h 30 mn

Mon truc en plus

Votre gorge est irritée ? Une cuillérée de miel mélangée à un demi-citron pressé chaud ... à avaler doucement, et ça ira beaucoup mieux.

La bouse: sa cote monte!

Difficile de trouver de quoi planer lorsque l'on vit dans l'un des pays les plus sévères du monde avec la drogue et que l'on est pauvre.
Du coup, les autorités de Malaisie sont confrontées à une population encore réduite mais croissante de ... sniffeurs de bouse.
«La bouse de vache émet des gaz comme le soufre, que les drogués sniffent pour planer. Le problème n'est pas encore très grave, mais ce qui nous inquiète c'est que cette méthode signifie que les drogués peuvent planer gratuitement», a expliqué jeudi un responsable du ministère du Commerce, qui a requis l'anonymat. La ministre du Com-merce Rafidah Aziz, citée par le «New Straits Times», a affirmé qu'il fallait désormais s'attaquer au problème des sniffeurs de bouse, de colle et de fumée de polystyrène.
Car si les trafiquants de drogue risquent la pendaison, rien n'est prévu pour la bouse de vache.
La Malaisie compte plus de 200.000 drogués pour une population de 23 Millions de personnes.
Environ 40.000 d'entre eux ont suivi sans résultat les programmes gouvernementaux de désintoxication.
Ces récidivistes encourent depuis le mois dernier jusqu'à 13 ans de prison et six coups de canne.

- Je ne vous avais pas entendu sonner..!

Sourire

- Pour ce boulot d'intellectuel, il nous faut une femme de tête... Pourquoi pas une femme de méninges ?

- Quand le vingt est tiré, si tu l'as joué, t'as gagné.

Marcel Pagnol est né le 28 février 1895. Pierre Mignoni, rugbyman est né le 28 février 1977. C'est le 28 février 1914 que Charlot apparaît au cinéma. Le 28 février 1946 : premier numéro du journal *l'"Equipe"*. Le 28 février 1991 se termine la guerre du Golfe.

- *Vous pouvez le caresser, il ne mord pas !*

Mon truc en plus:
Pour nettoyer de vieux livres dont le cuir et les reliures sont sales, mélangez 100 g de blanc d'œuf battu en neige à 30 cl d'eau de javel. Passez cette préparation doucement avec un chiffon de laine.

Le soleil se lève
à 07 h 35 mn
et se couche
à 18 h 32 mn.

La pêche Melba : un dessert qui sonne juste

Avec Escoffier, la cuisine devient un art majeur et elle entretient des relations avec le théâtre et la musique que le maître vénérait. Source d'inspiration, l'opéra est à l'origine d'une recette qui a fait le tour du monde, la Pêche Melba, un dessert dont la sonorité ravit autant les amateurs de Mozart que ceux de Verdi.

- *Vous avez fini? On a besoin de la passerelle pour l'avion qui est là...!*

Cette appellation qui se décline dans toutes les langues constitue un hommage à la cantatrice australienne Helen Mitchell, plus connue sous le nom de Nellie Melba. Cette diva capable d'enflammer Londres, New York, Paris et Milan entretient des relations avec le duc d'Orléans. Cet éventuel prétendant au trône de France commande le 1er mai 1894 à Escoffier un dessert spécifique pour la voix de sa maîtresse. En créateur infatigable, le plus cél!èbre chef de la planète veut rendre hommage à cette prima donna et après l'avoir applaudie dans Lohengrin, il combine une alliance subtile entre pêches de Montreuil, glace à la vanille et coulis de framboise, parsemée de quelques amandes fraîches. Il fait monter cette préparation dans la chambre de l'artiste juste avant la représentation suivie par toute la critique internationale : c'est un triomphe pour Nellie Melba. Le lendemain au déjeuner, elle redemande ce magnifique dessert et le chef de s'exclamer : "Je vous ai préparé une pêche Melba ! "

Jean Le Poulain célèbre comédien qui dirigea la Comédie Française, quittait ce monde le 1er mars 1988. Il n'a pas eu peur de sauter en parachute le 1er mars 1912 : il s'appelait Berry et était capitaine. Enlèvement, le 1er mars 1932 du bébé de Lindberg. 10 000 morts après le tremblement de terre à Agadir le 1er mars 1960.

MARS dimanche 2

Saint Charles le bon
Comte de Flandres, participa à la première croisade

- Ne vous dérangez pas, je reviendrai quand vous aurez fini de dîner...!

Le soleil se lève à 07 h 33 mn et se couche à 18 h 34 mn.

Sourire : Si vous voulez que le service auprès de Monseigneur l'Evêque soit apprécié, dit sa cuisinière, n'oubliez pas le thym, l'ail, le romarin et la basilique...!

Vermot jardin : les pois de senteur

Comme vous le savez, les pois de senteur annuels permettent de composer de ravissantes potées fleuries. Alors pourquoi ne pas tenter les pois de senteur ?

Faites tremper les graines une nuit dans de l'eau tiède. Prenez un pot de 25 à 30 cm de diamètre (pour 3 paquets de graines). Semez les graines par trois au moins dans le même trou, garnissez la potée d'un mélange à la fois consistant et bien drainé (mélange à parts égales de terre de jardin, de terreau ou de compost et de sable.

Piquez au milieu de chaque trou un mince mais grand tutueur de bambou et reliez les tuteurs à leur sommet. Arrosez et placez la potée dans le jardin, au soleil, à l'abri d'un mur et protégez-la la nuit à l'aide d'un voile d'hivernage jusqu'à ce que les pois soient assez grands et forts pour résister.

<u>Dicton Vermot</u>

Noël au balcon,
Pâques aux tisons.

On peut dire aussi :
Hiver en cabane
Pâques au Rabane...

<u>Bon à savoir</u> :

30 % des foyers français regardent la télévision en dînant.

<u>A savoir</u> également :

30 % des enfants américains âgés de 4 à 17 ans sont obèses. 10 % le sont aussi en France.

Luc Plamandon, le plus célèbre des auteurs de comédies musicales est né le 2 mars 1942. Serge Gainsbourg est parti chanter ailleurs un 2 mars 1991. Le 2 mars 1933, sortie du célèbre film "King Kong". Le 2 mars 1969, premier vol de Concorde, à Toulouse.

- *Oh, tu sais Gégène, rien de bien sensationnel ici, le train-train habituel, et chez toi?*

- *Sans légende*

Mon truc en plus

Du chewing-gum dans les cheveux ? Pour vous en débarrasser, enduisez-le d'huile ou de beurre d'arachide et pétrissez jusqu'à ce qu'il se détache. Après, vite, un shampooing !

Le soleil se lève
à 07 h 31 mn
et se couche
à 18 h 35 mn

Handicap au golf

Le nouveau chef de la police thaïlandaise, le général Sarutanond a décidé d'interdire aux policiers de jouer au golf, sous peine de sanctions disciplinaires.
Même pendant leurs jours de repos, ils n'ont plus le droit de se rendre sur les greens.
Le général et l'état-major de la police sont soucieux d'en finir, ont-ils expliqué, avec les commissariats déserts, plus de la moitié des effectifs étant adeptes du golf!
On a pensé un temps que cette mesure pénaliserait financièrement les clubs de golf.
Du moins ceux où les policiers avaient jugé bon de payer leurs cotisations.

BIZARRE, NON ?

70 à 85 % des enfants aiment le chocolat, les frites, les glaces, les nouilles... Ils sont beaucoup moins à aimer les épinards !

Lu dans "La Nouvelle République du Centre-Ouest".

"Vend Laguna II, bon état, vert amende."
D'ici que ça attire les PV, il n'y a pas loin!

- *Ma femme je ne sais pas... mais moi j'ai passé un bon après-midi !*

Sourire

Vous savez que vous commencez à vieillir quand tous les gens d'un certain âge que vous rencontrez sont vos amis et non pas ceux de vos parents.

Ce qui frappe le plus l'odorat du voyageur quand il arrive à Venise, c'est l'absence totale de parfum de crottin de cheval.

Jules Ladoumègue, six fois recordman du monde de course à pied termine son dernier parcours le 3 mars 1973. Le père de Tintin, Hergé, lâche ses crayons le 3 mars 1983. Marguerite Duras est partie, elle, le 3 mars 1996. Première de Carmen de Bizet, à l'Opéra, le 3 mars 1875. Coluche reçoit un César pour "Tchao Pantin", le 3 mars 1984.

MARS mardi 4

Saint Casimir
Saint patron de la Pologne

- *Sans légende*

- *Ça ne ressemblerait pas à une grève du zèle, ça, par hasard ?*

Le soleil se lève à 07 h 29 mn et se couche à 18 h 37 mn.

Sourire d'Alphonse Allais
Une dame, dont la taille augmentait chaque jour, dans sa glace, se regardant, se mit à rire effrontément. Moralité : la mère rit de son arrondissement.

Ces dames qui nous font rire :

Sœur Anne (Roumanoff) ne vois-tu rien venir ? Si le succès. Un succès qui depuis plusieurs années ne se dément pas. Au point que maintenant, comme les grandes stars, elle est devenue "La Roumanoff".

- Sans légende

Quel chemin depuis "La Classe", l'émission de Fabrice sur FR3.

A 12 ans, elle a déjà la vocation du théâtre. A l'école, on compte sur elle pour faire rire la classe, aux dépens, la plupart du temps, des professeurs. Tout en continuant ses études (Bac, Sciences Po), elle prend des cours de théâtre. Entre-temps, pour se faire trois sous (à l'époque l'euro n'existaitpas), on la trouve GO au Club Med, le temps d'un été.

"Un soir, je me suis lancée devant le public, à Djerba. J'ai joué les sketches que j'avais écrits et les gens ont rigolé. A ce moment, j'ai compris que plutôt que de devenir comédienne comme je l'espérais, j'allais "faire comique! "

Vivaldi pousse ses premières notes dans son berceau le 4 mars 1678. Paul Préboist est parti jouer les comiques dans l'autre monde, le 4 mars 1997. Cinquante trois marins sont portés disparus lors du naufrage du sous-marin l'Eurydice, le 4 mars 1970.

- *Mon projet c'est d'ouvrir une A.N.P.E!*

Sourire
Augmentation des vols et agressions l'an passé dans le pays. Comme dit notre prof de géo, ce n'est plus la France mais la terre à délits!

Le soleil se lève à 07 h 27 mn et se couche à 18 h 38 mn.

Anne Roumanoff

Et tant pis pour la Comédie Française qui a perdu ce jour-là une sociétaire. A nos questions, elle répond avec un rire qui ne la quitte jamais : “Non, je ne suis pas du genre “farceuse” dans la vie. Je suis même d'une nature assez angoissée, c'est pour ça que je me défoule sur scène.

Oui, j'aime tous les comiques. Je vais voir tous les spectacles, quand je le peux, mais j'ai un penchant pour les femmes : Sylvie Joly, Anémone, Balasko, Lavanant et les jeunes qui pointent leur nez et qui ont du talent.

J'ai pour devise : “Il faut toujours se moquer de soi-même. ” J'ai une recette anti-stress, car je trouve les gens, surtout à Paris, superstressés, qui est simple : des mouvements dérivés de l'aïkido.

J'aimerais vivre en province, les gens y sont moins énervés qu'à Paris et ils ont une bien meilleure qualité de vie .”

Des projets ? Bien sûr, d'abord une tournée, un passage à Paris et des émissions de télé. Le train-train quoi... mais toujours avec un éclat de rire au coin des lèvres...

Sourire
Quand j'étais jeune la plongée sous-marine ça me donnait des boutons.
Un genre d'Apnée... juvénile!

Sourire :
Dans l'armée, pour les uniformes il y a deux tailles : trop grand ou trop petit...

- *Dupont, 2e classe de la section camouflage...*

Le chanteur Murray Head voit le jour le 5 mars 1946. Staline de son vrai nom Iossif Vissarionovitch Djougatchvili s'éteint le 5 mars 1953. Le Moulin Rouge est inauguré à Paris, le 5 mars 1903. Ben Johnson est banni à vie de la compétition sportive, pour dopage, le 5 mars 1999.

MARS
jeudi 6

Sainte Colette
Resta enfermée afin de prier à longueur de journée

- Sans légende

Le soleil se lève
à 07 h 25 mn
et se couche
à 18 h 40 mn

Je vous le dit

- J'ai connu un médium qui a tout laissé tomber. Il était devenu non voyant!
Et moi je vous demande si vous savez pourquoi les forçats ne veulent plus casser des cailloux?
Parce qu'ils ne veulent plus travailler à la chaîne!

Vermot cuisine : la poularde Poincaré

Sous la Troisième République, le Président de la République ne joue pas un très grand rôle dans la vie publique ; c'est, en effet, le Président du Conseil qui inspire les grandes décisions politiques, car depuis Louis Napoléon, premier président de la République, on se méfie des pouvoirs de l'hôte de l'Elysée.
Les républicains ont toujours en travers de la gorge le coup d'état du 2 décembre 1851 qui permit à Louis Napoléon de devenir Napoléon III.
Pour éviter tout nouveau coup de force, les parlementaires qui élisent le Président de la République s'efforcent de trouver des candidats de second ordre.
Pourtant en 1913 dans un contexte international difficile, Poincaré s'installe à l'Elysée. L'union nationale est totale derrière ce Lorrain pour qui le grand chef reconnu Auguste Escoffier crée un nouveau plat, la "poularde Poincaré", truffée de symboles nationalistes dans son

Sourire

Un patron appelle un de ses employés :
- Hier, vous avez demandé l'après-midi pour aller voir votre médecin, seulement on vous a vu jouer au tennis avec un ami !
- Ben oui, c'est vrai, mais c'était mon médecin!

Rimski Korsakov, célèbre pour son "Vol du Bourdon" est né le 6 mars 1844. . Igor Stravinsky, Pearl Buck (Prix Nobel de littérature) et Mélina Mercouri sont décédés un 6 mars ; en 1971 pour le premier, en 1973 pour la seconde et 1994 pour la dernière. Marguerite Yourcenar est la première femme à entrer à l'Académie Française le 6 mars 1980.

Sainte Félicité
Aux jeux du cirque fut jeté en pâture à des bovins en furie

MARS vendredi 7

- *Soyez indulgente... je suis débutant...!*

- *J'ai dû attendre d'être livré pour commencer votre portrait...!*

Mon truc en plus :
Les brûleurs de la cuisinière sont devenus noirs : n'hésitez pas à les faire tremper quelques heures dans du vinaigre de vin. Un coup d'éponge suffira ensuite à les rendre présentables.

Le soleil se lève à 07 h 23 mn et se couche à 18 h 41 mn

accompagnement : la crête de coq et la truffe incarnent la virilité gauloise toujours en éveil, le coulis d'écrevisses fait allusion à la couleur la plus vive du drapeau français et la béchamel rappelle le conservatisme de l'hexagone. Lorsque cette recette est présentée pour la première fois à Londres, un orchestre exécuta la marseillaise, les convives se levèrent en criant : "Vive Poincaré, vive la cuisine française ! ".

D. Hervier

Alerte à la bombe

Sur le vol 8731 Milan-Rio de Janeiro, un incident violent a obligé l'avion à faire une escale d'urgence à Salvador de Bahia.
Il s'agissait d'y débarquer une passagère qui n'avait pourtant ni semelles bourrées d'explosifs ni arme blanche.
Cette Brésilienne s'était simplement et violemment jetée sur son voisin lui arrachant son pantalon...
Le personnel réussit a désamorcer cette bombe sexuelle, non sans que celle-ci n'ait réussi à mordre et à griffer deux hôtesses.
Pour la suite du voyage, on pense qu'on a dû lui demander d'attacher sa ceinture de sécurité et de ne la détacher qu'une fois arrivée !

En toute simplicité.

Le prince héritier de Thaïlande, Maha Vajiralongkom, s'est marié en toute simplicité, quasi secrètement, en jogging et en pantoufles. Il suivait en cela les recommandations de son astrologue qui l'avait mis en garde contre une cérémonie fastueuse qui lui aurait porté malheur!

Maurice Ravel est né le 7 mars 1875. Ivan Lendl lui aussi, mais en 1960. Stanley Kubrick célèbre réalisateur de films est parti le 7 mars 1999. Les Alliés traversent le Rhin le 7 mars 1945. Une femme remporte le Rallye du Portugal le 7 mars 1982. Elle s'appelle Michèle Mouton.

MARS samedi 8

Saint Philémon
Païen, se convertit après une rencontre

- Ma bonne dame, il sera toujours temps de m'inscrire au chômage quand je ne pourrai plus mendier...!

- Avant ce coup décisif, je te rappelle que tu n'as pas encore payé tes impôts, que la voiture est accidentée et que maman vient passer 15 jours à la maison...!

Le soleil se lève à 07 h 21 mn et se couche à 18 h 43 mn.

Mon truc en plus

Pour empêcher les jeunes chiots de faire leurs dents sur les pieds de chaises ou de tables, mélangez du tabasco et du poivre noir à de l'huile et badigeonnez les pieds des meubles.

Un cas peu banal que celui de Rosemary

Rosemary Brown qui est décédée au début de l'année, à 85 ans, était médium. Sa spécialité? Communiquer avec des compositeurs défunts comme Liszt, Chopin, Beethoven ou Schubert, entre autres.

Veuve avec deux enfants, elle travaillait à la cantine d'une école lorsqu'elle a fait une chute.

A l'hôpital, elle explique qu'elle est “visitée” par Liszt, alors qu'elle pianote gentiment.

Elle “transcrira” des centaines de pièces pour piano des différents compositeurs qui la “visitent”.

Aux différentes radios et télévisions qui l'on interviewée elle a décrit minutieusement ses visiteurs. Certains n'hésitant pas dit-elle à cesser de lui dicter des musiques pour regarder avec elle, la télévision !

Intrigués pas ses déclarations, nombre de musiciens, compositeurs ou critiques ont demandé à la rencontrer et à entendre ses œuvres.

Il a bien fallu reconnaître que les musiques de Rosemary présentaient de grandes similitudes avec les œuvres des compositeurs qu'elle affirmait “représenter”.

Alors, Rosemary avait-elle un certain don pour l'imitation ? Fervente chrétienne, elle ne tirait aucun revenu de ce travail et ce sont des mécènes qui l'aidaient à payer disques et frais d'enregistrement.

Mais les plus pessimistes étaient obligés de reconnaître que, imitation ou pas, cette Rosemary, petite femme de service à l'école, avait un réel talent musical.

- Sans légende

Henri Dunant, fondateur de la Croix Rouge, prix Nobel de la paix, décède le 8 mars 1910. Hector Berlioz quitte le monde le 8 mars 1869. L'aéroport de Roissy ouvre ses portes le 8 mars 1974. Maurice Papon est à nouveau inculpé de crimes contre l'humanité le 8 mars 1983.

- Vous ne faites aucun complexe d'infériorité, vous êtes réellement inférieur, un point c'est tout!

- C'est vous le nouveau qui vient d'être embauché !

Mon truc en plus

Eplucher des châtaignes facilement : pour cela, mettez-les une nuit au réfrigérateur. Ensuite, dès que vous les sortirez, plongez-les dans de l'eau bouillante et arrosez-les d'eau froide.

Le soleil se lève
à 07 h 19 mn
et se couche
à 18 h 45 mn.

Vermot cuisine : citron, un zeste qui sauve...

Un zeste qui sauve certaines préparations. C'est l'ami des poissons frits ou poêlés et des plateaux de fruits de mer.

Le citron fait merveille dans les cocktails aux fruits ou alcoolisés, les punches (le planteur au citron vert), les grogs, les sangrias ou les thés. Son acidité dissout le calcaire de l'eau et la rend plus limpide.

Un citron rendra plus de jus si vous le trempez quelques minutes dans de l'eau très chaude et le roulez sous la paume de la main avant de le presser. Pour les carottes ou les courgettes rapées, il remplace avantageusement le vinaigre dans les vinaigrettes.

Ne prélevez que la partie jaune de l'écorce, très parfumée et aromatique, la partie blanche étant amère. Prenez un couteau économique ou bien le petit appareil appelé zesteur.

Voulez-vous parfumer un dessert sans que le citron soit trop visible ? Pensez au sucre citronné.

Frottez votre citron (lavé et séché) avec des morceaux de sucre pour qu'ils s'imbibent des essences aromatiques. Dans votre dessert vous n'aurez aucune trace visible du citron, juste le parfum du citron.

Lu dans "Le Populaire du Centre"

"La municipalité souhaite faire parvenir une allocution aux jeunes gens de la commune effectuant leur service national ."

C'est le genre d'allocution qu'il leur sera difficile de prendre pour argent comptant !

Youri Gagarine voit le jour le 9 mars 1934. Jean-Pierre Chevènement qui ne pensait pas alors être un jour candidat à la présidence de la République, arrive au monde le 9 mars 1939. Juliette Binoche est née le 9 mars 1964. Sortie du "Marius" de Marcel Pagnol le 9 mars 1931 avec Pierre Fresnay et Raimu.

MARS
lundi 10

Saint Vivien
C'est la nature qui lui fît aimer Dieu

- Ici en général le public aime bien les excellents comiques...!

- D'accord le film est interdit au moins de 18 ans... mais comme j'en ai 9 , je peux en regarder la moitié ?

Le soleil se lève à 07 h 17 mn
et se couche à 18 h 46 mn.

Mon truc en plus
Pour dévisser ou dérouiller des écrous, des vis, etc, versez dessus de l'eau gazéifiée ou du coca-cola... croyez-nous, ça marche !

Saint Blanchard : patron des blanchisseurs et

Parce que tout le monde ne lave pas son linge sale en famille, on a besoin des blanchisseurs ou des blanchisseuses.

- Quelle étourdie je fais, j'ai oublié d'arriver en retard...!

Eux par contre ont longtemps lavé le linge en famille. Les blanchisseurs ont des qualités propres qu'autrefois ils repassaient à leurs enfants.
Les pères cédaient leur commerce à leurs propres enfants.
En outre, afin d'éviter les sales types et préserver l'amour propre de leurs filles, ils les mariaient à de jeunes blancs becs d'autres blanchisseries.
Maintenant, les enfants se lavent les mains de ce commerce et, obligés de recruter, les pères ne peuvent se contenter de leurs propres moyens. Toutefois, quiconque ne peut être admis de but en blanc. Ils écartent d'abord les sales gueules, au propre comme au figuré. Les autres doivent passer un examen blanc. De curieuses épreuves pour lesquelles il faut repasser ses leçons, mais où, à l'oral on admet les blancs et où à l'écrit on attend que l'on rende copie blanche.

A la moindre tache, par contre, on est amené à sa table à repasser l'examen. Quand ils estiment qu'ils ont montré patte blanche, ils leur remettent en main propre les clefs de leur boutique et, après un petit coup de blanc, ils leur donnent carte blanche.
Bien sûr le blanchisseur doit parfois repasser pour un idiot

Michel Polac voit le jour le 10 mars 1930. Marina Vlady aussi, un 10 mars, en 1938. Sharon Stone et Arthur aussi, mais en 1958 pour Sharon et 1966 pour Arthur. Graham Bell invente le téléphone le 10 mars 1876. La seconde guerre mondiale se termine (enfin) le 10 mars 1974, pour un officier japonais perdu dans la jungle, aux Philippines.

Sainte Rosine
S'occupa longtemps de ses frères et sœurs avant de venir en aide aux personnes âgées

MARS
mardi 11

- Madame, votre mari a été changé de chambre...!

... En léguant ma fortune à Fernand je n'ai qu'un regret, c'est de n'être pas là pour voir la tête des autres !

ANIMAUX :
Votre chat a du mal à avaler sa pilule ? Mettez-la dans le fond de sa gorge, trempez votre doigt dans du lait et frottez-lui doucement le museau. Il se lèchera et avalera sa pilule.

Le soleil se lève à 07 h 15 mm et se couche à 18 h 48 mm

des blanchisseuses

ou laver pour un propre aryen. Bien sûr il lui arrive de recevoir un savon quand un client estime, en prenant une veste, qu'elle est repassée par ici et qu'elle n'est pas repassée par là.
Bien sûr il y a ces journées difficiles où il se sent lessivé. Il y a ce temps qui paraît long car il ne se passe pas un jour sans qu'il repasse, ce temps où la semaine ressemble davantage à une quinzaine du blanc.
Mais, s'il n'est pas riche non plus, le blanchisseur fait un métier propre. Mieux vaut en effet blanchir le linge sale que l'argent sale. Ce serait quand même du propre que de tremper dans de sales histoires pour un vulgaire chèque en blanc et pour des saligauds qui ne tirent pas toujours à blanc ! Non, les blanchisseurs sont blancs comme neige.

Pour leur saint patron il leur fallait un nom propre. Les blanchisseurs prirent Blanchard d'assaut. Il est leur blanc saint. Les autres pouvaient repasser.

<u>Lu dans "Le Journal du Dimanche" (21/10)</u>

... Après quinze ans de bénéfices, la clinique du Beaujolais est dans le rouge.

Espérons qu'elle n'a pas donné des soins en... vain !

_ Je vous ai pourtant bien commandé un scotch sans glace! En venant sur le Titanic je m'attendais à un service impeccable!!

Salvador Dali voit le jour le 11 mars 1904 tandis que Pierre Renoir, cinéaste, s'en va le 11 mars 1952.

C'est aussi un 11 mars 1978 que Claude François décède. Le 11 mars 1905, inauguration du Métropolitain.

Le 11 mars 1978, premier décollage du Mirage 2000 le fleuron de notre industrie.

MARS mercredi 12

Sainte Justine
Mourut au couvent des bénédictines

Saint Rodrigue
Fut décapité

MARS jeudi 13

- A mon avis votre toubib s'est trompé en faisant votre diagnostic...!

Le 12 le soleil se lève à 07 h 13 mn et se couche à 18 h 49 mm

Evidence
Les hommes, c'est comme les grenouilles : ça ne pense qu'à sauter !

Le 13 le soleil se lève à 07 h 11 mn et se couche à 18 h 51 mn.

Sourires

La peur au ventre, une jeune femme se confie à son dentiste :
- Je préfèrerais accoucher que me faire soigner les dents.
- Bon, fait le dentiste, décidez-vous vite parce que le fauteuil, c'est pas dans le même sens.

Un établissement à la fois anglais et très réputé a établi une série de sondages.

Sur un sujet important:
Le premier homme.
Voici quelques réponses recueillies auprès de jeunes de 13 à 18 ans, garçons ou filles :
- Le premier homme a été découvert par Darwin.
- Le premier homme descendait du chaînon manquant et on le cherche toujours.
- Le premier homme s'appelait Adam et il a été créé avant la première femme.
- Le premier homme fut l'ancêtre de tous les primates.

Et la réponse la plus logique :
- Le premier homme est mort depuis longtemps!

Eve Ruggieri est née le 13 mars 1939. Jean de La Fontaine s'en est allé le 13 mars 1695. Jean Poiret qui fut avec Michel Serrault un duo comique célèbre est parti lui, le 13 mars 1992. Le "Cuirassé Potemkine" sort sur les écrans français le 13 mars 1953 et le 13 mars 1954 débute la bataille de Dien Bien Phu.

Liza Minelli est née le 12 mars 1946. Louison Bobet a posé définitivement son vélo le 12 mars 1983. Yehudi Menuhin est mort, lui le 12 mars 1999. Hitler a occupé l'Autriche le 12 mars 1938 .

- Sur cette route on est tranquille, voilà plus d'une heure qu'on n'a pas vu un gendarme!

- Ca veut dire quoi ça...? La sonnerie du réveil ne marche plus !

Mon truc en plus: Pour en finir avec les portes d'armoires qui grincent, il suffit de soulever la porte, d'introduire une mine de crayon dans la jonction de la charnière. En retombant, la porte écrasera la mine et le graphite lubrifiera les charnières.

Le soleil se lève
à 07 h 09 mn
et se couche
à 18h 52 mn.

C'est kit ou double !

Chapelle, synagogue ou mosquée en kit.

Conçu par le laboratoire de recherche Naticks de l'armée américaine, le “centre religieux” en kit va devenir le must dans les années à venir.

- Lui ? Il a l'habitude... il y a vingt ans qu'il est dans le métier...!

Ce “centre religieux” toutes catégories, tient dans une caisse de 2,60 m x 2,60 m x 3 m.

Dépliée, la chapelle ou la synagogue ou bien encore la mosquée peut abriter une centaine de fidèles.

Et le colis peut être largué par avion et monté en six heures. Chaque colis possède un autel, un orgue électronique et les objets de culte choisis, croix et calice pour les catholiques, tapis de prière et Coran pour les musulmans, kippas et châles de prière pour les juifs.

A notre avis, si l'on doit largué quelque chose à l'heure actuelle on est plutôt partisans du larguage de ces “colis” plutôt que des bombes.

Lu dans “L'Indépendant” (14/10).

La voiture n'a pu éviter le choc et s'est encastrée sous le camion. Elle a été transportée à l'hôpital dans un état grave.

Espérons que la voiture avait ses papiers de sécu... rité routière sur elle !

Le 14 mars 1879, Albert Einstein voyait le jour. Karl Marx, lui, arrivait le 14 mars 1883. Yves Boisset débutait le film de sa vie le 14 mars 1939 ainsi que Bertrand Blier. René Clair quittait la vie le 14 mars 1981. Le 14 mars 1986, mise en service de la centrale nucléaire “Super-Phénix” et le 14 mars 1992, la “Pravda”, fondée par Lénine, cesse de paraître.

MARS
samedi 15

Sainte Louise
Fonda la congrégation des filles de la Charité

- *Il a fêté son anniversaire il y a trois jours... il dort encore !*

- *Qu'est-ce qu'on fait maintenant ? On va chez toi?*

Le soleil se lève
à 07 h 07 mn
et se couche
à 18 h 54 mn.

Animaux : Faire avaler un médicament liquide à votre chat : mélangez les quelques gouttes du médicament à un peu d'eau et trempez la patte du chat dedans. Il se lèchera. Recommencez l'opération aussi souvent que nécessaire.

Vermot jardin : le gazon-parquet

La mode demande, si la surface de gazon n'est pas très grande, de poser du gazon en plaques ou en rouleau.

Pensez à prendre une précaution élémentaire : placez les plaques en les décalant comme des lames de parquets.
Elles adhéreront mieux au sol mais surtout vous éviterez une marque jaunissante quasi inévitable lorsqu'elles sont posées au même niveau.

Il est encore temps de planter les conifères, arbustes persistants, plantes grimpantes et plantes de terre de bruyère. Ne les achetez pas sans vérifier que leur racines sont protégées par une grosse motte de terre.

Repiquez des plants en godets de fleurs vivaces et de fleurs bisanuelles, dans les massifs, les bordures et les rocailles.

Si vous ne l'avez pas encore fait, taillez les arbustes à fleurs, rosiers modernes, hortensias, tamaris, althaeas, clématites... Démarrez au chaud la germination des fleurs annuelles et des bulbes d'été..

Sourire

Une bonne question :
Quelle est la seule chose qui fait ses huit heures par jour dans la plupart des administrations françaises?
- La machine à café!

Bon à savoir

Savez-vous que 25 % des hommes mariés disent au revoir à leur femme lorsqu'ils quittent la maison?
- Et bien il faut savoir que, parmi ces mêmes hommes, 90% disent au revoir à leur maison lorsqu'ils quittent leur femme!

Mon truc en plus :
Vous voulez retrouver un verre de contact, une perle, une toute petite bricole... mettez un bas nylon dans le bout de votre aspirateur, puis avec le doigt, faites-le pénétrer légèrement et aspirez... Vous n'avez plus qu'à vider le bas.

Charles Nungesser voit le jour le 15 mars 1892. Philippe de Broca, est né, lui, le 15 mars 1933. Aristote Onassis quitte ce monde le 15 mars 1975. Le peintre Vasarely s'en va lui aussi un 15 mars, en 1997. Le 15 mars 1831, "Notre Dame de Paris" voit le jour, en édition... pas encore sur scène. Richard Burton et Elizabeth Taylor se marient le 15 mars 1964.

Sainte Bénédicte
Entra au couvent pour soutenir les croisés par la prière

MARS
dimanche 16

- C'est bien la première fois que je rencontre un chien aussi fainéant !

- Ce valet de chambre a quelque chose dans le regard qui ne me plaît pas !

Épouser un homme, c'est comme acheter quelque chose que vous avez contemplé longtemps dans une vitrine.
Vous pouvez adorer l'objet, mais il ne va pas forcément avec le reste dans la maison!

Le soleil se lève à 07 h 04 mm et se couche à 18 h 55 mm

Et comment dort-il le petit quinquin ?

- Il faut noter déjà qu'après huit jours de traitement vous n'avez plus la tête lourde...!

En moyenne, l'homme dort entre sept et huit heures par nuit. Ainsi dort-il 240 heures par mois, 2 880 heures par an ce qui équivaut à un total de 120 jours, soit le tiers de l'année !
Dans une vie moyenne on passe donc 8 640 jours au lit. Et la femme ? Un petit peu plus. Il lui faudrait en moyenne près de 9 600 jours soit vingt-quatre ans pour l'homme et vingt-sept pour la femme.
Comme, toujours en moyenne, 45 % des adultes ronflent de façon intermittente et 25 % quotidiennement, cela pourrait faire un bruit assourdissant si tout cela était groupé... car un ronflement peut varier en intensité, entre 35 et 40 décibels. Certains vont même jusqu'à 75 décibels ! Quasiment comme une mobylette !

Lu dans “La Voix du Nord” :

“Ces forêts qui ont conservé leurs essences d'origine se pâment de mille couleurs à l'automne”.
On est... paré pour la correction.

Lu dans “Le Progrès” :

“Dans la soirée, les animaux ont été transvasés dans un autre camion à Pierre Bénite”.
Peut-être que le transfert avait bien lieu dans un camion... citerne ?

Sully Prudhomme, écrivain, voit le jour le 16 mars 1839. Jerry Lewis est né en 1926, le 16 mars. Isabelle Huppert aussi, mais en 1953. Le 16 mars 1963 voit la première femme aller dans l'espace. Son nom : Valentina Vladimirovna Terechkova. Le 16 mars 1978, enlèvement d'Aldo Moro par les Brigades Rouges.

MARS lundi 17

Saint Patrick
Patron de l'Irlande.

Saint Cyrille
Évêque de Jérusalem

MARS mardi 18

- Je vous présente ma moitié !

Le soleil se lève
à 07 h 02 mn
et se couche
à 18 h 57 mn

Le soleil se lève
à 07 h 00 mn
et se couche
à 18 h 58 mn.

De Christian Plume

Journaliste-humoriste-animateur de radio, ces sobriquets et autres définitions humoristiques de certains grands noms connus. Par lettres alphabétiques tout au long de ces pages...

Arthur :
Producteur télévisionnaire ou Lèse-enfants de la télé.

Attali Jacques :
Conseiller en présidences diverses. Verbe attige.

Aubry Martine :
Ex-Ministre des médications de la Martine.

Auffray Hugues-Jean : Dis-moi, c'est Line ? ou Huges clapet.

Averty Jean-Christophe :
Réalisateur. Cet homme (Averty) en vaut deux.

Lu pour vous

Lu dans le "Bien Public" (9/08) :

... Circuler sans ceinture même en centre-ville, c'est s'exposer à bien des désagréments. Un Beaunois né en 1855 à Morteau dans le Doubs et vivant dans notre bonne ville l'a constaté à ses dépens .

- Son imitation du vatour était parfaite... dommage... il ne pourra pas la recommencer!

A près de 150 ans, il serait temps pour ce brave homme, de ne plus jouer les imprudents.

Lu dans le "Télégramme de Brest" (10/08) :

... C'est la troisième fois que les deux tourteaux tentent de sceller leur union.
On peut leur dire, à ces tourtereaux qu'il n'est jamais tourteaux pour bien faire ?

Ce type est tellement bête, que lui dire : "A quoi penses-tu? ç'est déjà lui faire un compliment."

Sourire

Comme dit mon amie Julie; je ne vois pas de différence entre un homme et une tasse de café.
Tous les deux me tapent sur les nerfs!

Pourquoi les hommes choisissent-ils toujours des femmes qui pleurent tout le temps sans raison et qui mettent trois heures à s'habiller ?
Ils ne choisissent pas, il n'y en a pas d'autres !

Nat King Cole, était venu au monde le 17 mars 1916. Rudoph Noureev est né lui le 17 mars 1938 et Daniel Lavoie, chanteur, le 17 mars 1949. René Clément "La Bataille du Rail" est parti le 17 mars 1996. Le Baccalauréat est institué le 17 mars 1808.

Loulou Gasté, compositeur et mari de Line Renaud était né le 18 mars 1913 et Luc Besson, le réalisateur est venu au monde le 18 mars 1959. Ivan le Terrible, Tsar de toutes les Russies s'est éteint le 18 mars 1584. Alexis Leonov fait un tour dans l'espace le 18 mars 1965. Le XV de France remporte le Tournoi des Cinq Nations le 18 mars 1989.

C. Plume - suite

Abélard : Fidèle castré!

Albert de Monaco :
Prince héréditaire à vie. Le prince qu'on sort.

Alési Jean : Coureur automobile:
Alési, mais n'y revenez pas.

André Maurice, trompettiste :
Né en trompette!

Antoine Pierre Muraccioli :
Chanteur intermittent. Grand navigateur sur ondes moyennes. Avant, il élucubrait. Maintenant, il est lugubre.

- Il n'y a jamais personne ici !

Mon truc en plus.
L'essence de térébenthine nettoie les taches de résine de pin ou de sapin sur les menuiseries. Elle élimine les traces de cire sur un bois encrassé. Frottez avec une laine d'acier imbibée d'essence de térébenthine vos outils en métal s'ils sont rouillés.

Le soleil se lève à 06 h 58 mn et se couche à 19 h 00 mn.

Jardin : travaux du mois

C'est à cette époque que l'on s'aperçoit que certains légumes ont souffert de l'hiver. Alors, pensez à la cure de rajeunissement.

Pour les choux perpétuels, ôtez les feuilles abîmées ; à l'aisselle des saines, vous trouverez des jeunes plants prêts à être bouturés. Enterrez-les de quelques centimètres.

Pour les poireaux vivaces, à l'apparition des tiges, déterrez-les et multipliez-les. Placez-les en bordure de plates-bandes. Jeunes, ils agrémentent les plats à la manière des ciboules.

- Fernand, est-ce que je dois mettre le frein à main?

Sourire

Lors d'une nuit d'été, alors qu'un violent orage sévit, une maman amène son petit garçon au lit. Elle s'apprête à éteindre la lumière quant le petit garçon lui demande d'une voix angoissée :

- Maman, j'ai peur. Je peux dormir dans ton lit ?

La maman sourit, lui donne un baiser et explique :

- Maman ne peut pas, mon chéri, Maman doit dormir avec Papa.

Il y a un long silence, puis le petit garçon dit :

- Ah! il a peur lui aussi ?

Alex Métayer, est né le 19 mars 1930. Ursula Andress, ex "James Bond Girl" est née le 19 mars 1936 et Bruce Willis le 19 mars 1955. C'est le 19 mars 1895 que Louis Lumière tourne le film " La Sortie des Usines Lumière". Le 19 mars 1962, le cessez-le-feu est proclamé en Algérie.

MARS jeudi 20

Saint Herbert
Abandonna la vie traditionnelle pour vivre seul sur une île

- ... Dans ce quartier on ne me demande pas souvent " Modes et tricot" ni "Tricots du monde"...

- Dis -donc toi , t'as pas l'air d'avoir le moral!

Le soleil se lève
à 06 h 56 mn
et se couche
à 19 h 01 mn.

ANIMAUX
Pour éviter que votre chat ne vienne dégrader vos plates-bandes, placez à intervalles réguliers des bouteilles plastiques coupées en deux et remplies d'eau.

La déclaration d'impôts

Depuis quelques temps, certains hommes politiques évoquent la possibilité de prélever nos impôts à la source, c'est-à-dire en retenant les sommes dues directement sur nos bulletins de salaire. Grand bien leur fasse, à condition qu'ils ne touchent pas à la déclaration de revenus! Pendant plusieurs semaines de février en effet, elle rythme la vie des familles, à grands coups de "je la fais demain"... suivi quelques jours plus tard de " je la remplis ce week-end", puis de "dimanche prochain sans faute".

Toute personne ayant un jour été enfant, se souvient de ce moment tragicocomique où son père, le seul habilité à remplir le précieux document, faisait table rase, non du passé, mais de tout objet pouvant encombrer ladite table pour y étaler soigneusement formulaires administratifs, papier brouillon, bulletins de salaire, stylos, crayons, gommes et règle à calcul d'avant la calculette.
Heures particulières durant lesquelles le moindre bruit était interdit et où seuls les soupirs du paternel suant sang et eau se mêlaient à ceux de la mouche qui vole. Gageons qu'en ce 20 juin 1871, on entendait plutôt voler des noms d'oiseaux ! C'est en effet à cette date qu'un député de gauche proposa pour la première fois à l'Assemblée nationale, un impôt sur le revenu, destiné à remplir les caisses de l'État mises à mal par la guerre de 1870. Les débats furent longs, puisque la loi ne fut votée que le 2 juillet 1914 pour n'entrer finalement en application qu'en 1916. Depuis nous n'en sommes toujours pas.. revenus.

Dire ou ne pas dire

Ne dites pas " UN CHAPITRE" mais plutôt " UN MATOU RIGOLO"

Ne dites pas "SEXOLOGIE" mais plutôt "SPORT EN CHAMBRE"

Ne dites pas " RICHELIEU" mais plutôt "SYMPA LA TOLE"

Danielle Gilbert est née le 20 mars 1943 et Christophe Juillet, rugbyman de l'équipe de France est né le 20 mars 1969. Le Maréchal Foch déposait les armes définitivement le 20 mars 1929. Le 20 mars 1977, Jacques Chirac est élu Maire de Paris et le 20 mars 1986 il devient Premier Ministre. Le 20 mars 1999, tour du monde sans escale en ballon, par B. Piccard.

- Sans légende

- Avec une cravate à la place de la ceinture , ça va très bien

Mon truc en plus
Pour un manque de calcium, par exemple si vos ongles sont cassants : broyez des coquilles d'œuf au robot de cuisine et mettez cette poudre dans vos pâtisseries.

Le soleil se lève à 06 h 54 mn et se couche à 19 h 03 mn.

VERMO... ROSCOPE BÉLIER

21 MARS - 21 AVRIL

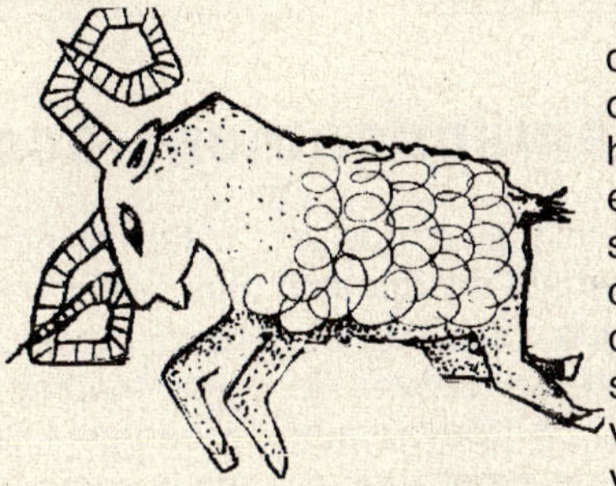

Le début de l'année n'a pas été conforme à vos souhaits ? Rien n'est perdu. Le sentiment d'immobilité qui vous habite va se dissiper ce printemps. Fini le sentiment d'étouffer, d'être confiné dans une ambiance qui ne correspond pas à votre signe.

Prenez le Bélier par les cornes. Soyez prêts à saisir les opportunités qu'elles soient financières ou qu'elles concernent votre travail ou votre santé. Dans la foulée, soldez les malentendus, les rancunes ou les incompréhensions de votre entourage. Soyez sincères, exprimez clairement vos désidérata et débarrassez-vous de ce qui vous fait douter de vous ou de vos capacités à gérer votre situation.

Dès l'été, une époque riche en rebondissements professionnels devrait vous inciter à prendre des initiatives. Même si la diplomatie n'est pas toujours votre fort, il faudra en user, notamment pour élargir le champ de vos relations. Certaines auront une utilité que vous ne soupçonnez pas.

Ne pensez pas que vos problèmes de dos s'arrangeront tout seuls. N'écoutez pas les conseils des "spécialistes". Ceux qui connaissent un parent qui connaît un ami dont le cousin...etc...

- ... J'ai préféré avoir l'infirmière près de moi... en cas de rechute...!

Simone Signoret était venue au monde le 21 mars 1921, Marie Christine Barrault et Timothy Dalton sont nés le 21 mars 1946 et Christophe Malavoy le 21 mars aussi, mais en 1952. Ayrton Senna était arrivé au monde, sans volant, le 21 mars 1960. Alain Prost gagne le Grand Prix du Brésil le 21 mars 1982. Le 21 mars 1990, la Namibie devient indépendante.

MARS samedi 22

Sainte Léa
Abandonna une vie mondaine pour entrer au couvent

- Vous n'auriez pas un jaune qui irait avec sa cravate?

- Je ne vois pas ce qui ne va pas dans votre télé...!

Le soleil se lève à 06 h 52 mn et se couche à 19 h 04 mn.

Mon truc en plus

Une tache de graisse sur des tissus fragiles qui ne supportent pas les lavages à haute température ? Couvrez immédiatement la tache avec du talc ou de la fécule de pomme de terre. Laissez reposer une journée et brossez.

Déménagement écossais

J'ai été témoin, alors que je me promenais en Ecosse de ce dialogue : le vieux Mc Farlane, le premier citoyen de la commune, se trouvait aux prises avec un cruel problème. Un problème touchant à l'argent, évidemment. A la suite d'un don généreux, la bibliothèque municipale se trouvait pourvue de nouveaux locaux, bien plus spacieux. Hélas, McFarlane était atrocement tourmenté par le problème du déménagement : ça lui faisait mal au ventre, de sortir pour cela une seule livre-sterling de son porte-monnaie - ou plutôt de celui de la commune - mais la douleur de la dépense était la même.

Conversant avec le vieux McPherson, membre du conseil municipal, il lui dit :

- Mon vieux Mac, je suis ulcéré à l'idée du coût de ce déménagement. Nous sommes pauvres, la commune est pauvre. J'en viens même à regretter le leg de la vieille Betty McAdam : sa maison, à condition qu'on y installe la bibliothèque.

- Calme-toi, Mac, fit McPherson, un homme encore plus pingre que son copain. Il me vient une idée !

- Une bonne ?

- Excellente. Nous sommes sauvés !

- Le déménagement ne nous coûtera pas cher ?

- Rien du tout !

- Alors, parle vite

- Voilà, tu vas lancer une grande campagne municipale sur les bienfaits de la lecture. Tu vas encourager les lecteurs à prendre chacun au moins dix ouvrages et à les lire le plus lentement possible... pour bien les assimiler.

- Et alors ?

- S'ils les lisent lentement, ils seront obligés de les rapporter dans les nouveau locaux. Ainsi le déménagment des livres se fera par les lecteurs ; ils ne coûtera rien à la commune !

R.Tholy

Sourire

Si la Seine coule à Paris, le vin coule à flots et le brie coule à Meaux.

Et prose elle vécut ce que vivent les proses, l'espace d'un quatrain ...

A force de vouloir intervertir l'ordre des facteurs, on finira par recevoir le courrier en retard.

James Brown est né le 22 mars 1928, le mime Marceau est né le 22 mars 1923. Michel Hidalgo est né le 22 mars 1933 et Fanny Ardant est venue au monde le 22 mars 1949. Le 22 mars 1959 fiançailles de Romy Schneider et d'Alain Delon. France Gall gagne le concours de l'Eurovision le 22 mars 1965 avec une chanson de Gainsbourg "Poupée de cire, poupée de son".

Saint Victorien
Ne voulant pas renier sa foi, il subit le martyre en 484

MARS dimanche 23

Sourire
Le chaînon manquant entre le singe et l'homme on l'a retrouvé... c'est nous !
P.Dac

Le soleil se lève à 06 h 50 mn et se couche à 19 h 06 mn

MOTS CROISÉS FLÉCHÉS

REDOUTABLE / COUPER		COURANT / PRIS PAR LA GIRAFE		LE LIT DE LA RIVIÈRE / PAYS		PRÉLEVÉ / FROTTÉE D'HUILE		NÉ AVANT TERME	
ALIMENTÉE / PEAU								AFFAIBLIES	
							MATIN / CORDIAL		
10 SUR 10		ARBUSTE GRIMPANT / SUR UN PLI							
			OPINION		ENVOIE / FAIRE DES EFFORTS (S')				
CREUSÉ / SIFFLÉ						BOULEVERSÉ / DÉCHET ORGANIQUE			
		SÉPARER / TERRITOIRE ÉTRANGER							
COLLABORA AVEC UN JULES / RÉSIDENCE				INVENTÉE / THÉOLOGIEN					
							ASSAISONNA		CROCHET
QUARTIER DE NEW YORK	POMME		TRANSPORT EN COMMUN / DÉVORÉ						
						MESURE CHINOISE		PRONOM	
FERRURES / AIRE DE REPOS									
			FOURNIT LE FIL						

Solution page 118

Plantu, le dessinateur humoriste est né le 23 mars 1951 et Pierre Palmade, lui, le 23 mars 1968. Le premier ascenseur est inauguré dans un grand magasin le 23 mars 1857. La "Grosse Bertha" bombarde Paris le 23 mars 1918. Le 23 mars 1944 le droit de vote est accordé aux femmes, en France. Le 23 mars 1998, onze oscars pour le "Titanic".

MARS
lundi 24

Sainte Catherine de Suède

Saint Humbert
Passa sa vie à prier

MARS
mardi 25

- Alors , vous êtes content de votre véhicule de fonction ?

Lu dans "Tarbes Infos" (N° 108)

(A propos d'une consultation municipale)

"Le dépouillage définitif interviendra à la mi-septembre".

Il ne serait pas étonnant qu'au cours de ce "dépouillage" il y en ait qui cherchent la petite bête.

Le 24, le soleil se lève à 6 h 48 mn et se couche à 19 h 07 mn.

Sourire
Ancien pêcheur et inventeur de génie il avait inventé une machine à remonter le thon...

Le 25 le soleil se lève à 6 h 48 mn et se couche à 19 h 07 mn.

Vermot santé : diabète, espoir...

- Avec les 35 heures ils partent du boulot de plus en plus tôt...!

Espoir pour ce fléau mondial.

Une équipe franco-japonaise a découvert que le gène qui commande la fabrication d'une hormone produite par les tissus graisseux prédisposerait à la forme la plus répondue du diabète dans les populations française et japonaise.
"Ces résultats qui montrent le rôle central du tissu graisseux dans la survenue du diabète offrent des espoirs raisonnables de nouveaux traitements du diabète de type 2, parfois surnommé diabète gras" estiment les chercheurs.
Il faut savoir, selon les chercheurs, que sur environ 6 milliards d'êtres humains, la moitié est suralimentée et 500 millions développeront un diabète pendant leur vie. Diabète et obésité ont pris la dimension d'un véritable fléau dans le monde. 1,2 milliard d'êtres humains souffrent, comme on dit maintenant, d'une surcharge pondérable.
Chez les enfants, il y a

Aretha Franklin, chanteuse est née le 25 mars 1942, Paul Michael Glaser (Starsky et Hutch) est né le 25 mars 1943 et Elton John a vu le jour le 25 mars 1947. Frédéric Mistral est décédé le 25 mars 1914. Claude Debussy est mort lui, un 25 mars en 1918.

Steve McQueen est né le 24 mars 1930. Jules Verne s'en est allé le 24 mars 1905. Le 24 mars 1860, l'Italie cède la Savoie et Nice à la France (Traité de Turin) R. Koch découvre le bacile de la tuberculose le 24 mars 1882.

- On dirait que vous ne me faites pas entièrement confiance ?

- Demain, c'est promis, ma chérie, je t'embrasserai fougueusement...!

Sourire
" Pour rester belle : si vous avez les seins qui tombent, faîtes-vous refaire le nez, ça détourne l'attention."
Pierre Desproges

Le soleil se lève
à 06 h 43 mn
et se couche
à 19 h 10 mn

de quoi s'inquiéter : un sur sept est trop gros en France, un sur cinq en Italie et un sur quatre aux U.S.A.
Le nombre de diabétiques dans le monde devrait doubler dans les prochaines années. Aujourd'hui, 35 % des Chinois de Shanghaï sont diabétiques après 65 ans...

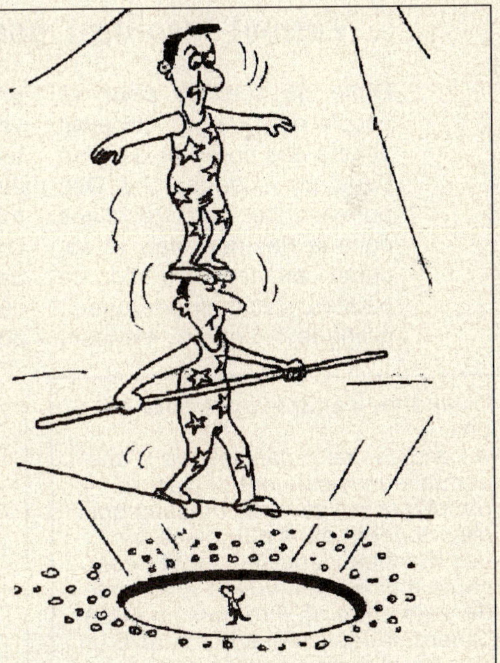

- Comment ça, tu t'en fiches de tomber?... on voit bien que c'est pas toi qui es tout en haut ...!

Il a de la bouteille

Pour une cuvée prestige, c'est une cuvée prestige. Malgré ses 150 ans, le champagne français remonté du fond de l'eau était toujours pétillant. Ce champagne était dans les cales, de l'époque du Tver, un bateau échoué en mer Baltique depuis le milieu du XIXe siècle. Personne n'osait porter un jugement sur ces bouteilles en les remontant et la surprise fut agréable. Les bulles étaient toujours là !

SOURIRE
Le comble pour une paire de lunettes, c'est de coûter les yeux de la tête !

Diana Ross et Roch Voisine sont nés un 26 mars, en 1944 pour Diana et en 1963 pour Roch. Sarah Bernardt est décédée le 26 mars 1923. Claude Darget a quitté définitivement le petit écran et le monde le 26 mars 1992. C'est un 26 mars, en 1961, qu'un petit carré blanc fait son apparition sur l'écran de la télévision. Le 26 mars 1972, présentation du TGV.

MARS
jeudi 27

Saint Habib
Né en Irak, fut brûlé vif en 322

- Finalement, c'est pas le genre de maison qui me plaît...!

- J'ai suivi les instructions du panneau, c'est tout!

Le soleil se lève à 06 h 41 mn et se couche à 19 h 12 mn.

Sourire
Quelle est la différence entre une mini-jupe et un bon discours politique? Il n'y en a pas. Les deux doivent être assez courts pour conserver l'attention et assez longs pour couvrir l'essentiel.

Vermot insolite : gare à la patate

Drôle de surprise pour un couple des Vosges qui avait acheté des pommes de terre dans un supermarché. Des pommes de terre récoltées dans le Pas-de-Calais et où, parmi ces vingt-cinq kilos de patates, s'était glissée une ... grenade. L'engin explosif, enrobé de terre, ressemblait vraiment à une pomme de terre, au point qu'il n'avait pas été détecté à la vérification manuelle.
Une grenade dans les patates, c'était vraiment l'occasion rêvée de faire des pommes de terre sautées !

MON TRUC EN PLUS
Une tache de sang sur du coton ou du lin blanc : ne jamais utiliser d'eau chaude qui cuirait le sang mais rincer abondamment à l'eau froide salée puis laisser tremper le tissu dans de l'eau froide additionnée d'alcool ou d'eau oxygénée. Rincer ensuite à l'eau claire très légèrement javelisée.

Ouand les canards sont hors de prix :
A Londres, les organisateurs d'une comédie musicale ont décidé de remplacer les canards dressés qui interviennent dans leur pièce par des humains déguisés. Motif : cela coûte moins cher. Vue la différence de taille entre un être humain et un canard, le réalisme doit y perdre un peu, mais il n'y a pas de petites économies, n'est-ce pas ? Utiliser un canard dressé coûte à peu près 300 livres par Jour alors que 300 livres, c'est ce que gagne un acteur en une semaine.

Sarah Vaughan, chanteuse noire est née le 27 mars 1924, Maria Carey le 27 mars 1970 et David Coulthard, pilote de F1, le 27 mars 1971. Louison Bobet gagne le Tour des Flandres le 27 mars 1955. Nikita Khrouchtchev prend la tête du gouvernement d'URSS le 27 mars 1958. Marlon Brando refuse un Oscar le 27 mars 1978.

Saint Gontran
Céda sa couronne à son neveu Childeberg et se retira dans un monastère

MARS vendredi 28

L'Italie, une province africaine?
L'Italie a un jour fait partie de l'Afrique. C'est en tout cas ce qu'affirment des géologues à la suite de la découverte de 60 empreintes de dinosaures dans le sud de la péninsule.
Ces empreintes appartiennent à au moins quatre espèces de dinosaures, aussi bien des herbivores que des carnivores. Leur point commun : toutes ces espèces vivaient en Afrique exclusivement.
En fait, il semble que l'Italie et l'Afrique n'étaient séparées que par un mince filet d'eau. Ces créatures de plus de 4 m de haut le traversaient alors sans problème.

- On fait la course?
- Chiche !

Sourire
Madame et monsieur ont un chien. Mais quelle différence y a-t-il entre madame et le chien?
Même au bout de cinq ans, le chien est encore excité en voyant monsieur rentrer à la maison !

Le soleil se lève à 06 h 39 mn et se couche à 19 h 13 mn.

-C'est de sa faute, c'est lui qui m'a poussé !

La flamme est visée

Il y a quelques années, un olibrius avait voulu faire cuire des œufs dans une poêle sur la flamme du Soldat Inconnu à l'Arc de Triomphe, à Paris. Cette tombe où brille en permanence une flamme et qui est surveillée par la police attire toujours certains plaisantins. Il y a quelques mois c'est un homme d'une trentaine d'années qui s'était brûlé les fesses en s'asseyant sur la flamme.
Plus récemment un autre individu s'est fait interpeller par la police car il essayait d'éteindre la flamme en urinant dessus...

Peut-être que pour le dernier c'est parce qu'il avait rêvé, depuis tout petit, de devenir pompier.

Sourire

- Quelle est la définition de la fidélité?
- Un manque d'occasions!

Pourquoi les banquiers n'épousent-ils jamais leur maîtresse?
- Pour ne pas transformer une action en obligation !

-Pourquoi Saint-Pierre n'accepte-t-il que 25 % de femmes au Paradis.
- Il a peur qu'au-dessus ça ne devienne l'enfer!

Youri Gagarine est décédé le 28 mars 1968. Dwight Eisenhower est parti lui aussi le 28 mars de l'année suivante. Chagall le peintre célèbre est décédé le 28 mars, en 1985. Jules Ferry instaure l'obligation scolaire de 6 à 13 ans, le 28 mars 1882. Le 28 mars 1939, la guerre civile prend fin en Espagne.

MARS samedi 29

Sainte Gwladys
Fut reine d'Ecosse avant de se consacrer à Dieu

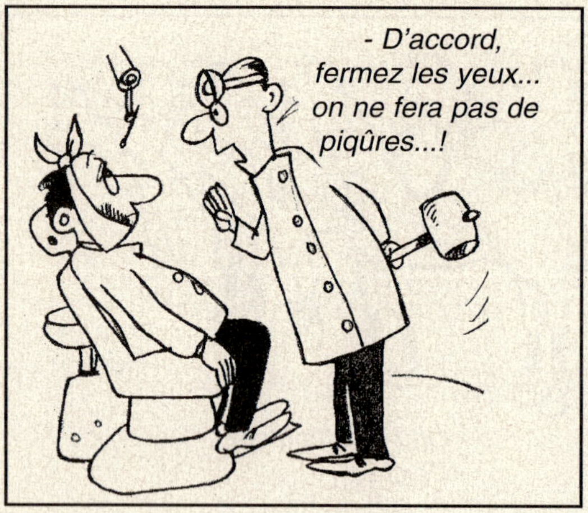

- Sans légende

Le soleil se lève à 06 h 37 mn et se couche à 19 h 15 mn.

MON TRUC EN PLUS
Pour nettoyer et raviver le cuir d'une chaise, frottez avec un chiffon imbibé de bière blonde puis appliquez un blanc d'œuf légèrement battu. Enfin encaustiquez et polissez au chiffon de laine.

Histoire de pattes

Même si les mille-pattes n'ont pas autant de gambettes que le laisse entendre leur nom, ils en ont beaucoup, et peut-être trop pour ne pas se les emmêler.
Certaines espèces de myriapodes ont quelques dizaines de pattes, d'autres plusieures centaines. La miss illacme plenines, une sympathique californienne en a sept cent cinquante ! On peut se

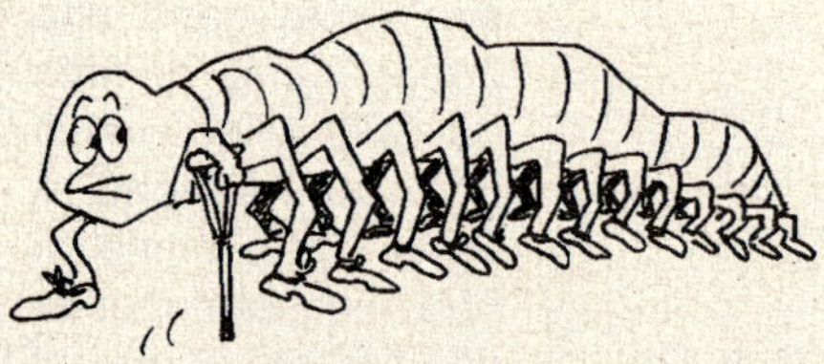

poser la question : avoir autant de pattes est pour le moins original mais cela apporte-t-il un plus, du point de vue de la "marche" ?
Des scientifiques américains se sont penchés sur la question et ont publié le résultat de leurs recherches dans la revue *Nature*. Partant du principe qu'il faut deux neurones par pattes pour commander la locomotion, ils en ont déduit que ces bestioles disposent d'un système nerveux sophistiqué qui doit leur permettre de diviser par deux, quatre, six ou plus, le nombre de pattes représentant un pas. Ceci afin de démultiplier l'effort.
En fait, toutes ces pattes ne les font pas avancer plus vite mais leur permettent de s'adapter au terrain. L'important, en fait, est que ces mille-pattes n'aient pas de problèmes pour se chausser...

Sourire
Combien de temps a-t-il fallu à ma secrétaire pour faire une inscription sur mon gâteau d'anniversaire?
-??
- Deux heures... Une demi-heure pour l'écriture et une heure et demi pour sortir le gâteau de la machine à écrire...

Dicton:
On ne creuse pas avec le manche de la pioche, mais le manche aide à creuser.

Les œufs et les serments se brisent facilement.

John Major, ex-Premier Ministre anglais est né le le 29 mars 1943 . Bernard Blier a quitté ce monde le 29 mars 1989. Le 29 mars 1967 est lancé le sous-marin atomique "Le Redoutable". Edouard Balladur est nommé Premier Ministre par François Mitterrand le 29 mars 1993.

Le chat et son poil
Si votre chat aime le beurre, donnez-lui en un tout petit morceau tous les jours. Son poil sera plus doux et plus brillant.

- *Allez, dis un nom pour voir...!*

Madame tient la corde..

Dix minutes de saut à la corde intensif sont aussi efficaces que trente minutes de jogging. Voyez les boxeurs, pas d'entraînement sans saut à la corde !

En sautant à la corde, même quelques minutes par jour, vous vous essoufflerez moins vite et vos jambes seront plus souples. Commencez par sauter avec réception sur le pied droit puis sur le gauche. Ne cherchez pas à sauter très haut. Ensuite, sautez pieds joints pour l'endurance. Amortissez les chocs en retombant sur la pointe des pieds, en fléchissant les genoux. Enfin, pratiquez le double saut. Pour cela sautez pieds joints en levant les genoux le plus haut possible, la corde doit passer deux fois à chaque saut.
Vous trouverez des cordes à sauter avec compte-tours dans les poignées. D'autres avec des poignées, avec roulement à billes et même des cordes avec poignées pouvant se charger de poids afin de renforcer les avant-bras.
A quand la corde ultra-perfectionnée qui sautera toute seule pendant qu'allongée sur un transat vous ferez une petite sieste...?

Le soleil se lève à 07 h 35 mm et se couche à 20 h 16 mm

- *Et alors? Qu'est-ce qu'on dit quand on est poli ?*

Drôles de statistiques :

On avait noté qu'à Londres en 1900, la vitesse moyenne d'une automobile était de 30 Km/h.
On a noté également que 30 Km/h c'était la vitesse moyenne d'une automobile, à Londres, l'année dernière. Bravo le progrès !

Un ongle pousse en moyenne de 0,15 mm par jour et de 4,5 mm par mois. Il faut donc trois mois environ pour qu'un ongle se renouvelle.
Sur une vie, un être humain peut voir ses ongles se renouveler jusqu'à 5000 fois !

Paul Verlaine est né le 30 mars 1844. Van Gogh, aussi, un 30 mars, mais en 1853. Jean-Claude Brialy a vu le jour le 30 mars 1933 et Eric Clapton, chanteur rock le 30 mars 1945. Léon Blum a quitté ce monde le 30 mars 1950 et Edgar Faure aussi mais en 1988. Le 30 mars 1981, John Warnock Hinckley tire six balles sur le Président Ronald Reagan dont une fera mouche.

MARS lundi 31

Saint Benjamin
On lui doit beaucoup de conversions, passa des années en prison

- Super casting !

Sourire

- A propos de "Che" Guevara... S'il était né dans le Var, il aurait pu s'appeler "Che Guévarois". Né en Bretagne, il aurait été le "Che Guavarech". A Alger, "Che Guevarab" et si ses parents avait été montagnards, "Che Guavarappe".

- Un chiffre porte-bonheur pour un vigneron ? Le chiffre cep.
- Idem pour un joueur de tennis, le chiffre set.

- "Au printemps, j'aimerai fôlatrer dans les prés, rêvaser..."
- "Toi, tu ne ferais pas une dépression herbeuse !"

Le soleil se lève à 07 h 33 mn et se couche à 20 h 18 mn.

Sourire

J'aimerais savoir pourquoi Roméo et Juliette se rencontraient-ils au balcon?
Si ça se trouve c'était parce qu'à l'orchestre c'était trop cher !

Vive les épouvantails

On vous avait parlé, dans un *Vermot* d'il y a quelques années d'un village du Midi-Pyrénées qui, chaque année, se remplissait d'épouvantails plus horribles ou plus jolis les uns que les autres.

Or, il semblerait que l'idée était dans l'air depuis un bon moment car on nous a signalé que d'autres villages proposaient la même animation.

Ainsi en Suisse ou à Valhuon dans le Nord de la France, depuis 1998 est organisée la Fête des Epouvantails. Durant la première quinzaine de juillet, toute la population se transforme en fabricant d'épouvantails.

Aucune contrainte n'est imposée et comme tous les goûts sont dans la nature, les épouvantails sont de plus en plus originaux d'une année sur l'autre. Leur nombre varie mais dépasse régulièrement les 150.

Au début, ils étaient installés aux quatre coins du bourg mais, maintenant, en plus, ils défilent. Alors si les épouvantails ne vous font pas peur mais au contraire vous amusent, n'hésitez pas à leur rendre visite, en juillet à Valhuon.

solution de la grille page 111

*D*U*E*O*P
MASSICOTER
*NOURRIE*E
AGNELIN*AM
*E*LANTANA
ARE*N*EMET
*EVIDE*EMU
BU*DESUNIR
*SEE*CREEE
DEMEURE*E*
**I*LIESSE
HARLEM*A*S
*PAUMELLES
LIT*ARIANE

- Vous aurez du mal à reconnaître le gardien, aujourd'hui il n'a pas sa casquette..!

Richard Chamberlain, acteur anglais est né le 31 mars 1935, et Claude Allègre, ex ministre de l'éducationale né lui le 31 mars 1937. Le 31 mars 1928, la durée du service militaire est fixée à un an. Le 31 mars 1984, Robert Moriaty passe sous la Tour Eiffel à bord d'un avion de tourisme.

Saint Hugues
Évêque de Grenoble.

AVRIL
mardi 1

- *Tu l'as fait exprès ! maman a horreur du chocolat et le poisson lui donne de l'urticaire !*

- *Shériff, si on ne trouve pas un autre arbre on va avoir des problèmes pour appliquer la sentance !*

Mon truc en plus : Contre les engelures ? Ma grand-mère épluchait une grosse gousse d'ail cru et frottait les parties crevassées avec. Elle recommençait autant de fois que nécesaire.

Le soleil se lève à 07 h 31 mn et se couche à 20 h 19 mn.

Le poisson d'avril

S'il est une journée appréciée des amateurs de gags, facéties et autres fausses nouvelles, c'est bien celle qui exceptionnellement cette année, tombera le lendemain du 31 mars, à savoir le Ier avril.

Et en ce jour heureux, tout entier consacré aux farces, plaignons nos ancêtres d'avant 1564.

- *Méfie-toi, en général il comprend mal la plaisanterie!*

Cette année-là en effet, une ordonnance du roi Charles IX décide de reporter le début de l'année au 1er janvier, alors que jusque-là, elle commençait au 1er avril.

Comme tout changement décrété en haut-lieu, cette décision ne fait pas que des heureux, aussi afin de se moquer d'eux, chaque Ier avril on offrit à ces nostalgiques de l'ancien calendrier, de faux présents tout en les intoxiquant avec de fausses nouvelles.

Ces plaisanteries généralisées prient bientôt le nom de "poissons d'avril", eu égard au signe du zodiaque quitté par le soleil au mois d'avril. Depuis, les dits poissons en papier fleurissent dans le dos des distraits et des naïfs, qui ne se méfient pas assez des enfants ou des adultes les approchant d'un peu trop près.

Et chaque année, les lecteurs attentifs de la presse essaient de repérer parmi le flot de nouvelles, celle qui aura été inventée par un journaliste particulièrement facétieux. Né ou pas sous le signe des Poissons...

La sciure n'est pas comme on l'a longtemps cru les excréments de mouches. Et pourtant on dit bien des sciures de mouches...

Le grand comédien, Jean Tissier, était né le 1er avril 1896 et Marcel Amont le 1er avril 1929. Robert Doisneau, le photographe du "Baiser de l'Hôtel de Ville" a fermé définitivement son objectif le 1er avril 1994. "L'Ange Bleu" avec Marlène Dietrich sort sur les écrans le 1er avril 1930.

AVRIL mercredi 2

Sainte Sandrine
Avec l'argent de sa dot elle fonda un monastère

- J'aurais préféré avoir l'accord de tes parents pour t'enlever!

- Ne bougez pas de là, il y a des Suisses qui veulent essayer un missile...!

Le soleil se lève à 07 h 29 mn et se couche à 20 h 21 mn.

Mon truc en plus

Ne craignez plus qu'un enfant soit enfermé à clef si vous avez pu faire une petite encoche - à la scie à métaux - dans l'extrémité de la clef. De l'extérieur, avec la pointe d'un tournevis, vous tournerez la clef...

Pourquoi un poisson le 1er avril ?

Si le poisson a toujours été l'un des principaux aliments de l'homme, on s'est souvent demandé pourquoi il était à l'origine de la farce que tout le monde connaît : le "poisson d'avril".

En fait, jadis, la pêche était interdite dès le 20 mars, premier jour du printemps, puis suspendue pendant la période du frai.
Aussi les mauvais plaisants s'employaient-ils à envoyer le moindre nigaud qu'ils avaient sous la main acheter, à la halle, du poisson frais, alors qu'il était introuvable pendant cette période.
Et pour corser la chose et montrer aux autres lequel était le nigaud en question, on lui accrochait un poisson dans le dos.
Jeune apprenti, il y a fort longtemps, on m'avait envoyé à la gare du Nord demander... l'horaire des marées !
C'était le bon temps, on riait pour un rien...

C'est encore normal

Un Slovène a défoncé l'entrée de l'hôpital d'Izola avec sa voiture, en passant à travers les vitres du vestibule. Il a fracassé un comptoir de la réception et s'est arrêté en écrasant le bureau du directeur.

Là, Aleksander Oven a de nouveau exigé de l'hôpital qu'on lui applique un traitement psychiatrique qu'on lui avait refusé la veille.
Malade et têtu en plus...

Sourire avec des lettres extraites du bêtisier des Impôts

- Notre but n'est pas, comme vous l'écrivez "de vous écraser comme une merde" mais de percevoir le montant exact de vos impôts.

- Les animaux domestiques ne sont pas des enfants à charge.

- Ce total de 5 000 F étant à diviser par deux, le résultat est donc : 1 327,60 F.

Casanova est né un 2 avril, en 1725, et Thierry Le Luron, un 2 avril 1952. Georges Pompidou, président de la République est décédé le 2 avril 1974. Démission le 2 avril 1992 d'Edith Cresson du poste de Premier Ministre. Le 2 avril 1998 Maurice Papon est reconnu coupable de crimes contre l'humanité.

Saint Richard
Devint archevêque de Canterbury

AVRIL
jeudi 3

- Sans légende

- *Je suis en tôle parce que j'ai une mauvaise vue... J'ai volé une bagnole juste devant le commissariat!*

Le saviez-vous ?
Pourquoi avoir inventé le fax alors que le télex fonctionnait très bien? Parce que les Japonais ont un alphabet qui compte 1945 idéogrammes que l'on ne peut que dessiner, d'ou l'idée du fax.

Le soleil se lève
à 07 h 27 mn
et se couche
à 20 h 22 mn.

Cimetière fou

Voulez-vous vous recueillir sur la tombe d'Anna Karénine ou de Dorian Gray ?
Certes, chacun sait que ce sont des personnages de roman et qu'ils n'ont jamais existés.
Cependant, Franco Ferrero, un Italien, a eu la bonne idée de créer un cimetière pour personnages de fiction.
Beaucoup de personnes s'attachent énormément à leurs personnages de littérature, de théâtre ou de cinéma favoris.
Or ces personnages ont souvent une fâcheuse tendance à mourir à la fin de l'histoire.
Une fois le livre refermé, le rideau baissé ou la lumière revenue, les gens se retrouvent désemparés par la mort de leur héros. Maintenant, ils pourront aller poser fleurs et couronnes sur sa tombe (vide).
Eh bien quoi ?
Il existe bien des cimetières pour chiens !

Insolite

Dans la commune d'El Augustino, près de Lima au Pérou, un arrêté municipal interdit de péter dans la rue.
Dans un pays où le haricot est un peu la base de la nourriture, c'est peut-être utile mais par forcément apprécié de la population !

Lu dans "L'Union-l'Ardenais" 3/02.

"Au rayon météo, la dernière place revient aux Ardennes. La durée moyenne d'ensoleillement n'excède pas 1 440 jours par an."

Et encore, sachons-le, les années bissextiles, ça peut être pire !

C'est normal

Les douaniers l'ont baptisé "l'autruche" depuis qu'ils l'ont arrêté à l'aéroport de Luanda, en Angola, à la suite d'un simple contrôle.
Il est vrai qu'Alméda Campos, avait été trouvé porteur de près de 1 500 diamants qu'il avait dans l'estomac... ce qu'on a découvert à l'hôpital.
Où on l'avait conduit pour un lavage d'estomac... justement.

Marlon Brando est né le 3 avril 1924. Helmut Kohl, chancelier allemand, un 3 avril en 1930 . On notera le suicide, le 3 avril 1945 d'Adolph Hitler. Le 3 avril 1973, lancement de Saliout 2 par les Soviétiques. Le 3 avril 1976 voit la première remise des "Césars" du nom du sculpteur du trophée.

AVRIL vendredi 4

Saint Isidore de Séville
Fut évêque de Séville au VIe siècle

- Je suis sûr que ce vase va leur faire plaisir...!

- Arrête de tout le temps rouspéter... tu vois bien que je suis en train d'inventer quelque chose de révolutionnaire ..!

Le soleil se lève à 07 h 25 mn et se couche à 20 h 24 mn.

Mon truc en plus

Des difficultés pour couper les ongles des orteils ?Il suffit de les assouplir et pour cela, il faut les masser avec de l'eau oxygénée, plusieurs fois par semaine.

Vermot Jardin : les tomates-cerises

La mode des tomates-cerises, plus pour la décoration que pour en faire un plat, fait que même sans un potager, tout un chacun peut faire sa petite plantation.

En avril, déposez trois graines dans un godet de terreau pour semis, en les recouvrant de 5 mm. Mettez-les dans un coin assez tempéré (20 °C) et au bout de huit à dix jours, conservez le plant le plus robuste et repiquez-le dans un pot plus grand dès qu'il a trois feuilles.

En mai-juin, plantez-le en terre bien travaillée (en pot, prenez une variété naine comme "Red Robin" ou "Gnom F1" qui ne dépasse pas 30 cm). Attention aux risques de gelées.

Si besoin est, posez des tuteurs, pensez à arroser et n'hésitez pas à pulvériser un fongicide ou de la bouillie bordelaise avant la formation des premiers fruits.

De juillet à septembre, en culture classique, palissez soigneusement la tige principale sur le tuteur et "pincez" les tiges secondaires dès qu'elles apparaissent... et vous récolterez ces tomates-cerises jusqu'à la fin de l'été.

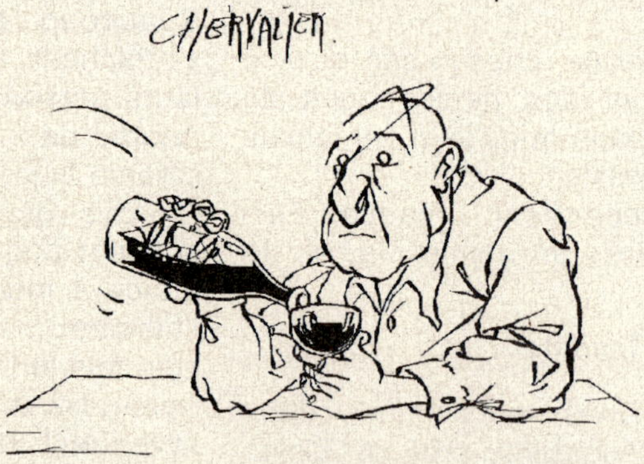

Sourire

- Comment dit-on, en anglais : "Ma belle-mère ne viens pas souper ce soir" ? - Je ne sais pas, mais en français c'est "Whouaiaiaiai !!!"

- Pourquoi Dieu a-t-il créé l'homme avant la femme ?
-Pour lui permettre d'en placer une.

- Quels sont les ruminants que l'on trouve en Ille-et-Vilaine?
- Des rennes

Marguerite Duras était née le 4 avril 1914, Anthony Perkins était né, lui, le 4 avril 1932, Daniel Cohn-Bendit le 4 avril 1945. Martin Luther King, prix Nobel de la Paix en 1964 est assassiné, à Memphis, le 4 avril 1968. Le 4 avril 1982, création de l'Airbus A 310 et le 4 avril 1986, Clint Eastwood est élu maire de Carmel, USA.

Sainte Irène
Fut brûlée vive sans abjurer sa foi

AVRIL samedi 5

- *Lâche-moi un peu les baskets...t'as pas des chiens avec qui sortir..;!*

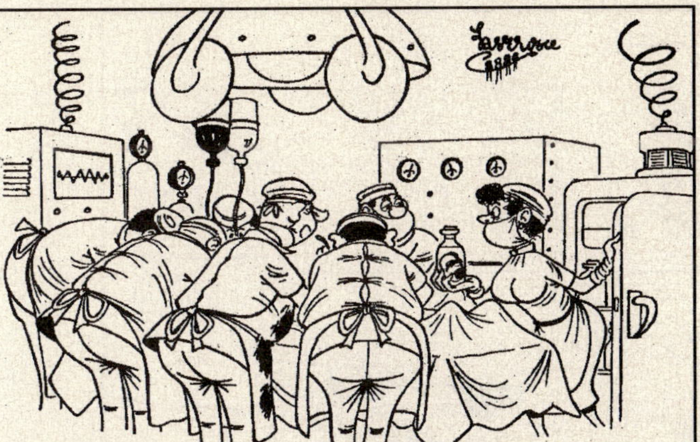

- *Non, le cœur est dans l'autre bocal, ça c'est le roll-mops que j'ai apporté pour mon déjeuner...!*

Lu dans Sud-Ouest (30/01)

"Le septuagénaire est décédé sur le coût."

Voilà un coup qui pour le cou lui a coûté cher...!

Le soleil se lève à 07 h 23 mm et se couche à 20 h 25 mm

Le démon du jeu

La dépendance engendrée par le jeu est mal connue. A la différence d'autres accoutumances comme le tabac, l'alcool ou la drogue, le jeu ne fait pas appel à une substance inoculée à l'organisme.

Dans des temps plus anciens, le démon du jeu pouvait avoir des conséquences plus dramatiques que la simple ruine des victimes. Les jeux de dés en particulier ont été à l'origine des pires excès. Ainsi, à la fin du Ier siècle après Jésus-Christ, Tacite écrit : « Les Germains engagent jusqu'à leur liberté et leur personne pour le dernier coup de dés.

Le perdant se résigne volontairement à l'esclavage même s'il est plus jeune et plus fort que son adversaire. Saint Ambroise ajoute que certains joueurs misent leurs doigts, leurs membres et même leur vie. Et si le sort les défavorisait, ils se laissaient mutiler sans protester !

A cause de la télé

Le syndicat des femmes de chambre s'est plaint au Gouvernement de ce que les clients surexcités par les films pornographiques que l'on trouve dans toutes les chambres d'hôtel du pays, agressent les femmes de service.

On suggère aux hôtels de passer à la télé des émissions littéraires uniquement. Ça devrait aider à dormir...

Ouh, les cornes !

Il va falloir se rendre à l'évidence, les Vikings n'ont jamais porté de casques à cornes. On n'en a jamais retrouvés lors des fouilles de sites vikings, affirment les archéologues.

Habillé

"Le Tigre" allias Georges Clemenceau allait, vers la fin de sa vie, se coucher tout habillé. Il trouvait du dernier inconvenant que la mort vienne le surprendre en chemise de nuit !

Jeanne Bourgeois, plus connue sous le nom de Mistinguett, voit le jour le 5 avril 1873. Spencer Tracy était né lui aussi le 5 avril mais en 1900. Howard Hughes, homme d'affaires et cinéaste est décédé le 5 avril 1976. Le 5 avril 1906, éruption du Vésuve et le 5 avril 1963, un téléphone rouge relie Washington à Moscou.

AVRIL dimanche 6

Saint Marcellin
Victime d'un complot, fut décapité

- T'as su le prendre...vide-le !

- Si vous ne trouvez pas, moi je vais vous dire ce qu'il a ...!

Le soleil se lève à 07 h 21mn et se couche à 20 h 27 mn.

A méditer
Quelle différence entre une balle de golf et le point G ? Un homme passera deux heures à chercher sa balle de golf.

Vermot cuisine

La bonne ortie

Avec la culture bio, on revient aussi aux cultures oubliées. On voit apparaître des plantes méconnues ou plus exactement oubliées.
A commencer par l'ortie qui possède de nombreuses vertus diététiques et médicinales.
Des spécialistes comme l'exploitation agricole : "Oh ! Légumes oubliés", près de Bordeaux, cultivent crosne, giraumont, topinambour, tétragone, amour en cage, sureau, verjus du Périgord, pâtisson et autre pourpier.
Plus de 600 espèces et variétés de ces plantes alimentent les exportations de cette société.
Et l'ortie qui a de plus en plus d'adeptes est un légume vert riche en vitamine C.
Six fois plus que l'orange et en fer, trois fois plus que l'épinard.

- Si tu avais eu tes lunettes on ne t'aurais pas vendu ça pour un Doberman...!

De plus, l'ortie est riche en protéines végétales.
Les orties peuvent être utilisées comme légume vert mais aussi en salade ou comme garniture de tartes.
Ells sont récoltées en mai et juin... avec des gants, bien évidemment !

Sourire
- Quels sont les deux plus petits bouquins au monde ?:
. La liste des héros luxembourgeois
. Un siècle d'humour allemand.

- Comment appelle-t-on, aux USA, un homme intelligent ?
- Un touriste!

Igor Stravinski, compositeur, décède le 6 avril 1971. Le 6 avril 1893 verra un combat de boxe déclaré match nul après s'être déroulé pendant 110 rounds, soit 7 heures et 19 minutes de combat ! Les deux boxeurs étaient A.Bowen et J.Burke et cela se passait à la Nlle Orléans. Le 6 avril 1994, massacres ethniques au Rwanda.

- *Vous avez 60 minutes, pas une de plus !*

- *Elle est bonne ?*

Mon truc en plus

Gare au congélateur s'il y a eu une coupure de courant. Pour savoir si cela est arrivé un jour, mettez un glaçon dans une poche en plastique transparente. Si le glaçon a fondu il y a eu coupure...

Le soleil se lève
à 07 h 18 mn
et se couche
à 20 h 28 mn.

Un jeu à la mode

Quel est le point commun entre ces trois phrases ?

Anglais :
The quick brown fox jumps over the lazy dog.
Français :
Voyez le brick géant que j'examine près du wharf.
Allemand :
Falsches Üben von Xylophonmusik quält jeden gröBeren Zwerg.
Réponse :
Ne cherchez pas l'astuce dans le sens des phrases. Celle en anglais signifie : "Le rapide renard brun saute par dessus le chien fainéant." Celle en allemand veut dire. "Une mauvaise pratique du xylophone importune n'importe quel grand nain." Rien à voir avec des bricks ou des wharfs ! En fait, le point commun entre ces trois phrases dépourvues de sens est qu'elles sont toutes des pangrammes, c'est-à-dire des expressions contenant au moins une fois toutes les lettres de l'alphabet !
Le jeu consiste donc à construire des phrases en plusieurs langues, avec le moins de mots possible mais contenant toutes les lettres de l'alphabet.

Aïe mama !

La scène s'est passé au Chili, ou une brave ménagère a arrêté trois jeunes voleurs qui avaient agressé le chauffeur d'un bus. Et cela en disant une seule phrase mais d'une voix forte : " Jorge, mais qu'est-ce que tu fais?" S'est-elle exclamé en s'adressant à son fils...!

Filmé

Un motard britannique, Daniel Nicks, avait monté une caméra vidéo sur le guidon de sa moto afin de filmer ses exploits.
Victime d'une chute, il ne put empêcher la police de visionner la cassette de sa balade et ainsi de découvrir qu'il avait poussé des "pointes" dépassant les 280 km à l'heure.
Bilan : six semaines de prison, avec sursis et amende.
La prochaine fois il se fera filmer, de loin ou ne mettra pas de cassette dans sa caméra...

Sourire

On dit toujours, et c'est vrai, qu'il ne faut jamais remettre à deux mains ce qu'on peut remettre avec une seule.

Francis Ford Coppola est né le 7 avril 1939, Colette Besson médaille d'or au J.O. de Grenoble est née le 7 avril 1946 et Michelle Torr, le 7 avril 1947. Henry Ford, lâchait définitivement le volant le 7 avril 1947. Le 7 avril 1902, déjà... bagarre entre Hooligans et effondrement d'une tribune lors d'un mach de football entre l'Angleterre et l'Ecosse.

AVRIL mardi 8

Sainte Julie
Fonda un ordre religieux

Saint Gautier
Saint patron des prisonniers

AVRIL mercredi 9

- Je pars à la retraite demain et je vais faire quelque chose que j'ai voulu faire tous les jours depuis 30 ans que je suis ici!

- C'est plus court par là, il y a un escalier!

Le 8, le soleil se lève à 07 h 16 mn et se couche à 20 h 30 mn.

- Le yaourt ?
Au bout d'un certain temps, le yaourt développe une certaine forme de culture.

Le 9, le soleil se lève à 07 h 14 mn et se couche à 20 h 31 mn.

C'est presque incroyable

Savez-vous que :

- Il est impossible de se lécher le coude.

- Un crocodile ne peut pas sortir sa langue.

- Le cœur d'une crevette est logé dans sa tête.

- Une étude effectuée sur près de 200 000 autruches, pendant quatre-vingts ans ne rapporte aucun cas où l'on aurait vu une autruche se mettre la tête dans le sable.

- Les porcs ne sont physiquement pas capa-bles de regarder le ciel.

- Les rats et les chevaux ne peuvent vomir.

- Si vous éternuez trop fort, vous pourriez vous casser une côte.

- Si vous tentiez de retenir un éternuement, vous pourriez causer la rupture d'une veine au cerveau ou dans votre nuque et en mourir.

- Pendant la durée moyenne d'une vie, une personne qui dort avalera soixante-dix insectes et dix araignées...

... et 75 % des personnes qui ont lu tout ceci auront tenté de se lécher le coude...!

- Henri, dis au chef qu'on a retrouvé son essuie-mains...

Sourire `Si on servait du poisson, turbot par exemple, au menu du wagon-restaurant de la SNCF mettrait-on "turbotrain" sur la carte ?
Un champ de bataille et une clinique, c'est la même chose : un théâtre d'opérations.

Le 9 avril 1821 naissait Charles Baudelaire et le 9 avril 1872 Léon Blum. Le 9 avril 1895 c'est Michel Simon qui venait au monde et le 9 avril 1933, Jean-Paul Belmondo. Le 9 avril 1998, une bousculade effroyable a lieu à la Mecque. Bilan : 180 pélerins morts, piétinés.

Le 8 avril 1913 naissait la grande patineuse Sonja Henie et le 8 avril 1929, naissait Jacques Brel. Patricia Arquette est née le 8 avril 1968 . Le 8 avril 1973 s'en allait Pablo Picasso. Le 8 avril 1946, nationalisation du gaz et de l'électricité en France.

Saint Fulbert
Devint évêque de Chartres

AVRIL jeudi 10

Comment vous dites ?
Deux Indiens ont été arrêtés à Singapour alors qu'ils s'apprêtaient à embarquer sur un vol à destination de Hongkong.
C'est un passager qui les a dénoncés lorsqu'il les a entendu parler et se qualifier eux-mêmes de "Bosnian terrorist" (terroriste bosniaque). Après avoir fait appel à un interprète, il s'est avéré qu'un problème de communication avait fait commettre un impair. Ils étaient en fait "bass guitarists".
Comme excuse les guitaristes auraient pu dire que le terrorisme n'était pas dans leurs cordes.

- C'est le médecin qui lui a conseillé de se planter une pelouse pour faire baisser son agressivité !

Mon truc en plus
Lorsqu'on sent les premières attaques du rhume, il faut boire un bol de lait très chaud dans lequel on aura versé quatre gouttes de teinture d'iode, ceci, avant de se coucher.

Le soleil se lève
à 07 h 12 mn
et se couche
à 20 h 33 mn.

Le jus d'orange, pour qui?

Pour votre hortensia !
Si vous voulez suivre les conseils du professeur Dale Morris, chercheur à l'université de l'Etat de Wisconsin (Etats-Unis), vous donnerez à boire du jus d'orange à vos plantes.
Selon lui, la vitamine C et la vitamine E contenues dans les oranges sont des anti-oxydants et aident les plantes à résister aux attaques des insectes, de la sécheresse, des mini-champignons et autres maux.
De plus, le jus d'orange est aussi efficace pour les plantes d'intérieur que pour les plantes d'extérieur.
Le professeur préconise un petit verre tous les quinze jours.
Le jus d'orange, au petit déjeuner pour vos hortensias ? Pourquoi pas.

Sourire
Si vous apprenez à conduire une voiture tout seul, alors vous êtes autodidacte.

Sourire
Une erreur peut être vraie au fausse, selon que celui qui l'a commise s'est trompé ou non (Alphonse Allais).

- Comment dit-on cheval, en russe ?
- Dada !

Omar Sharif est né le 10 avril 1932. Le 10 avril 1954 Auguste Lumière, co-inventeur du cinéma avec son frère Louis quitte le monde. Il était né, aussi, un 10 avril en 1862. La TVA qui fera couler beaucoup d'encre au fil des années, voit le jour en France le 10 avril 1954. Le 10 avril 1945, l'armée soviétique libère Vienne.

AVRIL vendredi 11

Saint Stanislas
Saint patron de la Pologne
Saint Jules
Fut élu pape de 337 à 352

AVRIL samedi 12

- Faites attention de ne pas vous couper !

- Non pas pour moi, c'est moi qui conduis !

Le soleil se lève à 07 h 10 mn et se couche à 20 h 34 mn.

S'il n'y avait pas de rétroviseur sur les voitures comment feraiton pour voir si on a renversé quelqu'un ?

Le 12 le soleil se lève à 07 h 08 mn et se couche à 20 h 36 mn.

Allô, police, ici coco

Des policiers de Manchester ont eu l'étrange surprise de recevoir un appel téléphonique d'urgence de quelqu'un de muet.
En fait, une autre personne parlait au bout du fil. Les policiers se sont inquiétés puis il ont localisé l'appel et se sont rendus sur les lieux de l'appel. Là, ils ont trouvé une femme qui ne pouvait rentrer chez elle. A l'intérieur, son perroquet avait décroché le combiné et tapé au hasard sur toutes les touches finissant par composer le 999, le numéro de la police. Ce qui est bizarre, c'est qu'a-près avoir composé le numéro, le perroquet n'ait pas parlé, ce qui était, logiquement, croit-on, le plus facile pour lui.

Beau palmarès

Moustafa Samida a, toute sa vie, expliqué que "les femmes étaient comme les fleurs, elles avaient chacune leur parfum". Et il savait de quoi il parlait. Il s'est marié 203 fois et a répudié ses 203 épouses. A 78 ans, cet Égyptien cherche encore et toujours l'âme sœur idéale.

Lorsqu'un rat a le malheur de passer sous un rouleau compresseur, ça devient un raplapla...

C'est pas parce qu'on n'est pas en train qu'il faut le rater !

Le 11 avril 1891, Sergei Prokofiev voit le jour, et en 1944, Nicoletta arrive au monde. Olivier Magne, rugbyman de l'équipe de France est né le 11 avril 1973. Lancement d'Apollo XIII, le 11 avril 1970. Le 11 avril 1986, le PSG remportait le championnat de France de football.

Shinichi trouve-tout

Shinichi Fujimura, célèbre archéologue japonais, était reconnu pour ses innombrables découvertes.
Ancien vice-directeur de l'Institut paléolithique de Tohoku, Shinichi Fujimura a dû reconnaître qu'il trouvait surtout ce qu'il enfouissait lui-même!
Il a avoué avoir sévi sur une trentaine de sites archéologiques. Il peut encore espérer trouver, s'il les apporte lui-même, différentes pièces, à l'hôpital psychiatrique où il réside maintenant.

Le 12 avril 1924, le futur Premier Ministre, Raymond Barre, voyait le jour. Montserrat Caballe, soprano est née elle aussi un 12 avril, en 1933. Le 12 avril 1945, Franklin Delano Roosevelt, président des USA décédait.
Joséphique Baker s'en allait le 12 avril 1975, Joe Louis, champion de boxe quittait le ring de la vie le 12 avril 1981

Sainte Ida
Vécu jusqu'à 73 ans après avoir fondé plusieurs monastères

AVRIL dimanche 13

- Le téléphone est encore chaud, ma femme n'est pas loin...

Le saviez-vous?
Madame, quand un homme pense à mettre des bougies sur la table pour le dîner... c'est simplement que le courant est tombé en panne!

Le soleil se lève à 07 h 06 mn et se couche à 20 h 37 mn.

La recette idéale

Afin de trouver un mari, mesdames, utilisez la solution proposée par les auteurs de *Stop getting Dumped* (Ne vous faites plus jamais plaquer) qui est assez simple.
Selon ce bouquin, quelques règles d'or sont à suivre et si ça ne marche pas, si vous n'avez pas trouvé mesdames le mari digne de ce nom dans les trois ans, on vous rembourse votre achat!
On a selectionné de ce manuel pour rendre un homme amoureux, trois règles d'or au milieu de centaines de conseils divers.
En un, " Ne proposez jamais vous-même un rendez-vous".
En deux "Soyez toujours la première à raccrocher le téléphone; (très important)
En trois , un conseil qui vous surprendra peut-être : "Fréquentez toujours trois hommes à la fois."

- Quand on ne sait pas conduire mon petit bonhomme, on reste chez soi !

"Cela coûtera cher, évidemment, mais ce sera une dépense faite une fois pour toutes!" comme disait le monsieur en s'acqittant des frais d'obsèques de sa belle-mère !

Sourire
Un serre-tête n'est jamais qu'une coiffure trop petite!

Rempailler, c'est remettre en état de siège !

Butch Cassidy, le cow-boy hors-la-loi naissait le 13 avril 1866. Samuel Beckett, prix Nobel de littérature était né le 13 avril 1906. Jean de La Fontaine quittait le monde le 13 avril 1695. Le 13 avril 1598 signature par Henri IV de l'Edit de Nantes. Promulgation de la loi décrétant la fermeture des maisons closes, dite loi Marthe Richard, le 13 avril 1946.

AVRIL lundi 14

Saint Maxime
Est mentionné dans la “Passion” légendaire de sainte cécile

- Sans légende

- Dites, vous n’avez rien remarqué d’anormal pendant que vous étiez sous ma voiture?

Le soleil se lève à 07 h 04 mn et se couche à 20 h 39 mn

A méditer

Des chercheuses ont découvert pourquoi Moïse a erré quarante ans dans le désert, avec le peuple d’Israël. Un homme ne demande jamais son chemin!

Drôle d’histoire

C’est un militaire qui est à son bureau et qui attend que la journée se passe.
A un moment, une araignée passe et commence à se balader sur le bureau. Il la regarde puis, faisant le premier effort de la journée, il va pour l’écraser et, en fin de compte, la laisse en paix. C’est alors que l’araignée se transforme en une superbe fée qui lui dit :
- “Tu m’as épargnée, tu as droit à trois vœux”.
Madame la fée, je veux être sur une plage avec les cent plus belles filles de la terre.”

Pouf, il se retrouve immédiatement sur une plage du Pacifique entouré de magnifiques créatures.
“Quel est ton deuxième vœu ?” dit la fée.
- “Je voudrais de la bière jusqu’à la fin de ma vie.”
Pouf, des dizaines de fûts de bière sont alignés en rang dans un coin de la plage.
“Et maintenant ton dernier vœu ?”
- “Je voudrais ne plus rien avoir à faire de ma vie.”
Et pouf, il se retrouve assis à son bureau!

Ou est votre avenir ?

Un médium allemand avait trouvé une nouvelle méthode pour prédire l’avenir à ses clients.
Quand il s’agissait de dévoiler les futures richesses, le bonheur ou les problèmes de santé, il leur palpait les fesses!
“ Le derrière est beaucoup plus expressif que la main...” assurait Ulf Buck, qui exerçait ses talents dans le villege de Meldorf.
A noter également que ce “voyant” est aveugle.

Idée pas lumineuse

C’est après avoir lu une étude selon laquelle les parcmètres à énergie solaire permettaient de réaliser des économies sérieuses que les services municipaux de Nottingham en ont installé deux cent quinze.
Malheureusement, l’étude avait été réalisée dans des pays méditerranéens où le soleil se manifeste plus souvent qu’à Nottingham.

L’économie a été réalisée par les automobilistes avec un stationnement gratuit vu que plus d’un quart des machines n’ont jamais (ou presque) pu fonctionner.

Le 14 avril 1865, Abraham Lincoln était assassiné. Simone de Beauvoir, compagne de J.P.Sartre s’éteint le 14 avril 1986. Le 14 avril 1900, inauguration de l’Exposition Universelle de Paris. Le 14 avril 1962, le XV de France remporte son quatrième Tournoi des Cinq Nations consécutif. Le 14 avril 1982, fin de la guerre des Malouines entre la Grande-Bretagne et l’Argentine.

Saint Paterne
Fût évêque de Rennes

AVRIL
mardi 15

C'était pas la coupe du monde :
Le Président du Comité Olympique Bulgare, Ivan Slavkov a offert une coupe lors du tournoi organisé, comme tous les ans, dans les règles de l'art. Il est donc bon de savoir que l'équipe des trafiquants de drogue a été battue en finale, par l'équipe des récidivistes de la prison de Sofia. Le prix du meilleur buteur est revenu à Bulent Sadoula, déserteur et la médaille du fair-play, par Mario Kolev, quatre évasions à son actif. Le journal “Monitor” de Sofia qui relate l'événement ajoute que la victoire a été fêtée à l'eau minérale, l'alcool étant interdit.

- Pour la carafe... eau ordinaire ou eau de la grotte?.. évidemment il y a un supplément !

Jardin d'avril

En avril, n'oubliez pas de semer votre premier mesclun composé des habituels cresson, roquette, laitue à couper, épinard, bette à couper...

C'est aussi l'époque où la fonte, la maladie des semis, fait son apparition. Cette maladie est due à différents champignons que favorisent un temps humide, un semis trop dense ou une terre compacte et acide.

Salades, tomates, crucifères, courges meurent ainsi par un dessèchement de la base de leur tige. Pour éviter cela, dès le semis, pulvérisez le terreau avec une décoction de prêle (on trouve la poudre de prêle dans les jardineries). Réitérez dès la germination, au moins deux fois.

Le soleil se lève
à 07 h 02 mn
et se couche
à 20 h 40 mn.

- Arrêtez tout, les gars, j'ai peut-être trouvé la panne !

Léonard de Vinci serait né le 15 avril 1452. Claudia Cardinale est née le 15 avril 1939. Josiane Balasko aussi, le 15 avril, mais en 1950. Jean-Paul Sartre est décédé le 15 avril 1980. Charles Vanel et Greta Garbo sont morts un 15 avril : en 1989 pour le premier, en 1990 pour l'actrice. Le 15 avril 1997, nouvelle catastrophe à la Mecque, 340 pèlerins périssent piétinés.

AVRIL
mercredi 16

Saint Benoît-Joseph
Pèlerin mendiant, patron des bergers

- Henri, c'est toi qui as commandé du pinard !

- Alors, êtes-vous convaincu que cette valise peut contenir deux complets, deux paires de chaussures, deux chemises et deux paires de chaussettes ?

Le soleil se lève
à 06 h 58 mn
et se couche
à 20 h 43 mn

Oh! que c'est méchant

Quelle est la différence entre le yéti et un homme intelligent ?
Il paraît que quelqu'un a déjà vu le yéti.

Histoires surprenantes

Du flair

Une femme a reçu, aux Etats-Unis, une lettre adressée depuis l'Angleterre par un de ses amis. Or cette lettre ne comptait, sur l'enveloppe, que le nom de la personne, la rue et le numéro de l'immeuble de la destinataire.
L'expéditeur avait oublié de mentionner la ville et surtout le pays du destinataire.
La lettre n'a mis qu'une dizaine de jours pour

atteindre son but.
Comment les services postaux britanniques pouvaient-ils savoir que la destinataire habitait les Etats-Unis? Dans quel état et quelle ville ?
On ne le saura jamais, mais le journal londonnien qui rapporte le fait en est encore tout stupéfait.

Sourire

Madame Duchose-Machin a invité ses amies au café pour leur montrer le chien qu'ils ont adopté et qui joue du piano.
Et une invitée de féliciter la dame:
- Vous devez être fière d'avoir un chien si doué.
- Oui, bien sûr, mais c'est mon mari qui lui a appris la musique, moi j'aurai préféré qu'il fasse médecine...

Garderie pour messieurs

Un centre commercial de Batley en Angleterre a ouvert une garderie pour... hommes.
Ce service s'adresse aux hommes qui détestent faire les courses avec Madame. Dans cet endroit, outre des rafraîchissements, ces messieurs peuvent lire, jouer à des jeux vidéos, faire du karting, regarder la télé, etc.
Madame n'a plus, lorsqu'elle fait ses courses, qu'à récupérer les enfants à la garderie et le mari au “pépé sitting” avant de rentrer...

Le 16 avril 1844 naît Anatole France, prix Nobel de littérature. Charlie Chaplin est né le 16 avril 1889. Peter Ustinov est né le 16 avril 1921 . Le 16 avril 1972, lancement d'Appollo 16 et le 16 avril 1996, le prince Andrew deuxième fils de la reine d'Angleterre et Sarah divorcent. Le 16 avril 1977, Elton John est admis à l'Académie Royale de Musique de Londres.

Saint Anicet
Pape en 166. On fête aussi saint étienne harding moine-fondateur du monastère de Cîteaux

AVRIL jeudi 17

- N'empêche que l'argent du hold-up n'a jamais été retrouvé...!

- Je mets donc dans le rapport que le platane roulait à gauche ?

A méditer
Si on enlève sa carte grise à un automobiliste ivre, est-ce que ça va le dégriser ?

Le soleil se lève à 06 h 58 mn et se couche à 20 h 43 mn.

Vive le café qu'on sert !

A propos du café, il est bon de savoir que chaque jour, dans le monde, on en boit près d'un milliard et demi de tasses.

Il existe près de soixante-dix espèces de caféiers dont deux seulement sont cultivées. L'arabica (près de deux cents va-riétés) et le canéphora (cin-quante variétés) dont seulement cinq sont comestibles parmi lesquelles le robusta.

Pour un bon café, mais c'est au goût de chacun, prenez de l'eau minérale peu minéralisée, une mouture assez fine, mais pas trop. Humectez le café avec de l'eau froide pour que la mouture gonfle et passez l'eau frémissante, jamais bouil-lante.

Les amateurs ne sucrent pas leur café. Dans le Nord ou en Belgique, certains boivent leur café avec un morceau de chocolat noir dans la bouche.

Un café ne se fait pas réchauffer et on dit dans le Nord "Café bouillu, café foutu".

Au-delà de cinq tasses par jour, le café n'est pas sans risque même si le seuil de tolérance, selon les médecins, est de soixante-quinze tasses par jour !

Et rappelez-vous que comme l'a dit Alphonse Allais : "Le café fait dormir quand on n'en prend pas."

SOURIRE

Rassurez-vous, il vous sera facile cet hiver de retrouver votre sang-froid.

Tout passe en ce bas monde. Sauf mon café du matin. Mais ça vient de ma cafetière.

Le 17 avril 1894 naissait Nikita Khrouchtchev, le 17 avril 1911, c'est Hervé Bazin qui voyait le jour et Fabienne Thibault, chanteuse, voyait le jour le 17 avril 1952. Eddie Cochran disparaissait dans un accident de voiture le 17 avril 1960. Le 17 avril 1919 naissait la journée de travail de 8 heures. Le 17 avril 1975, entrée des Khmers Rouges à Phnom Penh, capitale du Cambodge.

AVRIL vendredi 18

Saint Parfait
Subit le martyre en 850

- *Comment vous le trouvez trop grand cet appareil? Je trouve qu'il vous donne un sourire ravageur!*

Et encore Christian Plume et ses sobriquets...

Badinter Robert :
Précurseur des 35 heures car il a diminué les heures de bourreau.

Bayrou François :
Politique d'extrême-centre, navigateur mettant cap sur l'Elysée fut un mythe errant dans la campagne. Suivez le vide.

Bécaud Gilbert, François Silly :
Monsieur 100 000 volts. Le courant est coupé.

Le soleil se lève à 06 h 57 mn et se couche à 20 h 45 mn.

Réflexion
Un passage à tabac, c'est comme un voyage en Extrême-Horion !

Vermot Jardin : à la 4e taupe il sera

Dès quelles apparaissent dans votre jardin et surtout dans votre gazon, la question est : “Pourquoi viennent-elles chez moi ? C'est mieux que chez le voisin, ou quoi ?”

C'est un peu vrai. Les taupes aiment la bonne terre et la vôtre est peut-être ce qui se fait de mieux dans le quartier. Les taupes affectionnent les terres profondes, peu compactées et non inondables car ce sont les plus faciles à creuser.

Si vous êtes en pleine campagne, vous pourrez compter sur certains prédateurs comme les rapaces nocturnes, les martres ou les fouines pour faire un peu le ménage.

Les chiens et les chats (certains) sont capables d'éliminer quelques taupes, à condition qu'ils couchent dehors car les taupes sortent rarement le jour. Mais, attention, en chassant les tau-pes, les chiens font souvent beaucoup de dégâts...

Que faire des taupinières ? Récoltez la terre et mélangez-la à un volume équivalant de tourbe et à un autre de sable et vous obtiendrez un mélange parfait de rempotage pour les jardinières et les plantes d'intérieur.

Pour se débarrasser des taupes, rien n'est plus simple.

- Il existe des pièges mais

Du bêtisier des Impôts
Lettres originales

- Votre nom de famille doit obligatoirement commencer par les deux chiffres du département.
- Nous sommes obligés de vous répondre affirmativement par la négative.

Jean Richard (Maigret) a vu le jour le 18 avril 1921. Albert Einstein, prix Nobel de physique, décède le 18 avril 1955. Marcel Pagnol quitte le monde le 18 avril 1974. Un séisme faisait plus de 3 000 victimes le 18 avril 1906, à San Francisco. Parution le 18 avril 1973 du journal “Libé-ration”. Le 18 avril 1980, le Zimbabwe acquiert son indépendance.

- Je reviens dans cinq minutes, vous ne bougez pas d'ici ..!

- Je ne peux pas vous dire si c'est bon, moi, j'apporte ma gamelle !

A méditer
La définition de *déconvenue* ? C'est l'arrivée de personnes idiotes qu'on n'attendait pas!

Le soleil se lève à 06 h 55 mm et se couche à 20 h 46 mm

exactement le moment d'agir

cela peut être dangereux et il vaut mieux confier ce travail à un jardinier compétent en la matière.
- Les émetteurs d'ondes : les taupes sont sensibles aux ultrasons qui terrorisent d'ailleurs aussi les rats taupiers et les campagnols. Cela peut être efficace. Différents produits sont aussi sur le marché vous n'avez que l'embarras du choix.
Pensez aussi que les taupes ne vivent que deux ans, deux ans et demie et qu'il suffit parfois d'être patient pour les voir s'en aller...

Sourire
Hommage à la propreté suisse.
-Savez-vous pourquoi les Suisses mettent le plus souvent trois préservatifs pour faire l'amour?
- Pour que celui du milieu soit toujours propre!

À propos d'impôts

A l'heure des déclarations d'impôts, le fisc américain s'est trouvé confronté à des demandes de renseignements qui l'ont pas mal perturbé.
Par exemple, certains contribuables voulaient savoir si le produit tiré du commerce d'ovules ou de sperme était imposable.
"Nous devons décider si c'est un produit ou un service" a dit un responsable des impôts.
Il n'est pas rare de voir des contribuables déclarer leur maîtresse comme personne à charge.
Plus de cent mille Américains ont réclamé des réductions d'impôts en tant que descendants d'esclaves.
Après avoir octroyé plus de trente millions de dollars d'abattement, le fisc se serait aperçu que cette déduction n'était inscrite dans aucun texte...

- Tu comptes déclarer ça comme "voiture à bras"?

Le 19 avril 1903 naissait le véritable Eliot Ness, chef des incorruptibles. Jayne Mansfield, voyait le jour le 19 avril 1932. Charles Darwin, décédait le 19 avril 1882. Pierre Curie, co-lauréat du prix Nobel de Physique, est tué par un camion. La 7CV traction-avant de Citroën est mise sur le marché, le 19 avril 1934. Mariage de Rainier de Monaco avec Grâce Kelly, le 19 avril 1956.

AVRIL dimanche 20

PÂQUES
Sainte Odette
Mourut au couvent à l'âge de 23 ans

- *Visez ailleurs, j'ai déjà quelque chose aux poumons !*

Le soleil se lève à 06 h 53 mn et se couche à 20 h 48 mn.

Bonne question
Pourquoi y a-t-il des hommes, mesdames? Les vibromasseurs ne tondent pas la pelouse, messieurs.

Bouvard et son usine à rires,

Depuis un quart de siècle, l'institution bouvardesque des "Grosses Têtes" remplit, comme elle seule sait le faire, une tranche horaire qui fait la joie de millions d'auditeurs et d'auditrices.

Quand on demande à Philippe Bouvard qui n'est pas passé aux "Grosse Têtes", la réponse est relativement claire : "Mao-Tsé-Toung, Fidel Castro, Jean-Paul II et Georges Busch, non plus... et Victor Hugo mais il avait une bonne raison."

Avec Jean Yanne, de Kersauzon, Carlos ou Maître Bellepaire de Loches ou Monsieur Lamanque de Pau, on a droit au calembour hâtif ou au jeu de mot laid, ce qui n'est pas pour nous déplaire, au *Vermot*.

En avril, on a donc fêté les 25 ans des "Grosses Têtes" avec la sortie d'un CD de compilation.

La première émission ? Bouvard s'en souvient bien.
- "Il y avait Roger Pierre entr'autres" et son grand regret est de ne pas avoir conservé un enregistrement de cette première.

L'idée des "Grosses Têtes" est venue d'une émission d'avant guerre qui réunissait des gens d'esprit, des personnes cultivées à qui l'on posait des questions.

Et il s'est avéré que les gens intelligents pouvaient avoir des réponses non seulement intelligentes mais aussi fort drôles.
Le succès est venu de là.

Sourire. Ça commence à inquiéter le gouvernement anglais. D'après les dernières statistiques, 20 % des cigarettes fumées en Grande-Bretagne seraient entrées en fraude dans le pays. C'est grave tous ces cancers qui n'ont pas payé la moindre taxe !

Le 20 avril 1889 naissait un certain Hitler, Adolphe. Juan Mirô, peintre, est né le 20 avril 1893. Jean Carmet laissait-là tous ses potes le 20 avril 1994. Le 20 avril 1814, Napoléon quitte la France pour l'île d'Elbe. Le 20 avril 1945, l'armée soviétique entre dans Berlin. Le 20 avril 1995, les corps de Pierre et Marie Curie sont transférés au Panthéon.

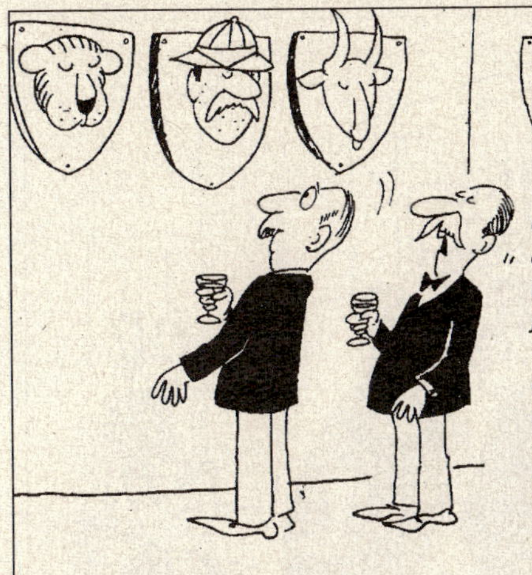

- ... Mon oncle Jules, qui n'a plus jamais imité le rugissement du lion depuis une partie de chasse tragique en 1998...!

- Cette fois, je t'ai vu !

A méditer
Tant que la justice ne s'intéressera pas aux escaliers dérobés, aux portes condamnées et aux factures non acquittées, on doutera d'elle.

Le soleil se lève à 06 h 51 mn et se couche à 20 h 49 mn.

pas encore la fin...

Parfois, l'humour dérape, mais Bouvard ne regrette jamais ses invités "incontrôlables" mais tellement drôles dont le délire à emmené l'émission vers un succès durable et attendu.

- " Vous n'avez jamais craint ces dérapages ?

- Pas vraiment, avec des gens comme de Kersauzon, Jacques Martin, Jean-Pierre Coffe ou Michel Serrault, tout est possible, même le pire.
Mais le talent est tellement grand chez ces gens-là que tout passe dans un énorme éclat de rire."

- "Alors c'est reparti pour vingt-cinq ans ?"

- "Pour deux ans au moins... Après, on verra".

Sourire
Le blaireau est un petit animal qui a disparu de nos campagnes. En fait, surtout depuis qu'on a inventé le rasoir électrique.

Sourire
- On verra rarement un rôti piquet de grève alors qu'il peut être piqué d'ail!

- Sans légende

Le 21 avril 1915 naissait Anthony Quinn, Tony Danza, acteur de série télévisée naît, lui, le 21 avril 1951.

Le 21 avril 1918, le célèbre as de l'aviation allemande, le baron von Richtoffen, décède. Son surnom : le Baron Rouge.

Inauguration le 21 avril 1960 de la nouvelle capitale du Brésil, Brasilia.

AVRIL
mardi 22

Saint Alexandre
Avec epidore subit le martyre

Encore quelques sobriquets de Christian Plume

Belle Marie-Paule :
Sois belle et t'es-toi.

Bourvil André Raimbourg :
Génial imitateur de Patrick Sébastien.

Boutin Christine :
Voudrait être ministre de la décence nationale.

Bouvard Philippe :
C'est le besoin d'argent qui le fait travailler ou bien... les grosses traites ?

Le soleil se lève à 06 h 49 mn et se couche à 20 h 51 mn

- ... Alors Mickey arrive et "flop", il fiche une grande claque sur le derrière de Donald !

VERMO... ROSCOPE
TAUREAU
22 AVRIL - 21 MAI

Vous avez eu quelques difficultés à sortir de l'hiver; petits ennuis de santé, surtout si vous avez passé la cinquantaine; ennuis financiers, mais passagers, pour d'autres.

Et voilà que le printemps ne démarre pas trop mal. Cela ira même en s'améliorant au cours de l'été, mais attention à ne pas faire d'excès.

Pour les femmes Taureau, il est habituel de leur reprocher d'être trop cérébrales. C'est souvent mal les connaître.

Il suffit souvent de bien lire dans leurs yeux pour voir le contraire.
Taureau, les astres vous dissuadent d'attendre l'été pour obtenir des réponses réconfortantes ou pour prendre des décisions concernant votre santé.
Ne remettez pas à plus tard des soins envisagés.
Il ne sert à rien de repousser l'échéance, bien au contraire.
Cette année, vous devrez être prudent.
Vos placements ces trois dernières années ne se sont pas révélés très fructueux. Gardez des réserves, cela vous sera utile pour faire face aux imprévus.
La deuxième moitié de l'année devrait vous paraître meilleure. Fiez-vous à votre instinct.

Sourire
"Patience et longueur de paratonnerre font plus que force ni qu'orage. "
Non, ce n'est pas Benjamin Franklin qui a dit ça, mais Pierre Dac.

Vladimir Ilicht Oulianov, dit Lénine, voit le jour le 22 avril 1870. Yehudi Menuhin, violoniste naît le 22 avril 1916 et Jack Nicholson, comédien américain, est né le 22 avril 1937. Sortie parisienne du film de Chaplin "Le Cirque", à Paris le 22 avril 1928. Le 22 avril 1982, un attentat rue Marbeuf, à Paris, fait un mort et 63 blessés. Premier tirage du Loto sportif, le 22 avril 1985.

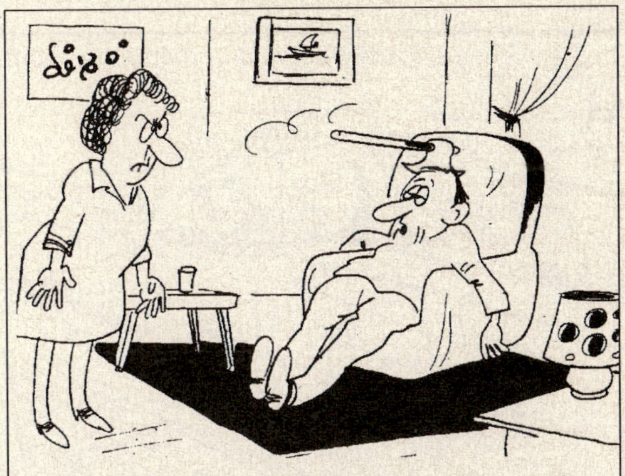

- Je te préviens, je ne discuterai pas ce soir avec toi, tu as l’air énervé...!

23 avril : Saint Georges
Patron des cavaliers

Le soleil se lève
à 06 h 47 mn
et se couche
à 20 h 52 mn

Devenir patron des cavaliers est une idée qui a trotté dans la tête de beaucoup de saints.
Le premier sur la ligne de départ crut faire cavalier seul. Ce n'était pas un mauvais cheval, mais il ne fut pas dans le tiercé.
D'autres prétendants arrivèrent au galop.

Il y avait parmi eux quelques chevaux de retour pour qui c'était une course de trot.
L'un d'eux voulut impressionner en chevauchant un maître étalon, mais on le vit venir avec ses gros sabots.
La plupart de ces candidats, accourus à bride abattue, voulaient ce poste à tous crins et en faisaient leur cheval de bataille. Le regard braqué vers cet objectif, ils portaient des œillères et, au moindre obstacle, montaient sur leurs grands chevaux. Leurs oppositions ne manquaient pas de selles.
Enfourchant leur cavalerie lourde, ils se mettaient sur la sellette, se cabraient et s'adressaient parfois aux équitants sur un ton cavalier.

Entre les plus bourrins cela faillit même se terminer en un combat de box.
A cheval sur les principes, les cavaliers n'appréciaient guère ces écarts.
Saint Georges fut leur favori. Ils ne le choisirent pas pour ses cheveux haras, mais parce qu'il était un crack. Et surtout, car depuis l'âge où il jouait aux petits chevaux, il restait émerveillé par les tours de manège.
Une seule journée sans cheval lui causait un malaise au point que, pour être ranimé, il devait respirer des selles.
De plus, il était toujours prêt à offrir le bras à une cavalière.
A leur patron bien aimé, les gens du cheval ont offert une magnifique selle d’agneau qui depuis, dans le monde de l'équitation, est reconnue comme le saint siège.

Maurice Druon voit le jour le 23 avril 1918. Shirley Temple, la petite vedette du cinéma américain, est née le 23 avril 1928. Miguel Cervantès aurait quitté ce monde le 23 avril 1616 de même que William Shakespeare. Richard Nixon est parti lui aussi un 23 avril, en 1994. Le 23 avril 1945, libération du camp de déportation de Ravensbrück.

Saint Fidèle de Sigmaringen
Mourut assassiné à la sortie d'une église

- Le principal c'est quand même de s'arrêter ?

Le soleil se lève à 6 h 45 mn et se couche à 20 h 54 mn.

C'est pas vrai?

Les mensurations idéales d'un homme : 75 - 20 - 40, c'est-à-dire : 75 ans, 20 millions d'euros sur le compte en banque et 40 degrés de fièvre.

- Sans légende

Le coin du potager

Pour ne pas traiter inconsidérément vos légumes, voici un procédé employé par bon nombre de jardiniers écolos.

Plantez à proximité des espèces sensibles à certains parasites, d'autres végétaux encore plus sensibles à ces parasites, lesquels envahissant les seconds vous indiqueront à quel moment traiter les premiers.

Par exemple :

- Semez des capucines près des parcelles de choux et autres légumes sensibles aux pucerons noirs.
- Repiquez des aubergines près des pommes de terre. C'est elles qui prendront en tout premier les doryphores.
- L'ail et la ciboulette subiront les attaques d'oïdium et les œillets et roses d'Inde vous protégeront des nématodes, ces petites larves qui minent les légumes-racines.

Envahissante

Depuis 1968, la publicité à la télévision est passée de deux minutes par jour à huit minutes par heure. Comme disait Coluche : “Qu'est-ce qu'ils nous font ch... à couper les publicités avec des morceaux de films...!”

Henry Philippe Pétain venait au monde le 24 avril 1856. Shirley McLaine Beatty, comédienne américaine, est née le 24 avril 1934. Barbara Streisand, est née le 24 avril 1942. Dick Rivers est né le 24 avril 1946 et Véronique Sanson, le 24 avril 1949. Le 24 avril 1981, lancement du PC par IBM. Mariage de David Bowie et Iman, top modèle, le

Bon à savoir : D'où vient l'expression : "ne mets pas 107 ans pour faire ça?" :
- de la construction de Notre-Dame de Paris qui a duré précisément 107 ans.

Le soleil se lève à 6 h 43 mn et se couche à 20 h 55 mn.

MOTS CROISÉS FLÉCHÉS

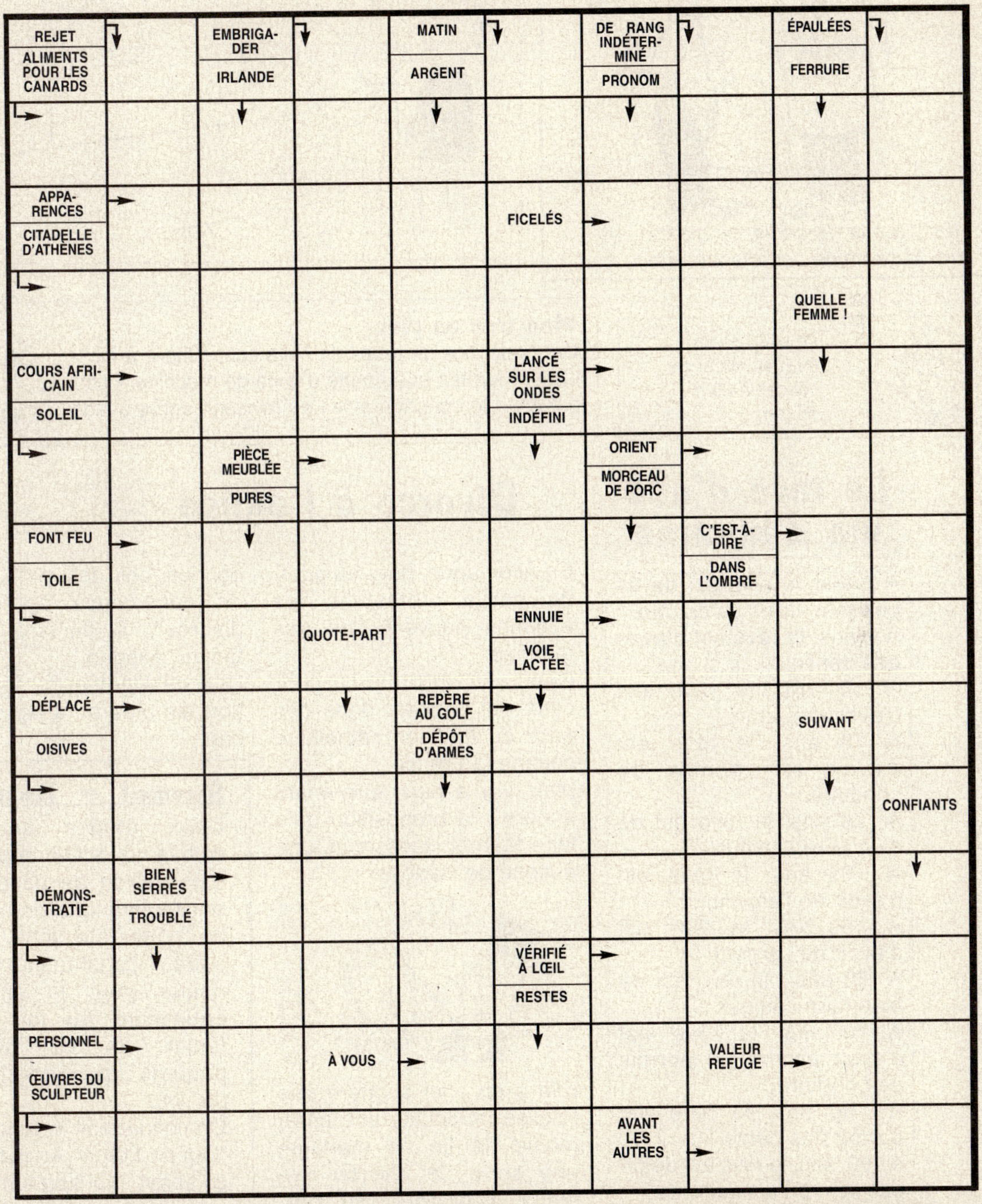

Solution page 146

Ella Fitzgerald, chanteuse de jazz, est née le 25 avril 1918. Le 25 avril 1920 naissait Jean Carmet. Al Pacino est né le 25 avril 1940 et Bertrand Tavernier, , est né le 25 avril 1941. Dominique Strauss-Khan est né le 25 avril 1949. Ginger Rogers qui fut la partenaire de Fred Astaire décédait le 25 avril 1995. Le 25 avril 1986, c'est la catastrophe de Tchernobyl.

AVRIL samedi 26

Sainte Alida
Soigna la misère humaine jusqu'à sa mort

- Il n'y a pas de grève, ce matin, zut, la semaine commence mal !

Le soleil se lève à 06 h 42 mn et se couche à 20 h 56 mn

Mon truc en plus
Vos bouchons de tubes de colle sont difficile à devisser? Mettez une goutte d'huile de machine à coudre dans le bouchon avant de revisser, après usage.

Le rêve d'une vie d'homme

A 2 ans, le rêve est de ne pas faire dans sa culotte.
A 3 ans, le rêve est d'avoir des dents.
A 12 ans, le rêve est d'avoir des amis.
A 18 ans, le rêve est d'avoir son permis de conduire.
A 20 ans, le rêve est de bien faire l'amour.
A 35 ans, le rêve est d'avoir de l'argent.
A 50 ans, le rêve est d'avoir de l'argent.
A 60 ans, le rêve est de bien faire l'amour.
A 70 ans, le rêve est d'avoir encore un permis de conduire.
A 80 ans, le rêve est d'avoir des dents.
A 90 ans, le rêve est de ne pas faire dans sa culotte.

Divorce à l'église

En Allemagne, pays en grande partie protestant, les évêques peuvent être des femmes.
Ceci est surprenant pour ceux qui habitent dans des pays de tradition catholique comme la France.
Mais il y a plus surprenant encore : la proposition qu'a faite Margot Haessman, une évêque de Hanovre.

Elle a en effet suggéré que l'Eglise introduise une cérémonie de fin de mariage, une sorte de divorce religieux. "Beaucoup de personnes ont des problèmes de conscience après un divorce", a déclaré cette femme-évêque.
Une cérémonie de séparation les aiderait à passer le cap".

Sommeil = Tabac

Deux études américaines conduites auprès d'un million de patients ont montré que prendre un somnifère tous les soirs constituait un risque pour la santé équivalant au fait de fumer un ou deux paquets de cigarettes par jour.
On connaissait le dicton : "Qui dort dîne", en fait là, ça serait "Qui dort fume".

Eugène Delacroix, peintre, naquit le 26 avril 1798. Georges de Caunes, pionnier de la télévision est né le 26 avril 1919. Claudine Augier, actrice, est née le 16 avril 1942. L'auteur de Robinson Crusoë, Daniel Defoë est décédé le 26 avril 1731. Le 26 avril 1935, première émission officielle de la télévision française. 26 avril 1945, arrestation du maréchal Pétain.

- Quand ma femme a vu que la télé chauffait elle a cuit la soupe !

Sourire
Ne faites jamais appel à un homme de main quand vous pourriez attendre le surlendemain...

Le soleil se lève à 06 h 40 mn et se couche à 20 h 58 mn.

Un auteur Vermot : Louis Pouly

Poème pour sourire.
Chez la gent trotte-menu, on commère comme ailleurs,
De Minnie, bon train, vont les recommandations :
"Sache, ma fille que les mots ne viennent pas tous du cœur...
Il faut toujours se méfier du "candide raton !"

Poème pour sourire.
Les choses se passent souvent comme chez nous, outre-Rhin...
Dans l'intérim, blancs, jaunes, noirs, placent tous leurs espoirs.
Un rapide entretien et l'on trouve son chemin :
"Je vous vois bûcheron car vous êtes fort et noir !"

Poème pour sourire.
"Cette (sale) habitude serait-elle propre à la France ?
L'Europe va introduire de nouvelles directives !
- A tort ! Toujours est-il que chez nous, à mon sens,
On vit au rythme des lentes heures... administratives !"

Poème pour sourire.
Jean, j'ai un coup pas cassant à te proposer.
Pierre, je vois que tu as déjà bâti ton plan !
Je ne comprends pas ton truc, il faut m'expliquer...
Voler un charcutier ? C'est l'odeur de lard, Jean ?

Sourire
On parle encore quelquefois de femme du monde alors qu'on n'a jamais parlé de femme du *Figaro* ou de femme de *Libération*...

Drôles de comptes :
- le pourcentage de membres du gouvernement taïwanais à avoir un doctorat d'université américaine est de 43 %;
- le pourcentage des membres du gouvernement américain à avoir un doctorat d'université américaine serait voisin de 0 % !

Anouk Aimée, actrice est née le 27 avril 1932. Robert Velter, le créateur de Spirou quitte définitivement ses crayons le 27 avril 1991. Le 27 avril 1908 débutent les IVe Jeux Olympiques de Londres. Le 27 avril 1945, libération du camp de Bergen-Belsen. Démission du Général de Gaulle à la suite du non au référendum le 27 avril 1969.

AVRIL lundi 28

Sainte Valérie
Dénoncée pour avoir été baptisée, fut assassinée

- ... *Je dis c'est un plaisir de vous entendre...!*

Le soleil se lève à 06 h 38 mn et se couche à 20 h 59 mn.

A méditer
La lumière voyage plus vite que le son. C'est pour cela que certains paraissent brillants jusqu'a ce que vous les entendiez parler !

Vermot cuisine : médusé!

Vous reprendrez bien un peu de méduse !
La méduse dans votre assiette, c'est pour bientôt. En effet, on trouve de plus en plus de méduses en Méditerranée et certaines atteignent parfois un bon mètre de diamètre. Or, les autorités des divers pays du Bassin méditerranéen commencent à les trouver encombrantes. Non seulement, elles font fuir les touristes, mais elles déchirent les filets de pêche. Des chercheurs ont peut-être trouvé la parade : les manger. L'affreuse bestiole s'est en effet révélée comestible et serait même dotée de vertus médicinales, en particulier contre la tension artérielle et les bronchites.
Pour l'instant, la méduse n'est pas encore au menu des restaurants touristiques, mais on dit que certains clients l'apprécieraient.
Les touristes japonais par exemple, ce qui ne nous étonnerait qu'à moitié...

Sourire
J'en ai assez, ma femme a vu le film "Titanic" au moins vingt fois. Elle vient d'acheter la cassette vidéo. J'en ai vraiment assez. J'ai demandé au médecin de lui faire une piqûre anti-titanic !

Bizarre
Le coin-coin d'un canard qui peut vous casser les oreilles a une particularité, il ne produit pas d'écho.
Et on ne sait pas pourquoi.

A Noter :
En apesanteur, on s'est rendu compte que les cosmonautes perdaient le goût et l'odorat.
Et on ne sait pas pourquoi, non plus.

Saddam Hussein, , est né le 28 avril 1937. Jacques Dutronc est né, lui, le 28 avril 1943. Mussolini est assassiné le 28 avril 1945. Olivier Messiaen, compositeur, est décédé le 28 avril 1992. 28 avril 1940, dernier film de Laurel et Hardy " Laurel et Hardy en Croisière". Le 28 avril 1947, le "Kon Tiki", radeau à l'ancienne, quitte le Pérou pour la Polynésie.

Christian Plume - suite
Brassens Georges :
Le soleil de Sète ou le grand total.
Bravo Christine :
"Rions Bravo".

Le soleil se lève
à 06 h 36 mn
et se couche
à 21 h 01 mn.

Déjà hier... comme aujourd'hui

Déjà sous le règne d'Henri IV, on se plaint de l'invasion de Paris par la province. Cette invasion devient considérable au XVIIIe siècle.
On redoute déjà que les campagnes se dépeuplent !
Le Parisien alors très sophistiqué, toutes catégories confondues, avait la réputation de marcher sur la pointe des pieds pour ne pas salir ses chaussures car tout le monde vivait dehors, la télévision n'ayant pas encore abruti nos concitoyens !
Il y avait déjà des embouteillages de véhicules : parfois vingt voitures l'une derrière l'autre.
Les cochers, les charretiers se lançaient des coups de fouets et s'injuriaient copieusement...
Et le bruit ! Tintamarres de cloches, cris de vendeurs d'herbes, de lait, de balais, de fruits et, hérités du Moyen-Age, plus de vingt mille porteurs d'eau...
A la fin du règne de Louis XIV, il ne fallait pas traverser le Pont-Neuf après minuit.
Les façades des maisons étaient noires, enfumées et placardées d'affiches publicitaires, de tracts politiques.
On laissait passer beaucoup de corbillards en silence et l'on se signait.

Vous avez dit bizarre

D'après les spécialistes, chacun d'entre nous, s'il a des empreintes digitales personnelles, a aussi une empreinte de langue qui lui est propre.

On a toujours beaucoup parlé du masque de fer. Mais, voilà, les rares témoins qui l'on entrevu ont dit que le masque de fer était... en velours !

Le 29 avril 1899, naissance du "Duke" Ellington. Zizi Jeanmaire voit le jour le 29 avril 1924. Jean Rochefort est né le 29 avril 1930. Michelle Pfeiffer, actrice américaine, est née le 29 avril 1958. Alfred Hitchcock quitte le cinéma définitivement le 29 avril 1980. Décès de Romy Schneider le 29 avril 1982. Les Françaises votent pour la première fois le 29 avril 1945.

AVRIL mercredi 30

Saint Robert
mourut à 80 ans après une vie exemplaire, aimé de tous

- Monsieur le directeur vient de partir en voyage organisé...

- Sans légende

Le soleil se lève
à 06 h 34 mn
et se couche
à 21 h 02 mn.

Sourire
"J'aime le travail, d'ailleurs je passerais des heures à regarder quelqu'un travailler."

École buissonnière

Moïse était berger. Un jour qu'il faisait paître ses moutons, il aperçut au loin un buisson en feu.
Ce buisson enflammé était étrange. Il brûlait, mais ne se consumait pas. Intrigué, Moïse se détourna de sa route pour aller voir ce phénomène de plus près.
Ayant atteint le buisson (le Buisson Ardent), il reçut la parole divine.

Bizarrement, c'est cet épisode biblique qui est à l'origine de l'expression " faire l'école buissonnière." En effet, celui qui fait l'école buissonière se détourne du plus court chemin pour aller en cours.

-Sourire
"Le travail, c'est le refuge des gens qui n'ont rien de mieux à faire."
Oscar Wilde
A Marseille on ne dit pas "Fontaine je ne boirai pas de ton eau" mais " Garçon, un pastis bien frais ".

Il n'y a pas de fumée sans feu ni de barbecue sans fumée!

SOLUTION DE LA PAGE 141

***E*E*A*E*A**
EVENEMENTS
***AIRS*LIES**
ACROPOLE*I
***UELE*EMIS**
RA*ECU*EST
***TIRENT*IE**
LIN*S*RASE
***OTE*PAR*S**
INACTIVES*
****CORSETES**
CETTE*RELU
***ME*VOS*OR**
BUSTES*UNS

A PROPOS D'ÉLECTIONS
L'an passé à cette époque nous étions en pleine période électorale. Cela nous permet de relater cette nouvelle assez étonnante- parue dans un journal indien : "En Inde, des candidats aux dernières élections ont acheté les électeurs à coups de Cocotte-minute.
Les enveloppes seraient-elles dépassées?
Eh oui, et les tractations ont eu lieu en deux temps : un, distribution des poignées avant le scrutin, deux ; remise du reste de l'autocuiseur après le vote.

Les habitants du bidonville Indira Gandhi, à Pune, avaient réclamé des cadeaux pratiques ; des toilettes, par exemple.
Mais il était impossible d'installer des toilettes dans des habitats tenant plus du carton du SDF que du pavillon, même de la banlieue la plus délaissée.

Le 30 avril 1870 naissait Franz Léhar . Edouard Manet quittait le monde le 30 avril 1883. Sergio Leone, meurt le 30 avril 1989. 30 avril 1975 : chute de Saïgon. Capitulation du Sud-Vietnam. Un cyclone au Bangladesh fait plus de 12 000 morts, le 30 avril 1991. Monica Seles est blessée par un coup de couteau, sur les courts de Hambourg, le 30 avril 1993.

Le muguet du 1er mai

Quelques clochettes pour une promesse de bonheur, ainsi va la tradition... Bon an, mal an, ce sont environ 60 millions de brins de muguet qui sont vendus le 1er mai, sans compter le muguet en pot inclus dans des compositions florales... ou décliné dans les multiples cartes envoyées à cette occasion.

Originaire du Japon, le muguet représente la fleur du renouveau et la défaite définitive du moins pour quelques mois, du général Hiver. Dans l'Antiquité, la date du 1er mai était celle à laquelle les navigateurs reprenaient la mer, départ qui donnait lieu à de grandes fêtes fleuries. Plus près de nous, les syndicats américains décident qu'à partir du 1er mai 1886, la journée normale de travail serait fixée à huit heures.

Mais, jusqu'en 1889, le 1er mai d'Outre-Atlantique fut marqué par de grandes grèves, alors qu'en France, cette même année, le Congrès international socialiste de Paris adopte le 1er mai comme journée de revendication des travailleurs. Les ouvriers participaient aux fêtes en arborant l'églantine qui, avec le coquelicot, était alors la fleur rouge symbole du prolétariat.

Dans les années vingt, le brin de muguet commence à apparaître aux boutonnières, mais il faudra attendre le 30 avril 1947, pour que le 1er mai, jour de la fête du Travail, devienne un jour férié. Genre de journée dont on reprendrait bien un brin...

F. Félice

- Comme porte-bonheur il n'y a pas mieux, un fer à cheval parfumé au muguet !

Le soleil se lève à 06 h 33 mm et se couche à 21 h 04 mm

- Ça m'ennuierait d'être licencié avant juillet...!

PREMIER MAI

Tous les ramiers, tous les lézards,
Les tire au cul et les flemmards
Se sont unis pour, désormais,
Rebaptiser le 1er mai.

Leur allergie au mot "travail"
Les a lancés dans la bataille
Pour promouvoir un mot plus gai
Symbolisé par le muguet.

Les chevaliers de la couchette
Ont estimé que les clochettes
Vendues ce jour par les bambins
Devaient bouder l'amer turbin.

En charentaises et pyjama,
Les bras croisés sur l'estomac,
Le 1er mai, comme des couillons,
Ils ont fêté le roupillon.

Heureusement pour le labeur,
Ils sont nombreux ses défenseurs
Qui continuent à le fêter
Car le travail est liberté.

Guy Delecraz

Danielle Darrieux est née le 1er mai 1917. Le 1er mai 1869, ouverture des Folies Bergères à Paris. C'est le 1er mai 1889 que l'Internationale Socialiste choisit cette date comme jour de la Fête du Travail. L'Empire State Building est inauguré le 1er mai 1931. Pierre Bérégovoy se suicide le 1er mai 1993. Ayrton Senna se tue au Grand Prix de San Marin le 1er mai 1994.

MAI vendredi 2

Saint Boris
Saint patron de la Russie. Son frère voulant le tuer pour régner, il attendit la mort en priant.

- Sans légende

- Ne commence pas à être insolent avec maman!

Le soleil se lève
à 06 h 31 mn
et se couche
à 21 h 05 mn

Conseil de chef : “Tu peux mettre ce que tu veux dans une salade, mais c’est la vinaigrette qui décide de l’intelligence de ta salade. ”

Le 1er mai offrez une canne

C’est sûr que si en guise de porte-bonheur, au lieu d’offrir du muguet, le 1er mai, vous offrez une canne chinoise on vous regardera de travers. Et pourtant...

Le gui, les trèfles à quatre feuilles et le muguet sont nos plantes fétiches.

Mais en Asie, c’est la canne chinoise qui porte bonheur.

En fin d’année, on croit que pour être heureux, il faut s’embrasser “sous le gui”, qu’au printemps il faut cueillir le trèfle à quatre feuilles dans les prairies. Le trèfle normal ayant trois feuilles, il lui arrive, très rarement, d’en avoir quatre d’où l’idée de porte-bonheur quand on en trouve un.

Mais il existe un trèfle à quatre feuilles de la variété “Pupurescens Quadrifolium” qui peut se cultiver en pleine terre ou dans des jardinières.

Quant au muguet, sa tradition de porte-bonheur remonterait à 1560.

La mode se tournerait-elle vers l’Asie avec la canne chinoise ?

Plante fétiche des Asiatiques, elle est un gage de réussite professionnelle, de bonne santé, d’amour et de longue vie. Cette plante fort connue retrouve le succès sous le nom de “Lucky Bamboo” (bambou de la chance).

Alors peut-être pas le 1er mai, mais après cette date, offrez la “canne” pour marcher dans le bonheur.

Plutôt que d’offrir du muguet porte-bonheur aux pensionnaires des prisons, envoyez-leurs des médailles de saint Sigismond, que l’on oublie de fêter le 1er mai. La vie de ce personnage est édifiante. Sigismond fut roi de Bourgogne au Ve siècle. Après avoir tué le fils qu’il avait eu de sa première femme pour une vague histoire de conspiration, il passa le reste de sa vie à expier ce crime par une charité, une dévotion et une humilité exemplaires. Mais il fut à son tour assassiné par Clodomir, le barbare. Leurs restes furent jetés dans un puits à la place duquel on élèvera plus tard une chapelle. De là est né Saint-Sigismond, dans le Loiret.

Sourire

“En fait, je n’ai qu’une prétention, c’est de ne pas plaire à tout le monde. Plaire à tout le monde, c’est plaire à n’importe qui. ”

Sacha Guitry.

Le 2 mai 1519 décès de Léonardo da Vinci. Ce génie était architecte, inventeur, peintre, sculpteur, mathématicien. Alfred de Musset est mort le 2 mai 1857. Le 2 mai 1716, John Law ouvre la première banque privée de Paris. Le 2 mai 1968, le Premier Ministre Georges Pompidou part en Irak. Il ignore qu’à Paris, les étudiants lancent “Mai 68”.

Saint Philippe et Saint Jacques le mineur

Saint Philippe quitta sa famille pour suivre le Christ.

MAI samedi 3

- *Si vous voyez un type qui marche à cloche-pied, ramenez-le moi!*

- *Pas besoin de savoir nager, j'ai pied!*

Mon petit Monsieur, croyez-moi, la France vieillit et c'est pas un bon exemple pour les jeunes.

Le soleil se lève à 06 h 29 mn et se couche à 21 h 07 mn.

- *Sans légende*

Les sobriquets ou surnoms des vedettes par Christian Plume

Carlos, Jean Dolto :
Chanteur en outre. L'épais dans le plat.

Chapier Henri :
Divan le terrible.

Charlebois Robert :
Chanteur franco-faune.

Chazal Claire :
La fine de claire dans la course au treize heures.

Cohn-Bendit Daniel :
Dépité européen, en vert et contre tout.

Cordy Annie. Annie Correman :
"Sois belge et tais-toi."

Courbet Julien :
Courbet, redresse-toi!

Les muscles des sportifs, c'est 50 % de viande et 50 % de publicité.

Gino Cervi, acteur italien, naît le 3 mai 1901. Alfred Kastler, prix Nobel de physique naît, lui aussi, un 3 mai, en 1902. Georges Moustaki est né le 3 mai 1934. Le 3 mai 1968, la police entre dans la Sorbonne. Les barricades et les émeutes s'installent au Quartier Latin. Dalida nous quitte le 3 mai 1987.

MAI dimanche 4

Saint Sylvain
Fut décapité parce qu'il priait pendant le travail

- Si papa te vois jouer avec des allumettes, ça va faire du pétard!

- Vous me rendrez le sel quand il repassera!

Le soleil se lève à 06 h 28 mn et se couche à 21 h 08 mn.

"Toutes ces promesses de baisses d'impôts, c'est peut-être afin de bénéficier d'un... allèchement fiscal."

Vermot jardin : le désherbage des allées

Dès le printemps, les mauvaises herbes se donnent rendez-vous dans votre jardin, comme vous le savez. Elles se développent à tout va et profitent des bonnes conditions culturales pour prospérer.
Ces "mauvaises herbes", les jardiniers les appellent les "adventistes", c'est-à-dire, plantes qui poussent sur un terrain cultivé sans y avoir été semées !
Elles sont annuelles ou vivaces et prolifèrent souvent dans les allées, les cours, les terrasses et chemins d'accès.
L'arrosage automatique sur les allées favorise les mauvaises herbes.
Vous pouvez utiliser, pour les éliminer, des produits systémiques à base de glyphosate qui se dégradent rapidement au contact du sol.
Un herbicide de contact à base de flufosinate peut également faire l'affaire.
N'ayez pas peur de demander conseil en précisant l'état de votre terrain et le genre de mauvaises herbes à traiter et s'il y a des arbres ou arbustes à proximité des allées.

- Achetez-moi quelques ballons que je puisse redescendre!

Sourire
"Etre homme politique, c'est être capable de dire à l'avance ce qui va arriver demain, la semaine prochaine, le mois prochain et l'année prochaine. Et d'être capable, après, d'expliquer pourquoi rien de tout cela n'est arrivé."
Winston Churchill.

Le 4 mai 1849, on découvre à Paris, les premiers faux timbres. Le 4 mai 1932, Al Capone est arrêté pour fraude fiscale. Audrey Hepburn est née le 4 mai 1929. Gérard Jugnot le 4 mai 1951. Tito, de son vrai nom Josip Broz, décède le 4 mai 1980. Les leaders du FLNKS, Tjibaou et Yeiwin Yeiwin sont assasinés le 4 mai 1989.

- Vous avez de la chance, c'est un cheval qui rapporte!

"Oui, Madame, mon docteur m'a prescrit un bilan sanguinaire et une analyse de sels. Comme différents symptômes prêtent à contusion, il est possible que ce soit un cas pas trop logique. "

Le soleil se lève
à 06 h 26 mn
et se couche
à 21 h 10 mn.

L'heure japonaise

Les Japonais fabriquent des montres. On le sait. Et avant l'invention de la montre ? Ils avaient déjà un moyen (plus ou moins) efficace de se renseigner sur l'heure.
Bien sûr, comme tous les peuples anciens, ils connaissaient le sablier. Mais ils possédaient aussi un truc bien à eux : ils lisaient l'heure dans les yeux... des chats. En effet, les chats peuvent modifier l'angle d'ouverture de la pupille, selon la luminosité. Hé oui ! Exemple : à six heures du matin, la lumière est faible et la pupille est ronde. A huit heures, elle devient ovale et ainsi de suite. Une méthode infaillible ? Hum... Et si l'on n'avait pas de matou près de soi ? Et si un matou agressif refusait de se laisser approcher ?
Ah, ces Japonais ! Ils en ont des idées ! Dans les temps anciens, également, ils savaient interpréter les ronflements d'un dormeur. Parce que le ronflement est révélateur. De quoi rendre Freud vert de jalousie... On raconte qu'un mikado (empereur) découvrit que son premier ministre était malhonnête, grâce à l'interprétation de ses ronflements par un expert. Intéressant, non ?
Alors, si vous n'avez rien de mieux à faire, apprenez donc à lire dans les yeux des chats... ou bien étudiez les ronflements de vos amis, de vos collègues ou encore de n'importe quel député égaré à l'assemblée nationale...

Mon truc en plus

Si vos clefs sont rouillées, laissez-les tremper dans un mélange composé de deux tiers d'huile et un tiers de pétrole pendant une bonne journée. Essuyez-les et frottez-les légèrement avec de la toile émeri.

Le 5 mai 1821, Napoléon 1er, empereur des Français, meurt. Serge Reggiani est né le 2 mai 1922. Bernard Pivot a vu le jour le 5 mai 1935. Le 5 mai 1934, Marcel Thil est champion du monde de boxe, poids moyens. Le 5 mai 1961, à bord de Freedom 7, Alan Shepard part dans l'espace. Le 5 mai 1992, catastrophe de Furiani : 15 morts, 2 177 blessés.

MAI mardi 6

Sainte Prudence
Eut la vocation très tôt

Sainte Gisèle
Abandonna fortune et trône pour le couvent

MAI mercredi 7

- Sans légende

- Sans légende

Le soleil se lève
à 06 h 24 mn
et se couche
à 21 h 11 mn.

"Cause décès, vends fusil de chasse n'ayant servi qu'une fois".

Le soleil se lève
à 06 h 23 mn
et se couche
à 21 h 12 mn.

A propos des guinguettes

Au début du règne de Louis XVI, en dehors de Paris et pour éviter de payer l'octroi, les guinguettes étaient plus fréquentées à cause de leur caractère champêtre : cabinets de verdure, tonnelles couvertes de vignes.
Il y avait La Grande Courtille, enceinte bordée d'arbres à l'extrémité du Faubourg du Temple, sur la route de Belleville.
Une des plus fameuses guinguettes était celle du Tambour Royal tenue par le sieur Ramponneau qui a laissé son nom à la rue située à l'emplacement en question.
On buvait déjà sous la tonnelle de cet établissement, le célèbre petit vin blanc. A cause de la mode de sa guinguette, il y eut même une coiffure dite "à la Ramponneau".
Même la noblesse allait s'y encanailler comme le fera plus tard la bourgeoisie au Chat Noir, à Montmartre et au Balajo, à la Bastille.
Le langage "poissard" y est de mise et les jeunes aristocrates l'apprennent en dansant avec les jolies marchandes de lait et de marée...

- *Dépêchons, avec les 35 heures, j'arrête plus tôt...*

<u>Lu dans "La République du Centre" (7/3)</u>

A propos d'un sauvetage dans des eaux glacées :

...Tout le monde a froid, mais s'en sort bien. Même pas un rhum...
Et un petit verre de rhume, ça les aurait remis d'aplomb?

Sigmund Freud est né le 6 mai 1856. Le 6 mai 1889, ouverture de l'Exposition Universelle de Paris. Achille Zavatta est né lui, le 6 mai 1915 et Christian Clavier (Jacouille, la Fripouille) est né le 6 mai 1952, tandis qu'Anne Parillaud voyait le jour, à Paris, le 6 mai 1960. Le 6 mai 1976, un tremblement de terre dans le Frioul (Italie), fait un millier de morts. Inauguration, le 6 mai 1944, du tunnel sous la Manche. Marlène Dietrich s'en va le 6 mai 1992.

Frank James Cooper alias Garry Cooper naissait lui, le 7 mai 1901. Le 7 mai 1945, reddition des Allemands à, Reims par le général allemand Jodl. Aristide Briand, Nobel de la Paix 1926, décède le 7 mai 1932. Gaston Defferre quitte Marseille définitivement le 7 mai 1986.

- Bon, pour la conciliation, qu'est-ce que je mets?

Le soleil se lève
à 06 h 21 mn
et se couche
à 21 h 14 mn.

La fête des bouchers

Voici ce que rapporte Vladimir Botkine qui séjourna à Paris de 1838 à 1839, surtout pour y rencontrer des écrivains célèbres dont Balzac :

"Cette coutume de mener un bœuf dans Paris existe depuis les temps les plus reculés. Les Parisiens l'ont héritée des païens.

Déja les Gaulois adoraient le taureau. Ils le promenaient dans leurs villes le mois où le soleil entre dans le signe du même nom.

La Révolution avait supprimé la fête du taureau, mais sous Napoléon, les bouchers ont repris la coutume de jadis, et on ne lésinait pas sur les dépenses à cette occasion...

- Me mettre dehors un jour pareil, moi qui vous ai donné les meilleures années de ma vie, c'est honteux !

<u>Petite astuce de traitement.</u>

Lorsque vous traitez contre les maladies ou les insectes, glissez le tube de lance de votre pulvérisateur au coeur de la plante à traiter et tournez l'extrémité courbe vers le haut. Les produits seront ainsi pulvérisés sur le revers des feuilles, là où s'accrochent les insectes piqueurs, les cochenilles, les aleurodes et où se situent également souvent les spores des champignons parasites comme celles de la rouille.

<u>Lu dans "Le Bien Public" (9/3)</u>

A propos de l'impôt sur le revenu :

"La date limite de dépôt des déclarations est fixée au 254 mars 2002 à minuit..."

On savait mars plus long que février, mais tout de même...

Henri Dunant, fondateur de la Croix-Rouge (prix Nobel de la Paix 1901) est né le 8 mai 1828. Fernand Constantin, plus connu sous le nom de Fernandel venait au monde le 8 mai 1903. Paul Gauguin est décédé le 8 mai 1903. Charles Nungesser et François Coli voient leur avion disparaître en mer, lors de la traversée de l'Atlantique sans escale, le 8 mai 1927.

MAI vendredi 9

Fête de Jeanne d'Arc
On fête sainte Pacome.

- Lulu, donne-moi vite un chiffre pour mon tiercé.
- Euh...6,35 !

Le soleil se lève à 06 h 20 mn et se couche à 21 h 15 mn.

Mon truc en plus: Pour nettoyer vos chaussures en daim ou en peau retournée, Après séchage complet des taches, frottez-les avec une éponge à récurer du type "Scotch Brite". Ainsi, elles seront toujours impeccables.

Vermot cuisine : le Clos du Roi

Les Burgondes, peuplade barbare qui s'installa en Bourgogne au Ve siècle de notre ère mirent en place les clos dans le vignoble bourguignon.

Selon leur loi agraire, "les vignes doivent être encloses de murs de pierres sèches", donc inviolables. Par la suite, les ordres religieux mettent bon ordre dans ce parcellaire viticole qu'ils organisent de façon méticuleuse. Leur travail de bénédiction est loué encore de nos jours car ils

sélectionnent les meilleurs terroirs qu'on retrouve à la même place en ce troisième millénaire.

L'exemple le plus probant reste le Clos-de-Vougeot en Côte-de-Nuits acquis par les Cisterciens au XIIIe siècle. Ils cultivent alors 50 hectares, construisent un château, un magnifique cellier et une résidence d'été pour les autorités ecclésiastiques et les seigneurs importants de l'époque, notamment les empereurs et les rois. Ces derniers ont le "clos" sur le bout des lèvres car de nombreuses parcelles du vignoble leur sont dédiées, notamment à partir de 1477, date à laquelle le roi de France Louis XI s'approprie les terres de son grand rival Charles le Téméraire, Duc de Bourgogne. A partir de cette époque, les "Clos du Roi" supplantent les "Clos des Ducs".

Denis Hervier

Sourire
Une jolie fille à sa copine :
- Oh, ce week-end, je sors mon maillot de bain, le bulletin météo annonce 30 degrés !
L'autre un peu étonnée :
- Quoi ? 30 degrés, ce week-end, par ici ?
La première :
- C'est normal, 15 degrés samedi et 15 degrés dimanche.

ANIMAUX
Vous augmenterez l'apport en minéraux dans la nourriture de vos animaux en délayant leurs aliments avec l'eau de cuisson de vos légumes.

Frank Capra réalisateur, était né le 9 mai 1897. Louis XV, roi de France est décédé le 9 mai 1774. Marco Ferreri, cinéaste, est mort le 9 mai 1997. Le 9 mai 1926, premier survol du Pôle Nord en avion, par Byrd et Bennett. Le 9 mai 1955, la RFA intègre l'Otan. Le corps d'Aldo Moro est retrouvé assassiné par les Brigades Rouges le 9 mai 1978.

- *Fais attention, tout le monde te regarde!*

- *Ça suffit, assez parlé de votre enfance!*

Mon truc en plus : Le lait attache constamment au fond de la casserole ? Un petit truc simple : avant de remplir votre casserole de lait, passez-la sous le robinet d'eau froide et laissez-la égoutter.

Le soleil se lève à 06 h 18 mn et se couche à 21 h 17 mn

Fabuleuse Mae West

La légendaire, la plantureuse Mae West (1893-1980) naquit à Brooklyn, New York, à l'époque où l'endroit était encore rempli de petites églises et de gros chênes verts.
Du sang irlandais, anglais et allemand coulait dans les veines de celle qui fit ses débuts sur scène à l'âge de cinq ans.
Danseuse, chanteuse, scénariste, écrivain, metteur en scène, productrice et “actrice quand c'était nécessaire”, Mae eut souvent des démêlées avec la justice.
En effet, ses spectacles étaient jugés “abominablement osés”. Elle fut la première à prononcer le mot “sexe” sur scène !
Elle fut une fois condamnée à neuf jours de prison. Mais sa bonne humeur et son grand sourire chamboulèrent la prison tout entière, des détenues aux gardiens en passant par le directeur qui... finit par lui demander sa main !

Mae avait l'habitude des demandes en mariage. Elle répondait toujours “Merci, mais non merci.” Un jour elles reçut une lettre enflammée d'un chef indien qui l'appelait “La Belle-dame-avec-une montagne-sur-le-devant”.
Il faut dire que côté poitrine personne ne rivalisait avec elle à son époque.
Quand Mae West visita le musée de cire de Londres en 1947 où elle admira sa planteureuse effigie, elle dit au conservateur : “Surtout ne me mettez pas à côté de Napoléon, je risquerais de fondre sur lui.”
Fabuleuse Mae, elle avait toujours le dernier mot !

Sourire

Si on me donnait le choix, je ne sais pas si je préfèrerais avoir le sang fluide ou les idées claires.

Il arrive qu'on n'ait plus grand chose à dire quand on a trouvé à qui parler.

Elvire Popesco était née le 10 mai 1896. Fred Astaire était né le 10 mai 1899. Claude Piéplu, (la voix des Shadocks) est né le 10 mai 1923. Françoise Fabian est née le 10 mai 1933 et Marina Vlady le 10 mai 1938. Emmanuel Vitria, doyen mondial des greffés du cœur, décède le 10 mai 1987. 10 mai 1981, François Mitterrand élu Président de la République.

MAI
dimanche 11

Sainte Estelle
Dénoncée pour sa foi, fut arrêtée et décapitée.

- Sans légende

Le soleil se lève à 06 h 17 mn et se couche à 21 h 18 mn.

Le concours Lépine

Le concours Lépine ? on imagine de joyeux farfelus se donnant des airs de scientifiques, venant présenter leur

dernière invention, trouvée un peu par hasard. Et bien, on a tort ! Certes, c'est ici dans le cadre de la Foire de Paris que depuis 1901, s'étalent abondamment les inventions les plus loufoques et les plus insolites, voire les plus inutiles, mais le concours Lépine, c'est aussi le lieu qui vit naître nombre de trouvailles, révolutionnaires en leur temps, et aujourd'hui indispensables pour améliorer notre vie quotidienne.

Petit survol d'un siècle d'inventions en tout genre...
A tout seigneur, tout honneur, commençons par le plus génial de ces créateurs, Louis Lépine en personne qui inventa... un concours d'inventeurs, auquel il donna son nom.
Ainsi, en 2000, 700 000 visiteurs se sont bousculés dans d'étroites allées, bordées de stands tenus par 250 professeurs Tournesol en puissance, âgés de 45 ans en moyenne et de nationalité française pour 90 % d'entre eux. Les 10 % restants venant d'une quinzaine de pays différents. Mais que pouvait-on trouver de nouveau en ces années de transition, tellement marquantes pour l'histoire de l'humanité ? En route pour un inventaire à la Prévert... Cette année-là, comme le chantait le regretté Claude François, en 2001 donc, le célèbre couturier Olivier Lapidus remporte un prix pour sa veste communicante qui intègre un téléphone portable -

on n'arrête pas le progrès - tandis que Claude Dumas, un ébéniste d'art venu de Côte-d'Or, tient salon pour la vingtième année consécutive. Assiduité payante ! Vingt-six médailles, dont le prix du Président de la

Sourire
"Mon mari est terriblement douillet et il a tellement peur lorsqu'il va chez le dentiste qu'il faut l'anesthésier rien que pour le faire asseoir dans la salle d'attente !"

Salvador Dali voyait le jour le 11 mai 1904. Trois prix Nobel (littérature et physique) sont nés un 11 mai. En 1916, pour Camillo José Cela, en 1918, pour R. Ph. Fynman et en 1924 pour Anthony Hewish. Renaud, le chanteur, est né le 11 mai 1952 et Fanny Cottençon, comédienne, le 11 mai 1957. Bob Marley, chanteur de reggae est décédé le 11 mai 1981.

\- *Après la dent c'est ma pince qui m'échappe!*

\- *Sans légende*

ou quand le plus farfelu côtoie le plus sérieux

Le soleil se lève à 06 h 15 mn et se couche à 21 h 19 mn.

République et celui du Premier Ministre (précision importante en période de cohabitation...) ont en effet récompensé près de deux cents inventions, qui vont du lit à piston en bois sur coussin d'air, au parasol ventilateur en passant par le panneau publicitaire tournant.
Notons que 32 % des participants au concours Lépine ont trouvé en 2000 des partenaires pour commercialiser leurs inventions.
Un franc (devenu -euro) succès quand on sait que la moyenne européenne dans ce domaine n'atteint pas 3 %.
Parallèlement, chaque année voit débarquer de nouveaux venus, tentés eux aussi par la manne que pourrait leur apporter une invention distinguée par le fameux concours. Ainsi ces génies bosniaques qui présentèrent un descendeur de sécurité permettant l'évacuation d'une tour en cas d'incendie à une vitesse de six à huit mètres à la seconde, soit quatre fois plus vite qu'un ascenseur ordinaire. Ou ces Luxembourgeois pas peu fiers de présenter un appareil capable de changer les crampons cassés sur une chaussure de football, dispositif utilisé par les Bleus lors de la Coupe du monde en 1998.
Parmi les trouvailles de ces dernières années, citons aussi le miroir acrobate - médaille d'or en 2000 - muni d'une ventouse brevetée, grâce à laquelle on peut le fixer sur toutes les surfaces.
La variété des domaines sur lesquels réfléchissent les inventeurs est immense : bâtiment, industrie, commerce, publicité, jeux, jouets, sport, camping, agriculture, chimie, santé, hi-fi, optique, rien n'é-chappe à leur sagacité. à suivre

Disparition le 12 mai 1857 de François Vidocq, le vrai, le bagnard devenu chef de la sûreté sous Louis Philippe. Katharine Hepburn est née le 12 mai 1907. Michel Fugain est venu au monde le 12 mai 1942. Erich von Stroheim (La Grande Illusion) est décédé le 12 mai 1957. Jacqueline Maillan a cessé de nous faire rire le 12 mai 1992.

Sainte Rolande
Préféra mourir d'épuisement plutôt que d'épouser un roi.

Saint Mathias
Apôtre à la place de Judas

- Non je n'ai pas une vie de chien... Le chien on le sort de temps en temps...!

Le soleil se lève à 06 h 14 mn et se couche à 21 h 21 mn.

Mon truc en plus
L'odeur de l'oignon est parfois si tenace que même la poêle a du mal à s'en défaire. Frottez une feuille de menthe fraîche contre le fond de l'ustensile.

Le soleil se lève à 06 h 13 mn et se couche à 21 h 22 mn.

Concours Lépine (suite)

Ainsi, faut-il en avoir versé des larmes dans sa cuisine pour proposer le Sampleur, machine aux allures de sèche-cheveux destinée à absorber et à détruire les particules en suspension dans l'air, pour, enfin, éplucher des oignons l'œil sec et le cœur léger. Idem pour le Pamplemousse express qui non seulement épluche les pamplemousses, mais les découpe aussi en morceaux en enlevant de surcroît la peau.
Et que dire du Ratopel, qui comme son nom l'indique associe une pelle coulissante à un râteau afin de faciliter, dès le ratissage fini, le ramassage des feuilles mortes.
Un verre à la gloire de toutes ces trouvailles ? Justement ! En 1998, Jean-Claude Klein présentait sa fontaine à champagne apte à remplir 105 coupes en 50 secondes...
Impossible bien sûr de citer toutes les trouvailles exposées en un siècle de concours Lépine. Toutefois, citons en vrac : le stylo à bille, les lentilles de contact, le presse-purée, l'aile Delta du Concorde, le bac Riviera ou encore le jeu des 1000 Bornes. Mais ces fanas de l'ingéniosité ont souvent un défaut, celui d'être en avance sur leur temps.
Et si après avoir été récompensés au concours Lépine, certains objets sont ensuite fabriqués industriellement, il n'est pas rare hélas que des créateurs se fassent voler leurs idées par des entreprises qui mettent en œuvre la fabrication et la commercialisation d'un concept

novateur. Comme un certain M. Caroni qui, en 1921, est récompensé pour l'invention du fer à repasser à vapeur.
Malheureusement pour ce visionnaire, son fer est jugé dangereux et personne ne croit à son succès ! Jusqu'à ce que dans les années 50, les États-Unis reprennent l'idée. Imagine-t-on aujourd'hui de repasser autrement ! Même chose pour l'aspirateur

Ravaillac poignarde Henri IV le 13 mai 1610. Georges Braque, peintre, est né le 13 mai 1882. Joe Louis, champion du monde poids lourds est venu au monde le 13 mai 1914. Claudie André-Deshays, première spationaute française est née le 13 mai 1957. Gary Cooper est décédé le 13 mai 1961. Le 13 mai 1989, les étudiants chinois occupent la place Tienanmen.

Le Baron Pierre de Coubertin inaugure les Jeux Olympiques de Paris, le 14 mai 1900. Maurice Benguigui, plus connu sous le nom de Patrick Bruel, vient au monde le 14 mai 1959. Sidney Bechet (célèbre pour ses "oignons" est parti jouer ailleurs le 14 mai 1959. Frank Sinatra lâche le micro et le devant de la scène le 14 mai 1998.

- Il paraît que je dois faire attention à mon équilibre mental...!

- Je croyais que tu avais fait la paix avec ta femme!
- Oui... mais pas avec sa mère!

Concours Lépine

à suivre

électrique (primé en 1923), la tondeuse à gazon (1930) ou le cœur artificiel, pour laquelle Monsieur Henry a été récompensé en 1937. Il a pourtant fallu attendre des années pour que ce sauveur de vies apparaisse dans les hôpitaux...

PORTRAITS D'INVENTEURS

Depuis 1998, Christian Poincheval collectionne titres, médailles, et autres récompenses diverses pour son invention... tellement simple que l'on s'étonne que personne n'y ait songé avant. De quoi s'agit-il ? D'un papier toilette... imprimé et donc à lire!

Son idée de départ repose sur un postulat simple. Puisque jadis les gens s'essuyaient avec du papier journal, aujourd'hui servons-nous du papier toilette comme journal. A la différence que les journaux étaient imprimés avec de l'encre de plomb, pas très bonne pour des fesses délicates, et que le papier fabriqué par Christian Poincheval est un produit ouaté, imprimé sur une seule épaisseur avec des encres alimentaires non nocives.

A vrai dire, notre Lutin Malin - puisque c'est ainsi qu'il se surnomme - confie l'impression à son partenaire, le troisième fabricant européen de papier toilette, car ce papier particulier - nécessite une technique pointue.

Lui, recherche les textes et les dessins qui figureront sur ce support insolite et amèneront aux utilisateurs une richesse culturelle indéniable. Parmi les thèmes déjà traités, les animaux de la ferme, les 17 merveilles de Lutin Malin et le petit dernier intitulé "De la première monnaie à l'euro", décliné en vingt-huit thèmes ou tomes...

Ce produit en vente dans toutes les grandes surfaces a aussi pour particularité d'aider les personnes handicapées. Sur chaque paquet de rouleaux vendu, Christian Poincheval reverse 0,13euros à l'ANECAH, une association qui éduque depuis dix ans, des chiens destinés à des enfants ou des adultes en fauteuil

roulant. Notre Lutin Malin n'est d'ailleurs, pas peu fier de préciser qu'en 2001, les 140 000 francs reversés par son entreprise, labellisée "produits partage", ont permis de financer l'éducation de deux chiens.

Le soleil se lève à 06 h 11 mn et se couche à 21 h 24 mn.

Arletty, de son véritable nom, Léonie Bathiat, venait au monde le 15 mai 1898. Albert Dubout, humoriste, est né le 15 mai 1905. Michel Audiard est né aussi un 15 mai, en 1920. La première 5 CV Citroën (qui atteint 60 km/h) fait son apparition le 15 mai 1922. Mireille Darc est née aussi un 15 mai, en 1938. Rita Hayworth est décédée le 15 mai 1987.

MAI vendredi 16

Saint Honoré
Évêque d'Amiens

Saint Pascal
Accomplit de nombreux miracles

MAI samedi 17

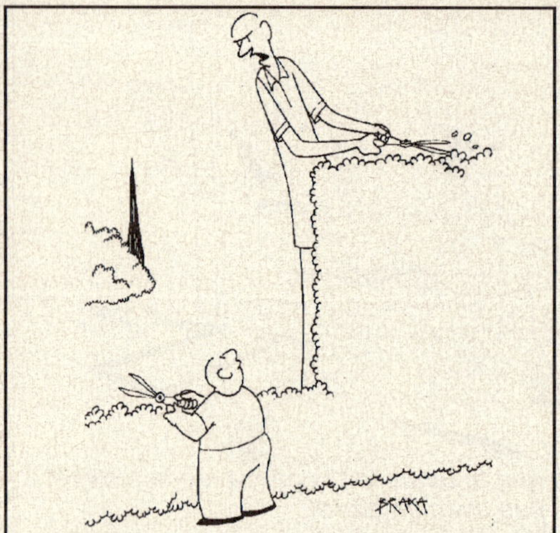

- On avait dit de tailler à hauteur d'homme !

Le soleil se lève
à 06 h 10 mn
et se couche
à 21 h 25 mn.

J'ai connu un type, c'était la discrétion même. Sur ses cartes de visite, il n'avait même pas mis son nom !

Le soleil se lève
à 06 h 09 mn
et se couche
à 21 h 26 mn.

Courrier reçu par le Trésor Public

Cher Monsieur,

J'ai l'honneur d'accuser réception de votre lettre du 12 avril dernier par laquelle, pour la troisième fois, vous me réclamez le remboursement de l'argent que je vous dois. Sachez tout d'abord que je ne conteste pas cette dette et que j'ai l'intention de vous rembourser aussitôt que possible.

Mais d'autre part, je vous signale que j'ai beaucoup d'autres créanciers, tout aussi honorables que vous et que je souhaite rembourser aussi. C'est pourquoi, chaque mois, je mets tous les noms de mes créanciers dans un chapeau et en tire un, au hasard, que je m'empresse de rembourser.

J'ose espérer que votre nom sortira bientôt. Entretemps, je vous prie d'agréer, Monsieur l'assurance de mes sentiments distingués.

P.S. : Votre dernière lettre étant rédigée de manière fort peu courtoise, j'ai le regret de vous faire savoir que vous ne participerez pas au prochain tirage!

- Alors, ça va marcher ?

Henry Fonda, comédien américain, était venu au monde le 16 mai 1905. Martine Carol était née elle le 16 mai 1922. Pierre Brosman a vu le jour le 16 mai 1952. Django Reinhardt a lâché sa guitare pour jouer au paradis des jazzmen, le 16 mai 1953. Sammy Davis Jr. est décédé le 16 mai 1990.

Erik Satie, compositeur, était venu au monde le 17 mai 1866. Jean Aléxis Moncorgé, connu sous le nom de Jean Gabin était né le 17 mai 1904. Le 17 mai 1970 est une date historique pour les femmes aux USA. Ce jour-là le Président Nixon élève deux femmes au grade de général d'armée.

- On va prendre la route Napoléon...!

Sourire

Échafaud, potence, bûcher sont des stratagèmes avec lesquels les peuples "civilisés" apprennent à "vivre" aux criminels.

(Alphonse Allais)

Le soleil se lève
à 06 h 07 mn
et se couche
à 21 h 27 mn.

VOUS DITES...?

J'étais sur l'autoroute quand je décidais de m'arrêter dans une halte routière pour aller aux toilettes.

La première toilette étant prise, j'entre dans la seconde.

A peine suis-je installé que j'entends une voix qui vient de l'autre toilette :

- "Salut, comment ça va ?"

N'étant pas trop du genre à fraterniser dans les toilettes je m'interroge, et je ne sais pas trop ce qui m'a pris, mais je réponds, un tantinet embarrassé :

" Euh... ça va..."

Et l'autre de poursuivre :

" Qu'est-ce que tu fais de beau en ce moment ?"

Tu parles d'une question! Je commence à trouver tout cela un peu bizarre, mais je lui réponds :

- "Ben, j'suis comme toi, je fais...

Et j'entends le gars énervé crier :

- "Ecoute, j'te rapelle plus tard, y'a un crétin qui répond à toutes mes questions !"

- Sans légende

Sourire : Employé dans une pharmacie (il fallait bien vivre), Alphonse Allais a souvent fait des siennes. Ainsi, à un monsieur chauve qui se plaignait d'un rhumatisme au genou, il avait déclaré sentencieux :
" Un peu de migraine, sans doute ."

Charles Trenet est né le 18 mai 1913. Jean Paul II de son nom Karol Wojtyla est né le 18 mai 1920. Yannick Noah est né le 18 mai 1960. Dieudonné Coste, pionnier de l'aviation, s'est envolé définitivement le 18 mai 1973. Elizabeth Montgomery (Ma sorcière bien-aimée) est décédée le 18 mai 1995.

MAI
lundi 19

Saint Yves
Curé de campagne, redevint avocat pour défendre les petits paysans.

Sourire
Un chiropracteur est un sadique qui passe une demi-heure à jouer aux osselets avec votre colonne vertébrale et qui espère, dans le quart d'heure suivant, pouvoir remettre en place ce qu'il a déplacé.

- Je vous en prie, ne sortez pas quand je suis enrhumé!

Le soleil se lève à 06 h 06 mn et se couche à 21 h 29 mn.

Saint Yves patron des avocats

L'avocat défend âprement son but : éviter que ses clients ne fassent du ballon et entrent dans la cage.

Car dès qu'un accusé s'approche de la barre, il y a le risque qu'il aille au fond des filets. Se rendre maître du jeu est donc, pour l'avocat, une manière de tenir ses protégés loin des barreaux.

Ainsi l'avocat s'occupe des affaires des autres. C'est même dans son intérêt qu'on lui confie le plus grand chiffre d'affaires.

Mais il poursuit aussi un idéal, celui d'être un maître à ...panser.

L'avocat est quelqu'un de droit. Sans autre forme de procès, il fait des exercices à la barre et plaide la cause de tous ceux qui l'appellent.

Un dealer le sollicite ? Le voilà avocat de la défonce. Un dopé le réclame ? Il s'en charge.

Un petit malin le demande ? Il devient l'avocat du diable.

A son corps défendant, il joue quelquefois le défenseur de bien mauvaises équipes.

Tout accusé qui a un besoin pressant peut vider son sac dans le cabinet de l'avocat.

Il y trouve son maître et il est sûr d'être strictement défendu. On n'imagine pas combien on demande à l'avocat à la cour des miracles.

D'abord il faut qu'il cause pour toute cause, qu'il accepte tous ceux qui, en lui, ont reconnu leur maître.

Et l'avocat ne peut retirer sa robe sans en référer à qui de droit.

Il règne sous l'autorité d'un avocat général et d'un bâtonnier adepte des coups droits, spécialiste des coups de maître, et avec qui mieux vaut éviter les discussions à bâtons rompus.

C'est pourquoi les défenseurs méritent d'être défendus. Leur saint protecteur fut désigné comme un juré, par la loi du hasard.

Et celui qui était Yves mort est bien vivant à leur côté. Mais la, défense d'Yves voire les recommandations qu'il prodigue, n'en font pas un maître étalon. Il faut lui rendre cette justice.

Y veut les aider et le vieil Yves rogne nullement le pouvoir des avocats. Ch.V.

- A hurler comme ça, je comprends qu'ils la tuent au troisième acte...

Chez le bijoutier, une charmante jeune femme achète un bracelet :
- "Pouvez-vous graver dessus : "Le paradis est juste au-dessus."
- " Sur le bracelet ?
- " Oui, c'est pour mettre à la cheville."

Malcolm Little est né le 19 mai 1914. Il devient Malcolm X. Daniel Gélin est né le 19 mai 1921. Fernand Raynaud est parti le 19 mai 1973. Sir Thomas Edward Lawrence, dit Lawrence d'Arabie meurt le 19 mai 1935 dans un accident de moto . Le 19 mai 1974, élection de Valéry Giscard d'Estaing à la Présidence de la République. Le 19 mai 1976, premier tirage du loto.

Saint Bernardin
Fransiscain qui fut très populaire en Italie.

MAI
mardi 20

- Je dis au revoir au gardien et je vous rattrape...!

- Monsieur Durand? il a déménagé hier...

"J'ai consulté mon avocat," avait dit Groucho Marx, "mais quand j'ai vu qu'il acceptait de s'occuper de mon affaire, j'ai changé d'avocat."

Le soleil se lève à 06 h 05 mn et se couche à 21 h 30 mn.

Les plantes aromatiques...

C'est à la portée de tout le monde. Un coin de terrasse ou de balcon peut remplacer un bout de jardinet et vous voilà le roi des aromates. Le basilic poussera sur un rebord de fenêtre lumineux, bien arrosé et mis à l'abri en cas de froid.

La menthe a besoin d'un pot assez grand ou d'une jardinière pour elle toute seule. L'origan a besoin de soleil et se conservera toute la saison si vous ne le laissez pas fleurir et que vous l'arrosez bien. Le romarin sera à l'aise dans un grand pot, au soleil et avec un rempotage tous les deux ans.

Le thym sera toujours présent sur votre balcon car il est résistant. Le cerfeuil est fragile, n'aime pas trop le soleil mais ne dure pas longtemps en pot.

Le persil est pareil, il peut mourir très vite et il ne faut pas hésiter à en semer souvent.

N'espérez pas remplacer le jardin par des pots sur la terrasse, mais avec des soins, il est facile d'avoir des plantes aromatiques pour la saison.

Et quel plaisir, au dernier moment d'ajouter une pointe de basilic ou de romarin au carré de porc...

Sourire : Ce type, je suis sûr que si la télévision et les repas surgelés avaient existé à l'époque où il courtisait sa femme, il ne se serait pas marié.

Honoré de Balzac était né le 20 mai 1799, le Douanier Rousseau aussi, un 20 mai en 1804. Alexis Leonov premier homme à sortir dans l'espace est né le 20 mai 1944. Jacqueline Kennedy Onassis est décédée le 20 mai 1994. Une première dans la police : un assassin est arrêté grâce à un portrait robot le 20 mai 1959 : un certain Guy Trébert.

MAI mercredi 21

Saint Constantin
Se fit baptiser sur son lit de mort.
Saint Émile
Fut brûlé pour ne pas avoir

MAI jeudi 22

Le soleil se lève à 06 h 04 mn et se couche à 21 h 31 mn.

Questionné, Groucho Marx, expliquait : - “Oui, c’est vrai j’aime les enfants. En fait, j’aime surtout les faire !”

Le soleil se lève à 06 h 03 mn et se couche à 21 h 32 mn.

VERMO... ROSCOPE GEMEAUX

22 MAI - 21 JUIN

L’humeur des gémeaux est quelque chose de bizarre.
Ils peuvent, ces gémeaux, passer du farniente à tous crins au travail forcé ou presque.
Aussi, cette année essayez de choisir et si vous prenez le travail sachez que vous aurez tout pour réussir... Grâce à vos relations, les propositions afflueront.
Avant l’été, vous aurez à choisir mais rien ne sera facile. Cette proposition, si vous l’acceptez, vous demandera des efforts que votre entourage ne comprendra pas forcément.

Prenez garde à votre alimentation. Votre système digestif pourrait vous réserver de fâcheuses surprises surtout si vous allez à l’étranger pour les vacances. Si c’est le dos qui vous pose problème, prenez les choses sérieusement, n’attendez pas que ça s’aggrave pour consulter.
Cette année, les astres vous envoient des ondes positives, à vous d’en faire le tri et de les utiliser au mieux.

Débarassez votre mémoire des échecs du passé et mettez-vous à envisager l’avenir avec sérénité. Ne consacrez pas plus de temps à vouloir faire le bonheur des autres, pensez à vous un peu. Sinon, ils vont envahir votre espace et vous le regretterez. En un mot, vivez pour vous et ne vous occupez que de vous pendant quelques temps.

- Inutile de frapper à la porte, il y a une sonnette !

L’un des plus grands pianistes de jazz “Fats Waller” naquit le 21 mai 1933. Bob Dylan, de son véritable nom Robert Zimmerman est né le 21 mai 1941. Le 21 mai 1982, débarquement anglais aux Malouines pour la reconquête de l’île. Le 21 mai 1988, expulsé d’un lycée, Kid Kintel tue ses parents et amis dans une cafétéria.

Le 22 mai 1859 naissait sir Arthur Conan Doyle, auteur de Sherlock Holmes. Charles Aznavour voit le jour le 22 mai 1924. Guy Marchand alias “Nestor Burma” est né aussi un 22 mai en 1937. Le 22 mai 1946, on généralise l’assurance vieillesse pour tous les Français. Le 22 mai 1950, la ville de Cuzco au Pérou est victime d’un séisme.

Saint Didier
Évêque de Vienne, fut lapidé devant sa cathédrale.

On ne confie pas le travail à n'importe qui dans une fromagerie. Un bon bricoleur ne fera pas forcément un bon brie coulant.

Le soleil se lève à 06 h 02 mn et se couche à 21 h 34 mn.

MOTS CROISÉS FLÉCHÉS

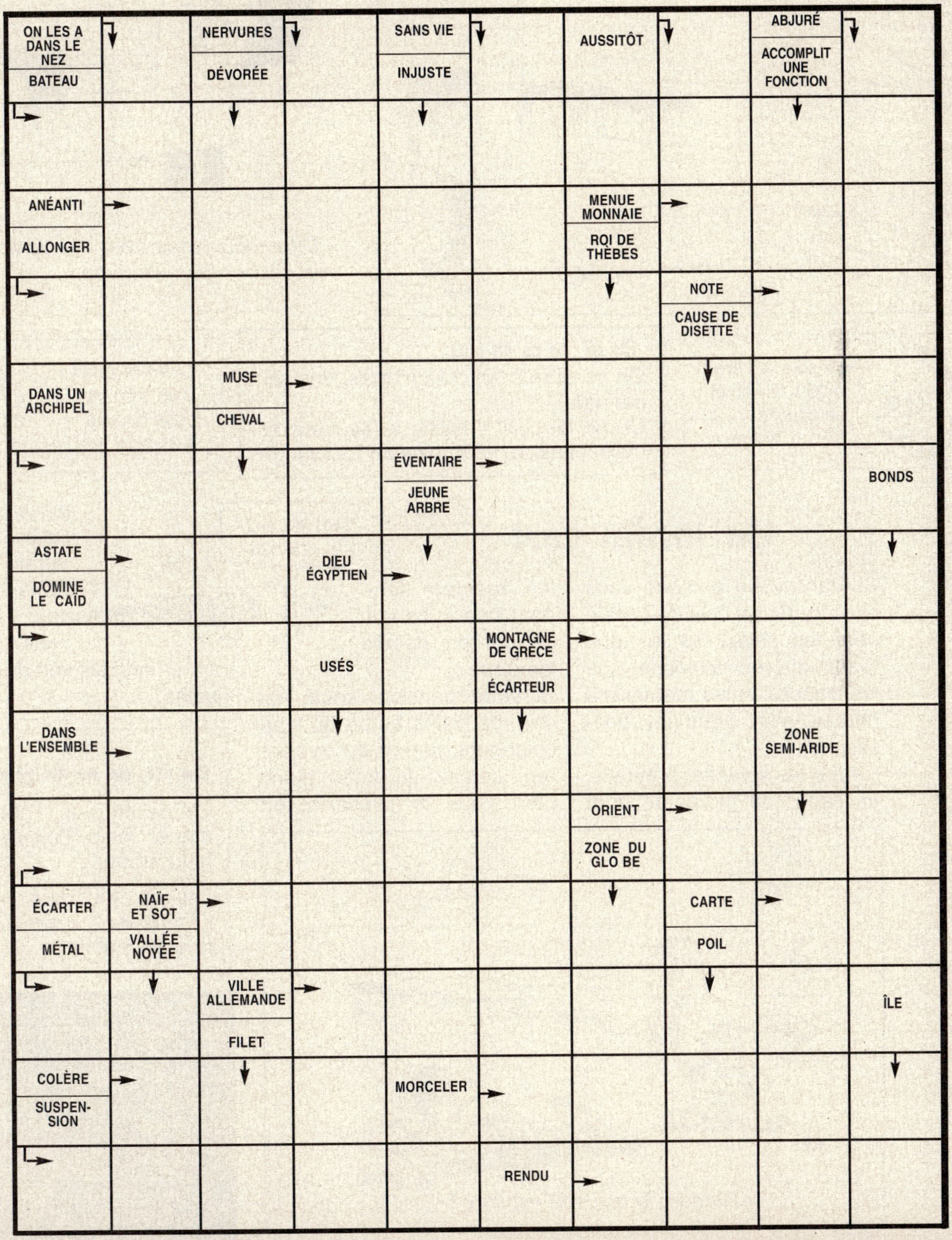

Solution page 172

Le 23 mai 1934, les célèbres Bonnie Parker et Clide Barrow sont abattus par la police. Le richissime John Rockfeller a quitté le monde le 23 mai 1937. Le 23 mai 1949 voit la création de la RFA. Anatoly Karpov, champion du monde d'échecs est né le 23 mai 1951. Le juge Falcone est victime d'un attentat en Italie, le 23 mai 1992.

MAI samedi 24

Saint Donatien
Arrêté, il fut décapité

Sainte Sophie
Ses trois filles subirent le martyre et furent décapitées.

MAI dimanche 25

- Cache-toi, avec la grêle c'est un véritable mitraillage!

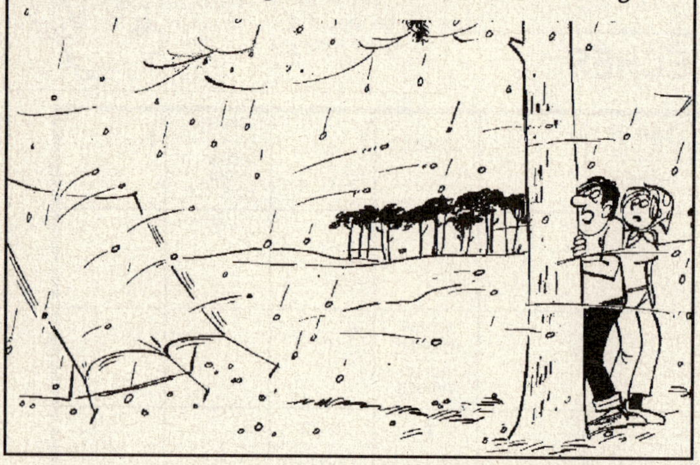

- Dites-donc vous avez décidé de me gâcher mon week-end !

Le soleil se lève à 06 h 01 mn et se couche à 21 h 35 mn

On dit, on ne dit plus...

On ne dit plus "un balcon" mais "une soirée nulle".
On ne dit plus "il habite à l'île Maurice" mais "Maurice habite près de Tourcoing".

Le soleil se lève à 06 h 00 mn et se couche à 21 h 36 mn.

Un jardin vert

Si, dans votre potager, vous avez gardé un coin de terrain pour les choux ou les poireaux d'hiver, attention que les limaces et les mauvaises herbes n'en prennent possession.
Contre les limaces, prévoyez un semis de moutarde dont les racines donnent une substance qui en détruit les œufs.
Si votre principal souci est une mauvaise herbe du type chiendent, renoncule ou liseron, semez un trèfle blanc nain. Vous le laisserez en place jusqu'à l'utilisation du terrain.
Dans tous les cas, cela vous procurera un engrais vert de bonne qualité.

On dit, on ne dit plus...

On ne dit plus "l'électronique" mais "l'électricien fait l'amour".

On ne dit plus "c'est l'Amazone" mais "c'est là que j'habite".

- Pardon, la place là est libre?

Gabriel Fahrenheit, inventeur du thermomètre, a vu le jour le 24 mai 1686. Victoria, Reine d'Angleterre, avait vu le jour le 24 mai 1819.

Suzanne Lenglen, grande joueuse de tennis française, était née le 24 mai 1899. Le Président Deschanel tombe du train le 24 mai 1920.

Miles Davis, le célèbre trompettiste, était né le 25 mai 1926. Le 25 mai 1935, l'athlète noir Jesse Owens améliore six records du monde ! Jimmy Marlu, rugbyman de l'équipe de France est né le 25 mai 1977. La fête des mères est célébrée pour la première fois le 25 mai 1941. Le 25 mai 1971 voit le premier vol commercial du Concorde entre Toulouse et Dakar.

Saint Béranger
Chez les Bénédictins de saint Papoul
avait le don de guérison

MAI
lundi 26

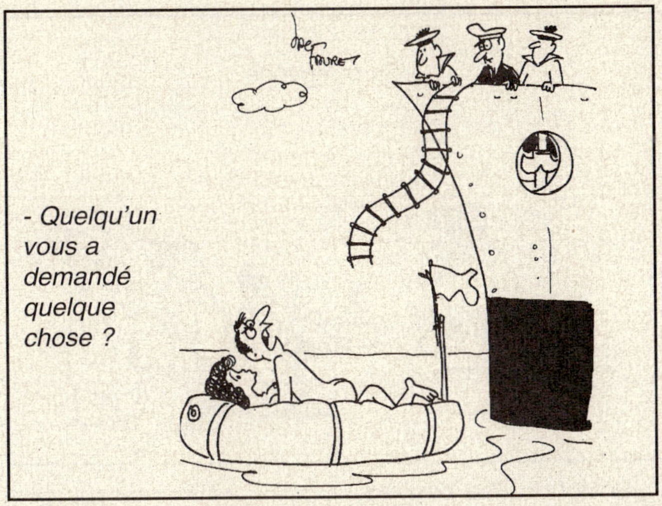

Sourire
Conseil d'un manager à son boxeur : " On a payé l'arbitre pour qu'il te déclare vainqueur, on a payé ton adversaire pour qu'il te laisse gagner. Le reste dépend de toi !"

Le soleil se lève à 05 h 59 mn et se couche à 21 h 37 mn.

Bienvenue au hérisson

Le hérisson, visiteur occasionnel des jardins est un allié que vous devez protéger.
Grand amateur de chenilles, limaces, escargots et insectes divers, il rend de grands services à nos planches de légumes.
En mai, période des amours, le hérisson vient se nourrir et se reproduire dans votre jardin ; sauf si le coin ne lui plaît pas ou si vous avez un chien de chasse que les piquants de l'animal ne rebutent pas. Si votre jardin est hermétiquement clos, le hérisson ira voir ailleurs.
Il apprécie les haies, les tas de bois, de foin ou de vieux branchages. Il redoute les bassins d'où il a beaucoup de mal à ressortir et les produits chimiques destinés à tuer les limaces, par exemple.
Evitez de le nourrir avec du lait ou du pain. Cela peut le rendre malade.
A la belle saison, il trouvera tout ce qui lui faut dans votre jardin.

Lu dans : " Centre-France/ La Montagne" (6/07) :
" Il lui a exprimé la gratuité de l'Éducation nationale pour sa carrière exemplaire..."
Il est vrai que la gratitude ça peut être gratuit aussi...

Lu dans "La Montagne" (10/07)
"Un jeune homme de 23 ans prénommé Olivier a égorgé avec un couteau de cuisine ses grands-parents, âgés de 87 ans, avant de se donner la mort.
Le jeune homme a ensuite téléphoné à son père."

Ça aurait pu se faire s'il y avait eu une cabine téléphonique au cimetière.

Le 26 mai 1755, le célèbre bandit Mandrin est exécuté à Valence. Le 26 mai 1907, John Wayne arrive au monde, sans colt ni cheval. Le 26 mai 1923, première édition des 24 Heures du Mans. Alberto Ascari, pilote de F1 se tue le 26 mai 1955 à Monza. L'OM est le premier club français à gagner la Coupe d'Europe des Champions le 26 mai 1993.

- Sans légende

Le soleil se lève à 05 h 58 mn et se couche à 21 h 38 mn.

Mon truc en plus Si le truc des bougies allumées pour faire disparaître la fumée de cigarettes est connue, pensez aussi à faire disparaître l'odeur de tabac en mettant une éponge mouillée dans une soucoupe, dans la pièce concernée.

Le soleil se lève à 05 h 57 mn et se couche à 21 h 39 mn.

Concours Lépine :
Portraits d'inventeurs...

Le débranche prise anti scènes de ménage.

C'est grâce à sa belle-sœur qu'Akim Boudjemlin trône avec son débranche prise - médaille d'or du concours Lépine 2001 - qui connaît un grand succès. Pourtant la femme de son frère Abdel n'a rien inventé ! Au contraire, elle aurait même eu plutôt tendance à détruire... Et plus exactement à arracher la prise électrique à chaque fois qu'elle débranchait son fer à repasser, ce qui ne manquait pas d'irriter son mari et donc de provoquer quelques disputes familiales. Mais fort heureusement, Abdel, Akim et leur ami Faudel sont à la tête d'une petite entreprise d'électricité, à Vaulx-en-Velin dans la banlieue lyonnaise. Un jour, lassés de ces disputes stériles sur un sujet plus que futile, les trois hommes devisent en buvant un café. Et chacun d'y aller de ses suggestions avant de concrétiser leurs idées par un prototype. Destiné simplement à venir en aide à la malheureuse maladroite. Et c'est ainsi qu'aujourd'hui, toutes les repasseuses du monde et les autres peuvent acheter cette petite pièce en PVC, vendue entre 8 et 10 euros les quatre, équipée d'un bras de levier qui permet de débrancher toute prise électrique sans tirer dessus.

Mon truc en plus.
Ue tache de graisse sur la page d'un beau livre ? Mettez sur la page une feuille de buvard, tamponnez la tache avec un chiffon imbibé d'essence puis saupoudrez de talc. Laissez reposer un instant et brossez délicatement.

La Toutou-Box ou des toilettes pour Milou

Le civisme allié à l'amour de la propreté peut mener à tout, y compris à une invention primée au salon de Genève.

Le 27 mai 1941, le fleuron de la flotte allemande, le Bismarck, fait naufrage. Alain Souchon pousse ses premiers cris le 27 mai 1945. Dee Dee Bridgewater, chanteuse de jazz, est née le 27 mai 1950. Signature des accords de Grenelle le 27 mai 1968. Le 27 mai 1970, Saint-Etienne est pour la quatrième fois consécutive, champion de football.

- ... Dix gouttes de cela dans son eau chaque matin et dans 8 jours votre poisson rouge vous le verrez courir comme un lapin...!

- Sans légende

On ne dit plus... mais on dit

On ne dit pas "n'importe quoi" ... mais "que porte le nain".
On ne dit pas "le Massif Central" mais "le gros au milieu".

Le soleil se lève à 05 h 56 mn et se couche à 21 h 40 mn.

... Et pour aller aux toilettes Milou ne fait plus tintin!

Jean-Pierre Muscarnera, bien qu'il n'ait pas de chien, s'intéresse depuis des années au problème de la déjection canine.

Ainsi, avant d'être récompensé pour sa Toutou-Box, il avait déjà déposé six brevets correspondant à des produits différents, mais répondant toujours à la même motivation : retrouver des villes propres.

Parmi ses trouvailles, une canne télescopique se terminant par une boîte, dont il reconnaît aujourd'hui qu'elle s'avérait d'un fonctionnement un peu compliqué.

Rien de cela avec son dernier produit, qu'il estime être le plus simple, rapide, propre et économique. Et beau ! Le boîtier est en effet livré dans un étui, genre étui à lunettes. Pour mettre au point sa

Toutou-Box, Jean-Pierre Muscarnera a interrompu tous les projets sur lesquels il travaillait dans... la bagagerie de luxe. Et comme pour les valises ou les sacs de voyage, il propose trois tailles de boîtiers, afin de ramasser les besoins de tous les chiens, du yorkshire au dogue allemand. Et lorsque nous l'avons rencontré, en mai 2002, notre inventeur espérait pouvoir organiser la production puis la distribution, pour diffuser son produit d'ici la fin de l'année.

Une bonne idée de cadeau de Noël, à un prix raisonnable : environ 20 euros le boîtier, livré avec deux rouleaux de 30 sacs et 1,5 euro le rouleau supplémentaire.

Façon de parler

Aujourd'hui, je me sens le tonus d'une huître pas fraîche...

Je vais vous dire à quoi sert l'estomac : à deux choses, contenir votre dîner et soutenir votre pantalon.

John F. Kennedy, futur président des USA, était né le 29 mai 1917. Le "Normandie" remporte le "Ruban Bleu" pour sa traversée de l'Atlantique le 29 mai 1935. Les Juifs sont obligés de porter l'étoile jaune, en France, le 29 mai 1942. Sébastien Grosjean, tennisman, a vu le jour le 29 mai 1978. Romy Schneider a quitté ce monde le 29 mai 1982.

MAI vendredi 30

Saint Ferdinand
Devint un roi d'Espagne très catholique.

Sainte Pétronille
Visitation

MAI samedi 31

- A partir d'ici la ligne est restée à l'état de projet !

Le soleil se lève à 05 h 55 mn et se couche à 21 h 42 mn.

Mon truc en plus
Depuis l'été dernier, certaines de vos tenues en textiles synthétiques sont restées enfermées dans un placard. Trempez-les dans de l'eau tiède et étendez-les sur un cintre. Elles retrouveront un aspect impeccable.

Le soleil se lève à 05 h 55 mn et se couche à 21 h 43 mn

A l'eau, à l'eau, passez-moi le jardin

Premières chaleurs et on n'y prête pas toujours attention ; on n'est pas au mois d'août et pourtant... Beaucoup de personnes ne savent pas toujours si la plante a soif ou non.
Pour des plantes en pot, c'est relativement facile. Lorsque la terre de votre pot devient claire, losqu'elle est sèche au toucher et que le son rendu en cognant le pot est clair, s'il existe un interstice entre la terre et le pot, alors, il est temps d'arroser. N'hésitez pas à sortir vos plantes lorsqu'il pleut. L'eau claire est bonne généralement. Mais attention, il n'en faut pas trop et toutes les plantes ne supportent pas un gros arrosage. L'idéal serait quand même de vaporiser vos plantes surtout si elles ont des feuilles fines. Mais rappelez-vous qu'en général, dès les premiers beaux jours, les plantes ont soif.

- Comment ça, elle est usée? une robe qui a à peine 50 ans !

SOLUTION DE LA GRILLE P.165
*C*V*I*D*R
BALEINIERE
*RUINE*SEN
ETENDRE*MI
*I*EUTERPE
ILES*ETAL*
*AT*OSIRIS
AGA*R*OETA
*ELEMENT*U
ISOLER*EST
**NIAIS*AS
OR*MUNICH*
*IRE*EMIER
PAUSE*ALLE

Sourire
Une femme est en train de tromper son mari lorsqu'elle s'écrie :
- "Si on nous trouve, on est perdus".
Et l'amant de répliquer : "Comment veux-tu qu'on soit perdus, si on nous trouve !"

Le 31 mai 1916, bataille navale du Jutland. Clint Eastwood est né le 31 mai 1930 et Sandrine Bonnaire le 31 mai 1967. Le 31 mai 1955, à Times square, la photo de Marilyn Monroe servant de publicité pour "7 ans de réflexion " est retirée par la Ligue pour la décence. Adolf Eichmann, criminel de guerre nazi, est exécuté le 31 mai 1962 en Israël.

Jeanne d'Arc est brûlée vive le 30 mai 1431. Le peintre Rubens, décède le 30 mai 1640. François Marie Arouet dit Voltaire décède le 30 mai 1778. "Benny Goodman", jazzman, a vu le jour le 30 mai 1909.

- *Pas de panique les enfants, vous savez bien que maman sait conduire!*

- *S'il vous est possible de faire vite ça m'arrangerait, que je retourne me coucher..!*

Mon truc en plus

Oignons indigestes ? Dans vos crudités ou salades, coupez de fines rondelles d'oignons, saupoudrez-les de sel fin, faites-les dégorger quelques minutes dans une passoire, rincez, épongez. Vous les digérerez mieux.

Le soleil se lève à 05 h 54 mm et se couche à 21 h 44 mm

Sourire

Les femmes sont marrantes : elles s'excitent pour un rien... et quelques fois même, elles l'épousent !

Ça tombe sous le sens

Au cours d'une réception, deux types se retrouvent devant le buffet.

La conversation s'engage : "Avez-vous remarqué", dit le premier, "comment les gens en rajoutent toujours. C'est bien simple, j'ai pris l'habitude de ne plus croire que la moitié de ce qu'on me raconte."

Alors le second a un petit sourire et dit : "Tiens, c'est marrant, moi c'est l'inverse, j'ai toujours l'habitude de croire le double de ce qu'on me déclare !"

- "Ah bon ?"
- "Oui... il faut dire que je suis contrôleur des impôts."

- *Sans légende*

Sourire

- *Allô, la pharmacie DUCOIN ? Voilà, c'est pour une réclamation. Dans la boîte de préservatifs que j'ai achetée vendredi soir, il n'y en avait que 99 au lieu des 100 marqués sur l'emballage.*
- *Oh, ce n'est pas bien grave...*
- *Oh que si, vous m'avez gâché mon week-end !*

Lu dans "La Nouvelle République de Seine-et-Marne" (24/12) à propos d'un "Noël de l'Escrime" :

"*... Un goûter pour les enfants et consécration suprême pour les champions en herbe, la veuve du champion olympique"*

Elle venait d'outre-tombe?

- Savez-vous pourquoi les fanfares jouent en marchant ?
- Pour s'éloigner du bruit ...

Le 1er juin 1885 décède Victor Hugo. Le 1er juin 1926, Norman Joan Baker Mortenson venait au monde. On la connaît mieux sous le nom de Marilyn Monroe. Le 1er juin 1958, l'Assemblée Nationale donne les pleins pouvoirs au Général de Gaulle. Le 1er juin 1990, George Bush et Gorbatchev signent un traité de désarmement chimique.

JUIN lundi 2

Sainte Blandine
Belle esclave chrétienne qui subit le martyre.

- Il y a longtemps qu'on n'a pas pris un petit déjeuner au lit ;..!

Le soleil se lève à 05 h 53 mn et se couche à 21 h 45 mn.

Elles sont parties pour vous faire rire : Patricia

Voici les portraits de celles qui veulent prendre la suite des Muriel Robin, Anne Roumanoff ou Sylvie Joly

Patricia LEVREY

"Je suis une femme super normale", annonce Patricia Levrey en titre de son dernier spectacle, joué près de deux ans à Paris.

Super normale ? Voire ! Car, il n'est qu'à se pencher sur le parcours de cette charmante blonde pour constater qu'il sort largement des sentiers battus.

Certes sa carrière commence très classiquement, dans une banque, mais Patricia sent bien qu'une passion, plus artistique que comptable l'anime...

Longtemps, elle hésite à sauter le pas, ce qu'elle fera finalement en s'inscrivant au cours Simon. Trois ans plus tard, elle appartient à une bande de comédiens, qui jouent leurs propres spectacles. Enfin, surtout les hommes qui s'attribuent sans vergogne la part du lion ! Qu'à cela ne tienne, pour jouer et faire jouer ses copines, la future femme super normale se met à l'écriture.

Résultat : "Vol au-dessus d'un nid : de Frou-Frou " remplit trois ans durant, le Petit Casino. Débuts très prometteurs, largement confirmés par la suite.

Car Patricia Levrey continue à écrire beaucoup. Pour elle et pour les autres. Café-théâtre bien sûr, théâtre ("Quand la Chine téléphonera, c'est elle !"), mais aussi cinéma et télévision.

photo Patricia Levrey

Sourire

Monsieur l'épicier, je voudrais des pommes pour faire un canard à l'orange.

- Vous ne voulez pas plutôt des oranges ?
- Non, parce que ma femme n'a pas trouvé de canard et elle a pris du boudin.

Le Marquis de Sade est né le 2 juin 1740. Johnny Weissmuller (Tarzan) et Joséphine Baker sont nés un 2 juin : le premier en 1904, la seconde en 1906. Création de France-Info le 2 juin 1987. Le 2 juin1946, abolition de la monarchie en Italie. Le 2 juin 1979, Jean-Paul II devient le premier pape à visiter un pays communiste.

Saint Kévin
Fonda une abbaye en Irlande.

JUIN
mardi 3

- Je vais rester là car si ma femme me cherche elle sait qu'elle me trouvera au bar !

- Et tu prends les patins ...!

LEVREY

Avec parfois son grand complice Jean-Marie Bigard, rencontré dans la fameuse "Classe" de France 3 et aujourd'hui co-auteur de "Je suis une femme super normale".
Pourquoi ce titre ? "Pour annoncer la couleur ! Pour dire aux femmes que je suis comme elles, ni mieux ni moins bien, avec les mêmes soucis de régime ou de relations avec les hommes.
Mais attention, je ne me positionne pas en victime, j'essaye de trouver une solution à chaque problème... avec bien entendu énormément de mauvaise foi. " Ce one-woman-show - le premier dans la, déjà, longue carrière de Patricia, qui goûte là à des sensations plus intenses - ne se veut pas féministe, même si la gent masculine en prend pour son grade, tout au long de textes piquants, à l'humour acide et corrosif, qui trouvent un large écho dans la salle. On sent le vécu !
D'autant que les sketches sont joués par une comédienne pleine de tonus et de talent, souvent comparée à Muriel Robin, par son coté "rentre dedans". Avis à tous ceux qui auraient manqué ce spectacle à Paris, Patricia Levrey le jouera durant tout le mois de décembre 2002, à "La Fontaine d'argent", un café-théâtre d'Aix-en-Provence. Avant de nous revenir avec une nouvelle pièce, mettant en scène la soirée d'un couple en instance de divorce.
Rassurez-vous, rien de larmoyant à l'horizon ! Et pour cette auteur-comédienne si drôle, qui avoue modestement ne pas être du genre à faire rire une tablée à tout prix, quels sont les humoristes qui l'amusent ? " Muriel Robin, Jean-Marie Bigard, Pierre Palmade, Gad Elmaleh et Jamel . Mais le chemin rêvé, c'est celui de Josiane Balasko qui a réussi à passer sans cesse du jeu à l'écriture. Moi aussi, j'ai envie de continuer à faire les deux. " Comme toute femme super normale, finalement !

Le soleil se lève à 05 h 53 mn et se couche à 21 h 45 mn.

Georges Bizet (Carmen) décède le 3 juin 1875. Kafka, Franz, décède aussi un 3 juin, mais en 1924. Le 3 juin 1925 vient au monde Tony Curtis (Amicalement Vôtre). Jean XXIII, pape, décède le 3 juin 1963. Le 3 juin 1946, la mode d'été est révolutionnée par l'arrivée du bikini ! Le 3 juin 1973, un Tupolev 144 s'écrase au salon du Bourget.

JUIN mercredi 4

Sainte Clotilde
Fit baptiser Clovis.

- Ne fais pas attention au patron, il a l'œil des mauvais jours !

Le soleil se lève
à 05 h 52 mn
et se couche
à 21 h 46 mn.

Sourire : Au commissariat : Le gendarme : - "Avez-vous relevé le numéro de la voiture qui vous a renversé ?"
- "Non, mais je sais qui conduisait... ma belle-mère."
- "Vous en êtes certain ?"
- "Oui, j'ai reconnu son rire !"

Avant les grosses chaleurs

Voici enfin la réponse à une phobie bien naturelle de beaucoup d'entre nous : comment éloigner les serpents... si tant est qu'il y en ait dans votre jardin ?

Il existe un répulsif qui se présente sous la forme de mini-granulés imprégnés de naphtalène... et non de naphtaline... à épandre en périphérie des jardins. Ou des coins où jouent les enfants, les terrasses, les tas de bois,etc...
Efficace, dit-on, même pendant les jours de pluie, il doit faire fuir les serpents pendant 2 à 4 mois.
On trouve ce produit en jardineries ou drogueries sous l'appellation "Caussade Répulsif- serpents".
Inefficace par contre auprès des belles-mères ou voisines ayant une langue de... vipère... Mille excuses auprès d'elles (les belles-mères, pas les vipères) on plaisante bien sûr!

A méditer:
Le hasard est le pseudonyme de Dieu, quand il ne veut pas signer.

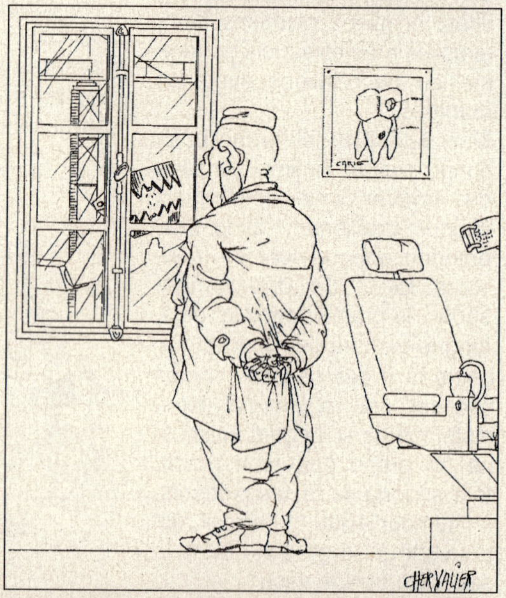

Sourire
Dans les Bouches-du-Rhône à quoi reconnaît-on une très vieille voiture ?
- A l'autocollant collé sur la vitre "O.M. Champion".

Le 4 juin 1783, les frères Montgolfier s'élèvent en ballon à près de mille mètres. Giovani Giacomo Casanova est parti séduire dans l'autre monde, le 4 juin 1798. La première et célèbre Ford sort des usines le 4 juin 1896. Le 4 juin 1919, aux USA, les femmes obtiennent le droit de vote. L'ayatollah Khomeyni est décédé le 4 juin 1989.

Saint Igor
Fut assassiné dans son monastère.

JUIN
jeudi 5

Façon de parler:
On ne dit plus "mon amiral" mais "mon copain rouspète".
On ne dit plus "un enfoiré" mais "une année de perdue".

Le soleil se lève
à 05 h 51 mn
et se couche
à 21 h 47 mn;

Le saviez-vous : Un four ?

Pourquoi appelle-t-on "four" une soirée sans public dans un théâtre ?
Au XVIe siècle "éclairer" était pris dans le sens d'apporter de l'argent. S'il n'y avait pas de spectateurs dans la salle, personne n'éclairait. C'était un four, noir comme dans un four !
Le livre des Comédiens de Monsieur, en 1659 mentionnait :
"Le 16 (décembre) Zénobie : 1001. Le 19 : Zénobie : un four. Par contre le 26 : Zénobie et Précieuses de Molière : 1200.
Ce jour-là, çà éclairait bien, ce n'était plus un four !
Deux siècles plus tard, on utilise également le mot "four" dans un sens allégorique. Ainsi "avoir le Vicomte du Four dans la salle", c'était prévoir que le spectacle serait sifflé !
Le " four " a été remplacé par le "bide".
Faire un "bide" en se tapant sur le ventre veut dire que le spectacle n'a aucun succès.

Sourire
Docteur, quand je me lève le matin, j'ai des lourdeurs d'estomac, la tête qui tourne, mal aux jambes... et au bout d'une demi-heure, ça va bien... que dois-je faire ?
- Vous vous levez une demi-heure plus tard !

Pancho Villa est né le 5 juin 1878. Igor Stravinski est né aussi un 5 juin, en 1882. Le 5 juin 1909, Hubert Latham réussit un vol de plus d'une heure sur son monoplan. Le 5 juin 1968, tentative d'assassinat sur Robert Kennedy. Yannick Noah remporte le tournoi de Roland-Garros, le 5 juin 1983.

JUIN vendredi 6

Saint Norbert
Frappé par la foudre, eut une vision qui lui donna la foi.

- Il y a une grosse différence de prix par rapport à un matelas pneumatique ?

Le soleil se lève à 05 h 50 mn et se couche à 21 h 49 mn.

Vermot jardin

Au potager, c'est le moment de semer les haricots nains et à rames, le mesclun, la chicorée, les endives, les laitues d'été et les poireaux d'hiver.
Repiquez les plants de courgettes, melons, céleris-branches, céleris-raves et les choux.
Il est toujours bon de biner et sarcler l'ail, l'échalote et l'oignon et de "pincer" les plants de tomates.
Vous devez récolter les radis, laitues de printemps, petits pois, pommes de terre primeurs, épinards et, suivant les régions, les artichauts et les dernières asperges.

Façon de parler
On ne dit pas "il est népalais" mais "c'est un beau bébé".
On ne dit pas "il est chétif" mais "il est chez le coiffeur".
On ne dit pas "Calcutta" mais "quelle chance tu as".

Sourire
Une dame de la haute société new-yorkaise confiait à Groucho Marx :
"Depuis que j'utilise cette crème, mes jambes ont vraiment embelli !"
- "Pourquoi ne l'utilisez-vous pas sur votre visage?" lui répond Groucho...

- Dis -donc ça fait bien dix minutes qu'on la grimpe cette côte...

Aurore Dupin, dite George Sand est décédée le 6 juin 1876. Aram Khatchaturian, compositeur est né le 6 juin 1903. Walter Percy Chrysler, le père de l'automobile qui porte son nom est né le 6 juin 1925. Le Dalaï Lama est né le 6 juin 1935. 6 Juin 1944, débarquement allié en Normandie. Le 6 juin 1995, la peine de mort est abolie en Afrique du Sud.

Saint Gilbert
De retour de la croisade il fonda plusieurs monastères.

JUIN
samedi 7

- J'ai un trac fou rien qu'à penser aux conférences que je vais faire en rentrant..!

Un concerné n'est pas obligatoirement un imbécile encerclé.
A.A.

Le soleil se lève à 05 h 51 mm et se couche à 21 h 48 mm

La fin possible des dents de la mer

Selon le fabricant américain qui l'a mis au point, un système électrique pourrait protéger les nageurs des dents des requins.
Ce dispositif, déjà testé en Afrique du Sud, à Hawaï et en Australie, est attaché sur les bouteilles de plongée.
Il s'agit de créer autour de l'utilisateur un champ électrique que les squales redoutent particulièrement. Des cinéastes ont testé à plusieurs reprises cet appareil avec succès. Baptisé Shark POD, il a la taille d'un ballon de football. Mais une société australienne travaille déjà à une version miniaturisée que les nageurs pourraient porter à la ceinture, ce qui serait plus pratique.

Saint Isidore du Numérique

Vous saviez sûrement déjà que quand vous roulez sur une autoroute, vous êtes protégé par saint Christophe. Mais saviez-vous que lorsque vous surfez sur les autoroutes de l'information, vous êtes protégé par saint Isidore ? C'est une récente décision du Saint Siège qui l'a voulu ainsi : saint Isidore est le patron des internautes. Isidore était évêque de Séville au VIIe siècle. Il est connu pour être l'auteur de "Etymo-logies", la première encyclopédie au monde. On le fête le 4 avril.

Le 7 juin 1848, naissait le peintre Paul Gauguin. Georges Marchais était né aussi un 7 juin, en 1920. Roger Nelson est né le 7 juin 1958. Il fait une carrière mondiale de chanteur sous le nom de Prince. Louis Lumière est décédé le 7 juin 1948. Henry Miller romancier est mort le 7 juin 1980. Le 7 juin 1964, Anquetil gagne le tour d'Italie.

JUIN
dimanche 8
Pentecôte

Saint Médard
Entra très tôt au monastère

Sainte Diane
Fonda un couvent de Dominicaines

JUIN
lundi 9

Le soleil se lève
à 05 h 50 mn
et se couche
à 21 h 50 mn

On ne dit plus...

On ne dit plus “mine de rien” mais “gisement épuisé”.

Le soleil se lève
à 05 h 50 mn
et se couche
à 21 h 50 mn.

Saint médard : saint patron des

Saint Germain des prés aurait battu la campagne pour devenir le patron des agriculteurs. Il aurait tout planté là s'il avait eu le champ libre pour commander les paysans d'une main ferme.

Il se voyait en tenue de campagne les invitant à accomplir leurs exercices de champ et une culture physique. Il imaginait une campagne commerciale où il exploiterait les exploitants qui faisaient du blé.

Peu cultivé, Saint Germain prenait aussi les cultivateurs pour des incultes et pensait, qu'à tout bout de champ, il pourrait mener les bêtes au champ.

C'était mal connaître le peuple des croquants.

Il n'y a que les gens sans terre pour ignorer leur cœur de lion. On ne met pas les paysans à terre. Ils sont capables de transformer leurs propriétés en champ de batail-le et de soulever une armée de terre pour garder leurs chères fermes. Ils ne voulaient ni patron ni flic à la campagne, pas question d'accepter chez eux un poulet fermier !

Saint Germain passa ainsi

- Ce qu'ils peuvent être agaçants avec leurs bavardages!

Charles Dickens est mort le 9 juin 1870. Un canard célèbre, Donald Duck fait son apparition dans un dessin animé le 9 juin 1934. Bien avant tout cela, le 9 juin 1775, Louis XVI avait été couronné à Reims.

Le 8 juin 1786 voyait la première crème glacée mise en vente à New York. Nicolas Rimski-Korsakov est décédé le 8 juin 1908. Le 8 juin 1975, lancement par les Soviétiques de Venera 9 qui se posera sur Vénus le 22-octobre.

Saint Landry
Clovis le nomma évêque.

JUIN mardi 10

- Le 22 est beaucoup plus calme depuis qu'on a changé le traitement...!

- Sans légende

On ne dit plus...

On ne dit plus "un ingrat" mais "un petit gros".
On ne dit plus "allegro" mais "vas-y, l'obèse".
On ne dit plus "jerrican" mais " j'me bidonne".

Le soleil se lève à 05 h 49 mn et se couche à 21 h 51 mn.

agriculteurs...

sous leurs fourches caudines et tous ensemble, dans un champ populaire, ils lui crièrent d'une voix ferme : Saint Germain des prés... partez!
Ils appelèrent Saint Médard dare-dare pour que, du ciel, il revienne sur le champ.
Il était le seul dont ils voulaient sur terre.
Médard ignorait tout de l'agriculture et n'avait même jamais eu de maison de campagne.
Il sut s'amender au prix d'une culture intensive avec un professeur de champ qui lui donna des cours de ferme.
Bientôt il fit l'unanimité, du paysan au visage labouré de rides après un dur labeur sur une terre à rides jusqu'au gay laboureur.
Il donna libre champ à son imagination fertile et inventa le semis automatique qui évita aux cultivateurs le semis permanent tout en assurant une production qui exigeait des semis remorques.
Avec Saint Médard, toutes les moissons, tous les mois sont protégés.
Du chant du coq au chant du cygne, on meugle ses louanges depuis le plancher des vaches et toutes les faux coupent gaiement à travers champ.
Les éleveurs lui ont élevé une statue et, pour tout le monde rural, il est au champ d'honneur.
Les agriculteurs tiennent ferme à Saint Médard et même s'il craignait de rester en fermier, ils ne sont pas prêts de lui donner la clef des champs.

Sourire

Faire abstinence, c'est savoir se priver de ce qui nous manque le moins.

- Ma femme est très pieuse. Elle est d'ailleurs une fervente du point de croix.

- Je ne me confierai jamais à un skipper. Ses voiles sont sur écoutes.

Yves Robin

Jacques-Yves Cousteau était né le 10 juin 1910. Patachou est née le 10 juin 1918. Judy Garland était née aussi un 10 juin, en 1922. Spencer Tracy est décédé le 10 juin 1967. Le 10 juin 1940, l'Italie déclare la guerre à la France et à l'Angleterre. Le 10 juin 1943, le brevet du stylo à bille est déposé.

JUIN mercredi 11

Saint Barnabé
Un des premiers disciples du Christ.

- Vous aviez deviné que j'avais bricolé ça moi-même ?

- Chérie! il y a une guêpe à l'arrière !
- Ah, s'il te plaît, reste poli avec ma mère !

Le soleil se lève à 05 h 49 mn et se couche à 21 h 52 mn.

Mon truc en plus

Si votre chaton a pris l'habitude de se faire les dents sur le fil du téléphone ou le fil d'une lampe, imbibez un chiffon de vinaigre et essuyez-le sur les fils.

Vermot jardin : à propos de désherbage

Vous avez l'intention de désherber, alors profitez de ces petits conseils :
Appliquez l'herbicide par temps chaud et sec. En plein soleil sera l'idéal, mais avant, écrasez le plus possible les mauvaises herbes au rouleau ou en les piétinant. Les tissus écrasés absorberont mieux les produits désherbants.
Attention, si vous avez des plantes sous serre. On ne se méfie pas assez des journées très chaudes de juin et il faut peu de temps pour que des plantes sensibles soient grillées si elle ne sont pas protégées.

Sourire

Il ne portait pas son alliance.
Il disait que pour lui, c'était une atteinte aux doigts de l'homme.

De la part d'Yves Robin

- Une bouteille consignée ne devrait jamais sortir de la caserne.

- Le rot est un pet qui a loupé sa sortie.

- Selon ses dernières volontés, mon dentiste fut enterré sans plombages ni couronnes.

J'ai connu un petit vieux qui devenait de plus en plus sourd.
Il prenait son mal en patience et disait-il : “ Au moins , je n'entendrai pas sonner ma dernière heure ”...

- Je voudrais ce nez - là!
- Et moi ce nez - là!

Richard Strauss est né le 11 juin 1864 et Björn Borg en 1956, Jean Alési le 11 juin 1964. Steffi Graff est née elle aussi un 11 juin, en 1969. Le 11 juin 1955, explosion d'une mercédès au vingt-quatre heures du Mans (85 morts). John Wayne, de son nom Marion Michaël Morrisson, décède le 11 Juin 1979.

C'est d'Alphonse Allais :
Les héritiers sont les gens qui vous prennent votre argent, vos meubles, tout ce que vous avez quand vous êtes mort...
"Oh! l'éternel féminin..." comme disait le monsieur dont la belle-mère n'en finissait pas de claquer !

Le soleil se lève
à 05 h 49 mn
et se couche
à 21 h 52 mn.

Le thé change de couleur

Le thé noir habituel a vu arriver chez nous un concurrent de poids, le thé vert. Plus que pour son goût, c'est pour son influence bénéfique sur la santé qu'on l'apprécie.
Surtout l'été où pour beaucoup, il est plus désaltérant.

Le thé noir classique est un thé roulé, fermenté et même parfois fumé. Un thé vert qui vient de la même plante est un thé dont les feuilles sont simplement séchées.
Les spécialistes n'hésitent pas à dire qu'il est bon pour lutter contre les allergies, les maladies cardio-vasculaires, l'hypertension, les infections urinaires, le vieillissement et même qu'il aide à maigrir.
Ce thé vert a même la particularité qu'on peut faire infuser

- Jules, tu es sûr d'avoir demandé à un menuisier de changer la porte de la cuisine?

les feuilles plusieurs fois de suite en les laissant au fond de la tasse et en les recouvrant d'eau chaude à 70° et non bouillie. Versez un peu d'eau froide sur les feuilles avant la première infusion puis ajoutez l'eau chaude. Sachez aussi que le temps d'infusion est plus court.

Pour sourire
Longtemps, à Munich, il voulut aller,
La fête de la bière l'avait toujours tenté.
La surprise fut à la hauteur de l'événement,
Face aux demis, c'était hallucinant :
Il était en état de chope.

Marlène Dietrich débute au cinéma le 12 juin 1923. La petite Anne Franck (Le Journal) est née le 12 juin 1929. Le 12 juin 1945, la censure de la presse est supprimée. La sonde Venera 4 est envoyée par les Soviétiques vers Vénus, le 12 juin 1961. Le 12 juin 1964, condamnation à la prison à vie pour Nelson Mandela.

JUIN vendredi 13

Saint Antoine de Padoue
Fut humble parmi les humbles

Saint Élisé
Un des prophètes les plus célèbres

JUIN samedi 14

- Sans légende

- Très courts... Je ne veux pas être embêté si je fais du sport en vacances...!

Le soleil se lève à 05 h 49 mn et se couche à 21 h 53 mn.

Façon de parler :
On ne dit pas "le petit poucet" mais "le gosse était constipé".

Le soleil se lève à 05 h 48 mm et se couche à 21 h 53 mm

Ces merveilleux fous du volant

Ils sont de plus en plus nombreux, de plus en plus conscients qu'ils sauvent une partie de notre patrimoine en conservant intactes des voitures du siècle dernier.

Venue d'Angleterre, voici la "Barré" fabriquée à Niort en 1903. On remarquera le radiateur sous la voiture. Un ennui, en cas de pluie, il est nécessaire d'avoir un grand parapluie.

Ces "fous" de vieilles voitures n'ont rien d'excentriques mais sont simplement des gens comme vous et moi avec seulement au fond du cœur, une passion : retrouver et remettre en état les voitures que leurs pères, ou grands pères ont pu avoir entre les mains. Ils ont pu aussi les admirer dans leur jeunesse lorsqu'elles traversaient leur village dans un nuage de poussière (les routes n'étaient pas toujours goudronnées).

Ils se retrouvent souvent au sein d'une association et leur plus grand plaisir est de participer à une fête, un rallye ou une exposition.

Dans le midi, il existe une association " l'Amicale Denis Papin" qui organise différents rallyes dont "Le Rallye Charleston" où l'on peut admirer des voitures des années 20. Ainsi que "Le Rallye des Poilus" qui concerne les voitures d'avant la guerre...celle de 14 !

Au mois de mai, à Albi, on a pu admirer plus de cinquante voitures, toutes plus belles les unes que les autres. La plus "jeune" était une Ford T de 1917 et la plus "vieille" une Léon Bollée de 1896 ! Toutes sont en état de marche et les Albigeois ont pu leur faire une ovation lorsqu'elles ont grimpé la côte menant à la cathédrale Sainte-Cécile.

Henri Guillomet, co-créateur de la poste aérienne de Santiago et Buenos Aires avec Mermoz décède le 13 juin 1930. Le 13 juin 1944, lancement des V2 sur Londres par les Allemands. Valentina Tereshkova est la première femme à aller dans l'espace le 13 juin 1963.

Ernesto Che Guevara était né le 14 juin 1928. Le 14 juin 1940, les Allemands occupent Paris. Le 14 juin 1948, premier magazine de télévision. Capitulation de l'Argentine aux Malouines, le 14 juin 1982.

Sainte Germaine
Sainte patronne des jeunes paysannes.

JUIN
dimanche 15

LES SOBRIQUETS OU SURNOMS donnés aux personnalités par Christian PLUME

Danne Jean-Claude Van :
Vedette sur "prises".
Debré Jean-Louis :
Debré en dessous de zéro.
Delon Alain :
En flic, voir comme y sert.
Delpech Michel :
Le voir est cher.
Deneuve Catherine :
Glaçon, la diction !
Depardieu Gérard :
Amoureux, c'est le bouquet. Adore l'épate.
Dion Céline :
Chanteuse entoure René (mondiale).
Distel Sacha :
Au chant est l'usé.
Douillet David :
"L'apparition de Bernadette".

- Sans légende

Façon de parler
On ne dit plus "potager" mais "vieux copain".
On ne dit plus "le gospel" mais l'enfant a un coup de soleil".

Le soleil se lève à 05 h 48 mn et se couche à 21 h 54 mn.

et leurs drôles de machines

Ces voitures étaient venues d'assez loin : de la Sarthe, de l'Indre-et-Loire, de l'Eure, des Yvelines, des Landes, de la Haute-Loire et même d'Angleterre, pour une des plus anciennes, une Barré de 1903.
Ces manifestations de vieilles voitures sont de plus en plus nombreuses, une par semaine... dès les premiers beaux jours. En Alsace, en Lorraine, en Normandie partout les clubs de "Vieux Tacots" fleurissent et les amateurs se comptent par milliers.

Photo ci-contre :
M. Serge Rinéro venait du Tarn et Garonne et présentait pour ce rallye une Aché Frères datant de 1898 fabriquée à Agen et restaurée à l'origine. Une des plus vieilles voitures dans un état de conservation exceptionnel et que l'on peut admirer dans la France entière tellement elle est demandée.

Répondant au micro du président M. Chourré, M. et Me Baudouin venant de l'Eure nous montre une Darracq H de 1904. Malgré la chaleur le conducteur et sa passagère ont gardé le costume de l'époque; le grand manteau de fourrure et la casquette pour lutter contre le vent et le froid lorsqu'on circule à toute allure. Enfin au moins à 45 Km à l'heure!

Le 15 juin 1934, Guy Bedos voyait le jour, Claude Brasseur le 15 juin 1936, Johnny Halliday, le 15 juin 1943, Brigitte Fossey le 15 juin 1946 . Le groupe des Beatles voit le jour le 15 juin 1956. Le 15 juin 1969, un tribunal iranien condamne deux escrocs, pour plusieurs délits, à diverses peines de prison qui feront un total de 7 109 années d'emprisonnement !

JUIN
lundi 16

Saint J.F.Régis
Un des grands prédicateurs du XVIIe siècle

- Il me semble avoir entendu un sourd grognement !

Le soleil se lève
à 05 h 48 mn
et se couche
à 21 h 54 mn.

Quelques "belles" d'antan ... pour

A droite : La "Léon Bollée" datant de 1910, que M. Mirmand venu de la Haute-Loire a gardé dans un état tel qu'on la croirait sortie de l'usine la veille. Avec ceci de caractéristique, c'est qu'au démarrage, avec un quart de tour de manivelle, on peut entendre un mouvement d'horloge, un ronronnement d'une limpidité comparable au tic-tac d'une comtoise bien huilée.

Une "Renault BK" de 1911, venant des Yvelines. Ancienne propriété d'un colonel, dont la petite-fille, quatre-vingt-cinq ans actuellement, se souvient que son aïeul effrayait toute la commune du Bordelais où il résidait lorsqu'il la traversait... à 35 kilomètres à l'heure !

Venant de la Haute-Loire, M. et Me Jamin, au volant d'une Berliet de 1911dont les "cuivres" brillaient de mille feux .

Stan Laurel était né le 16 juin 1890. Michel Blanc est né le 16 juin 1952. Elsa Triolet écrivain et épouse de Louis Aragon est décédée le 16 juin 1970.
Le 16 juin 1976, une émeute lors d'une manifestation d'étudiants noirs, fait 173 morts à Soweto, banlieue de Johannesburg.

Saint Hervé
Ermite, fonda le monastère de Lanhouarneau.

JUIN
mardi 17

- *La fuite de gaz ne devrait pas être loin!*

- *Sans légende*

Mon truc en plus

Mes petits enfants étant rentrés dans le salon, à reculons "pour jouer", je me suis aperçu qu'ils avaient "ramassé" sous leurs baskets des touffes de poils de notre chien... un ramassage facile et pas fatiguant!

Le soleil se lève
à 05 h 48 mn
et se couche
à 21 h 55 mn.

le plaisir des yeux...

Vedette de ce Rallye des Poilus, voici une "Automoto" de 1899.(en dessous) Elle vient de l'Allier et a une particularité: le siège frontal pour le passager.

Ce quadricycle "Automoto", mélange d'une automobile et d'une moto, est constituée de quatre roues, d'un moteur à pétrole à entraînement par chaînes et de deux sièges. Le siège du passager est donc à l'avant et sans aucune protection !

C'est cette particularité qui lui a donné son surnom de *"Tue belle-mère"* . On comprend facilement pourquoi...

Les rallyes réunissant autant de voitures des origines à 1914 se comptent en France et même en Europe sur les doigts d'une main.

Photo au-dessus
Une De Dion-Bouton de 1912 que M. Maldès est capable de "pousser" à près de 60 à l'heure. (pas en côte)

Dean Martin était né le 17 juin 1917. Eddy Merkx est né le 17 juin 1945. Lio, chanteuse, est née le 17 juin 1962. Le 17 juin 1967, la Chine fait exploser une bombe H. Le 17 juin 1972, des espions posent des micros au Watergate : début d'un énorme scandale. Werner von Braun, le père des V2 allemands et de la fusée lunaire américaine meurt le 17 juin 1977.

JUIN
mercredi 18

Saint Léonce
Soldat romain, devint chrétien.
Saint Romuald
Fonda un ordre religieux

JUIN
jeudi 19

- Celui-ci a toujours eu du mal à sauter les haies...!

Le soleil se lève
à 05 h 48 mn
et se couche
à 21 h 55 mn.

Sourire
Ma mère m'avait dit : "Fais des études et tu finiras en haut de l'échelle."
Je suis devenu peintre en bâtiment.

Le soleil se lève
à 05 h 48 mn
et se couche
à 21 h 55 mn.

A chacun sa petite guerre

Et si l'on proposait aux différents belligérants de notre monde de fous, de s'étriper au paint-ball ? Ce "sport" puisqu'il existe des challenges et même une coupe du monde est en passe de devenir un divertissement les plus prisés du moment. Il est vrai qu'il conjugue jeu de rôle, sport athlétique et de combat et permet aux adeptes de jouer à la "petite guerre" sans dommages. A la première critique que l'on peut formuler, on répond généralement "Ca ressemble à la guerre, ça a le goût de la guerre, mais ce n'est pas la guerre, ni même un jeu guerrier, ce qui reste quand même à prouver, puisqu'on s'équipe comme pour attaquer un ennemi retranché dans sa forteresse et qu'on est armé jusqu'aux dents, même si les balles sont remplies de peinture.

Le paint-ball vient d'ailleurs des propriétaires de troupeaux australiens qui marquaient leurs bêtes avec des pistolets remplis de peinture. On s'affronte équipe contre équipe et comme dans les jeux d'enfants, celui qui est touché est "mort"... et gare aux décharges d'adrénaline !

L'ambiance est à la chasse à l'homme dans un périmètre défini. Dans un bruit de rafales de mitraillettes, des hommes embusqués derrière des obstacles, s'affrontent en se tirant des balles... de couleurs.

Lu dans "Presse-Océan" (19/12) à propos du film "Harry Potter" :
"Le bouche-à-bouche lui est favorable".
Peut-être que ça marchait mieux que le bouche-à-oreille...

18 Juin 1928, première traversée de l'Atlantique en avion par une femme, Amélie Earhart. Gaston Doumergue treizième président de la République décède le 18 juin 1937. 18 juin 1940 : appel du Général de Gaulle à Londres.

Blaise Pascal, philosophe, physicien, serait né le 19 juin 1623. Le 19 juin 1862, abolition de l'esclavage aux USA. Le 19 juin 1931 : traversée de la Manche en planeur par Beardmore. Exécution des Rosenberg accusé d'espionnage aux USA, le 19 juin 1953. Le 19 juin 1986, décès de Coluche lors d'un accident de moto.

Saint Silvère
Fils du pape Hormidas.

JUIN
vendredi 20

- Sa majesté cherche des trèfles à quatre feuilles !

- Votre femme ne dira rien si je pars sans l'embrasser?

Mon truc en plus
Si votre chaton mordille quelque chose, au même endroit régulièrement, vaporisez un peu de fixatif à cheveux à cet endroit. Il n'aimera pas du tout et ira voir ailleurs.

Le soleil se lève
à 05 h 49 mn
et se couche
à 21 h 56 mn.

Masque anti-rides de Nostradamus

Nostradamus, connu mondialement pour ses "Centuries" fut avant tout médecin.
Il nous a transmis, à travers les âges, cette recette de beauté pour faire un masque anti-rides :

"Faire macérer de la pelure de coings dans de l'eau de fleurs d'oranger pendant vingt-quatre heures. Et appliquer en cataplasme."

Dans une version plus actuelle, passez les ingrédients au mixer et incorporez un peu d'argile blanche. Faites-en un masque à garder une bonne heure.

Pendant ce séchage, vous pourrez vaquer à vos occupations plutôt que de rester allongé(e).
Ôtez ce masque à l'eau tiède.

- Elle est capable de lui faire sentir toute sa vie que c'est à elle la fortune...!

Le frileux basilic

Le basilic est du genre à prendre froid et ne se plait que dans les régions où le soleil ne ménage pas ses rayons.

Mais si vous l'avez semé et repiqué au pied d'un mur exposé au sud et protégé des vents, vous le verrez grandir à peu près bien.
Au début, n'hésitez pas à le couvrir d'une cloche, le temps qu'il démarre bien.
Si vraiment il fait trop froid, alors, cultivez-le en pot dans la serre ou la véranda.

Le 20 juin 1791, fuite de Louis XVI à Varennes. Jacques Offenbach, compositeur, était venu au monde le 20 juin 1819. Le 20 juin 1837, la reine Victoria est couronnée. Errol Flynn disparu en 1959, était né le 20 juin 1909.

JUIN samedi 21

Saint Rodolphe
Evita bien des guerres par sa sagesse.

Le soleil se lève à 05 h 49 mn et se couche à 21 h 56 mn.

Sourire
A Cuba, question nourriture ce n'est pas l'euphorie et pourtant, on espérait beaucoup des restaurants castronomiques.

On a retrouvé des poils de Yéti

Des scientifiques britanniques ont trouvé des poils appartenant à une espèce animale inconnue dans une forêt du Bhoutan, près de l'Himalaya.
Ces poils pourraient appartenir au légendaire Yéti, l'abominable homme des neiges. Ils ont été analysés à l'Université d'Oxford et se sont révélés contenir un ADN qui ne correspond à aucune espèce recensée. Le fameux généticien Bryan Sykes a lui-même participé aux recherches : "Nous ne nous sommes jamais retrouvés en présence d'un ADN que nous ne pouvions identifier" a déclaré le scientifique. " Il s'agit là d'un mystère que je n'aurais pas cru possible. "
Le professeur Sykes sait de qui il parle. En 1999, il avait déjoué une mystification qui avait tenté de faire passer une fourrure d'ours pour une fourrure de Yéti.

Sourire
Docteur, je vous écris pour vous demander un rendez-vous, de toute urgence.
Je n'en peux plus. Mon mari est un obsédé sexuel. Il veut faire l'amour toutes les heures, nuit et jour. Répondez-moi vite, Docteur, et excusez mon écriture saccadée !

Mon truc en plus

Pour aider vos tomates à mûrir, prenez des packs de jus de fruits ou de lait, enlevez l'intérieur, coupez des morceaux et placez les parties argentées sous les plants, face au soleil... comptez alors sur la réverbération pour accélérer le mûrissement de vos tomates.

Jean-Paul Sartre était né le 21 juin 1905. Françoise Sagan est née le 21 juin 1935. Le 21 juin 1943, Jean Moulin est arrêté à Caluire, dans la banlieue lyonnaise. Gérard Lanvin et Michel Platini sont nés un 21 juin, en 1950, pour le premier, en 1956 pour le second. Le pape Paul VI succède à Jean XXIII, le 21 juin 1963.

Saint Alban

Né en Angleterre, subit le martyre.

JUIN dimanche 22

- Sans légende

- Ne cherche pas c'est le mien qui sonne !

Mon truc en plus

Si votre chat ou votre chien grignote les feuilles de vos plantes, vous l'en empêcherez en mettant un peu de Vicks en crème sur le contour des pots. L'odeur l'éloignera.

Le soleil se lève à 05 h 49 mn et se couche à 21 h 56 mn.

VERMO... ROSCOPE

CANCER

22 JUIN - 22 JUILLET

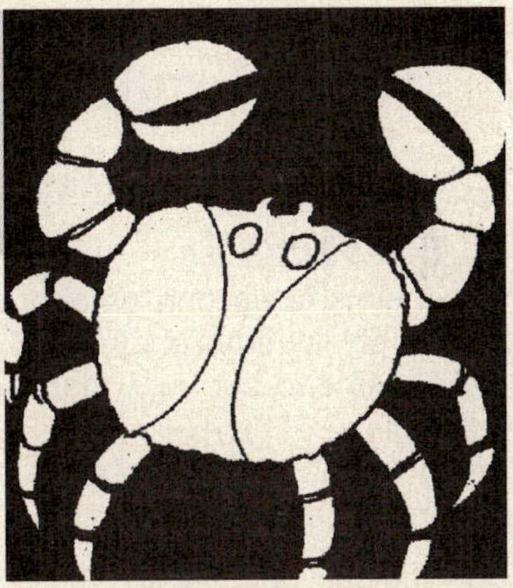

Bon début d'année pour le travail mais il vous faudra redoubler d'attention, si vous voulez que ça continue.

Des propositions ou des changements vous seront offerts avant l'été. Prenez le temps de bien les étudier. Rien ne presse et faites confiance à un proche qui pourra vous aider.

Les expériences parfois douloureuses du passé vous feront encore souffrir en ce début d'année dans le domaine familial.

Ne perdez pas confiance, vos capacités vous permettront de faire face et même de retourner des vibrations qui au départ ne vous étaient guère favorables.

Vos actes seront plus éloquents que vos paroles même si l'on ne vous a pas pris au sérieux au début. Comptez sur des changements bénéfiques soit dans la vie familiale soit dans la vie professionnelle, surtout en fin d'année.

Un projet de voyage devrait enfin venir à terme alors que vous n'y comptiez plus. Le hasard autant que la persévérance vous auront été de la plus grande utilité. Moment faste au début de l'automne, profitez-en pour remettre de l'ordre dans vos affaires professionnelles oui, justement celles que vous ne considérez pas comme primordiales dans votre existence.

Sourire

"Rien n'est impossible à l'homme" comme disait le monsieur qui venait d'empoisonner sa femme .

Le 22 juin 1907 naissait Anne Morrow Lindbergh. Jacques Martin est né le 22 juin 1933. Merryl Streep est née le 22 juin 1949. Judy Garland est décédée le 22 juin 1969. Fred Astaire de son vrai nom Frederick Austerlitz est décédé le 22 juin 1987. Le 22 juin 1940, signature de l'armistice franco-allemand.

JUIN lundi 23

Sainte Audrey
Fonda une abbaye.

Saint Jean-Baptiste
Prophète juif, suivi le Christ

JUIN mardi 24

- J'ai dit : ça suffit !

Sourire

- L'après-midi, une tasse de thé, une sieste avec un petit coussin sous la tête... J'appelle ça prendre le thé d'oreiller!

A Bayonne j'ai trouvé une école de peinture qui doit donner des cours sur la peinture aux Landaises.

Il est mort par pure distraction. Un matin, en se réveillant, il n'a pas pensé à ouvrir l'œil!

Le soleil se lève à 05 h 49 mn et se couche à 21 h 56 mn.

Chez le docteur

- Ben, voilà vos radios. En fait vous avez un radio-réveil dans l'estomac.
- C'est étonnant, j'ai avalé une montre à quartz étant petit.

Le soleil se lève à 05 h 49 mn et se couche à 21 h 56 mn.

Vermot cuisine : un tonneau de Pauillac...

Ça vaut un tonneau d'eau bénite !

C'est sous le second empire que le phylloxéra s'abat sans ménagement sur nos fiers vignobles.
Pour combattre ce fléau, toutes les révolutions culturelles sont envisagées.
En Médoc, Anne-Françoise Averous asperge son vignoble d'eau bénite venue de Lourdes.
Ayant conclu un marché avec le chapelain de Lourdes, elle envoie à chaque millésime un tonneau de son cru de Pauillac et, en échange, elle reçoit la même proportion d'eau miraculeuse.
Après quelques années d'aspersion intensive, elle doit s'avouer vaincue devant le Satan de la vigne.
Dans ce contexte de destruction du vignoble, chacun guette un signe du destin et l'on est enclin à invoquer la protection du meilleur saint possible.
Si Bernadette Soubirous avait réussi là où tout le monde avait échoué, les propriétaires bordelais auraient sans doute remplacé Saint-Vincent par Sainte-Bernadette ; à Pauillac, une tour coiffée d'une statue de la Vierge Marie foulant au pied un serpent témoigne de cette dévotion particulière.
Le nom Averous apparaît toujours sous forme de "Haut-Bages Averous" : c'est le deuxième vin du château Lynch-Bages, cinquième cru classé de Pauillac.

Pour sourire

A la Foire du Trône, lorsque j'avais vingt ans, je levais des poids, jusqu'à cent kilos. A soixante-dix ans, je ne lève maintenant que quelques kilos et encore pas trop. Moralité : on a l'âge de ses haltères.

Jean Anouilh était né le 23 juin 1910. Boris Vian est parti dans l'autre monde le 23 juin 1959. Le 23 juin 1971 voyait l'entrée de la Grande-Bretagne dans la CEE. Explosion en vol d'un Boeing 747 d'Air India au large de l'Irlande le 23 juin 1985 (325 morts).

Le 24 juin 1910, invasion de la Corée par le Japon. Juan Manuel Fangio, cinq fois champion du monde de F1 était né le 24 juin 1911. Claude Chabrol est né le 24 juin 1930. Jean-Loup Chrétien, premier français dans l'espace, le 24 juin 1982.

ALMANACH VERMOT 2003

JUIN
mercredi 25

Saint Prosper
Passa sa vie à étudier la religion.

Mon truc en plus
Un truc de pro pour éviter la croûte à la surface d'un pot de peinture entamé; fermez-le et stockez-le en le retournant. Vous ne perdrez pas une goutte de peinture.

Le soleil se lève à 05 h 50 mn. et se couche à 21 h 56 mn.

MOTS CROISÉS FLÉCHÉS

IRRITERA / STIMULER		RENDRE MEILLEUR / DURILLON		PASSER AU BAIN		DOMINE LE CAÏD / BLESSANTE		INVENTÉ / VEILLER AU GRAIN	
CHEVALIER / PLACE DU COUARD				MÉTAPHORE / IRLANDE					
							ÎLE / TOUR		
SE PLAINDRE		ORGUEIL / UNITÉS DE CAPACITÉ							EN VENIR AU FAÎTE
					FLEUVE D'IRLANDE / CONNU				
MOUVEMENTS DE FOULE						REPRÉSENTATIONS	LIAISON / RECUEILLE NOS ESPOIRS		
				DÉGRADATION / EN TOUTE ÉGALITÉ					
DIVISIBLE / AIDE	MARQUE		RÊVÉ		ERBIUM / EXPLOSIF			FICHUE	
MESURE		DÉNONCIATEUR / CASSANT							
				TRUC CREUX / ARTICLE			RÉFLÉCHI		EN LES
CLUB DE FOOTBALL / DÉPRÉCIÉES					BALTE				

solution page 194

Courteline était né le 25 juin 1858. Le 25 juin 1892 voyait Pearl Buck, romancière, venir au monde. C'est le 25 juin 1876 que Custer et son armée sont massacrés par les Indiens à Little Big Horn. Le 25 juin 1953, création de l'Eurovision. Retransmission du couronnement d'Elizabeth II, dans plusieurs pays d'Europe.

JUIN
jeudi 26

Saint Anthelme
Surnommé le “père des pauvres”.

Le soleil se lève à 05 h 50 mn et se couche à 21 h 56 mn.

Quand ça ne veut pas rouler...

La première compétition automobile sur le circuit du Mans a lieu le 26 juin 1906. Les troupes américaines débarquent à Saint-Nazaire pour soutenir nos armées le 26 juin 1917. Premier ravitaillement en vol entre deux avions le 26 juin 1923. Le 26 juin 1945, signature de la Charte des Nations-Unies. Le 26 juin 1960, Madagascar obtient son indépendance.

Saint Fernand ou Ferdinand
Cousin de Saint Louis, fut roi de Castille.

JUIN
vendredi 27

- *Vous devez avoir, je présume, un permis bateau...!*

- *Sans légende*

Sourire
C'est quand on s'attend à tout qu'on est content qu'il ne vous arrive rien...
Pays en voie de développement cherche photographe.

Le soleil se lève à 05 h 51 mn et se couche à 21 h 56 mn.

L'art du camouflage

Comment éviter de se faire manger par les oiseaux quand on est un insecte ?
Le plus simple est d'être venimeux. Un oiseau apprend très vite à distinguer les insectes comestibles des autres, souvent à ses dépens.
Mais comment faire pour éviter de se faire manger par les oiseaux quand on est un insecte et que l'on n'est pas venimeux ?
Il suffit tout simplement d'arborer les mêmes couleurs qu'un insecte venimeux.
C'est ainsi que certaines mouches, complètement inoffensives, ne se font jamais attaquer par les oiseaux, uniquement parce qu'elles ont des bandes noires et jaunes sur le corps et qu'ainsi elle ressemblent à s'y méprendre à des guêpes.

Sourire

Un jeune poète sans talent dit un jour à Brassens d'un ton suffisant : - J'ai rendez-vous avec Cocteau, pour échanger des idées.
Ah, dit, Brassens, vous faites une bonne affaire...!

- *Reste dans le coin, ne me fais pas le coup de la traversée en solitaire...!*

Isabelle Adjani est née le 27 juin 1955. La vignette auto, disparue à l'heure actuelle, était née le 27 juin 1956. La sœur de Catherine Deneuve, Françoise Dorléac, meurt accidentellement le 27 juin 1967. Dubout, le célèbre dessinateur humoriste, est parti dessiner ailleurs, le 27 juin 1976. Le 27 juin 1905, mutinerie à bord du Cuirassé Potemkine.

JUIN samedi 28

Saint Irénée
Martyrisé, son corps fut récupé par saint Justin qui l'enterra chrétiennement.

- Oui, c'est pourquoi?

- *Tu as beau mettre les meilleurs parfums, rien ne vaut l'odeur de deux côtelettes sur le grill, pour séduire les hommes !*

Le soleil se lève à 05 h 51 mn et se couche à 21 h 56 mn.

Des amis bavardent :
"Solange a fait des photos d'elle à la plage. Elle ne veut pas les montrer."
- "Ça prouve qu'elles doivent être ressemblantes."

Anciennes recettes de beauté

Anciennes recettes indiennes

Contre les poches sous les yeux :

Faites un mélange d'huile d'amande douce et de jus de pomme de terre... Masser comme avec une crème et laissez pénétrer plusieurs heures.

Masque purifiant
Un peu de jus de carotte, du jus de citron et une pincée de curcuma. Appliquez. Laissez sécher. A garder une heure.

Ces recettes encore fréquemment utilisées en cosmétologie locale indienne et iranienne remontent à plus de 3 000 ans.
A préparer au moment même de l'utilisation et ne conserver sous aucun prétexte pour une application ultérieure.

SOLUTION DE LA GRILLE P.191

```
*E*B*F*A*C
ENCOURAGER
*EON*IMAGE
ARRIERE*RE
*V*FIERTE*
GEMIR*ERNE
*RUEES**ET
PAIR*USURE
**D*I*ER*T
ASSISTANCE
*C*DONNEUR
DOSE*TC*I*
*REAL*ESTE
DECLASSEES
```

Sourire

Pierre Palmade dînait avec des amis dans un petit restaurant de province après le spectacle.
Il appelle la serveuse, lui tend son assiette et lui dit d'une voix très douce :
- Vous allez peut-être me trouver maniaque, mais j'aime le potage chauve...

Sourire

- Pour être certain du poids de ses arguments, un bon orateur doit savoir peser ses mots.

- Lorsqu'un grave différend éclate dans un couple, ce n'est pas au couteau de cuisine à trancher.

- Avec la jambe de bois de l'oncle Eugène, on en a fait un pied de lampe. On l'appelle "la lampe à Eugène".

Yves Robin

Jean-Jacques Rousseau était né le 28 juin 1712. On déclare que la tomate n'est pas un poison le 28 juin 1820 ! Le 28 juin 1907 naissait Paul-Emile Victor. Le 28 juin 1914, l'archiduc François Ferdinand d'Autriche est assassiné à Sarajevo. Le 28 juin 1919, signature du traité de Versailles qui met fin à la Grande Guerre. Annie Duperey actrice, est née le 28 juin 1947.

- *Tu as vu à qui il raconte sa vie, il faudra que je l'emmène chez l'ophtalmo...!*

- *Sans légende*

Sourire

Paris : Avocats cherchent à installer leurs bureaux, quartier de la Défense.

A Tahiti, que chante-on pour Noël ?
"Il est vahiné le divin enfant."

Le soleil se lève
à 05 h 52 mn
et se couche
à 21 h 56 mn.

L'ADN soude les familles

Bryan Sykes, professeur de génétique humaine à l'Université d'Oxford, vient de découvrir que des gens portant le même nom de famille ont de fortes probabilités d'avoir des gènes particuliers en commun. Ces gènes sont portés par le chromosome Y, celui qui détermine le sexe masculin et qui donc, passe inchangé d'une génération à l'autre.
Le professeur Sykes n'en est pas revenu de sa découverte. S'il a raison, cela signifie en effet que toutes les personnes qui portent le même nom de famille ont le même arrière-arrière-arrière-grand-père. (sans remonter trop loin)...

- *Le chef demande à l'aimable client qui trouvera son alliance dans le hachis parmentier, de bien vouloir la lui restituer...*

HUMOUR

Sur le bureau du percepteur trônait un bouquet de fleurs dans son pot. Mais il se fanait et les feuilles tombaient. Elles tombaient, et oui, les feuilles d'un pot.

Antoine de Saint-Exupéry, aviateur et écrivain, est né le 29 juin 1900. Le 29 juin 1912, ouverture des Jeux Olympiques de Stockholm. Décollage du premier Boeing le 29 juin 1916. Frédéric Dard, père de San Antonio était né le 29 juin 1921. Pierre Sabbagh présente, le 29 juin 1949, le premier journal télévisé français. François Périer décède le 29 juin 2002.

JUIN
lundi 30

Saint Martial
Mourut, évêque de Limoges.

- C'est mon mari qui va baigner le chien...!

-Non je ne peinds pas l'escalier, c'est le pot qui s'est renversé.!

Le soleil se lève à 05 h 52 mn et se couche à 21 h 56 mn.

De Michel Audiard : C'est parce que la fortune vient en dormant que celle-ci arrive si lentement!

La couronne de gazon

Eclipsée de nos jours par le souvenir de la couronne de laurier sur laquelle il ne fait pas bon s'endormir, “la couronne de gazon” écrit Pline dans son “Histoire Naturelle” était la récompense attribuée à un seul homme qui avait sauvé une armée entière d'une situation désespérée”.

Cette couronne était faite de gazon vert pris sur le lieu même du combat... A condition toutefois de ne pas avoir combattu... dans le désert.

HUMOUR

Cette dernière Coupe du Monde, quelle déception. J'ai longtemps hésité à parier sur les matchs de football.
J'ai écouté un sage qui me disait : “Dans le foot, abstiens-toi”...

Insolite

IL était le plus célèbre médium du Brésil, il avait écrit plus de 400 ouvrages sur l'interprétation des messages de l'au-delà et prédit sa mort. Qui est arrivée comme il l'avait dit, pendant la Coupe du Monde de football. . Mais Chico Xavier, dont les obsèques ont été suivi par plus de cinq cent mille personnes serait déjà remplacé dans le cœur des Brésiliens. Il est vrai que la relève est assurée... Ils sont plus de deux millions et demi de Brésiliens ou Brésiliennes à se déclarer médiums ou spirites! A noter que là-bas ils n'ont pas de problèmes pour trouver du marc de café pour lire dedans...

- Est-ce qu'il vous resterait un pain pas trop cuit ?

Le 30 juin 1861, Victor Hugo annonce la parution des “Misérables”. Le 30 juin 1934, Hitler déclenche “la nuit des longs couteaux”. L'indépendance du Zaïre, ex-Congo-Belge, est annoncée le 30 juin 1960.

Le soleil se lève à 05 h 53 mn et se couche à 21 h 56 mn

Saint Thierry
Fonda un monastère au VIe siècle

JUILLET
mardi 1

Le 1er juillet 1804 naissait A. Lucile Dupin qui deviendra George Sand. Erik Satie, compositeur, s'en allait le 1er juillet 1925. Claude Berri est né le 1er juillet 1934 comme Sidney Pollack. Le 1er juillet 1961 disparaissait Louis Ferdinand Céline et naissait Carl Lewis. Juan Peron est décédé le 1er juillet 1974.

JUILLET
mercredi 2

Saint Martinien
Fut décapité par Néron.

- J'ai un circuit idéal, pas cher du tout, se terminant chez moi, ça vous intéresse ?

- Oui, j'ai bien une réservation, mais pour Chamonix!

Le soleil se lève
à 05 h 53 mn
et se couche
à 21 h 56 mn.

Mon truc en plus
Le tabac est dangereux... pour les parasites...
Laissez tremper quelques mégots dans un arrosoir pendant une dizaine d'heures et cela vous servira pour arroser vos plantes vertes et lutter contre les parasites.

Les douze porcs d'Antoine

Après la mort provoquée par la chute du fils du roi Louis le Gros, chute elle-même provoquée par un porc bousculeur, il fut défendu d'en nourrir à Paris intramuros . Un avis à ce moment-là expliquait : "Et seront les pourceaux tués par les sergents ou autres qui les trouveront." (L'insécurité était déjà un sujet de préoccupation !)
Cette règle comportait cependant une exception.
En l'honneur de son patron, le prieuré du Petit Saint-Antoine situé dans la rue du même nom "était autorisé à en posséder douze, autorisé aussi à les faire circuler dans les rues. "
Pour prévenir les passants, les pourceaux portaient une clochette au cou, marquée à l'insigne du couvent.
Leur "droit aux porcs" fut confirmé par François 1er.
(C'était en somme une espèce de passe-porc!)

Sourire
. - Une jeune fille rencontre une amie et se confie :
- Depuis que j'ai rompu mes fiançailles, Jean-Claude n'arrête pas de boire. J'ai peur...
- Peur de quoi?
- Peur qu'il ne soit en train de fêter l'événement !

Sourire
Tout le monde connaît les W.C. dit "à la turc."
Savez-vous que ce sont les Belges qui en furent les créateurs.
Les Turcs ont amélioré le concept en faisant le trou!

Line Renaud est née le 2 juillet, en 1928, après Pierre Cardin né lui en 1922. Ernest Hemingway est décédé le 2 juillet 1961. Une révolution dans la photo, le 2 juillet 1930 naissait le photomaton. La France expérimente une bombe nucléaire, en Polynésie, le 2 juillet 1966.

- Elles sont génétiquement modifiées, l'effeuillage se termine toujours par "passionnement" !

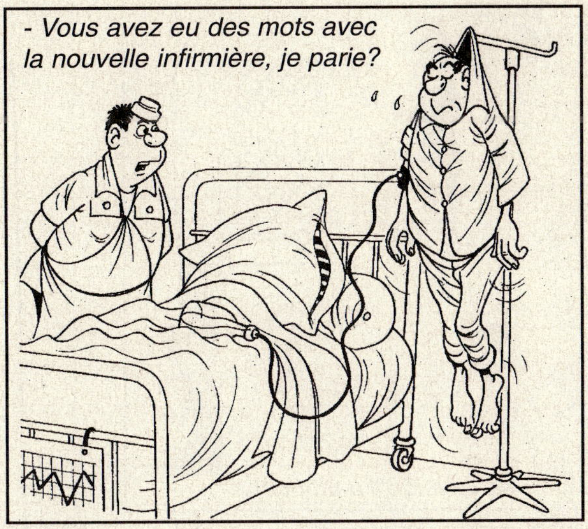

Mon truc en plus
Arrachez des orties et mettez-les à macérer dans un bac pendant trois jours et vous aurez un jus antiparasites naturel et respectant l'environnement.

Le soleil se lève à 05 h 54 mn et se couche à 21 h 55 mn.

Lettre ouverte à M. l'agent du Trésor...

Monsieur l'Agent du Trésor Public, le colis que vous venez de recevoir a pu vous étonner. Alors voilà quelques explications.

Je vous joins une photocopie de l'article du *Nouvel Observateur* intitulé "Les vraies dépenses de l'Etat". Vous noterez que dans le quatrième paragraphe, il est précisé que l'Elysée a l'habitude de payer des brouettes 5200 F (792,73€), des escabeaux 2300 F(350,63 €) et des marteaux 550 F (83, 85 €) pièce.

Par ailleurs, un très intéressant article du *Canard Enchaîné* dont la bonne foi est bien connue (copie également jointe) rapporte que le prix des sièges W.C. du nouveau Ministère des Finances est de 2 750 F (419,23 €) pièce.

Vous de-vant la somme exacte de 13 216 F (2002 €) pour l'année fiscale qui s'achève, je vous adresse donc dans ce colis quatre sièges W.C. neufs et cinq marteaux.

Le tout représentant une valeur totale de 13 750 F (2096,17 €).

Je vous engage, par ailleurs, à conserver le trop perçu pour vos bonnes œuvres ou bien d'utiliser les 434 F restant pour acheter un tournevis supplémentaire à notre Président de la

Sourire
Un cow-boy arrive chez un autre et lui dit :
- Je t'offre mille dollars pour ce cheval qui a désarçonné ta femme la semaine dernière et qui l'a piétinée.
- Mon cheval n'est pas à vendre, répond le veuf. Figure-toi que l'ai l'intention de me remarier.

Marie Curie, prix Nobel de physique est décédée le 3 juillet 1934. André Citroën est mort le 3 juillet 1935. Tom Cruise est né le 3 juillet 1962. Peter de Villiers, rugbyman international est né le 3 juillet 1972.

JUILLET vendredi 4

Saint Florent
Fut massacré sur le parvis de sa cathédrale.

- Je crois qu'il a dit non!

Le soleil se lève à 05 h 55 mn et se couche à 21 h 55 mn.

Elles sont parties pour vous faire rire : Sophie

Voici Sophie Jézéquel
La pub mène à tout... à condition d'en sortir ! Et ce n'est pas Sophie Jézéquel, ancienne rédactrice en publicité, qui nous contredira, elle qui s'adonne aujourd'hui avec un plaisir évident, aux affres et délices du spectacle en solo.
D'ailleurs, à bien y regarder, ces quatre années passées à trouver le slogan vendeur ne furent qu'une parenthèse dans la vie de cette comédienne au talent prometteur.

C'est à 12 ans en effet que cette Quimpéroise rencontre le théâtre.
D'abord en amateur dans de petites troupes locales, avant de jouer Shakespeare, Pinter ou Ionesco avec un metteur en scène du théâtre national de Bretagne.
Rien de plus classique !
Suivront ensuite l'école de la rue Blanche à Paris et... une petite annonce vantant des cours de café-théâtre.
Sophie, déjà consciente de son pouvoir comique, s'inscrit à cette école ô combien particulière et, tout en s'initiant au jeu sur scène ou à la création de personnages, commence à

photo Natacha Dellis

Sourire
Le cambrioleur d'une bijouterie est interrogé par le commissaire de police.
- Pourquoi avez-vous pris les bijoux dans le coffre et laissé les 20000 euros?
- Vous aussi ? dit le cambrioleur. Comme si j'avais pas assez de ma femme qui me pose la même question depuis deux jours!

Louis Armstrong est né le 4 juillet 1900. Gina Lollobrigida est née le 4 juillet 1927 et Victoria Abril, actrice espagnole le 4 juillet 1959. Le 4 juillet 1925, Suzanne Lenglen remporte Wimbledon pour la troisième fois. Le 4 juillet 1969, décollage du premier deltaplane. Le 4 juillet 1987, condamnation de Klaus Barbie.

Saint antoine
Fonda la congrégation des barnabites.

JUILLET
samedi 5

Mon truc en plus
Des haies qui une fois taillées se retrouvent déplumées du bas? C'est simple ; taillez-les très bas, elles reprendront naturellement à partir des rameaux du bas.

Le soleil se lève à 05 h 55 mn et se couche à 21 h 55 mn.

JÉZÉQUEL

s'atteler à ses propres sketchs. En 1999, à la fin de sa troisième année de cours - et oui, ne s'auto-proclame pas artiste qui veut - elle devient l'attachée de presse du "Bout", une petite salle située non loin de la célèbre place Pigalle.

Et c'est là, que, chaque semaine depuis mars 2001, elle joue son premier spectacle, assez justement nommé : " C'est pas gentil ! ".

Car, tout en proclamant "ne pas être méchante pour le plaisir d'être méchante", Sophie nous brosse une galerie de portraits à faire froid dans le dos.

Et à désespérer de la famille, dans laquelle on côtoie tout à la fois un psychopathe de quatre ans, une horrible tante anglaise, une mère folle ou encore une bru qui ne pense qu'à se débarrasser de son beau-père. Sans oublier un sketch d'anthologie, plus vrai que nature pour qui a déjà assisté à un enterrement dans une petite bourgade bretonne...

Malgré son air doux et gentil - ce qu'elle est en réalité - Sophie peut se vanter d'une plume noire, trempée dans l'acide.

D'ailleurs quand on lui demande de quelle comique, elle se sent la plus proche, elle répond sans hésiter : "Sophie Forte, parce qu'elle dit des méchancetés avec un grand sourire."

Ajoutons à cela, une gestuelle, des mimiques ou encore des personnages entier qui ne manquent pas de faire penser à Zouc, et vous obtiendrez un cocktail détonant, un spectacle drôle, même si parfois le rire se fait grinçant.

Ce one-woman-show, à la tonalité bien personnelle, se jouera en province dès l'automne 2002, avant d'être repris sur Paris.

Un peu plus tard, la comédienne montera une nouvelle pièce, à plusieurs personnages, sur le thème des couples et de la solitude, d'une facture " caustique et tendre à la fois".

Sophie Jézéquel? Un nom à retenir !

Sourire

- Au cours d'une réunion électorale, un candidat est interpellé par un adversaire :
- Parlez-nous donc un peu des puissants intérêts qui vous guîdent.
- Ah , vous, laissez ma femme en dehors de tout ça.

Joseph Nicéphore Niepce, considéré comme l'inventeur de la photographie est décédé le 5 juillet 1833. Jean Cocteau était né le 5 juillet 1889. Georges Pompidou était né aussi un 5 Juillet en 1911 ainsi que Pierre Mauroy, mais en 1928. Le 5 juillet 1924, ouverture des VIIe Jeux Olympiques à Paris

JUILLET dimanche 6

Sainte Mariette
Née près de Rome fut tuée à 12 ans.

Saint Raoul
Paysan anglais fut pendu pour sa foi.

JUILLET lundi 7

Le soleil se lève à 05 h 56 mm et se couche à 21 h 54 mm

Sourire
Vivement demain que tout soit comme hier.
La moitié des hommes politiques sont des bons à rien. Les autres sont prêts à tout.

Le soleil se lève à 05 h 57 mn et se couche à 21 h 54 mn.

Des ours et des chiens

Très dur à l'espèce humaine, Louis XI adorait les animaux. Le duc de Berry, frère de Charles V, bibliophile célèbre, avait un faible pour les ours.
Il en nourrissait plusieurs et se déplaçait avec eux.
Il faisait traiter ses chiens enragés par des bains de mer.
Charles VI, les croyant menacés de rage faisait chanter une messe pour eux et les emmenait en pèlerinage !
La mode sadique des chiens d'attaque ne date pas d'hier. Henri III en digne fils de Catherine de Médicis, prenait plaisir à voir combattre des dogues, des lions, des ours, soit entr'eux, soit contre des taureaux.
Les combats de chiens furent particulièrement prisés sous le règne de Louis XIII.

Sourire
Un gars entre dans un commissariat de police et s'adresse l'agent de permanence :
- Je viens pour vous signaler que ma femme a disparu.
- Ah oui, répond le policier, et depuis combien de temps n'est-elle pas reparue à votre domicile?
- Bah, ça doit bien faire une dizaine de jours maintenant...
- Dix jours? Et c'est seulement maintenant que vous signalez sa disparition?
- Ben oui. J'ai plus de vaisselle propre...

Jean-Pierre Mocky, est né le 6 juillet 1929. Sylvester Stallone est né le 6 juillet 1946, Nathalie Baye est née le 6 juillet 1951. Louis Armstrong est décédé le 6 juillet 1971. Le 6 juillet 1954, pour sa maman, Elvis Presley enregistre son premier disque.

Le peintre Marc Chagall est né le 7 juillet 1887. Sir Arthur Conan Doyle, écrivain est décédé le 7 juillet 1930. Ringo Starr, des "Beatles" est né le 7 juillet 1940. Jo Schlesser, pilote de F1, se tue lors du Grand Prix de France, le 7 juillet 1968. Le 7 juillet 1988, la plate-forme pétrolière Piper Alpha explose : 166 morts.

Saint Thibaut

S'acquitta dans son couvent des tâches les plus ingrates .

JUILLET mardi 8

- " This is curious"..je le voyais plus grand que ça..!

- Etes-vous certaine que vous aviez des chaussures quand vous êtes arrivée ici, madame...

Mon truc en plus

Toutes les ménagères savent bien que pour enlever la croûte brûlée au fond des casseroles, oubliées sur le feu, il suffit de faire bouillir de l'eau allongée d'eau de javel (3/4 eau pour un 1/4de javel)

Le soleil se lève à 05 h 58 mn et se couche à 21 h 53 mn.

Talleyrand : un esprit qui pétille

Epicurien et grand diplomate, Talleyrand a toujours su recevoir, y compris à Valençay où il passa ses dernières années.

Dans les caves de tuffeau de son château Renaissance, il aimait collectionner les meilleurs vins du moment.

S'il servait volontiers à ses invités prestigieux des Gevrey-Chambertin, des Vosne-Romanée ou des Pommard, il affectionnait particulièrement les Madères, les Xérès et les vins de Sauternes qu'il dégustait volontiers dans l'après-midi avec ses visiteurs du moment.

Cela aimantait le palais et pimentait les conversations.

Lorsqu'il donnait une réception, il privilégiait pour le début de soirée les vins de Champagne.

Initié très tôt à ces vins par sa famille qui entretenait des liens étroits avec l'évêque de Reims, il en aimait la légèreté libertine des bulles et s'en servait pour séduire les femmes.

En revanche, même si ce "diable boîteux" fut propriétaire quelques années du château Haut-Brion à Pessac, il n'affectionait pas particulièrement les Bordeaux.

Il les considérait comme des vins trop sérieux qui ne s'accordent bien qu'avec eux-mêmes et dépourvus de toute sensualité...

- Sans légende

Le 8 juillet 1796 voyait la création du passeport américain. John Rockfeller, célèbre magnat du pétrole, était né le 8 juillet 1839. Le 8 juillet 1905, reddition de l'équipage du Potemkine. Jean Moulin décède le 8 juillet 1943. Maurice Papon est de nouveau inculpé de crimes contre l'humanité le 8 juillet 1988.

JUILLET
mercredi 9

Sainte Amandine
Fut assassinée par des extrémistes d'une secte secrète.

- Si on doit encore voyager il faudra acheter une valise...

Le soleil se lève à 05 h 59 mn et se couche à 21 h 53 mn.

- Il a encore fallu que tu discutes politique avec les éboueurs !

Guy Delecraz et ses tranches de sots mots

Disséminés dans ce *Vermot* vous trouverez les "radotages" comme il le dit lui-même qui lui permettent de traverser la vie en s'amusant. Voilà encore une livraison de ces "tranches de sots mots"à déguster sans modération.

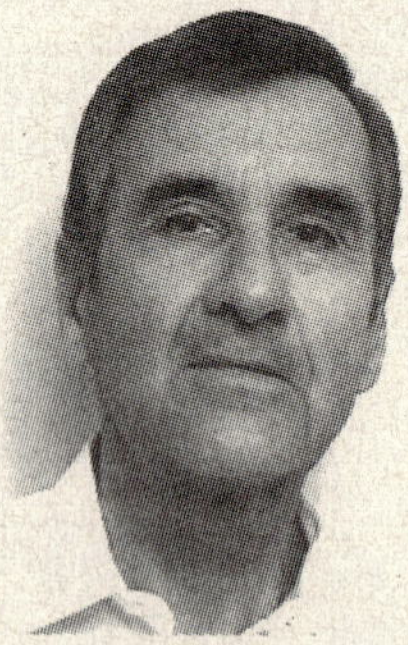

"Quand un médecin courtise une jolie femme, ça se termine souvent par une pose au logis."

"Quand un acteur a l'habitude de retourner sa veste, il ne joue que les doublures."

" Ceux qui craignent les voyages en avion font dans leur culotte dès qu'ils sont dans la salle de transit ."

" C'est en étant brillant qu'on fait le plus d'ombre à ses concurrents."

"Un homme toujours plein fait le vide autour de lui."

" A défaut d'argent, votre banquier pourra toujours prêter l'oreille à votre demande."

"Une femme dépensière arrive même à ruiner tout raisonnement."

" L'équitation est déconseillée à toute personne qui a du mal à aller à la selle."

" Les poches sous les yeux sont bien pratiques pour y cacher ses larmes."

" Faire la queue n'est pas très agréable mais ça ne sert à rien de faire la tête."

- On aurait dû attendre la fin des travaux pour installer son bureau !

Le 9 juillet 1816 voyait l'Argentine accéder à l'indépendance. Elias Howe présente la première machine à coudre, le 9 juillet 1819. Une girafe est présentée au roi Charles X, le 9 juillet 1827. Le maréchal Pétain obtient les pleins pouvoirs le 9 juillet 1940. Pierre Perret montre son zizi à ses parents le 9 juillet 1934.

- Non, non, on ne s'affole pas! Simplement on ignorait qu'on n'était pas à bord d'un hydravion...!

- *J'écris au patron qu'à peine arrivé, j'ai dû me coucher !*

Mon truc en plus
La peau du saucisson s'enlève mal? Enveloppez-le pendant une heure dans un linge qui aura été mouillé avec de l'eau tiède et essoré.
Au bout d'une heure la peau s'enlèvera facilement.

Le soleil se lève à 06 h 00 mn et se couche à 21 h 52 mn.

Vermot jardin : radis d'été

Il est souvent difficile de cultiver des radis pendant les mois chauds de l'été. Des températures élevées et un manque d'eau donnent souvent des radis creux et

piquants.
Par contre, sous châssis vous pouvez en semer même en juillet. Incorporez à la terre un bon terreau riche, mélangez sur une épaisseur de 15 cm, ratissez, éliminez les mottes de terre et les cailloux.
Semez les graines de radis à la volée. Enfouissez-les légèrement avec un râteau et tassez. Arrosez finement mais abondamment. Laissez les châssis ouverts et à l'abri d'un soleil trop virulent.

Tous au commissariat

Pendant des semaines, un commissariat de Bali a dû garder dans ses locaux une dizaine de vaches, volées par des malfaiteurs, eux aussi emprisonnés.
Tout le monde était entassé dans le commissariat, jusqu'au moment où, ne pouvant s'occuper des vaches et des voleurs en même temps, on a dû relacher les premières non sans les avoir photographiées, comme pièces à conviction.

- *Vous ne connaissez pas une combine pour la faire sauter?*

Marcel Proust voit le jour le 10 juillet 1871. Bernard Buffet est né le 10 juillet 1928. Le 10 juillet 1943, les alliés débarquent en Sicile. Christine Caron, "Kiki" championne de natation, est née le 10 juillet 1948. Le 10 juillet 1962, la NASA lance dans l'espace Telstar, premier satellite de télécommunications.

JUILLET vendredi 11

Saint Benoît
Né en Italie au VIe siècle.

Saint Olivier
Naquit en Irlande au XVIIe siècle

JUILLET samedi 12

Le soleil se lève à 06 h 00 mn et se couche à 21 h 51 mn.

Mon truc en plus
Pour éloigner le chat de vos plantes, mettez quelques pelures de citron ou d'orange sur la terre des pots.

Le soleil se lève à 06 h 01 mn et se couche à 21 h 51 mn.

Vermot jardin : l'arrosage

<u>Vos arbustes vous diront merci...</u>

Dans la répartition de vos arrosages estivaux, donnez la priorité aux sujets que vous avez mis en place en septembre-octobre ou en hiver, l'an passé.

Car même si les arbustes plus anciens montrent des signes évidents de grande soif, on voit alors un léger jaunissement ou des feuilles pendantes, la plupart trouvent dans leur réseau bien installé de leurs racines, la force de chercher l'humidité, même si elle est plus loin.

Par contre, pour les arbustes plantés depuis moins d'un an, et dont les racines ne sont pas encore assez étoffées, il n'en n'est pas de même. Il vous faudra apporter à chaque arbuste un arrosoir entier, une fois par semaine. Par précaution mouillez d'abord la terre et veillez à ce que l'eau ne ruisselle pas en surface.

<u>A faire en juillet</u> :
Repiquez encore dans les massifs, s'il y a des trous, des fleurs en godets : zinnias, impatiens, roses d'Inde. Faites tremper la motte de racines avant repiquage et soyez attentif à l'arrosage.

Sourire
C'est l'histoire d'un homme qui a toujours été dominé par les femmes.
Sa mère était une mégère, sa femme était possessive, et même au bureau, il avait fait toute sa carrière sous les ordres d'une chef de service tyrannique.
A peine fut-il à la retraite qu'il succomba à une crise cardiaque.
Après les obsèques, sa famille se retrouve chez le notaire.
Celui-ci ouvre le testament et lit :
"... Voici mes premières volontés..."

Le 11 juillet 1930, le PMU organise les paris sur les courses de chevaux . George Gershwin,est né le 11 juillet 1898. Ouverture d'un tunnel routier entre la France et l'Espagne, le 11 juillet 1970. Accident d'un camion dans un camping espagnol : 215 morts le 11 juillet 1978.

Le 12 juillet 1793, construction d'une ligne télégraphique entre Paris et Lille. Le funiculaire de Montmartre est inauguré le 12 juillet 1900. Pablo Néruda, poète, prix Nobel, était né le 12 juillet 1904. Yul Brynner était né, lui, le 12 juillet 1915 et Lionel Jospin le 12 juillet 1937. Les Beatles sont décorés par la reine Elizabeth, le 12 juillet 1965.

Saint Henri, saint Joël
Saint Henri entreprit de réformer la papauté.

JUILLET
dimanche 13

- *J'espère que la nourriture ne sera pas trop dure !*

Sourire
C'est L. Ruquier qui raconte qu'il s'est trouvé un jour devant les toilettes occupées d'un train et au bout de dix minutes il frappe et dit d'une voix implorante : “vite, j'ai la colique..”
Et une voix lui répond: “ Veinard ...”

Le soleil se lève
à 06 h 02 mn
et se couche
à 21 h 50 mn.

Vermot : trucs à propos de vinaigre

Vinaigre d'été
Avez-vous jamais goûté, pendant les vacances par exemple, dans certains coins de Provence, des salades aux goûts particuliers ? C'est souvent l'affaire du vinaigre mélangé à l'huile d'olive. Le vinaigre aux senteurs de Provence. Il vous suffit pour faire ce vinaigre de porter à ébullition un litre de vinaigre blanc. Vous écraserez six à huit gousses d'ail avec le plat d'un couteau et vous saupoudrerez d'un peu de sel fin.
Dans un bocal, mettez le tout avec une cuillerée à soupe de poivre en grains noir. Versez dessus le vinaigre bouillant, ajoutez du basilic, du persil plat et du thym (3 petits bouquets) et deux ou trois brindilles de fenouil.
Toutes ces herbes dégageront leurs parfums si vous les avez froissées et écrasées dans vos mains.
Fermez le bocal, laissez macérer 15 jours au moins et au frais. Filtrez le vinaigre à travers une passoire fine ou un carré de tissu adéquat. Mettez le vinaigre en bouteille, il se conservera au moins un an.

Proverbes travestis :
Quand tu as une cruche au lit, à la fin tu te casses.

Les petits puceaux font les grandes rosières.

Deux papys râlent mieux qu'un.

Parfois, il y a loin de la croupe aux lèvres.

Guy Delecraz

Marat est assassiné dans sa baignoire par Charlotte Corday, le 13 juillet 1793. La loi Sarrier, promulguée le 13 juillet 1906, rend le repos hebdomadaire obligatoire. Simone Veil, est née le 13 juillet 1927. Harrisson Ford est né le 13 juillet 1942. Le 13 juillet 1944, lancement des premières fusées allemandes sur Londres.

JUILLET
lundi 14

Saint Camille
Fonda un ordre à son nom.
Fête Nationale

Le soleil se lève à 06 h 03 mn et se couche à 21 h 49 mn.

Mon truc en plus
Pour refouler les mites mettez quelques clous de girofle dans vos armoires. Ou alors des feuilles de menthe. En plus la menthe ça sent très bon...

Les pétards du 14 juillet

Il est indissociable du feu d'artifice, du bal et des flonflons du 14 juillet, le pétard qui vient, pour le plus grand plaisir des gamins, troubler les danseurs évoluant sur la piste et semer la terreur parmi les jambes des passants.
Frayeur qui ne date pas d'hier, puisque c'est en 1465 que des petits malins utilisent pour la première fois de la poudre à canon destinée à effrayer le comte de Charolais (ah, les vaches !) et le duc de Berry, frère de Louis XI.
Après ce coup d'éclat royal, les pétards connaîtront leurs lettres de noblesse et seront largement utilisés dans les fêtes populaires, tout en subissant au gré des humeurs préfectorales, de nombreuses interdictions. Ainsi, plus près de nous, quelques temps avant le 14 juillet 1963, le préfet de Police interdit leur vente aux moins de 18 ans et leur utilisation sur la voie pùblique. Interdictions partiellement respectées, puisqu'on dénombrera 180 contraventions pour jets de pétards et que 2 000 de ces petites pièces d'artifice seront saisies sur des contrevenants. De quoi mettre plus d'un amateur de feux d'artifice en pétard !

Sourire
On a constaté que l'horloge du salon appartenant à mon oncle s'est arrêtée un jour à 9 h 05. Ma tante est morte ce même jour à 9 h 05. Troublante coïncidence, Non? Toutefois il faut considérer que c'est à 9 h 05 que l'horloge est tombée sur ma tante...

Sourire
Un bon conseil : si d'un rien vous faites tout un plat pensez à ouvrir un restaurant !
Pour avoir une mine éclatante il n'est pas utile de prendre de la dynamite...

Le 14 juillet 1900, inauguration de la première ligne de métro à Paris. Gerald Ford, président des USA était né le 14 juillet 1913. Ingmar Bergman, metteur en scène, était né le 14 juillet 1918. Lino Ventura était né le 14 juillet 1919 et Marcel Gotlib, dessinateur de BD est né le 14 juillet 1934. Léo Ferré est parti chanter ailleurs le 14 juillet 1993.

Le soleil se lève à 06 h 04 mn et se couche à 21 h 48 mn.

Avant 1914... Anecdotes sur les revues du 14 juillet...

- *Au carrefour on peut prendre à droite pour passer devant chez moi...*

Il s'en est passé des choses, le 14 juillet depuis la prise de la Bastille !

En 1903, la revue, toujours à Longchamps vit défiler une compagnie d'infanterie, avec chapeau mou façon "Boer" vareuse et pantalon de drap bleuté. Les Parisiens regrettèrent ces "pékins" qui avaient abandonné le pantalon rouge, orgueil des armées. Et l'on vit, cette même année, apparaître dans le ciel un cigare jaune pétaradant. C'était le dirigeable de M. Santos-Dumont, le célèbre aéronaute qui survola la tribune.

En 1904, la revue avait été avancée d'une heure à cause de la chaleur. On craignait que les soldats soient victimes d'insolation!

En 1905 prend place dans la tribune officielle de Longchamps, un enfant de 12 ans, fils d'un facteur. Il avait simplement écrit au Président de la République et au Ministère de la Guerre pour obtenir une invitation !

En 1907 alors que le cortège officiel passe avenue de Marigny, pour se rendre à Longchamps, un déséquilibré tire deux balles de revolver sur le Président Fallières, sans l'atteindre.

Le Président Chirac eut droit à la même mésaventure l'an passé!

En 1909, deux dirigeables survolent la revue de Longchamps : Le "République" et le "Ville de Nancy". Un troisième devait être de la fête, mais une panne de moteur l'avait empêché de prendre l'air.

Noter dans la rubrique "plus léger ou plus lourd que l'air" le fait que le général Picquart, ministre de la Guerre est tombé de cheval avant le départ pour la revue. Preuve qu'il entrait dans la seconde catégorie... plus lourd que l'air !

En 1910, grande première : la grande curiosité de la Revue du 14 juillet sont les cyclistes militaires. La compagnie cycliste du capitaine Gérard est présentée au Président de la République.

Petite déception vu que les militaires sont arrivés à pied, en poussant leur vélos ; mais à 200 m de la tribune officielle, ils sont montés dessus avec en tête deux clairons et derrière deux mécaniciens !

En 1912, on a montré aux Parisiens le nouveau casque de l'armée française ; mais ce fameux casque "la bourguignotte" tant vantée a soulevé beaucoup de critiques au point qu'on l'abandonnera.

En 1913, on ne sait trop quoi inventer pour que la revue soit un succès, d'autant que les Allemands ont annoncé que leurs soldats avec des hydrosouliers étaient en mesure de

- La Compagnie cycliste est crevée. Pas les vélos mais les hommes, qui sont venus à pieds...

Anton Tchekov, écrivain russe, est décédé le 15 juillet 1904. Anne Sinclair est née le 15 juillet 1949. Vincent Lindon, acteur de cinéma, est né le 15 juillet 1959. Luis Mariano est décédé le 15 juillet 1970. John Ford, réalisateur de westerns, est décédé le 15 juillet 1973. Bruce Lee est décédé également le 15 juillet 1973.

JUILLET mercredi 16

Sainte Elvire
Notre-Dame du Mont-Carmel
Abbesse du monastère d'Ohrem en Rhénanie.

Le soleil se lève à 06 h 05 mn et se couche à 21 h 47 mn.

Mon truc en plus
Madame fait attention à son alimentation. Voici un truc pour alléger un bouillon. Prenez une écumoire, posez dessus une tranche de pain et passez le tout à la surface du bouillon. Le pain boira la graisse.

Ces "Tours de France" qui furent

Le Tour de France qui vient de fêter ses 100 ans a toujours déplacé les foules. Il est vrai qu'il a été jalonné de coups d'éclats, de coups de folie et de coups de sang.
Les champions des premiers tours, à y regarder de près, étaient de véritables forces de la nature et leurs aventures épiques ont rempli des colonnes et des colonnes dans la presse, avant de remplir le petit écran pendant le mois de juillet.
C'est de ces champions d'avant guerre que l'on va vous parler. Pour mémoire, rappelons une anecdote à propos de Chris-tophe qui fut un des rois de la montagne : en 1910, il fut le premier français, quarante-et-un ans avant Louison Bobet, à remporter un Milan-San Remo d'apocalypse !
Le froid fut tel que 77 des 80 coureurs furent obligés d'abandonner et Christophe rallia victorieusement le but... avant d'être transporté à l'hôpital, avec l'extrémité des membres gelés !

- Vous avez tellement d'avance qu'il n'y a personne pour vous attendre, revenez plus tard, allez faire un tour en attendant...

On connaît l'épisode de la fourche cassée dans la descente du col pyrénéen. Fourche qu'il dut rebraser dans une forge de Sainte-

Sourire
Si vous voulez envoyez paître quelqu'un faites-le sur-le-champ!

A l'école une épreuve de math peut-être un motif de division !

Première parution du *Figaro* le 16 juillet 1826. Ginger Rogers était née le 16 juillet 1911. Guy Béart est né le 16 juillet 1930. La Rafle du Vel' d'Hiv a lieu le 16 juillet 1942. Miguel Indurain (Tour de France) est né le 16 juillet 1964. Patrick Maurin (Dewaere) est décédé le 16 juillet 1982. Herbert von Karajan, chef d'orchestre, est décédé le 16 juillet 1989.

Sainte Charlotte
Doyenne des Carmélites de Compiègne, fut guillotinée à Paris.

JUILLET
jeudi 17

- Allez mon petit bonhomme prenez ma roue, si je ne vais pas trop vite...

- Soyez chic les gars, rendez-moi mon vélo !

des "tours de force"

Le soleil se lève à 06 h 07 mn et se couche à 21 h 46 mn.

Marie-de-Campan pour finir l'étape.

C'était le 18 juillet 1919 qu'à l'arrivée de l'étape Nice-Grenoble, Henri Desgrange, le père du Tour, sortit d'une boîte un magnifique maillot jaune et le mit sur les épaules de Christophe.
C'était, expliqua-t-il pour qu'on reconnaisse le leader du Tour, aussi bien sur les routes qu'aux arrivées d'étapes.

Cette année-là encore, alors que Christophe était quasi sûr de gagner, enfin, le Tour de France, il cassa sa fourche sur les pavés du Nord. En 1913, même accident et même résultat, Christophe se classa troisième seulement... sur les dix coureurs rescapés de l'aventure !
Henri Pélissier et son frère Francis furent les grands champions des années d'après la Grande Guerre.

Henri remporta, par exemple, un Paris-Dijon, avec trois heures d'avance sur l'horaire devant un public clairsemé, pas encore arrivé, lui !
Il gagna également un Paris-Tours sous la neige où 90 % des coureurs durent abandonner et où il arriva, la peau des pieds à vif.
En 1924, il est champion du monde. En 1930, il gagne

Le tsar Nicolas II est abattu le 17 juillet 1918. Juan Antonio Samaranch (comité des J.O.) est né le 17 juillet 1920. Donald Sutherland, acteur US, est né le 17 juillet 1934. Jean-Claude Bourret est né le 17 juillet 1941. Disneyland ouvre ses portes le 17 juillet 1955. Donald Campbell établit le record du monde sur terre (648,73 km/h), le 17 juillet 1964 à bord de"Bluebird".

JUILLET vendredi 18

Saint Frédéric - Sainte Camille
Évêque d'Utrecht.

Saint Arsène
Préféra sa foi à la fortune de son père.

JUILLET samedi 19

- On a sonné, allez ouvrir, mademoiselle!

- Montez! moi, c'est dans ma nature, toujours prêt à rendre service !

Le soleil se lève à 06 h 08 mn et se couche à 21 h 45 mn.

Mon truc en plus
Ne rangez pas vos avocats dans le réfrigérateur.Si vous avez peur qu'ils mûrissent trop vite, enfermez -les dans un bocal rempli de farine.

Le soleil se lève à 06 h 09 mn et se couche à 21 h 44 mn.

Ces "tour" de force

le Tour, la légende d'André Leducq est à son apogée. Leducq gagnera vingt-cinq étapes du Tour de France au cours de sa carrière et Charles Pélissier en gagnera huit... dans un même Tour de France !

Antonin Magne triomphera en 1931 et 1934. Un tour qui révéla un certain René Vietto, le roi des escaladeurs... qui lui donnera sa roue dans les Pyrénées pour lui permettre de gagner.

La guerre allait couper l'élan de beaucoup de ces champions mais en 1947, Jean Robic allait redonner un nouveau lustre à ce Tour et aux futurs "grands" champions, Bobet, Anquetil, Coppi, Bartali, Eddy Merckx, Hinault, Indurain, Armstrong, pour n'en citer qu'une toute petite poignée... les obscurs étant les plus nombreux mais pas les moins méritants.

Petite anecdocte à propos des départs ou des arrivées du tour. Si maintenant, c'est à chaque fois une énorme fête draînant des milliers de personnes et autant d'organisateurs, le premier Tour prit son départ de façon très discrète devant *Le Réveil Matin* un petit café d'habitués de Montgeron.

- Ça vous ennuie de me passer votre bidon ?

Le "père" du colt, Samuel Colt était né le 19 juillet 1814. Edgar Degas, peintre, était né le 19 juillet 1834. Le 19 juillet 1903, Maurice Garin gagne le premier Tour de France. Le 19 juillet 1958, c'est Charly Gaul, le 19 juillet 1970, c'est Eddy Merckx et le 19 juillet 1981, c'est Bernard Hinault.

Nathalie Sarraute, écrivain, est née le 18 juillet 1900. Henri Salvador est né le 18 juillet 1917. Maria Pacôme est née le 18 juillet 1923. Parution de Mein Kampf d'Hitler, le 18 juillet 1925. Jean Gouy, dit Jean Yanne,est né le 18 juillet 1933.

Sainte Marina
Selon la légende, une des voix de Jeanne d'Arc

JUILLET dimanche 20

- *Ils sont marrants ceux-là, il faut y aller là-bas... où on n'a pas pied!*

- *Je comprends pourquoi le séjour était si peu cher !*

Mon truc en plus
Les pâtes sont cuites et la sauce pas faite!
Retirez les pâtes du feu, égouttez-les et faites la sauce. Puis arrosez - les de quelques gouttes d'huile et trempez-les une demi-minute dans de l'eau bouillante. Servir immédiatement.

Le soleil se lève à 06 h 10 mn et se couche à 21 h 43 mn.

Juillet au jardin : toujours à faire

A noter, au jardin...
Si vous désirez fleurir vos massifs au printemps prochain c'est en juillet que vous sèmerez en pépinière, à l'abri du soleil direct, des fleurs bisannuelles à repiquer en automne ou en fin d'hiver.
Certaines espèces sont sans risque et donc faciles à réussir comme les myosotis, les pâquerettes, pensées, monnaie du Pape et autres giroflées ravenelle.

Chère pelouse.
Très chère pelouse quand il faut y consacrer trop de temps pour l'entretenir. Quelques conseils pour éliminer les mauvaises herbes : ne laissez par monter en graines les herbes indésirables qui parsèment votre gazon.
Des tontes régulières, si elles sont effectuées durant tout le printemps et l'été vous permettent d'éliminer les annuelles. La lame de la tondeuse ayant sectionné leurs fleurs, elles seront privées de toute semence, seul moyen pour elles de se perpétrer.
Pour les autres, armez-vous de courage et d'un bon outil pour extirper les racines. Le désherbage plante par plante est fastidieux mais lui seul vous permettra de faire la différence entre "bonnes" et "mauvaises" herbes.
Travaillez juste après la pluie ou arrosez avant de désherber.

Sourire
Je suis incapable de vous dire d'où vient tout cet argent, Monsieur le Commissaire.
Vous savez bien que l'argent n'a pas... d'auteur.

Jacques Delors est né le 20 juillet 1925. Yves Mourousi décédé en 1998 était né le 20 juillet 1942. Paul Valéry écrivain est décédé le 20 juillet 1945. Le 20 juillet 1944, dans le Q.G. d'Hitler explose une bombe mais le Führer s'en sort miraculeusement vivant.

JUILLET lundi 21

Saint Victor
Se laissa massacrer plutôt que de renier sa foi.

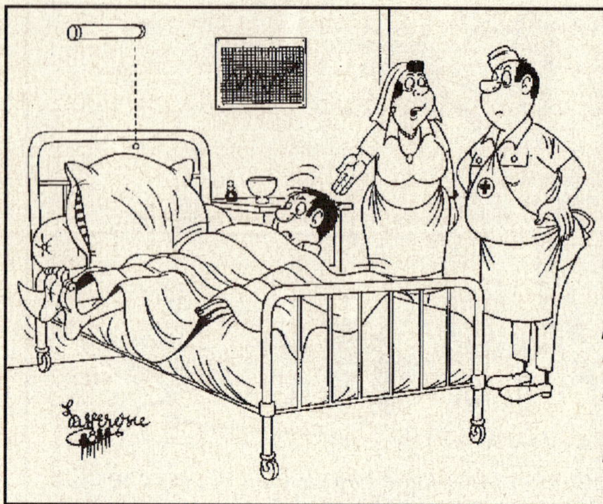

- On lui a fait tellement d'injections de fer qu'on ne peut l'empêcher de pointer constamment vers le nord!

A méditer

La nuit n'est jamais qu'un jour sombre.

Pour un amateur de champignons et de musique, adorer le bolet rond de Ravel, c'est normal.

"L'emmenthal". C'est pas le titre d'un livre de Jean-Paul Sartre ?

Contrepèterie :

Oui, Madame, il y a des courges plus ou moins vertes !

Le soleil se lève à 06 h 11 mn et se couche à 21 h 42 mn.

Sourire

- A l'école, on nous demande de lire de grands textes .
- Comme par exemple?
- Je ne sais pas... par exemple "l'Illiade est au Lycée".

Les jardins à visiter l'été

Un jardin potager à visiter, si vous vous promenez l'été dans la région, c'est celui du château de la Bussière dans le Loiret, entre Montargis et Gien.
C'est sous Louis XIV que débute l'aventure du jardin. Le propriétaire de l'époque, Président du Parlement de Paris, fait appel à André Le Nôtre pour en dessiner le plan et créer le potager de 1,5 hectare à la place des vignes, car il fallait nourrir... les cinquante personnes qui habitaient alors le château.
Le potager a été cultivé jusqu'en 1950 puis un peu délaissé, mais, pour ouvrir le jardin aux visiteurs en 1993,

avec l'aide du paysagiste Pierre Joyaux, il a repris toute sa beauté.
Visiter ce potager en été, c'est ouvrir la porte d'un univers où les cinq sens sont aux anges !
Dans le *Vermot* de l'année prochaine nous vous emmènerons faire le tour des plus beaux jardins de France.
Et ils sont nombreux ces jardins que de simples propriétaires ont transformé au fil des années pour notre plus grand plaisir et qu'ils vous invitent à visiter.
Si, près de chez vous, il existe un de ces jardins, dites-le nous. On se fera un plaisir d'en parler.

Sourire

Dans certaines transactions on parle de sommes importantes qui passent à l'as alors qu'il ne s'agit que de... deux sous de table.

ANIMAUX

Les poils de chien dans l'auto : pas grand-chose à faire sauf à trouver un tissu assez grand pour couvrir les sièges arrières ou le coffre ; un tissu qui récupérera les poils sans trop les garder dans sa trame.
Tous les deux jours, enlevez le tissu et accrochez-le sur le fil à linge. Battez-le comme un tapis.
Un peu de pluie ou de vent seront de précieux alliés. Un second jeu de tissu vous permettra d'avoir toujours un minimum de poils dans la voiture.

Ernest Hemingway était né le 21 juillet 1899, Francis Blanche le 21 juillet 1921, Robin Williams le 21 juillet 1952 et Charlotte Gainsbourg le 21 juillet 1971. Le 21 juillet 1969, Neil Armstrong fait ses premiers pas sur la lune. Bernard Hinault gagne le 21 juillet 1985 sont cinquième Tour de France. Jeannie Longo est médaille d'or aux J.O. le 21 juillet 1996.

Sainte Marie Madeleine
Aimant la vie et l'amour, on la nomma la "pêcheresse".

JUILLET
mardi 22

MOTS CROISÉS FLÉCHÉS

Le soleil se lève
à 06 h12 mn
et se couche
à 21 h 41 mn.

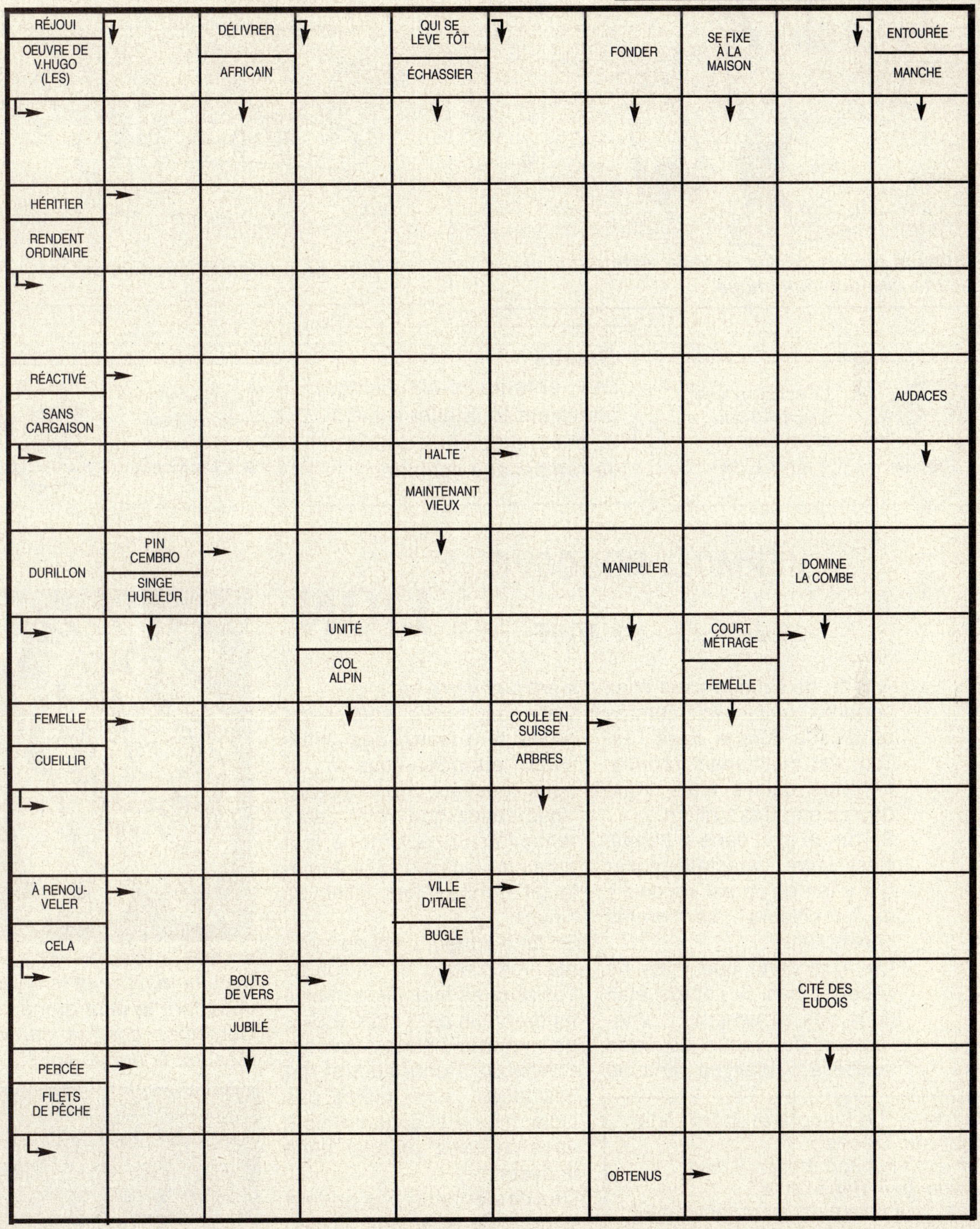

Solution page 220

Michel Roux, comédien, est né le 22 juillet 1929. Le 22 juillet 1933 Wiley Post effectue le premier tour de la terre en avion, sans escale. Mick Jagger (les Rolling Stones) est né le 22 juillet 1943. Paul-Loup Sulitzer est né le 21 juillet 1946. Mireille Mathieu est née aussi le 22 juillet, en 1946. Le premier disque des Beatles sort aux USA le 22 juillet 1963.

JUILLET mercredi 23

Sainte Brigitte
Mariée avec des enfants, se consacra à Dieu

Sainte Christine
Fut tuée par son frère

JUILLET jeudi 24

- *Jules, à propos de l'île déserte, est-ce que je peux te dire quelque chose...*

- *Vous êtes engagé immédiatement !*

Le soleil se lève
à 06 h 13 mn
et se couche
à 21 h 40 mn.

Sourire

Les enfants des Vikings pouvaient tous aller à l'école, et ce, grâce aux drakkars de ramassage scolaire.

Le soleil se lève
à 06 h 13 mn
et se couche
à 21 h 39 mn.

VERMO... ROSCOPE

23 JUILLET - 22 AOÛT

LION

A la fin de l'année vous étiez perturbé car il y avait, comme on dit, de l'orage dans l'air. Tout est maintenant redevenu plus calme mais vous devrez être très vigilant.

Si l'orage était dans le travail, c'est votre caractère entier qui a fait qu'on est revenu à de meilleurs sentiments envers vous.

On a reconnu que vous ne céderiez pas. Si l'orage était dans vos sentiments, l'amélioration est venue de votre facilité à oublier. La rancune n'est pas votre fort.

Cet été, faites valoir vos droits et prenez des initiatives, attendez-vous à de bons résultats commerciaux. Vous savez que votre assurance ou un aplomb à tout épreuve vous aideront à faire la différence. Alors, allez de l'avant !

En fin d'année, vous épongerez vos dettes et liquiderez vos arriérés financiers mais il faudra vous astreindre à plus de rigueur dans l'avenir. Continuez à crier haut et fort vos idées ; vous n'êtes pas isolé, même si apparemment vous semblez prêcher dans le désert.

Des douleurs un peu partout surtout dans le dos ? Rien ne s'arrangera avec les années mais les cours de gym, la marche et la natation vous font le plus grand bien. Continuez comme ça, vous êtes sur la bonne voie!

Lu dans "Le Dauphiné libéré" à la rubrique Décès :
" Il avait fait son métier. Il était maquignon dans l'âne."
Bah, tout cela n'est qu'un point de bétail...!

Jeanne Moreau, est née le 23 janvier 1928. Jacques Weber, est né le 23 juillet 1949. Philippe Pétain décède le 23 juillet 1951. Léonie Bathiat, plus connue sur le nom d'Arletty est décédée le 23 juillet 1992. Hassan II roi du Maroc est décédé le 23 juillet 1999.

Alexandre Dumas était né le 24 juillet 1802. Eric Tabarly était né aussi un 24 juillet, en 1931. Hervé Vilard est né le 24 juillet 1946 et Yves Duteil est né le 24 juillet 1949. Le 24 juillet 1957 disparaissait Sacha Guitry. Le 24 juillet 1976 catastrophe écologique de Seveso.

Saint Jacques le majeur
Fut l'un des compagnons du Christ

JUILLET
vendredi 25

- *Pour les fonds que vous apportez à la société, rien ne presse, mais le plus tôt sera le mieux...*

- *Dis-le si tu as faim !*

Sourire
Rencontre devant le siège du P.C. entre un militant et Robert Hue.
- Dis donc, dit Robert, tu n'es pas venu à la dernière réunion ?
- Ah, m... je serai venu si j'avais su que c'était la dernière ...

Le soleil se lève à 06 h 16 mn et se couche à 21 h 38 mn.

Saint Christophe patron des automobilistes

Depuis que l'automobile existe, l'homme a des écarts de conduite. Mettez-le derrière un volant et il démarre au quart de tour.
Pour se dépasser, il dépasse les autres. Il lance au galop les chevaux de son moteur, devient plus nerveux que sa voiture et, comme un gosse, il joue au volant.
De plus, à la vue d'un beau châssis, au moindre appel de fard, il veut séduire les dames.
Et dans sa voiture, parfois elle-même maquillée, il se transforme en roi de la pédale espérant de la belle faire sa petite reine.
Heureusement, depuis que saint Christophe veille sur eux, beaucoup d'automobilistes se sont acheté une conduite. Saint Christophe est devenu en quelque sorte le pare-choc des conducteurs.
Il leur conseille d'abord de lever le pied plutôt que le coude. En effet, à force de fréquenter les bouchons et de faire le plein, on risque de finir dans un tonneau.
Selon saint Christophe, rester le pied au plancher est le meilleur moyen de finir entre des planches.
Le champignon écrasé n'est pas recommandé, il peut même devenir mortel.
Saint Christophe embraye en implorant les chauffeurs de respecter les piétons. Ce n'est pas parce que l'on traverse dans les clous, dit-il, que l'on a forcément envie de crever.
Leur rappelant que seuls les poissons volants sont autorisés à faire des queues de poisson, et encore dans les voitures de queue, il les engage à faire de la ligne continue leur seule ligne de conduite.
A part les virages, rien dans ce que vous dit saint Christophe ne se négocie.
Alors automobilistes, écoutez donc saint Christophe, la route sera belle, et pour votre permis point de suspension...

- *Je ne sais pas à combien vont les platanes mais celui-là allait drôlement vite !*

Première traversée de la Manche par Louis Blériot le 25 juillet 1927. Arrestation de Mussolini le 25 juillet 1943. Le 25 juillet 1952, décès d'Eva Peron. Lynda Lemay, chanteuse canadienne est née le 25 juillet 1966. Louise Brown, premier bébé-éprouvette est née le 25 juillet 1978. Joseph Kessel s'est éteint le 25 juillet 1979.

JUILLET samedi 26

Sainte Anne
Mère de Marie était mariée à saint Joaquim.

- Docteur, si les frais de remise en état sont trop élevés, je préfère en prendre un neuf!

- Sans légende

Le soleil se lève à 06 h 17 mn et se couche à 21 h 36 mn.

Ces petits oiseaux

Dès le XIIIe siècle, les animaux domestiques pullulaient dans Paris : pies, lapins, canards, pigeons et porcs circulaient au milieu des ordures. Pour l'intérieur, on recherchait surtout les oiseaux au plumage éclatant et les oiseaux chanteurs.

Le commerce se développa très rapidement. Les gens riches avaient plusieurs cages par pièce, pendues au plafond : étourneaux, pinsons, merles, chardonnerets, perroquets.

Au XIIIe siècle, on dressait les oiseaux de proie pour la chasse mais aussi les paons, les tourterelles et les pigeons étaient de la partie. Les oiseleurs étaient déjà installés à l'emplacement du Marché aux Fleurs, derrière Notre-Dame, comme il l'est encore de nos jours, le dimanche. Les Turcs croyaient faire œuvre charitable en achetant un oiseau en cage afin de lui rendre sa liberté.

Qu'est-ce qu'on a bien mangé en vacances ... On était dans un coin rempli de moustiques !

Sourire (jaune)

Dans le grand bureau de la Maison Blanche Bush et Tony Blair sont en grande discussion lorsque J. Chirac s'annonce.
- Bonjour, vous semblez très occupés chers collègues...
- On est en train de préparer la troisième guerre mondiale.
- Ah, et vous en êtes où?
- On n'a pas encore décidé des détails mais le but est d'exterminer 14 millions de Musulmans et un informaticien.
- Un informaticien? Pourquoi exterminer un informaticien, demande Jacques?
- Tu vois ce que je te disais, dit Bush à Blair, personne ne nous posera de questions sur les 14 millions de Musulmans...

Marcel Jouhandeau était né le 26 juillet 1888. Salvador Allende était né, lui, le 26 juillet 1908. Le 26 juillet 1908, création du célèbre FBI aux USA. Le 26 juillet 1925, création de la Chambre des Métiers en France. Stanley Kubrick, réalisateur de films voyait le jour le 26 juillet 1928. Alain Gerbault termine son tour du monde à la voile en solitaire, le 26 juillet 1929.

Sainte Nathalie
Se jeta dans les flammes du bûcher de son époux.

JUILLET dimanche 27

- Allo, vous reste-il un très gros pinceau en magasin ?

- On peut dire au patron que les accordéons sont intacts !

Sourire
Je suis partisan de la coutume qui veut qu'un homme baise la main d'une femme la première fois qu'il la voit. Il faut bien commencer par un endroit quelconque.

Le soleil se lève à 06 h 18 mn et se couche à 21 h 35 mn.

Vermot gourmand : les tapas

L'origine du mot "tapas" est assez controversé. En voici une : les tapas c'est d'abord de la charcuterie servie sur une tranche de pain dont on couvrait (de tapar : couvrir) le verre de vin pour le protéger des mouches ou autre saleté qui pouvaient tomber dedans. On peut d'ailleurs se demander si, après tout, les mouches ne préféraient pas la charcuterie au pinard ! Depuis, la charcuterie a fait place aux calamars grillés, petits oignons à l'huile et au vinaigre, anchois, sardines, etc.

Tout est bon pour faire des tapas à condition que tous les ingrédients soient bien relevés. Avec les tapas, on peut boire de la bière, du vin blanc sec, à défaut de la Manzanilla ou du rouge, Pinot noir ou Gamay de Touraine.

- Qu'est-ce que tu lui reproches à ce raccourci ? On est de nouveau sur la route, non ?

Sourire
- Un monsieur d'un âge certain demande des préservatifs à la pharmacie.
- De quelle taille, de quelle couleur, quelle forme?
- A mon âge je les préférerais avec des baleines!

Vincent van Gogh est décédé le 27 juillet 1890. André Raimbourg dit Bourvil était né le 27 juillet 1917. Le shah d'Iran, M. Reza Pahlavi est décédé le 27 juillet 1980. James Mason, comédien, a disparu le 27 juillet 1984. Michel Audiard est parti juste un an après et le père de Liza, Vicente Minnelli, cinéaste le 27 juillet 1986.

JUILLET lundi 28

Saint Samson
Évangélisa la Cornouaille.

Insolite

Changement de programme.
Une bonne centaine de carrefours à Johannesburg ont été délestés de leurs ampoules des feux de signalisation.
La police a compris que les voleurs délaissaient le vol des voitures qui se pratiquait à ces carrefours, pour le vol des ampoules, beaucoup moins dangereux, mais néanmoins rentable.
Ces ampoules sont en effet utilisées par les discothèques, et autres boîtes de nuit et les besoins sont énormes..
La police , comme les carrefours, d'ailleurs, sont dans le noir le plus complet, à propos de ces vols...

Le soleil se lève à 06 h 20 mn et se couche à 21 h 34 mn

Les éléphants

Henri IV croyait être le premier à posséder un éléphant. En réalité, ce fut Charlemagne qui reçut le tout premier d'Haroun al Raschid. Envoyé de Bagdad, cet éléphant nommé Abulabas, fut conduit à Aix-la-Chapelle. Arrivé à bon port, la bête ne vécu que sept ans.

Un autre arriva à Versailles offert par le roi du Portugal à Louis XIV.
Mais le plus surprenant fut à l'époque, la venue d'un crocodile vivant dans un bassin à gauche du grand canal et d'un dromadaire, bêtement nourri au vin de Bourgogne, à raison de six bouteilles par jour... !

Vous avez dit galopin ?

On trouve trace de ce mot issu de "galoper", en remontant à 1388, comme nom propre ou surnom pour un messager, un coursier. C'était un jeune garçon chargé des courses, un jeune employé aux cuisines.
Le mot "galopin" prit plus tard un sens péjoratif. Dans "La Petite Fadette", George Sand nous dit :
- "... Elle pleurait de rage sans pouvoir rattraper sa coiffe qu'un méchant galopin emportait, au bout d'un bâton. "
Le mot "galopin" désigne aussi une petite quantité de boisson. Sartre l'utilise dans son ouvrage "Les Mots" : "Il commandait un bock, et pour moi, un galopin de bière".

SOLUTION DE LA PAGE 215

```
*H*D*M**C*
MISERABLES
*LEGATAIRE
BANALISENT
*REGENERE*
LEGE*ARRET
**AROL*E*E
CAL*REM*CM
*LAIE*AARE
MOISSONNER
*USE*RIETI
CA*RIMES*T
*TRAVERSEE
SEINES*EUS
```

Maximillien de Robespierre est décédé le 28 juillet 1794. Le hamburger a vu le jour le 28 juillet 1900. Gilbert Trigano, créateur du Club Med était né le 28 juillet 1920. Jacqueline Bouvier (Kennedy puis Onassis) était née le 28 juillet 1929. Daniel Morelon, champion cycliste, est né le 28 juillet 1944. Création, le 28 juillet 1958, de la Nasa.

Sainte Marthe
Débarrassa son pays d'un dragon qui tuait les habitants.

JUILLET mardi 29

Les sobriquets de Christian Plume (suite)

Feuillère Edwige :
La dame aux caméras.

Fabian Lara :
Les hauts de hurlements.

Goldman Jean-Jaques :
Le malin de la galette.

Goya Chantal :
"Bécasse in".

Guignols (Les) :
Il info toujours plus.

Mon truc en plus

Pour attendrir calmars, seiches ou poulpes, coupez-les en morceaux et attendrissez leur chair en les faisant tremper deux heures dans de l'eau gazeuse. Ils seront plus mœlleux.

A méditer

Je désir être incinéré et je veux que 10% de mes cendres soient versées à mon impressario.

Groucho Marx

Le soleil se lève à 06 h 21 mn et se couche à 21 h 33 mn.

A propos d'animaux : les chats

Le chat était un animal sacré pour les Egyptiens. Quand un Egyptien avait perdu son chat, une mort souvent mal supportée, il se rasait les sourcils en signe de deuil, faisait embaumer la bête et allait solennellement l'inhumer dans les Catacombes.
Il n'était pas bon de passer devant un chat mort sans prononcer ces paroles :
" Ce n'est pas moi qui l'ai tué", à tout témoin éventuel, sous peine d'être soi-même condamné à mort !
Les Grecs et les Romains n'avaient pas de chats chez eux mais employaient des belettes pour se débarasser des souris.
Les prisonniers de la Bastille, incommodés par les souris, avaient le droit de posséder un chat dans leur cellule.

Sourire

On ne ment jamais autant qu'avant les élections, pendant la guerre et après la chasse !

L'argent a toujours aidé à supporter la pauvreté.

- Qui a dit : " il y a plus de saisons ?

Entendu sur les ondes :

- Nos personnes âgées risquent de mourir de froid à petit feu".
- "L'immobilisme est en marche, il ne s'arrêtera plus ".

Le 29 juillet 1836 est inauguré l'Arc de Triomphe à Paris. Le compositeur Robert Schumann était né le 29 juillet 1856. Les "Mousquetaires", Cochet, Borotra, Hunter et Tilden gardent la Coupe Davis à la France. Inauguration de Rolland Garros le 29 juillet 1928. Mariage du Prince Charles d'Angleterre et de Lady Diana Spencer, le 29 juillet 1981.

ALMANACH VERMOT 2003

JUILLET mercredi 30

Sainte Juliette
Fut brûlée vive en l'an 303.

Saint Ignace de Loyola
Créa la compagnie de Jésus

JUILLET jeudi 31

- Non, mon commandant, pas peureux, prudent seulement!

- En effet, il y a bien longtemps que vous n'êtes pas venu... je ne suis pas Lily, mais sa fille !

Le soleil se lève à 06 h 22 mn et se couche à 21 h 31 mn.

Mon truc en plus

Pour récupérer une boîte de cirage desséchée versez, dedans quelques gouttes d'alcool à 90° et quelques gouttes de lait tiède.

Le soleil se lève à 06 h 24 mn et se couche à 21 h 30 mn.

Petite (et drôle) correspondance à l'assurance...

Vous savez que mon taxi est transformé en corbillard et que je n'y transporte que des morts. Mes clients ne risquant plus rien, est-il bien nécessaire que vous me fassiez payer une prime pour le cas où ils seraient victimes d'un accident ?

Contrôle s.v.p
David Zurfluh de Steller a été arrêté par la police car sa voiture zigzaguait sur l'autoroute. Ayant peur du contrôle d'alcoolémie, David a tenté d'avaler, en petit morceaux, son caleçon, dans l'espoir que le coton de ce sous-vêtement absorberait toute trace d'alcool.
Peine perdue... Mais heureusement, la police n'a rien eu à lui reprocher, son taux d'alcoolémie ne dépassait pas le niveau réglementaire.
Les choses étant... ce caleçon, il a repris le volant...

Vous me dites que d'après le Code Civil, je suis responsable des bêtises de mes enfants. Si c'est vrai, les personnes qui ont écrit cela ne doivent pas avoir, comme moi, neuf enfants à surveiller.

Je vous témoigne mon grand mécontentement. Vous mettez tellement de temps à me rembourser mes accidents que c'est toujours avec celui d'avant que je paye les dégâts de celui d'après, alors n'est-ce pas que ce n'est pas sérieux de votre part.

Puisque vous me demandez un témoignage précis, je vous dirai qu'à mon avis c'est le monsieur qui a tort, puisque la dame a raison.

Je vous ai fait remarquer que ce croisement était très dangereux vu qu'il y a deux routes qui se coupent juste à cet endroit là.

Je n'avais pas vu la voiture arriver et quand je l'ai vue je n'ai plus rien vu.

Paul Anka est né le 30 juillet 1941. Les premiers essais de siège éjectable pour avion, ont lieu le 30 juillet 1943. Arnold Schwarzenegger, est né le 30 juillet 1947. Jean Réno le même jour, l'année suivante. Elvis Presley donne son premier concert public le 30 juillet 1954.

Franz Listz, compositeur, est décédé le 31 juillet 1886. Le 31 juillet 1914 naissait Louis de Funès de Galarza. Jean Jaurès est assassiné le 31 juillet 1914. Géraldine Chaplin est née le 31 juillet 1944 et le même jour disparaissait Antoine de Saint-Exupéry. Décès le 31 juillet 1993 de Baudoin 1er, roi des Belges.

Le soleil se lève
à 06 h 25 mn
et se couche
à 21 h 28 mn.

Saint Alphonse
Fut un évangélisateur
des campagnes.

AOÛT
vendredi 1

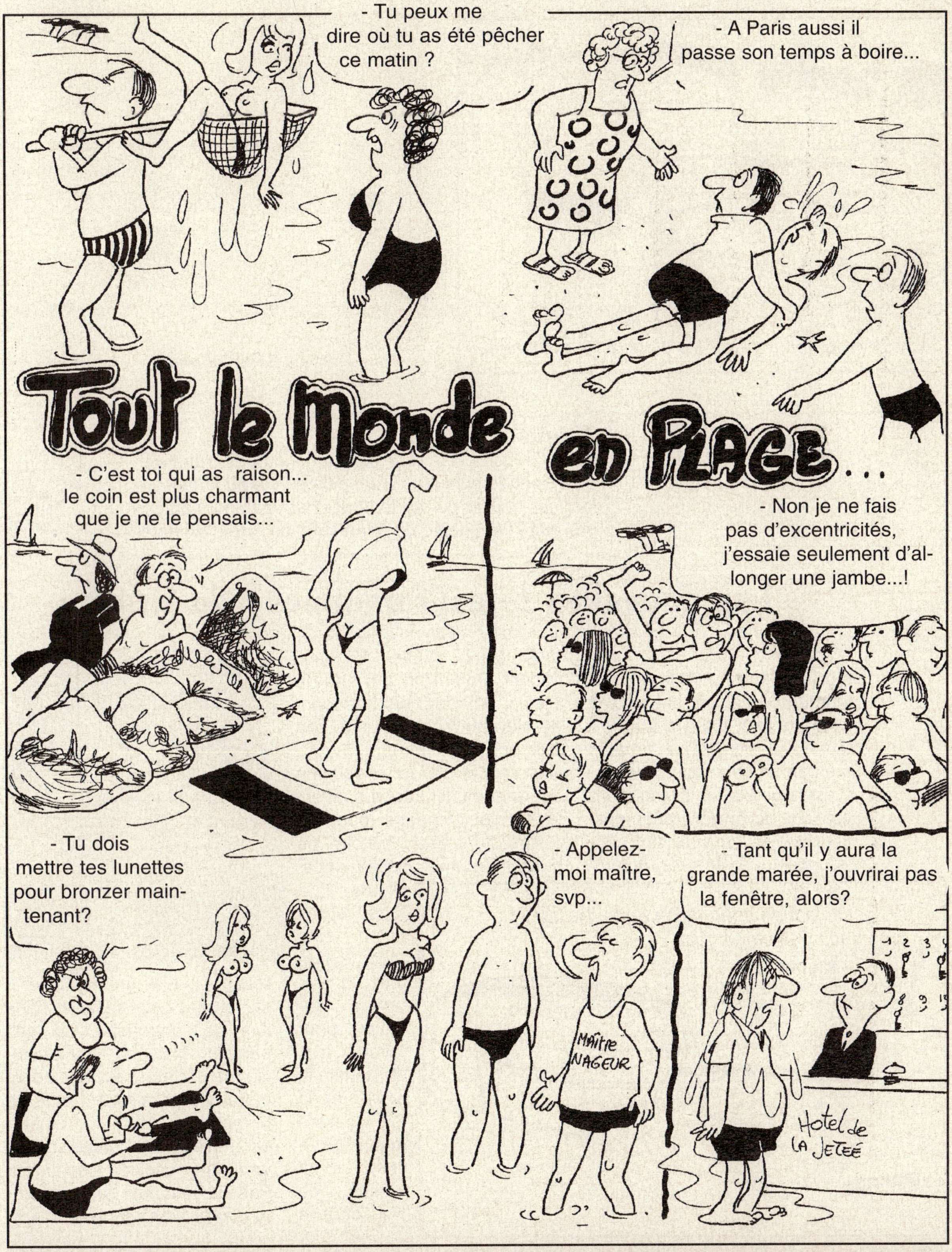

Le 1er août 1589 : assassinat d'Henri III. Le 1er août 1914, mobilisation en vue de la Grande Guerre. Naissance le 1er aôut 1921 d'un grand du tennis : Jack Kramer. Yves Saint-Laurent vient au monde de 1er août 1936. Décès le 1er août 1995 d'Hugo Prat, le dessinateur de Corto Maltese.

AOÛT samedi 2

Saint Julien-Eymard
Lépreux il fut guéri par Jésus

- On dort là... on a perdu les clefs de la caravane..!

- Sans légende

Le soleil se lève à 06 h 26 mn et se couche à 21 h 27 mn.

Sourire
C'est Groucho Marx qui explique, à propos d'un livre qu'il vient de publier : "J'ai écrit ce livre durant les longues heures où ma femme s'habillait pour sortir. Si elle avait été adepte du naturisme, ce livre n'existerait pas !"

Les nouvelles têtes(féminines) du rire

C'est le 2 août 1955, que Muriel Robin voit le jour à Montbrison dans la Loire. Cinq ans plus tard, toute la famille - Muriel, la benjamine a deux sœurs - arrive à Saint-Étienne. C'est là que la future meilleure comique de sa génération passera son enfance et son adolescence... à écouter notamment Barry White, Al Jaro, Michel Polnareff ou encore Stevie Wonder, en attendant de devenir chanteuse à son tour, son grand rêve!

Car l'école ne la passionne guère et Muriel attend souvent le dernier trimestre pour se mettre au travail, histoire de passer dans la classe supérieure.

Las, après avoir raté deux fois le bac, la première année pour avoir trop fait la fête la veille et la seconde parce qu'elle avait oublié de s'inscrire à l'examen, elle préfère arrêter ses études pour travailler dans l'un des magasins de ses parents. Mais, la chaussure, vraiment c'est pas le pied et cette vie routinière déprime Muriel. En 1977, à l'instar d'Aznavour, elle " quitte sa province, bien décidée à conquérir Paris ". Conquête qui commence par le cours Florent, qui la

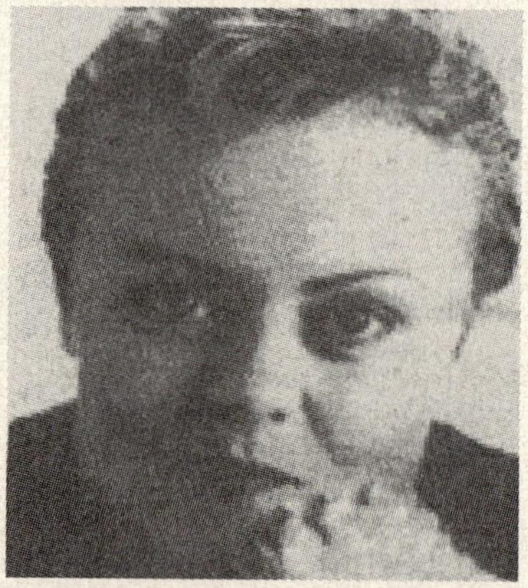

Le 2 août 1921 décédait le grand ténor Caruso. Louis Blériot (le héros de la Manche) décède le 2 août 1936. Jean-Pierre Grumbach, plus connu sous le nom de Jean-Pierre Melville, est décédé le 2 août 1973. Fritz Lang, cinéaste, décède aussi un 2 août, en 1976 et Michel Debré, ancien premier ministre, décède le 2 août 1996.

Saint Lydie
Se convertit après sa rencontre avec saint Paul.

AOÛT
dimanche 3

- *Je dois vous dire que vous logerez, comme la bonne, à l'étage..!*

- *Sans légende*

Mon truc en plus
Odeur d'ail ou d'oignon sur les doigts? Ce n'est jamais plaisant. Alors essayez ce petit truc : Passez-vous les doigts sur une lame de couteau en acier inoxydable et cela sous l'eau du robinet.

Le soleil se lève à 06 h 26 mn et se couche à 21 h 25 mn.

ont un modèle : Muriel ROBIN

prépare au concours d'entrée du Conservatoire d'art dramatique. Où elle est reçue première!
Belle revanche sur le bac! Elle y restera trois ans. Parmi ses professeurs, Michel Bouquet, qu'elle admire énormément. Lauréate en 1981, elle rejoint quelques mois plus tard, Roger Louret et sa troupe « Les baladins en Agenais " avant de retourner à Paris se frotter au « Petit théâtre de Bouvard ». Et aux téléspectateurs! C'est là en effet que se situe le véritable départ de la carrière de cette grande actrice, aux côtés d'autres débutants nommés Michèle Bernier, Les Inconnus ou encore Laspalès et Chevalier. En vieux routier de l'humour, Bouvard flaire rapidement le talent prometteur de Muriel Robin et lui confie son premier rôle sur scène dans sa pièce « Double Foyer », jouée en 1985 au théâtre de la Potinière.
L'année suivante, elle rencontre Didier Benureau, avec qui elle joue « Donne-moi ton linge, je fais une machine», pièce qui sera produite au Théâtre de Dix Heures. Puis, en 1988, vient la rencontre qui va mettre un turbo à sa carrière, avec celui qu'elle considère comme son alter ego masculin, à savoir Pierre Palmade.
Premier, puis second one-woman-show, où un public ravi découvre des sketches aujourd'hui encore dans toutes les

- *C'est la première fois que vous faites de la plongée?*

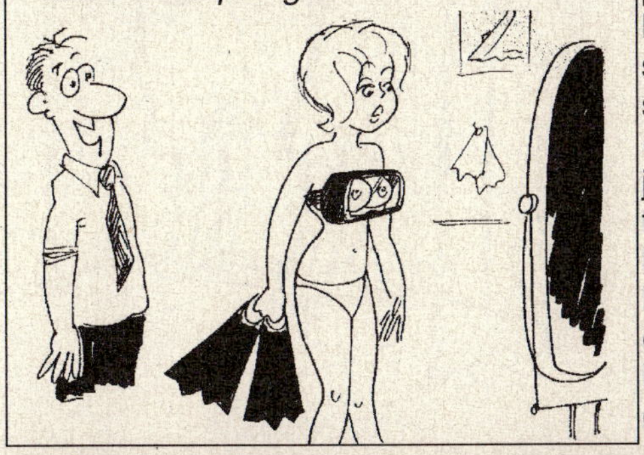

Sourire
- *Il paraît que la banque, au coin de la rue cherche un caissier.*
- *Mais ils en ont engagé un, hier.*
- *Justement, c'est lui qu'ils recherchent...!*

3 août 1952, les Jeux Olympiques débutent à Helsinki. La grande Sidonie Gabrielle Colette décède le 3 août 1954. Le Nautilus, premier sous-marin nucléaire atteint le pôle nord le 3 août 1958. Crash d'un boeing 707 près d'Agadir au Maroc : 188 morts, le 3 août 1975. 3 août 1980, clôture des Jeux Olympiques de Moscou.

AOÛT lundi 4

Saint Jean-Marie Vianney
Devint le célèbre curé d'Ars, mourut en 1859.

- Sans légende

- Dès qu'ils ont un lit qui se libère, ils te le donne !

Le soleil se lève à 06 h 29 mn et se couche à 21 h 24 mn.

Sourire

Le repas d'enterrement d'une vie de garçon a un triple but : boire plus que de raison, permettre aux amis mariés du futur époux d'échapper à leur femme pour une soirée et passer quelques heures à jouir du malheur imminent du pauvre bougre...

Muriel Robin à la suite de Coluche

mémoires, comme « Le Répondeur », « Le Noir » ou « L'addition » pour ne citer qu'eux. Autre duo, celui qu'elle forme en 92 avec Guy Bedos, pour un spectacle intitulé... « Bedos-Robin ». Non contente en effet, d'interpréter avec une rare puissance comique, des personnages aux caractères divers, l'ex-vendeuse de chaussures écrit aussi pour ses amis et assure leur mise en scène. Parmi ses plus grands succès, « Ils s'aiment » et « Ils se sont aimés », interprétés par Michèle Laroque et Pierre Palmade, devenu depuis leur première rencontre, son plus grand complice. Mais en 2000, la nouvelle tombe comme un coup de tonnerre, Muriel Robin décide de mettre un terme à sa carrière d'humoriste, pour se consacrer à son métier, comédienne de cinéma et de théâtre. Elle avait déjà repris le rôle de Valérie Lemercier, dans « Les Visiteurs 2 », mais avec son interprétation sans fard de « Marie-Line », au cinéma ou d'une business-woman dans « La Griffe », au théâtre, elle prouve qu'elle est tout aussi à l'aise dans un registre dramatique que comique. Tout comme un immense acteur quelques années plus tôt, un certain Coluche... Dont Muriel Robin poursuit d'ailleurs l'œuvre des « Restos du Cœur"

Sourire

- Pourquoi à âge égal, les paysans font-ils plus vieux que les citadins?
- Parce que les années de campagne comptent double!

- A tes souhaits ...!

Le 4 août 1693, un certain Dom Pérignon "fabrique" le champagne. Le 4 août 1704, prise de Gibraltar aux Espagnols par les Anglais. Le 4 août 1914, les Allemands pénètrent en Belgique malgré sa neutralité. Le champion cycliste de France(93) et du monde (95)Luc Leblanc est né l4 août 1966.

Saint Abel
Pasteur des troupeaux, appelé Abel le juste.

AOÛT
mardi 5

- Je t'avais dit de te méfier, c'est une bête vicieuse !

Mon truc en plus
Un somnifère naturel. Surtout pour les petits enfants ; a qui vous donnerez, une demi-heure avant d'aller au lit un quartier ou une demi-pomme. En plus des vitamines , ce fruit a des effets soporifiques reconnus.

Le soleil se lève à 06 h 30 mn et se couche à 21 h 22 mn.

Pour un gros c'est le double !

Sur la compagnie aérienne Southwest Airlines les gros passagers paient maintenant double tarif!
La compagnie a décrété que les passagers qui ne pourront pas baisser les accoudoirs de leurs sièges devront payer deux places au lieu d'une.
C'est à cause des griefs des passagers "écrasés" par leurs voisins durant leur vol que la compagnie a pris cette décision.
Le slogan : "Vous consommez plus d'un siège? Vous payez le double!" n'a pas convaincu les adversaires de la formule.
Pour eux, on achète un trajet de A à B et pas de l'immobilier. Il est vrai que ces adversaires sont puissants. Ils militent pour la cause des obèses, lesquels représentent désormais un quart de la population américaine. Ils ne veulent pas qu'on leur vende un billet de groupe quand on est seul.

- Tu sais Jules que ça m'ennuierait si le gosse ramenait des puces du zoo !

Sourire
Le journal ABC de Madrid raconte que le kidnapping est devenu un délit tellement courant au Mexique que tout le monde s'y met.
Les agents fédéraux mexicains ont arrêté deux policiers ripoux qui détenaient leurs otages dans... la maison d'un juge !

Le 5 août 1903 naissait le cinéaste Claude Autant-Lara. John Huston, metteur en scène de cinéma était né le 5 août 1906. Neil Armstrong, le premier homme sur la lune est né le 5 août 1930. Décès, le 5 août 1962, de Marilyn Monroë. Richard Burton, acteur, décède le 5 août 1984. Le 5 août 1981, premier vol du boeing 767.

AOÛT mercredi 6

Transfiguration
Déclarée fête universelle de l'église.

- Tu comptes passer l'après-midi à surveiller ta voiture ?

Le soleil se lève
à 06 h 32 mn
et se couche
à 21 h 21 mn.

Sourire

Elle s'était tellement fait remonter la poitrine que lorsque je voulais lui caresser les seins je devais monter sur un escabeau!

Blandine

Après des débuts plutôt classiques - conservatoire, Ionesco, Claudel... , Blandine Métayer se fait connaître du grand public grâce à ses quatre années passées au Petit théâtre de Bouvard.
Premiers contacts avec la télévision qui seront déterminants pour la suite de sa carrière. Blandine écrit en effet beaucoup pour le petit écran, on lui doit, entre autres, une quarantaine d'épisodes de Maggy et des centaines de sketches ! Toutefois, à la base elle se sent, "viscéralement" comédienne," jouer est aussi important pour moi, que l'air que je respire. C'est ma grande passion !"
Non éphémère car du haut de ses quatre ans, Blandine Métayer - qui n'a pourtant aucun lien de parenté avec l'illustre Alex - affirmait déjà son désir de devenir comédienne.
Jouer donc ! Et la télévision, encore elle, lui offre de nombreux rôles. Comme dans la série "Tribunal", où 80 épisodes durant, elle endosse l'a robe d'une avocate. C'est au cours de ces tournages quelle rencontre Nadine Eid, la directrice artistique de cette fiction judiciaire, également à l'origine de la série "Le juge est une femme". Les deux futures inséparables évoquent leurs envies professionnelles et se retrouvent sur un projet commun, l'écriture d'une pièce de théâtre sur la vie des femmes célibataires, un sujet qu'elles connais-

Sourire...jaune

- La mort l'attendait au tournant et il est allé droit dans le mur!

Les gens n'accordent guère d'importance à la vie. La preuve: quand ils la perdent ils ne la réclament jamais!

L'abbé Pierre est né le 6 août 1912. Robert Mitchum était né le 6 août 1917. Le 6 août 1945, le bombardier "Enola Gay" lance la bombe atomique sur Hiroshima. Cassius Clay conserve son titre des Lourds en battant Brian London le 6 août 1966. Le pape Paul VI décède le 6 août 1978.

Saint Gaétan
Renonça à sa charge au Vatican pour prier

AOÛT
jeudi 7

- *Sans légende*

- *Sans légende*

humour
Bien qu'il nous avait été recommandé d'être à huit heures à l'embarcadère, nous n'y arrivâmes qu'à onze heures. Il faut dire que ça ne faisait que trois mois que nous avions prévu ce voyage, si bien que ce fut une surprise totale pour ma femme! Chico Marx

Le soleil se lève à 06 h 33 mn et se couche à 21 h 19 mn.

METAYER

sent bien l'une comme l'autre , et "Célibattante" est née!
Enfin, après une écriture à quatre mains, cinq à six heures par jour, pendant plus de six mois! L'écriture de cette première pièce permet à Blandine de réaliser un rêve qu'elle caressait depuis longtemps. Première aussi, de jouer seule. Mais double baptême largement réussi !
Car c'est peu de dire que sur scène, Blandine campe à merveille une Nathalie qui fêtera ce soir ses quarante ans, entourée de tous ses amis. Celle qui interpréta la fille de Jacqueline Maillan (tiens, tiens...) dans "Le Pont japonais" passe avec talent du spleen à l'excitation. Tout en préparant sa soirée, elle se livre à un bilan de sa vie affective, sociale, familiale, ainsi que de toutes les pressions que subissent les femmes "pas encore mariées".
Les répliques font mouche et on ne peut qu'admirer la mise en scène efficace de Nadine Eid. On rit beaucoup et chaque spectateur, ou spectatrice, retrouve des situations vécues. Pas étonnant, puisque toutes les anecdotes de la pièce ont été racontées à nos deux complices, par les nombreuses femmes rencontrées au moment de l'écriture.
Jouée, du 11 septembre 2001 (certaines dates ne s'inventent pas) à juin 2002 à Paris, la pièce part cet automne en province avant de revenir dans la capitale et sur les petits écrans, via une cassette vidéo enregistrée au cours de représentations.
En projet, une nouvelle pièce à nouveau écrite par Blandine Métayer et Nadine Eid, dans le même esprit que "Célibattante", mais à plusieurs personnages cette fois. Ce qui permettra à Blandine de retrouver le plaisir de jouer avec des partenaires.
Et justement, elle, qui l'amuse ? "Tous mes copains, les anciens de Bouvard et de "La Classe", sans oublier Jean-Luc Lemoine, qui est très original. J'adorais aussi Jacqueline Maillan avec son mélange de drôlerie inventive et d'émotion. C'était quelqu'un de très généreux et de très fragile à la fois. Quant à Annie Cordy, la voix de ma maman dans la pièce, elle a cette faculté de passer du rire aux larmes en suscitant beaucoup d'émotion".
Une double filiation qui nous convient bien!

Souvenir des Marx Brothers :
Grâce à la diligence de Chico, il y avait des jours où le magasin du prêteur sur gages de la 3e avenue, contenait plus d'objets de la famille Marx que l'appartement familial !

Le 7 août 1919, un avion arrive à passer sous l'Arc de Triomphe. Le 7 août 1950, Ferdinand Kubler remporte le 37e Tour de France. Le 7 août 1957 naissait Mélanie Griffith, actrice de cinéma et décédait Olivier Hardy. Le 7 août 1992, Marie-Josée Pérec remporte une médaille d'or au J.O. Inondation dans un camping espagnol : 60 victimes le 7 août 1996.

AOÛT vendredi 8

Saint Dominique
Fonda deux monastères

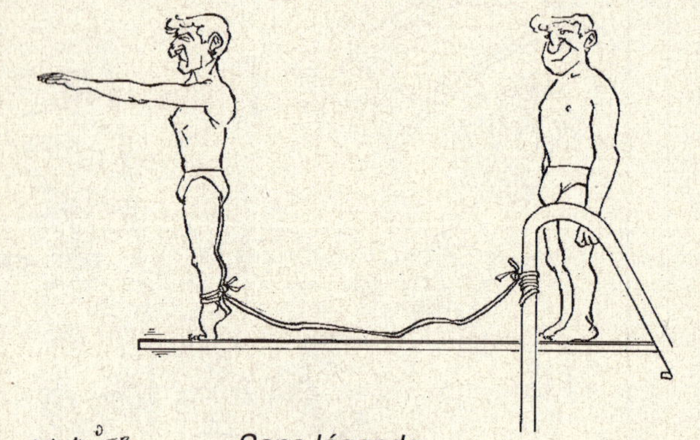

- Sans légende

- T'as l'air songeur, c'est le gouvernement qui t'inquiète ?

Le soleil se lève à 06 h 34 mn et se couche à 21 h 17 mn.

Mon truc en plus
Amusez vos enfants en leur faisant des crêpes en couleurs. Pour cela ajoutez dans la pâte à crêpes quelques gouttes de sirop de menthe ou de grenadine. Effet assuré !

Boisson alcoolisées au Moyen - Âge... Eau

L'eau de vie ou eau ardente est l'alcohal ou al-cohol des médecins arabes, d'abord seulement utilisée pour soigner, par Arnaud de Villeneuve de la Faculté de Montpellier.
Sous l'influence des alchimistes qui tentent de trouver "l'or potable", "l'eau de vie" ou "eau d'or" ne sera admise que deux siècles plus tard comme breuvage.
On y ajoutera donc des paillettes d'or comme dans cette célèbre médecine du XIIIe siècle qui, très en vogue, sera encore fabriquée sous la Régence.

Eau d'or
- Pour 50 cl d'eau de vie, ajoutez 50 cl d'eau (diminuez la quantité d'eau si vous préférez que ce soit plus fort).
- Ajoutez deux pincées de graines de coriandre, deux pincées de cannelle en poudre, le zeste d'un citron (sans sa partie

Sourire
Lu dans "Nice-Matin" 7/09 : *" Public et collectionneurs ont le loisir de pique-niquer où déguster les grillages au stand de petite restauration."*
On pourra manger ces grillages jusqu'à la... fermeture du restaurant.

- Fais-lui cinq pattes, je rigole d'avance en imaginant la tête des paléontologues dans 200 000 ans !

Le 8 août 1876, Thomas Edison invente le mimographe, ancêtre du fax d'aujourd'hui. Le 8 août 1937 naissait le grand comédien Dustin Hoffman. L'ex-ministre Martine Aubry est née le 8 août 1950. Le 8 août 1963, attaque du train postal Glasgow-Londres, bilan 30 millions de francs. Première greffe d'une prothèse cardiaque à Houston, le 8 août 1966.

- Sans légende

- Mets tes lunettes, Henri, c'est la crevette qu'on pêche...!

Sourire
Moi, quand je reçois du courrier je m'intéresse principalement aux formules de politesse qui termine les lettres.
Celle que je préfère c'est "... Chèque ci-joint "!

Le soleil se lève
à 06 h 36 mn
et se couche
à 21 h 16 mn.

d'or, vins et bières

blanche), un peu de caramel roux.
Faites reposer dans l'obscurité pendant deux mois. Filtrez et ajoutez 160 g de sucre (moins si vous souhaitez). Incorporez une feuille d'or véritable. Bien agiter jusqu'à ce que la feuille se démultiplie en fines particules. Laissez reposer encore deux mois. Jadis, les gens étaient beaucoup plus patients qu'à notre époque ; ils laissaient vieillir une année entière.

Le vin
Vers 1400, le médecin Paulmier préfère aux vins de Bourgogne déjà réputés, le vin d'Île-de-France (côteaux de Montmartre, Chanteloup-les-Vignes) car "il n'a pas l'inconvénient de dessécher le sang comme ceux de Gascogne, de porter à la tête comme ceux d'Orléans et de Château-Thierry, ni de causer des obstructions comme ceux de Bordeaux" (rien que ça!). Ce sera François 1er qui mettra à la mode les vins forts et vigoureux du Midi.

Suite page suivante

- Tu ne veux pas revenir à la maison voir si j'ai bien fermé le gaz?

Bizarrerie des nombres
Si l'on excepte 1, les cinq premiers nombres impairs commencent tous par 3. Sauf 5, 7 et 9. Raoul Lambert

Couronnement du roi d'Angleterre Edouard VII, le 9 août 1902. Naissance le 9 août 1938 du champion de tennis Rod Laver. Le peintre Soutine décède le 9 août 1943. Anne Bourguignon, comédienne sous le nom d'Anémone, est née le 9 août 1950. Whitney Houston, chanteuse et actrice américaine est née le 9 août 1963.

AOÛT dimanche 10

Saint Laurent
Subit le martyre par le feu.

- C'est pénible, vous savez, une séparation de deux mois et demi pour deux êtres qui s'aiment !

- Tiens, ce n'est plus P.P.D.A qui présente le Journal télé ?

Le soleil se lève
à 06 h 37 mn
et se couche
à 21 h 14 mn.

Humour
Dans une chambre d'hôtel un couple regarde avec tristesse la pluie qui vient frapper les vitres... - Quinze jours de pluie, fait le mari, si on avait prévu, on aurait emmené ta mère en vacances.

boissons (suite et fin)

La bière
A l'origine, elle se faisait avec de l'orge, mais, par la suite, on emploie toutes sortes de grains.
Au XVIe siècle, on a l'idée d'ajouter à l'orge de l'avoine, du froment et la fleur ou la semence du houblon.
Au retour des Croisades, la mode est aux épices. On jette dans la bière du piment, de la gentiane, de la cannelle, du laurier.
Les Anglais la sucrent comme les Belges de nos jours.
Les Allemands la salent.
Pour les palais délicats, on la parfume au miel, à l'ambre ou à la framboise.
Dans le Nord et en Alsace on assiste de plus en plus à la création de nouvelles bières faites par de petites entreprises familiales et que les amateurs de bières recherchent pour leurs goûts très particuliers.

- Il faudrait le mettre dans un endroit moins humide !

Allo... fantômes?

Si l'on en croit un expert britannique ès sciences occultes, les fantômes anglais seraient en voie de disparition!
Tués, semble-t-il par les téléphones portables.
- "Le nombre d'apparitions est resté le même pendant des siècles, deux à trois étaient signalées chaque semaine. Or depuis l'arrivée des téléphones mobiles le nombre des apparitions a diminué pour finalement être proche de zéro actuellement.
L'expert de la Sociéty for Psychinal research attribue cette désaffection aux champs électromagnétiques émis par les portables.
"... Allo... les fantômes ne répondent plus..."

Le 10 août 1874, décès du 31e président des USA, Herbert Hoover. Incendie dans le métro parisien (une centaine de morts) le 10 août 1903. Naissance le 10 août 1959 de l'actrice Rosanna Arquette. Discovery 13 est, le 10 août 1960, la première capsule spatiale à avoir quitté la terre et y avoir atterri au retour.

- *Sans légende*

Ralentir ou arrêt

Un carrefour, un policier arrête un automobiliste qui vient de brûler un stop.
"Votre permis de conduire s'il vous plaît " demande le policier.
"Quel est le problème?", demande le conducteur.
"Vous venez de franchir un stop sans vous arrêter. Voilà le problème!"
"Allez, il n'y avait aucune voiture à trois kilomètres à la ronde reprend l'interpellé.
"Vous devez marquer un temps d'arrêt, regarder des deux côtés et ensuite seulement repartir avec prudence ", explique l'agent.
Montrez-moi votre permis à présent! "
"Vous n'avez vraiment que ça faire, emm... les honnêtes gens pour des vétilles et laisser les truands courir les rues!"
"Monsieur, pour la dernière fois, montrez-moi vos papiers et j'oublierai votre dernier commentaire", reprend le policier imperturbable.
"Bon d'accord", accepte finalement l'automobiliste, "mais d'abord vous allez m'expliquer la différence entre ralentir et marquer un temps d'arrêt!"
Le policier perd alors son sang froid : il attrape le conducteur par le cou et commence à le tabasser à coups de matraque sur la tête.
Tout occupé qu'il est à taper sur l'automobiliste insolent il lui dit : "Alors maintenant Monsieur, vous souhaitez me voir ralentir ou marquer un temps d'arrêt?"

- *Sans légende*

Le soleil se lève
à 06 h 38 mn
et se couche
à 21 h 12 mn.

Vermot jardin

Des navets.
Les navets redoutent la canicule.
Pourtant, c'est le moment de semer les variétés d'hiver.
Pour leur procurer un peu d'ombre, semez les navets à

côté de "protecteurs".
Des tiges de maïs, des haricots à rames ou des pieds de tomate feront l'affaire.
Pour obtenir une levée régulière, étendez sur le semis une toile de jute que vous maintiendrez humide par des arrosages à la pomme.
Vu la période chaude, il faut, dès la levée, continuer à arroser fréquemment, sinon la récolte sera dure et filandreuse.

Le 11 août 1896, une vague de chaleur fait 200 victimes à New-York. Au Louvre, l'Angélus de Millet est lacéré de coups de couteau, le 11 août 1932. Hélène Boucher établit, le 11 août 1934, le record féminin de vitesse en avion (428 km/h). Hussein devient roi de Jordanie, le 11 août 1952. Indépendance du Tchad le 11 août 1960.

AOÛT
mardi 12

Sainte Clarisse
Devint la plus dévouée des sœurs de son couvent.

- *Le rayon des bretelles, s'il vous plaît ?*

15 août : saint Arnould patron des brasseurs

Le soleil se lève à 06 h 40 mn et se couche à 21 h 11 mn.

On peut se dire qu'être brasseur n'est sans doute pas de la petite bière. On finit probablement par subir la pression, au point qu'on chope une maladie menant jusqu'au décès et à la mise en bière.
En outre si l'on en croit l'adage, bière qui coule n'amasse pas mousse. Autrement dit, on a beau brasser du liquide, pour autant des millions, on n'en brasse pas sur la bouche des clients. En réalité, si les brasseurs forment un groupe de pression, ils savent aussi se ménager en faisant leur travaux à demis. Par exem-ple ils remplissent les verres en appuyant sur un simple bouton pression. Et puis, avec un demi tarif normal, ils sont assurés de brasser du monde. En vantant les mérites des brunes et des blondes, ils attirent ceux qui courent la gueuze et en séduisent d'autres qui en ont marre du café. Sans se faire mousser, ils les engagent à se méfier des fausses blondes et de l'Amer accouchant de faus-ses brunes. Après bien des essais avec les ballons et des demis de mêlés, ce qu'ils proposent ce n'est pas l'Amer à boire, mais des bières sans panaché et avec du panache. Dès qu'un demi fond ils courent en servir un autre. Et avec tous ces faux cols, les clients ont vraiment l'impression de boire un cou.
Saint Arnould est leur père spiritueux. Tous les 15 août, il élève les plus méritants des brasseurs au rang de Chevalier du Malt.

Sourire

Lu dans “Conseil Général Var Magazine” 11/01: “ Cinéma : *“ Les Dix Commandements : retransmission sur écran géant de la célèbre comédie musicale...”*
Avec Fred Astaire ou Gene Kelly dans le rôle de Moïse, dansant sur les Tables de la Loi ?

Dario Moréno était né le 12 août 1911. Jean Robic, champion cycliste, vainqueur d'un Tour de France était né le 12 août 1921. Thomas Mann, prix Nobel de littérature, est décédé le 12 août 1955. Ian Fleming, auteur des James Bond, est mort le 12 août 1964. Pete Sampras est né le 12 août 1971 et Henry Fonda, le père de Jane, est décédé le 12 août 1982.

Saint Hyppolite
Découvrit la foi lors du martyre de saint Laurent.

AOÛT mercredi 13

Mon truc en plus
Vous avez bien dû vous dire une fois au moins, dans la salle de bains : " quelle tête j'ai"! Alors, troquez une ou deux ampoules blanches pour les mêmes... en rose !

Le soleil se lève
à 06 h 41 mn
et se couche
à 21 h 09 mn.

Farniente en vacances

Le fin du fin en vacances c'est de prendre son temps. Tout le monde n'y arrive pas. Voici un conseil pour une journée "à perdre son temps" :
Faites la grasse matinée. Vers 13/14 heures, allez faire les courses, les magasins sont déjà fermés et il fait très chaud. Il vous reste la solution restaurant ou le retour pour faire la sieste. Surtout, de toute l'après-midi, ne vous agitez sous aucun prétexte. Remettez au lendemain tout ce que vous aviez l'intention de faire dans la journée. Le lendemain recommencez et dites-vous que vous n'auriez pas longtemps à tenir cette cadence car les vacances sont déjà finies...

Il l'a fait !

Dans le Nord et dans le Midi plusieurs communes ont décidé de faire faire par leurs administrés des expositions d'épouvantails.
Jean-Pierre Coffe séduit par cette idée, a lui, été plus loin. Propriétaire d'un magnifique jardin que l'on peut visiter parfois, il a demandé à de grands sculpteurs de créer des épouvantails.
Il en a reçu dix-sept signés des plus grands noms. Il les a exposés dans son jardin et s'est proposé de les faire voyager au gré des demandes dans la France entière.

Sourire
Plutôt que des chiens, des lions ou des chevaux, je voudrais dresser des pommes de terre.
On m'a dit que la patate revient quand on la pèle...!

René Laennec, inventeur du stéthoscope est décédé le 13 août 1826. Eugène Delacroix, est mort lui le 13 août 1863. Alfred Hitchcock était né le 13 août 1899. Le 13 août 1926 naissait Fidel Castro. Construction à Berlin du "mur de la honte" le 13 août 1961. Eruption du volcan de la Soufrière en Guadeloupe, le 13 août 1976.

AOÛT jeudi 14

Saint Evrard
Fonda un couvent.

Assomption
On fête aussi saint Alfred

AOÛT vendredi 15

- Sans légende

- On se demande comment on arrive à vivre entassés comme des harengs onze mois de l'année à Paris !

Le soleil se lève à 06 h 43 mn et se couche à 21 h 07 mn.

Mon truc en plus
Vous retrouverez la maison de campagne sans trop d'humidité si vous avez laissé dans chaque pièce une coupelle remplie de farine de moutarde.

Le soleil se lève à 06 h44 mn et se couche à 21 h 05 mn.

Le pont du 15 août

Certes, depuis l'instauration des 35 heures et de leur corollaire, les fameuses journées de RTT, les traditionnelles vacances du mois d'août ont quelque peu perdu de leur superbe.
De nos jours, nul besoin en effet d'attendre le huitième mois de l'année, désigné sous le nom d'Augustus par les Romains, pour s'élancer sur les routes embouteillées, avant d'aller apporter sa modeste contribution à la surpopulation des plages. Toutefois, malgré la concurrence des autres périodes de l'année, une date n'a rien perdu de son côté mythique pour tout salarié avide d'évasion (pléonasme s'il en est) : le fameux pont du 15 août ! Ah! que voilà un week-end, qui les années fastes peut s'étirer jusqu'à quatre jours. Un week-end rêvé donc pour fuir la capitale, laquelle ne compte plus, au moment de fêter Marie, que des touristes hébétés par la chaleur ou des maris peu scrupuleux ayant annoncé à leur femme chargée de veiller aux châteaux de sable de la marmaille, que malheureusement, ils ne faisaient pas le pont !
Les plus fidèles - ou les moins imaginatifs - se ruent quant à eux à peine leur journée de travail bâclée, dans leur voiture pour rejoindre toute leur petite famille balnéaire.
A propos, ces charmants époux savent-ils que le fameux Guide Rouge Michelin, qui leur servira peut-être à trouver une étape sur la route des vacances, a vu le jour en 1900, alors qu'il faudra attendre 36 ans supplémentaires pour que les congés payés soient instaurés en France...
Quant aux cartes du même nom, elles furent éditées pour la première fois en 1910, et aujourd'hui, il s'en vend une toutes les trois secondes quelque part dans le monde ! Bon week-end et bon pont à tous !

Sourire
Deux Anglais philosophent enfoncés dans les fauteuils de cuir de leur club de Londres. - Croyez -vous que le mariage soit une loterie?
- Non, dans une loterie l'homme a une chance !

Pierre Dac, le plus "loufoque" des humoristes était né le 15 août 1896. Débarquement en Provence des Alliés commandés par de Lattre de Tassigny, le 15 août 1944. Bernard Lacombe, footballeur de l'équipe de France, est né le 15 août 1952. Indépendance du Congo le 15 août 1960.

Bertold Brecht, écrivain est décédé le 14 août 1956. Frédéric Joliot-Curie est décédé le 14 août 1958. "Magic" Johnson, le célèbre joueur de basket est né le 14 août 1959. Emmanuelle Béart est venue au monde le 14 août 1965.

Saint Armel
Évangélisa la Bretagne.

AOÛT
samedi 16

- *Sans légende*

- *Pourquoi veux-tu que je lui dise de baisser sa radio? il ne m'entendra pas !*

Insolite
Pardon, ça sonne la de dents !

" Ma molaire m'appelle !" C'est ce qu'on entendra peut-être très bientôt après les explications de deux inventeurs britanniques. Ils ont réussi à créer un prototype de téléphone mobile qu'ils ont implanté dans une dent! Le portable greffé dans la molaire permet de recevoir des appels téléphoniques et même d'écouter de la musique.

L'appareil est composé d'un récepteur sans fil à basse fréquence qui transforme des signaux sonores en vibrations qui passeront de la mâchoire à l'oreille interne. On peut déjà poser une question : lorsque ce "téléphone" transmettra de mauvaises nouvelles est-ce qu'on claquera des dents?

Le soleil se lève à 06 h 45 mn et se couche à 21 h 04 mn.

Sourire
Deux amies bavardent.
- Je veux divorcer, la vie avec mon mari n'est plus possible. Il est d'une jalousie excessive !
- Et tu lui es fidèle ?
- Bien sûr que non, ce serait idiot qu'il souffre pour rien!

JEU DES 10 ERREURS

Dix petits détails font que les deux dessins ci-contre ne sont pas exactement semblables. A vous de les découvrir tous !

Solution page 246

Le 16 août 1934, naissait Pierre Richard. Louis Jouvet s'en est allé le 16 août 1951. Louise Véronica Ciccone, alias Madonna, est née le 16 août 1958. Pierre Brasseur, comédien, père de Claude est décédé le 16 août 1972. Elvis Aaron Presley, roi du rock'n roll est décédé le 16 août 1977.

AOÛT dimanche 17

Saint Hyacinthe
Accomplit nombre de miracles.

Sainte Hélène
Vécut au début du Ier siècle.

AOÛT lundi 18

- Bon alors qu'est-ce que je fais moi, je vous appelle un médecin ou un vétérinaire ?

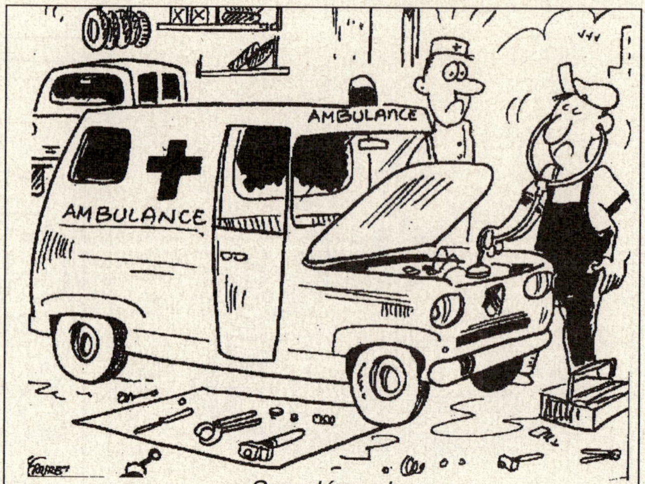

- Sans légende

Le soleil se lève
à 06 h 47 mn
et se couche
à 21 h 02 mn.

Humour noir

Moi, je vais vous le dire : il faut redonner vie aux cimetières, sinon un jour les gens refuseront de mourir...

Le soleil se lève
à 06 h 48 mn
et se couche
21h 00 mn.

Vermot jardin : à surveiller...

Les greffes faites au printemps sont fragiles. Pensez à désherber au pied, de façon que les mauvaises herbes ne fassent pas concurrence aux racines.

Supprimez tous les rejets-rameaux et bourgeons qui naissent au-dessous du point de greffe. Ils font perdre de la vigueur au rameau-greffon en détournant la sève.

Tuteurez le rameau-greffon pour qu'il pousse bien droit. Protégez éventuellement l'ensemble contre les rongeurs ou les coups accidentels avec un petit grillage en métal ou en plastique.

Que faire en cas de "cul noir" ?

Cette maladie de la tomate tout le monde la connaît. C'est une "nécrose apicale", sorte de pourriture sèche qui, a le mauvais goût de s'installer sur les tomates presque mûres et de les rendre en partie inmangeables. Ces "craquelures" en partant du pédoncule du fruit donnent en noircissant un aspect assez repoussant à la tomate.

Pour éviter ce "cul noir", il suffit d'arroser les plants le plus régulièrement possible, surtout lorsqu'il ne pleut pas, pendant plusieurs semaines.

Un orage, après une période de sécheresse peut déclencher la maladie.

Néanmoins, seule la partie nécrosée n'est pas comestible, même si le reste du fruit est moins savouveux.

Sourire

Un financier parisien dont l'honorabilité n'est pas sans tâche vient néanmoins d'être décoré.
Dans son courrier, il trouve ce quatrain :
" Les temps étaient durs autrefois,
on pendait les voleurs aux croix.
Aujourd'hui les temps sont meilleurs,
puisqu'on pend des croix aux voleurs!"

Le réalisateur Marcel Carné était né le 18 août 1909. Just Fontaine, célèbre footballeur, est né le 18 août 1933. Roman Polanski, réalisateur est né également le même jour, la même année. Robert Redford est né le 18 août 1937. Carole Bouquet actrice, est née le 18 août 1957.

Jean Poiret était née le 17 août 1926. Robert de Niro est né, lui, le 17 août 1943. Fernand Léger, peintre, est décédé le 17 août 1955. Sean Penn, comédien, est né le 17 août 1961. Pierre Desgraupes, ex- président de A2, est décédé le 17 août 1993.

Saint Jean Eudes
Fonda la congrégation de Jésus et Marie.

AOÛT mardi 19

- Je n'aurais jamais pensé que le coin pouvais être aussi vallonné !

Sourire
Deux starlettes discutent.
- Moi, j'épouserai un milliardaire ou rien!
- Moi, j'épouserai un milliardaire ou deux !

Le soleil se lève à 06 h 50 mn et se couche à 20 h 58 mn.

Jouez du trombone

Pas question d'aller au conservatoire ni de prendre des leçons de musique.

Il est ici question du trombone de bureau. D'après les fabriquants, il s'en vendrait 380 à 400 000 km chaque année.

Créé il y a une centaine d'années, par un Norvégien Johann Waaler, ce fil d'acier entortillé rend bien des services.

Outre le fait qu'il attache très bien tous les documents qu'on tient à conserver ensemble, il sert aussi, si l'on en croit les statistiques publiées aux USA, à de nombreux autres usages.

Sur cent trombones utilisés, six feraient office de cure-dents, neuf serviraient à se nettoyer les ongles ou les oreilles et une quinzaine seraient utilisés pour se calmer les nerfs.

C'est-à-dire qu'il sont patiemment tordus, enroulés, dépliés ou cassés suivant l'humeur du moment. Certains ont même trouvé une occupation particulière. Ils servent, enfoncés dans le petit trou de l'ordinateur, à débloquer les disquettes qui pour une raison incon-

Blaise Pascal, est décédé le 19 août 1662. Le chorégraphe, Serge Diaghilev est décédé le 19 août 1929. Frédérico Garcia Lorca, poète, écrivain est fusillé par les Franquistes le 19 août 1936. Reprise de l'Hôtel de Ville de Paris, par la Résistance, le 19 août 1944. Le parti communiste est mis hors la loi aux USA le 19 août 1954.

AOÛT
mercredi 20

Saint Bernard
Personnage hors du commun, fonda l'abbaye de Clairvaux.

- C'est ça que je voudrai bien retrouver à Paris... Je veux dire... le paysage, l'air marin...

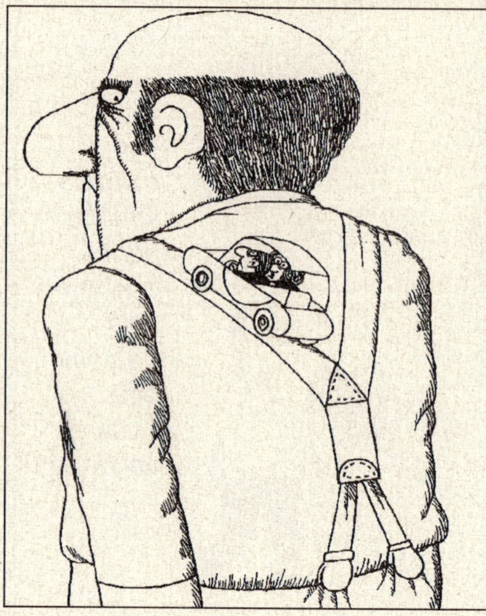

- Tu es sûr que nous sommes bien sur la bretelle de l'autoroute?

Le soleil se lève à 06 h 51 mn et se couche à 20 h 56 mn.

Humour
Le gardien de la prison s'adresse à un prisonnier :
- Il y a quelqu'un qui vous demande au parloir.
- Dites que je ne suis pas là...!

Vermot cuisine : à propos de Colette

Faisant du goût un plaisir permanent et la dégustation un art de vivre, Colette est passée maître dans l'art de la dégustation.
Son ami le gastronome Henri Béraud souligne ce fait assez unique pour l'époque : "Ses yeux de biche déchirée coiffent le nez le plus expert en arômes et en essences que l'on puisse trouver autour d'une table de connaisseurs".

Colette parsème ses écrits de détails savoureux.
Elle relate ainsi les vendanges en Beaujolais avec la plus grande minutie : "Les cuves rejetaient par-dessus leurs bords la bave rose en longs festons ; l'âme du vin nouveau, lourde, à peine née, impure se mariait à la vapeur des cheveux mouillés."
A Saint-Tropez, dans sa propriété de la "Treille Muscate", le vin blanc de sa vigne remplace l'habituelle boisson chaude de 17 heures, chère à ses amis d'Outre-Manche.
Suivant les millésimes, elle produit de 1 200 à 2 500 litres de vin par an qui servent essentiellement à sa consommation personnelle.
Il est vrai que Colette aimait recevoir et elle attachait autant d'importance à sa production culturale qu'à sa production culturelle... et toutes les fines plumes de l'hexagone l'ont appréciée à sa juste valeur.

Denis Hervier

Raymond Poincaré qui fut le dixième président de la République, était né le 20 août 1860. Jean-Loup Chrétien, premier spationaute français est né le 20 août 1938. Staline ordonne la mort de Léon Trotsky le 20 août 1940. Laurent Fabius, ex-ministre est né le 20 août 1946.

Saint Christophe
Mourut en martyr en Lysie.

AOÛT jeudi 21

Sourire
- Je n'aimerais pas conduire une moto en Angleterre...
- Et pourquoi donc?
- ... avec le guidon à droite...!

Le soleil se lève à 06 h 52 mn et se couche à 20 h 54 mn.

Pour rire avec Yves Robin

- Au microscope, on reconnaît facilement le microbe de la légionellose à son petit képi blanc.

- Je suis pour l'égalité des sexes. Surtout en longueur.

- Il ne fera jamais fortune celui qui invente le bouchon avant la bouteille.

- Chaque soir, je regarde sous notre lit conjugal pour m'assurer qu'aucun acarien mâle ne s'y cache.

- Si votre pantalon tombe bien, c'est que vous avez oublié vos bretelles.

- Une fracture est la ligne de partage des os.

- Malade, le fakir est cloué au lit.

- Le suicide réussi est un crime parfait, car son auteur reste toujours impuni.

- Si souvent la femme a le dernier mot, c'est parce qu'elle s'octroie un temps de parole plus long.

Parents : gare, zéro est arrivé !

Un bulletin mauvais? Recalé à un examen? Pas de panique, appelez la police!
A condition que vous soyez dans l'est de la Turquie où la police d'Erzurum a décidé d'escorter chez leurs parents les élèves qui en feront la demande.
Les médecins ont en effet noté une recrudescence des châtiments corporels au moment des résultats scolaires de fin d'année.
Une ligne téléphonique a été mise à la disposition des jeunes craignant une raclée à leur retour à la maison.
En fait, un service du genre "S.O.S. cancres battus"!

Sourire

A propos d'un coureur cycliste soupçonné de se doper : " Il est arrivé premier dans un état second !"

Charles Vanel était né le 21 août 1892. Le 21 août 1911 voit la Joconde s'envoler du Louvre. Maurice Pialat, cinéaste, est né le 21 août 1925. Le 21 août 1968, entrée des Soviétiques dans Prague. Ettore Buggati, le constructeur automobile italien, disparaît le, 21 août 1947. Joe Dassin, chanteur, décède le 21 août 1980.

AOÛT vendredi 22

Saint Fabrice
Pour sa foi, mourut avec son épouse.

Le soleil se lève
à 06 h 54 mn
et se couche
à 20 h 52 mn.

Mon truc en plus
Pour soulager un dos douloureux en fin de journée massez-vous, vous-même. Fermez les mains et posez-les de chaque côtés de votre colonne vertébrale. Remontez et descendez en appuyant fortement le dos de la main sur votre dos.

Au gymnase

une histoire vécue *de Guy Delecraz*

Pour essayer de plaire encore,
le vendredi je fais du sport.
Quand le luron a pris de l'âge,
il faut miser sur l'étalage.

Sur un rameur, puis un vélo,
je rabiboche le gigolo
en oubliant que mon châssis
fait les beaux jours des pharmacies.

Accompagné de vingt minettes
aux soubresauts de marionnettes,
je dois bientôt me démener
sur des accords de forcené.

Puis vient le temps de la gonflette
pour mes biceps en allumettes,
pour mes abdos en gélatine,
pour mes fessiers en margarine.

Dans la piscine où je mijote
après le temps de la bougeotte,
on voit flotter un baleineau,
un berrnuda sur un tonneau.

Je sue enfin
dans le sauna
en courtisant
quelques nanas,

mais je sens bien que leur éden
se passera de ma bedaine.

Quand ce tourment est terminé,
le séducteur est laminé
et mon désir le plus pressant
est le sommeil de l'innocent.

Sourire

Lu dans "Var-Matin-Dimanche" "(15/09) :
" Elle commence par fréquenter les ours de danse deux fois par semaine."
Deux fois par semaine, oui, mais les ours pairs ou les ours impairs?

- En mourant, on laisse tout en l'état et presque tout à l'état!

La mort, on sait quand ça commence, jamais quand ça finit.

- On devrait dire à ces jeunes gens qu'il y a un téléphérique de ce côté-ci !

Le 22 août 1864 voit la création de la "Croix Rouge" suite à la Convention de Genève signée par douze pays. Le 22 août 1908 naissait le photographe Henri Cartier-Bresson. Roger Martin du Gard, prix Nobel de littérature, décède le 22 août 1958. Attentat de l'OAS au Petit-Clamart contre le Général de Gaulle le 22 août 1962.

Sainte Rose
Première canonisée du Nouveau Monde.

AOÛT samedi 23

Le saviez-vous?
Les femmes françaises sont les secondes dans le monde pour l'espérance de vie la plus longue. Derrière les Japonaises mais avant les Suédoises.

Le soleil se lève à 06 h 55 mn et se couche à 20 h 50 mn.

VERMO... ROSCOPE
23 AOÛT - 22 SEPTEMBRE
VIERGE

Voilà une année où vous ne regretterez pas vos choix. Vous changerez d'attitude ou de direction, soit dans votre travail, soit dans vos relations. Tout le monde vous en saura gré. Pour les décisions les plus importantes, ne vous emballez pas. Si, à l'automne, vos choix sont arrêtés alors mettez tout en œuvre pour ne pas le regretter.
L'année s'annonce bonne sur le plan financier, mais attention aux dépenses imprévues liées à l'habitation. L'immobilier est souvent un gros sujet de tracas. On demandera votre aide cet été. Vous n'aurez pas à regretter ce moment de générosité. Côté familial, de petits ennuis dont vous verrez la fin en automne.
Signe de terre, vous avez besoin d'exercice.
Sollicitez vos jambes. Rien ne vaut une petite heure de marche ou une séance de piscine. Profitez au moins de vos vacances pour faire l'une ou l'autre ou les deux, bien sûr. La condition physique étant revenue, vous repartirez dans la vie active ou une retraite aussi active, dès septembre.
En cas de blues à l'entrée de l'hiver, appelez à l'aide les amis ou la famille, c'est passager et pas la peine de s'enfermer dans la solitude, ça n'arrange rien.

- Pour ne pas perdre de temps pendant les vacances, j'écris mes cartes postales avant de partir !

Sourire... jaune
Depuis qu'ils ont rasé le cimetière, le quartier est encore plus mort qu'avant!

Abolition de l'esclavage dans les colonies britanniques le 23 août 1833. Le 23 août 1903, le commandant Charcot quitte Le Havre pour le pôle sud. C'est le 23 août 1912 que naissait le danseur comédien Gene Kelly. Rudolph Valentino quittait l'écran et la vie le 23 août 1926. Michel Rocard est né le 23 août 1931.

AOÛT dimanche 24

Saint Barthélemy
Fut l'un des douze apôtres.

Saint Louis
Roi de France, fit deux croisades.

AOÛT lundi 25

- Sans légende

les sobriquets de Christian Plume

Halliday Johnny, Smet :
Rauque and rôle au cinéma.

Hardy Françoise :
La tête du tronc.

Horner Yvette :
Le piano affreux d'elle.

Hollande François :
Le faux mage de Hollande.

Hue Robert :
Toujours contre les hyper marchais. Hue coco... te.

Kadhafi, Colonel
Mauvais à Libye ?

Khaled Cheb
La basse taille du raï.

Le soleil se lève à 06 h 57 mn et se couche à 20 h 49 mn.

Sourire
Quand il a compris qu'il allait ramer toute sa vie, il a pensé qu'il pourrait épouser une dame pas gaie...

Le soleil se lève à 06 h 58 mn et se couche à 20 h 47 mn.

Les peintres dans la rue

En 1993, cent vingt artistes peintres avaient participé à une opération nationale " Dessine-moi un village", une fête de la peinture et du patrimoine.
Il s'agissait pour ces artistes, de peindre un village, le temps d'une journée.
Depuis, cette initiative a été abandonnée sur le plan national mais elle est restée d'actualité dans plusieurs communes de France.
Il semble que la mode revienne à l'initiative de Rieux-Volvestre, petit village classé "Plus beau village de France" ou c'est devenu un événement de l'été, avec spectacle et marché local.
Peintres du dimanche ou pro-

fessionnels renseignez-vous. plusieurs villages - dont Puy-l'Évêque entre-autres, font, l'été, ce genre de manifestations artistiques.

Solution du jeu des erreurs de la page 237
1. Bord du nuage.
2. Oiseau en moins.
3. Arbre en moins.
4. Vague moins longue.
5. Ceinture du short.
6. Goutte en plus.
7. Lignes, haut de la cabine.
8. Traits en bas de la cabine.
9. Photo dans le journal.
10. Étoile de mer en plus.

Inauguration de la première ligne de chemin de fer en France (Paris/Saint-Germain) le 24 août 1837. Le 24 août 1909 début de la construction du canal de Panama. Léo Ferré, auteur-chanteur, était né le 24 août 1916.

Insolite
Au Québec, à la prison de Drummondville, un détenu a entrepris des démarches pour créer un syndicat "ouvriers-détenus".
Il veut lutter pour l'amélioration des conditions de travail des détenus qui travaillent pour une bouchée de pain.
A la Confédération des Syndicats nationaux canadiens on réfléchit à la question.
Parmi les problèmes qui se poseront à ce syndicat il y a la grève et comment faire des manif' de protestation et où? Dans les rues de Montréal, ce sera difficile...

Léonard Bernstein, compositeur américain était né le 25 août 1918. Thomas Connery, alias Sean Connery est né le 25 août 1930. Le Général Leclerc libère Paris le 25 août 1944. Aux commandes d'un Mirage III, Jacqueline Auriol atteint Mach 2 le 25 août 1959. Claudia Schiffer, mannequin est née le 25 août 1970.

Bonne route...

- Ici on n'aura pas loin à aller pour se mettre à l'eau...!

- Pas étonnant que tu entendais du bruit dans la caravane... ce n'est pas la nôtre que tu as prise...!

- Tu entends Fernande ? Quand je freine brusque ment, ça cogne !

Le soleil se lève
à 07 h 00 mn
et se couche
à 20 h 45 mn.

Insolite

Le sexe, c'est bon pour l'Audimat, mais pas pour la publicité.
C'est du moins ce que prétend une étude menée par l'Université d'Etat de l'Iowa.
Selon cette étude, les films érotiques attirent tout particulièrement les 18-34 ans, une cible très prisée des annonceurs.
Malheureusement les téléspectateurs dont la libido a été émoustillée sont beaucoup moins sensibles aux annonces publicitaires que les autres.
Or les "autres" retiennent presque deux fois plus ce que leur dit la publicité. Le problème reste donc entier : comment arriver à ce que les amateurs de sexe le soit aussi de la pub...

Sourire

L'instituteur a convoqué les parents du jeune Patrick:
- Votre fils est très faible en géographie, leur annonce-t-il.
- Ce n'est pas grave, répond le père, de toute façon, nous n'avons pas les moyens de voyager.

Maman demande à son petit garçon, Claude :
- Pourquoi as-tu de si mauvaises notes?
- Mais, fait le garçon, ce n'est pas moi qui les mets!

Guillaume Apollinaire naissait le 26 août 1880. Révélé par le film "M le Maudit", l'acteur Peter Lorre était né le 26 août 1904. Le 26 août 1920, obtention du droit de vote pour les femmes américaines. Alain Peyrefitte était né aussi un 26 août, en 1925. Le 26 août 1978, Jean-Paul 1er devient pape.

AOÛT
mercredi 27

Sainte Monique
Son fils devint saint Augustin.

- Et moi, je vous dis que pour un premier rase-mottes, vous avez pris trop de risques !

Le soleil se lève
à 07 h 01 mn
et se couche
à 20 h 43 mn.

Sourire

- Sauver un pendu, ça crée des liens...

- Le temps n'a aucune influence sur la durée : même quand les jours rallongent, la vie raccourcit.

Vermot jardin : à faire...

A faire en août, suivant les régions :

Planter les lys et les iris. Semer, dans un châssis à l'ombre des vivaces à floraison tardive pour les repiquer en octobre, en pleine terre.

- Le programme est inintéressant... rien que des parlottes comme d'habitude !

Elles fleuriront dès l'année prochaine.

Tailler les rosiers non remontants. Surveiller les acariens des conifères et des épicéas. Dès les premières colorations des aiguilles, intervener avec un acaricide spécifique. Un traitement à renouveler huit jours plus tard.

Arrosage et eau de pluie. C'est l'époque où les arrosages deviennent intensifs et où l'utilisation de l'eau de la ville n'est pas toujours bien perçue par les plantes (eau calcaire et fortement traitée) : Sans compter que de plus en plus l'eau de ville coûte cher! A vous de constituer une réserve d'eau de pluie grâce à des tonneaux ou des bacs de récupération en plastique dur moulé avec des systèmes de raccordement aux gouttières comme on en trouve maintenant dans le commerce.
Un simple système de branchement sur un tuyau de descente de gouttière suffira.

Le 27 août 1884 naissait un petit Vincent qui deviendra président de la République, c'était Vincent Auriol. En 1910, naissait Agnès Gonxha Bajaxhiu, on l'appellera plus tard Mère Térésa. Deux ans avant, le 27 août 1908 venait au monde le trente-sixième président des USA, Lyndon B. Johnson.

MOTS CROISÉS FLÉCHÉS

COSMONAUTE / GARDE-CORPS		FORME D'AVOIR / MIS EN COUCHES		ARRIÉRÉ / PALMIPÈDE		UNE BONNE VACHE / UN DUR		LE VIRGINIEN / ALLÉE EN BELGIQUE	
UN SENS / CHUTE D'EAU									
									APPRÉCIÉS
ÎLE / RAPPORT			CHROME			BUGLE / MILLE-PATTES			
		CONSACRÉES / OFFENSES							
DRAME / ENTRÉE			POSSESSIF / ANCIEN ROYAUME					VILLE DE LA DRÔME	
					FILS DE JACOB / FEMME DE TAHITI				
FORME D'ÊTRE	DÉPÔT D'ARMES / PIQUANT						MATIN / HÉRÉTIQUE		
				À TOI		BIÈRE BLONDE			
LÉOPARDS / TYPE POPULAIRE									
			PARESSEUX / EN LES			BRANCHÉ			LIAISON
BIEN ARRIVÉE / CORRECTION				FILLE DE FAMILLE					
						TRANCHÉ			

solution page 250

Léon Tolstoï était né le 28 août 1828. Charles Boyer était né le 28 août 1897 et il se suicidera le jour de son anniversaire (à 81 ans), le 28 août 1978. Philippe Léotard était né le 28 août 1940. Manoleta, le grand toréro espagnol est mortellement blessé par un taureau, le 28 août 1947.

AOÛT vendredi 29

Sainte Sabine
épouse d'un soldat romain, se convertit et subit le martyre

- On m'a laissé choisir ma prime de vacances!

- C'est ton patron... il dit qu'il n'est plus ton patron !

Le soleil se lève à 07 h 04 mm et se couche à 20 h 39 mm

Humour
- Un conseil, demandait un soir Groucho Marx, alors qu'il se trouvait a l'Opéra, comment peut-on empêcher cette grosse dame de chanter quand on a oublié sa mitraillette?

Ces "folles voitures" des années

Pour se balader au rythme des années folles, rien de tel qu'une *Bugatti* cabriolet type 46, une *Bellanger* 17 hp de 1920 ou une *Voisin c30* cabriolet Dubos.

C'est ce que ce sont dit M. Chourré et L' A.M.I.C.A.L. Denis Papin en organisant un rallye pas comme les autres ; le "Rallye Charleston".

Dans les Pyrénées, près de d'une trentaine de voitures de 1920 à 1938 ont parcouru plus de 450 km, passé plusieurs cols dont Peyresourde et le Portillon, bien connus des coureurs du Tour de France.

Rien ne rebute ces amateurs qui sillonnent la France au gré des manifestations pour faire admirer ces magnifiques vieux bolides. Car malgré leur grand âge la plupart de ces véhicules "tapent" le 120 km/h même quand ça ne descend pas!

Au-dessus : la superbe Buick master cabriolet de 1930 que le président Chourré a mis des années à remettre en état. Petits problèmes avant de démarrer? Rien de grave et la Citroën B2 torpédo de M. Betbeze datant de 1921 va s'attaquer aux cols pyrénéens.

Charles Parker, grand saxophoniste de jazz était né le 29 août 1920. La reine Astrid de Belgique meurt accidentellement le 29 août 1935. Richard Gere est né le 29 août 1949. Le 29 août 1949, l'URSS fait exploser sa première bombe atomique. Michael Jackson est né le 29 août 1958.

Saint Fiacre
Vécut en ermite en soignant les malades.

AOÛT
samedi 30

- Je vous mets des raviolis à la place des truites parce que je pense qu'il y a un peu d'attente...

- S'il vient quelqu'un, ne grimpez pas dans l'arbre, on est déjà quatre !

Le soleil se lève à 07 h 05 mn et se couche à 20 h 37 mn.

du même nom...

Les grands cols pyrénéens ont été avalés sans anicroches.
A la même période se déroulait un rallye réputé et très prisé des amateurs : le "Megève-Simplon".
Cette année plus de 1000 km en passant par la Suisse et toute une série de cols dont le Susten qui culmine à 2259 m.

Ce rallye dont la première édition eut lieu en 1983 n'hésite pas, en partant de Megève à aller très loin puisqu'il arriva cette année-là, à Paris en passant par Venise.

- M. Collet est venu de l'Allier pour présenter sa Bellanger 17 HP de 1920 dont il ne reste semble - t- il que cet exemplaire. Il est vrai que ce mo-dèle ne fut construit qu' à 13 ou 14 exemplaires

On s'attend, en voyant cette Ford de 1928, à voir surgir gangsters ou incorruptibles mitraillettes au poing...

Sourire

Lu dans "Liberté de l'Est" (10/9) :
A propos d'un hommage funèbre :
" Je perds un ami qui a parqué notre département ."
Une fois parqué, on peut savoir, la marque du département ?

Roger Pierre est né le 30 août 1923. Jean-Claude Killy, est né le 30 août 1943. C'est en 1925, le 30 août que Chaplin sort son célèbre film "La Ruée vers l'Or". Le 30 août 1937 naissait Bruce McLaren (écurie de F1). Le 30 août 1992, Sergueï Bubka franchit 6,12 mètres en saut à la perche.

AOÛT dimanche 31

Saint Aristide
Reconnu comme un grand philosophe.

- *Tous les matins, il lui fait faire un peu d'exercice !*

Le soleil se lève
à 07 h 07 mn
et se couche
à 20 h 35 mn.

Humour
Un jour qu'il était entouré d'enfants turbulents et bruyants, Alphons Allais murmura à l'oreille d'un ami : " l'absence des ogres se fait cruellement sentir"...

Encore "belles"...

En 1998 ils se promena tout autour des grands lacs italiens et en 1999 autour des grands lacs Suisse.
Réservé aux automobiles d'avant-guerre son succès est tel que les organisateurs doivent limiter les inscriptions des participants.
Si vous êtes amateurs de vieilles voitures allez sur internet.
Les clubs Delahaye, Bugatti, Delage et bien d'autres vous passionneront.

Une splendide Hotchkiss 413 cabriolet Hossegor que son propriétaire M. Duprat qui venait de la Haute-Garonne bichonne avec amour.
A gauche : Une Amilcar CGSS bien plus jeune que son propriétaire Denis Chourré puisqu'elle fut construite en 1926. Il est à noter qu'avant de se lancer sur les routes il était utile de se munir de grosses lunettes et d'un manteau de cuir résistant à la pluie!

SOLUTION DE LA GRILLE P 247

```
*G*A*A*L*L
BALUSTRADE
*GIRATOIRE
CATARACTE*
*RE*CR*IVE
PI*DEDIEES
*NO*LEUR*T
SEUIL*LEVI
**TREVE*AM
SERA*A*ALE
*PANTHERES
ZIG*AI*IN*
*NEE*NIECE
FESSEE*NET
```

Sourire
Non, un homme de poids n'est pas forcément né sous le signe de la balance.

Théophile Gautier était né le 31 août 1811. Charles Baudelaire décédait le 31 août 1867. Alain Calmat, champion du monde de patinage artistique (1965), est né le 31 août 1940.
Serge Blanco, rugbyman, capitaine de l'équipe de France de rugby est né le 31 août 1958.

Saint Gilles
Une abbaye près de Nîmes porte son nom.

SEPTEMBRE
lundi 1

- Mais puisque je te dis que demain ton pyjama sera sec !

- Si vous ne l'embêtez pas avec le français et les maths, il ne vous fera pas d'ennuis avec la gymnastique et l'éducation sexuelle .;.!

Humour : Le patron d'un petit café accroche une pancarte à la porte sur laquelle est écrit : Le mois prochain," changement de propriétaire".
- Vous avez vendu, demande un habitué?
- Non, je me marie!

Le soleil se lève à 07 h 08 mn et se couche à 20 h 33 mn.

Salmis d'antilope, museau de lion...

et bien sûr ragoût de python, gibelote de crotale, etc.

La liste des "plats" originaux ne cesse de s'agrandir dans les restaurants bien de chez nous. Si la cuisine exotique vous tente, délaissez les crevettes chinoises ou autres ailerons de requin pour tenter l'expérience que plusieurs traiteurs parisiens, belges ou suisses vous proposeront.
Au restaurant "Forsyth's", le steak de serpent à sonnette proposé sous le nom scientifique de "steak de solénoglyphe", voisine avec la trompe d'éléphant farcie, le ragoût de singe sauce chasseur ou le caïman en matelote.

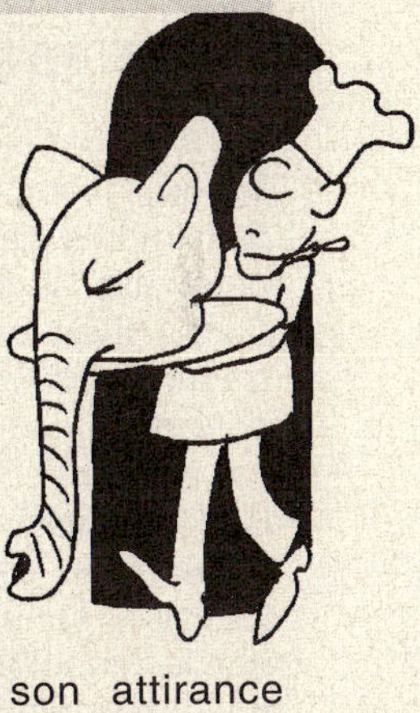

Le chef du "Forsyth's" ne fait pas mystère de son attirance pour les serpents.
Il explique qu'avant le venir en Europe, il avait vécu au Texas et que là-bas, une fois par an, en avril, a lieu la célèbre chasse aux serpents à sonnette.
La nuit venue, on festoie près du feu de bois en savourant les crotales qui grillent. De là à transporter la recette ici, il n'y avait qu'un pas...

- Ce serait tout de même dommage de perdre tout ce pétrole !

Emma Nutt connut la postérité pour avoir été le 1er septembre 1878 la première standardise ! 1er septembre 1898 décédait le poète Stéphane Mallarmé. Tremblement de terre au Japon : 250 000 victimes le 1er septembre 1923. 1er septembre 1969, le colonel Kadhafi prend le pouvoir et proclame la République Arabe Lybienne.

SEPTEMBRE mardi 2

Sainte Ingrid
Fonda un monastère après avoir rencontré le pape

- Sans légende

- Et pourquoi c'est toujours moi qui conduit et vous qui montez derrière ?

Le soleil se lève à 07 h 09 mn et se couche à 20 h 31 mn.

Sourire

Un chirurgien réputé vient d'examiner un malade :
- Il va falloir opérer, très vite, c'est très grave...
- Plutôt que de passer sur le billard, j'aimerai mieux mourir...
- L'un n'empêche pas l'autre !

Le menuisier de Heiligenstein

En Alsace, on raconte qu'un jour, un tonnelier de Barr monta dans son grenier pour aller y chercher le bois dont il avait besoin pour son travail. Qu'y trouva-t-il, en dehors de son bois ? Il y trouva, ô surprise, le menuisier de Heiligenstein dormant du sommeil du juste.

Réveillé sans ménagement par le tonnelier, le menuisier ne put expliquer, dans l'instant, comment il était arrivé en ce lieu.

Le tonnelier ne se contenta pas de cette absence d'explication et il conduisit vigoureusement le menuisier devant le maire, l'accusant d'avoir voulu lui voler son bois.

Le menuisier raconta alors cette histoire incroyable :

- J'étais parti de bonne heure de Heiligenstein, vers quatre heures du matin, pour venir à Barr. Et puis, soudain, je vis, non loin de la route, dans un pré, tout un groupe de personnes mangeant, buvant, chantant, dansant, autour de tables bien garnies, illuminées par une vive lumière. Deux femmes de Barr, que je connaissais, vinrent vers moi et m'invitèrent à participer à ce joyeux banquet... Je n'y suis resté que peu de temps, même pas un quart d'heure. En effet, quelqu'un cria : «Vite! Vite !», et j'ai été enlevé dans les airs et transporté jusqu'au grenier du tonnelier.

Telle fut l'explication du menuisier au sujet de son odyssée aérienne.

L'audition de cette étrange déposition laissa le maire perplexe. Qu'en penser ? Il réfléchissait au sujet de la décision à prendre lorsqu'on l'informa que deux femmes de Barr venaient de se pendre, chacune dans sa maison. Soucieux de freiner l'éventuelle extension de cette étrange affaire, il annonça au bon peuple que le menuisier n'était qu'un visionnaire et que les deux femmes s'étaient pendues parce qu'elles souffraient de la rage. Il fallait vite étouffer l'affaire avant que tout le village ne soit contaminé.

Et voilà l' «aventure» du menuisier de Heiligenstein !

Les initiés remarqueront que ce sont des femmes et non des hommes qui invitèrent le menuisier au banquet ; mais que le Diable suppose-t-on, intervint sous la forme de l'homme qui cria : «Vite! Vite!", pour rompre l'enchantement... et que ce sont les deux femmes de Barr qui se pendirent!

Voila l'histoire du menuisier qu'on se raconte encore à Heiligenstein.

Henri Rousseau dit "le Douanier Rousseau" décède le 2 septembre 1910. Le 2 septembre 1930, Cortès et Bellonte font Paris-New-York, en avion sans escale, en 37 heures. Alain Giresse, footballeur de l'équipe de France est né le 2 septembre 1952. James Scott Connors, "Jimmy" voit le jour le 2 septembre 1952.

Saint Grégoire
Utilisa un héritage pour fonder plusieurs couvents

SEPTEMBRE
mercredi 3

- T'es tout calme, t'es pas malade au moins ?

- Il faut bien que je prépare mon voyage d'affaires pour l'Inde, voyons !

Sourire
Commentaire acide de Bigard :
Ce type, il était indifférent à tout. Même sa mort l'aura laissé froid !

Le soleil se lève
à 07 h 11 mn
et se couche
à 20 h 28 mn.

Humour

Représentante d'une grande marque de préservatifs, une charmante jeune femme est envoyée à Boston pour un congrès international sur la contraception.

Alors qu'elle se précipite au guichet de l'aéroport, elle heurte un voyageur et sous le choc voit son attaché-case tomber.

Et surtout s'ouvrir en libérant une centaine de préservatifs de toutes sortes sur le sol.

Devant l'étonnement du voyageur, elle ramasse comme elle peut les préservatifs et ne trouve à dire comme excuse que cette phrase : "Ne vous inquiétez pas, c'est parce que je vais à un congrès... !"

Le prix de l'amour

Le président du Turkménistan, petit pays coincé entre l'Iran et le Kazakhstan, a trouvé une astuce pour faire entrer un peu de monnaie dans les caisses de l'Etat.

Connaissant le prix de ses sujets, il a décrété que tout étranger souhaitant épouser un ou une ressortissante turkmène devra payer quelques 50 000 euros à la compagnie d'asurances nationale.

On sait bien que l'amour n'a pas de prix, mais ça fait quand même une somme...

Sourire

Des Romanichels ont abandonné le cadavre d'un vieil âne mort sur la place d'un village.
Comme dans Don Camillo, le curé et le maire sont au plus mal.
Le curé demande au maire d'enlever la bête.
Le maire répond que la levée des corps est du ressort du clergé!
Le curé riposte qu'il le savait, mais qu'il tenait à prévenir la famille !

Adolphe Thiers, ex-président de la République décède le 3 septembre 1877. Le 3 septembre 1939, la France et l'Angleterre déclarent la guerre à l'Allemagne. Le 3 septembre 1940, première présentation d'une télévision en couleurs. Assassinat à Palerme , par la Mafia, du général Della Chiesa.

SEPTEMBRE jeudi 4

Sainte Rosalie
Son corps fut retrouvé au fond d'une grotte quatre siècles après sa mort.

Le soleil se lève à 07 h 12 m et se couche à 20 h 26 mn.

Humour :
A l'âge de raison, faites en sorte de prendre de fermes résolutions pour ne pas être raisonnable.

Ne cachez plus ce sein... c'est bon pour la santé!

Le docteur Karen Weatherby a donné les résultats d'une expérience peu commune au *Journal of Medecine* : sur 200 cobayes masculins, durant cinq ans, l'étude a montré que "poser un regard sur les seins d'une femme maintenait en bonne santé et pouvait prolonger la vie de quelques années".

- Si on vous mange des yeux, il y a un supplément à payer ?!

Il est conseillé de "regarder" les charmes de la dame au moins pendant dix minutes pour que le traitement soit efficace.
Ça aurait, paraît-il, les mêmes effets bénéfiques qu'une séance de gymnastique d'une demi-heure. Sans compter que c'est moins fatigant.
L'excitation sexuelle ainsi suscitée, entraînerait une hausse de la pression sanguine, une accélération du rythme cardiaque et verrait les risques d'infarctus diminuer de moitié.
D'après ces médecins, si cette activité était renouvelée au moins une fois par jour, cela pourrait prolonger notre espérance de vie de quatre à cinq ans.
Alors, Madame, si vous surprenez Monsieur en train de contempler les seins de la bonne, dites-vous que c'est seulement qu'il veux prendre soin de sa chère santé et rien d'autre.

Cheval en vue.

La carrière prometteuse d'un pur-sang suédois s'est arrêtée brusquement il y a quelques années. Au lieu de galoper, Home Alone s'était mis à trotter, semblant hésiter à avancer. En fait, le cheval devenait myope. Un opticien à la retraite a pris le temps de lui confectionner des verres de contact fixés grâce à un masque, ce qui était préférable à une canne blanche, tout de même.
Avec ses lunettes, Home Alone a pu courir à nouveau et a même battu un record de vitesse !

Le chute de Napoléon III est annoncée le 4 septembre 1870. Le 4 septembre 1947 est créé le Festival d'Avignon. Albert Schweitzer décède le 4 septembre 1965. Election de Salvador Allende le 4 septembre 1970. Geroges Simenon est décédé le 4 septembre 1989. Le 4 septembre 1987, Mathias Rust, à bord d'un petit coucou, se pose sur la Place Rouge.

Sainte Raïssa
Fut décapitée alors qu'elle n'avait pas vingt ans

SEPTEMBRE
vendredi 5

Le soleil se lève
à 07 h 14 mn
et se couche
à 20 h 24 mn;

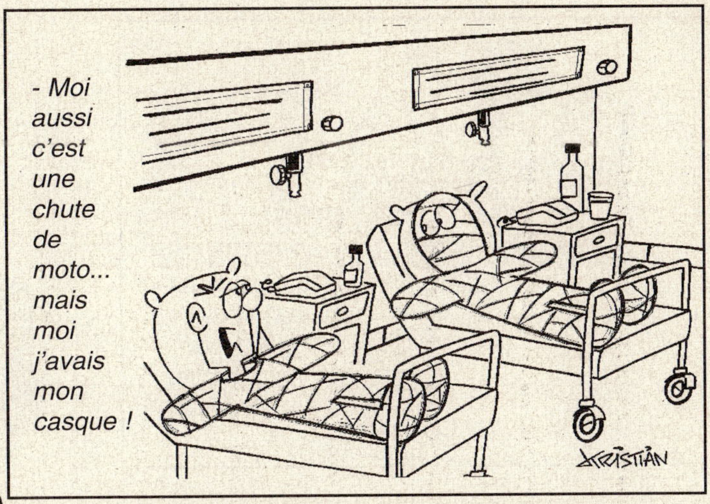

Notre ami KRISTIAN aura pu présenter le *Vermot* au Japon cet été où il a été invité à présenter ses œuvres lors d'une très belle exposition.

- Elle a de la chance... eux, ils sortent au moins...!

- Et si on essayait plutôt de faire entrer la caravane dans l'armoire ?

- Je ne comprends pas... j'ai pourtant mis de l'eau, de l'huile, du vinaigre ...

Le 5 septembre 1187, naissance du roi Louis VIII. Le 5 septembe 1638, naissance du roi Louis XIV. Le 5 septembre 1944 naissance du Benelux qui regroupe la Belgique, les Pays-Bas et le Luxembourg. Le 5 septembre 1972, un commando palestinien abat 11 sportifs israéliens, lors des J.O. de Munich.

SEPTEMBRE samedi 6

Saint Bertrand
Naquit au XIIe siècle et fonda plusieurs monastères.

- Mais poussez-vous bon sang, vous me marchez sur le pied !

- Pardon, la fumée ne vous dérange pas ?...

Le soleil se lève à 07 h 15 mn et se couche à 20 h 22 mn.

Sourire
Un jeune Londonien fort pédant demande ironiquement à Bernard Shaw . - Votre père était tailleur, comment se fait-il que vous-même ne le soyez pas?
- Vous devriez le comprendre mieux que quiconque, vous, dont le père était un parfait gentleman!

Ça c'est insolite !

C'est le journal russe *Moskovski Komsomolets* qui rapporte l'anecdote. Afin de bénéficier des consultations médicales gratuites, des seringues et des préservatifs offerts aux prostituées, de braves mères de famille se faisaient passer pour de vulgaires femmes de petite vertu.
Dans la région de KrasnoÏarsk en Sibérie, ces mères de famille n'avait trouvé que ce moyen pour bénéficier des soins donnés au dispensaire créé par la fondation du milliardaire américain George Soros.
C'est finalement leurs tenues affriolantes et leur maquillage outré qui a donné l'éveil.
Et parfois aussi l'âge qui laissait planer un doute sur l'authenticité de leur état...

Petit cours de calcul mental du professeur Raoul Lambert : pour multiplier un nombre par 99 il suffit de multiplier par 346,5 et de diviser le produit obtenu par 3,5.
Le professeur ne fournit pas l'aspirine.

- Ma femme cherche partout des chaussures comme les vôtres!

Sourire
A Glasgow, la grande fête annuelle se termine et Mc Intosh rentre chez lui avec son fils.
Il s'adresse à sa femme : " Ton fils est insupportable. Je lui ai acheté pour 5 pences de confettis et il n'a rien trouvé de mieux que de les jeter !

Petites annonces
- Jeune homme, paresseux, oisif, sans domicile fixe, cherche jeune femme, riche, voiture, villa, résidence secondaire, juste pour faire jaser.

- Chien échangerais maître bien-pensant contre maître pensant bien... à le nourrir.

Julien Green, premier étranger élu à l'Académie Française était né le 6 septembre 1900. L'Anglais Burgess traverse la Manche à la nage, le 6 septembre 1911. Théodore Roosevelt, vingt-sixième président des USA décède le 6 septembre 1919. Un séisme en Turquie fait 3 000 morts le 6 septembre 1975.

- D'accord, il dort... mais c'est peut-être d'un sommeil réparateur !

Humour
Deux lapins discutent. Le plus jeune finit par poser une question : -" Depuis que j'ai été au spectacle je me demande si c'est vrai que les petits lapins naissent dans les chapeaux haut de forme...?

Le soleil se lève
à 07 h 17 mn
et se couche
à 20 h 20 mn;

Vermot jardin : à propos du gazon

C'est le moment

Pour le gazon s'entend, en septembe, les semences de gazon germent bien.

Il ne fait pas encore froid, les averses sont fréquentes, aussi n'attendez pas pour préparer le terrain pour la pelouse à venir.

Un gazon semé tardivement à l'automne ne germe souvent qu'au printemps suivant.

Axez vos travaux de préparation du terrain sur un bon désherbage en supprimant les vivaces qui gâcheraient la pelouse au prochain printemps.

Soignez les travaux d'aplanissement du sol, car il est très important qu'il n'y ait ni creux ni bosses, ce qui ne faciliterait pas les tontes à venir.

Sourire

Question : Est-il vrai que dans leurs enclos, les moutons tournent toujours dans le sens des aiguilles... à tricoter ?

Lorsque la vache panse, rumine-t-elle?

- Tu vas entendre ton père quand il va voir ça!

René François Armand Sully-Prudhomme, prix Nobel de littérature décède le 7 septembre 1907. Elia Kazan, était né le 7 septembre 1908. Henri Sannier, journaliste TV, est né le 7 septembre 1947. Marcel Dessailly, capitaine de l'equipe de France de football, est né le 7 septembre 1968. Le 7 septembre 1969, Jacky Stewart devient champion du monde de F1.

SEPTEMBRE lundi 8

Nativité de Notre-Dame
On fête les Adrien.

Saint Alain de la Roche
Fonda la confrérie du Rosaire.

SEPTEMBRE mardi 9

- Vous le faites exprès d'être là quand je fais une bêtise ?

Le soleil se lève à 07 h 18 mn et se couche à 20 h 18 mn.

De Guy Delecraz :
Si vous vous désolez d'aller vers vos quatre - vingts ans, consolez-vous en sachant que vous êtes sur le retour!

Le soleil se lève à 07 h 19 mn et se couche à 20 h 16 mn.

Quand les ministres de l'Éducation

Et oui les ministres de l'Instruction publique puis de l'Éducation nationale passent... allègrement, mais l'école demeure !
Et avec elle ce jour bien particulier de la rentrée des classes. Chaque chère tête blonde ou brune retrouve ses petits camarades, raconte peu ou prou ses vacances, qui déjà s'éloignent à grands pas, mais bien vite les regards et les esprits se portent non plus vers le passé estival et ensoleillé, mais vers l'avenir automnal et pluvieux.
Les nouvelles têtes sont autant de sujets d'inquiétude !
Comment sera l'instit ou le prof de maths, sympa ou coincé ?
Et le petit nouveau là, un chouchou en puissance ou un cancre marrant ?
Fort heureusement, pour compenser ces questions existentialistes chargées d'angoisse, Jules Ferry, ses secrétaires et leurs nombreux descendants ont agrémenté cette rentrée, ainsi que tous les jours suivants, de petits bonheurs simples.
Quel plaisir en effet que l'achat d'un nouveau cartable, bientôt rempli de confiseries à déguster à la récré.`
Ainsi dès 1932, naissait notre bon vieux choco BN, le plus ancien de nos biscuits fourrés, baptisé à l'époque "Choco Cass'Croûte".

- Dépêche-toi, sinon le drakkar de ramassage scolaire ne va pas t'attendre !

Le 8 septembre 1830, Fredéric Mistral, prix Nobel de littérature, voit le jour. Le 8 septembre 1938, sortie deu film "La Femme du Boulanger" de Marcel Pagnol, avec Raimu et Ginette Leclerc. Le 8 septembre 1949, décès de Richard Strauss compositeur .

La Californie devient le trente-et-unième État des USA, le 9 septembre 1850. Le Luxembourg obtient son indépendance des Pays-Bas, le 9 septembre 1867. Le peintre Toulouse-Lautrec décède le 9 septembre 1901. Le peintre Derain décède le 9 septembre 1964.

- Je trouve ridicule de nous faire faire ce numéro avec un filet...

L'humour de Guitry
- Pour punir une femme, disait Sacha Guitry, achetez-lui trois chapeaux et enfermez-là avec dans une pièce sans miroir!

Le soleil se lève à 07 h 21 mn et se couche à 20 h 14 mn.

passent allègre... ment !

Combien de gros chagrins a-t-il consolés ? De zéro en dictée a-t-il fait oublier ? Moins chocolaté ou fruité, mais tout autant chargé d'émotion, le premier cahier d'écolier! Fermons les yeux et souve-nons-nous de ce moment magique où nous avons tracé nos premiers bâtons sur ces cahiers striés de lignes violettes... Lignes qui nous permettront quelques mois plus tard d'ajuster la hauteur du "t" ou du "i".

-- *Un gros chien? Que veux-tu que j'en fasse, je ne chasse pas, je pêche !*

Les plus célèbres de ces cahiers ont pour nom "Clairefontaine",en hommage à Etival-Clairefontaine, un petit village vosgien, haut-lieu du papier dès le XVème siècle et spécialisé dans le cahier d'écolier depuis le XIXe siècle. Ainsi, le cahier toujours en service aujourd'hui a été créé en 1951.

Et c'est peu de dire qu'il en a vu passer des élèves de toutes sortes, futurs énarques ou modestes collaborateurs de notre bon vieil *Almanach Vermot*..

Sourire

Un vieux monsieur arthrosique, tenant sa canne à la main, entre chez son médecin en clopinant :
"Docteur, il faut que vous me donniez quelque chose pour rabaisser mes envies sexuelles! "
"Allons, allons, monsieur Martin, vous savez bien que la libido, c'est dans la tête que ça se passe..."
"Ben justement docteur, c'est ce que je voulais dire : il faudrait que ça se passe un peu plus bas!

Sissi, l'épouse de l'Empereur d'Autriche François Joseph est assassinée le 10 septembre 1898. Accident et mort de 12 spectateurs au grand prix de Monza le 10 septembre 1961. Lancement d'un journal pas comme les autres, *le Canard Enchaîné* le 10 septembre 1915, par Marcel maréchal.

SEPTEMBRE jeudi 11

Saint Adelphe
dirigea plusieurs abbayes

Saint Appolinaire
Évangélisa le Japon

SEPTEMBRE vendredi 12

- *J'aimais mieux quand il faisait ses mots croisés, au moins les voisins ne rouspétaient pas... !*

- *Sans légende*

Le soleil se lève à 07 h 22 mn et se couche à 20 h 12 mn.

Chien ressemblant vraiment à un loup et hurlant même manière cherche place stable dans famille pour faire semblant de manger enfants qui n'aiment pas la soupe !

Le soleil se lève à 07 h 24 mn et se couche à 20 h10 mn.

11 Septembre... une date, aussi, pour le *Vermot*

Au *Vermot,* le 11 septembre était une date anniversaire très importante pour tous.

Jusqu'à ce qu'arrive le 11 septembre 2001 et l'attentat terroriste des tours de New York.

Le 11 septembre restera maintenant une date douloureuse pour le monde entier. Alors pourquoi parler de notre 11 septembre à nous.

Simple souvenir... c'est en effet le 11 septembre 1896 que le dessinateur Henriot publiait dans *l'Almanach Vermot,* le plus célèbre de ses dessins. - voir ci-dessous - Dessin qui devait donner le ton de notre humour. Le " Comment vas-tu yau de poêle" allait se répandre partout et reste toujours d'actualité.

Il suffit de faire un jeu de mots pour que l'on vous dise - " Tu fais du *Vermot !*"

Ce dessin et sa légende sont devenus l'emblème, le porte-drapeau de l'Almanach et aussi de l'humour français de vieille tradition.

Si l'on n'est pas prêt d'oublier le 11 septembre de New-York, au *Vermot* on ne peut pas passer sous silence notre 11 septembre 1896 et son: "Comment vas-tu yau de poêle ? "

— COMMENT VAS-TU, YAU DE POELE ?...

Dessin de Henriot, 11 septembre 1896

Insolite
Reconnaissables

Pour la police de Cali en Colombie, il fallait mettre un terme aux agressions de certains motards.

Ceux-ci seraient responsables de moult agressions et vols à l'arraché. Aussi ils sont désormais obligés de porter, en gros caractères fluo, le numéro d'immatriculation de leur engin au dos de leur blouson !

Maurice Chevalier a poussé sa première chansonnette (dans son berceau), le 12 septembre 1888. "Jesse" Owens (4 médailles d'or au J.O. de Berlin était né le 12 septembre 1913. Jean Le Poulain, comédien-administrateur de la Comédie Française était venu au monde le 12 septembre 1924. Michel Drucker est né le 12 septembre 1942.

Nikita Krouchtchev décède le 11 septembre 1971 et Salvador Allende le 11 septembre 1973. Le tableau les "Tournesols" de Van Gogh est vendu le 11 septembre 1987, 320 millions de francs. 11 septembre 2001 : attentat terroriste de New-York (des milliers de morts).

- Je peux venir avec vous... j'ai mes asticots ...!

Les sobriquets de Christian Plume
(suite)

Lagaf Vincent, Rouil :
Héros sur le bidet.

Lagardère :
Le dieu aux armes. J'en achète.

Lama Serge, Chauvier :
Se montre de nouveau ou "devanture en devanture".

Lefèvre Jean :
Le nonchalant qui lasse.

Le soleil se lève
à 07 h 25 mn
et se couche
à 20 h 08 mn.

Serres et châssis

Pour les possesseurs de serres ou de châssis, il faut semer des salades pour le printemps. Il faut aérer régulièrement votre serre pendant la journée. L'humidité est plus importante et les maladies peuvent s'y développer rapidement.

Il faudra rentrer à l'abri, dès la fin du mois, les géraniums, bidens et solanums, la moindre petite gelée pouvant endommager leur feuillage.

A propos d'azote et d'épinards.
Essayez de cultiver les épinards près d'une culture de pois, de haricots ou de fèves. Cette famille de plantes a la particularité de fixer dans le sol, grâce à ses racines, une importante quantité d'azote.

Les épinards qui en ont besoin l'utiliseront au fur et à mesure qu'ils pousseront. Contentez-vous de couper les feuillages des pois en laissant les racines en terre : ils serviront de garde-manger à vos épinards.

Sourire
Savez-vous pourquoi il n'y a pas de mendiants en Ecosse? Parce que personne ne donne !

En vrac.

- Le couteau de Ravaillac comprenait également un tire-bouchon et un ouvre-boîte, mais la thèse du banal accident de pique-nique ne fut pas retenue par les juges.

- Petit truc à l'attention des ménagères : pour couper un gâteau en vingt-et-une portion, il suffit de le découper en soixante-trois parts et d'en offrir trois à chaque convive.

- Curiosité grammaticale : "Chaqu matin, j' prouv l b soin d mang r d la sauciss fraîch t un tartin d confitur avant d'aval r un grand tass d caf " : est une des rares phrases que l'on puisse écrire sans employer une seule fois la lettre "e" ! (R. Lambert Éditions du rouergue)

Le 13 septembre 1788, New-York devient la capitale des USA. Jacqueline Bisset, actrice est née le 13 septembre 1944. Un fou lacère le tableau de Rembrandt "Ronde de Nuit" le 13 septembre 1975. Poignée de main historique de Shimon Perez, premier ministre israélien et Yasser Arafat, devant Bill Clinton, le 13 septembre 1994.

SEPTEMBRE dimanche 14

Saint Materne
On fête aussi la sainte Croix, symbolisme de la Chrétienté

- Je croyais t'avoir dit que je ne voulais plus que tu ramènes quelqu'un pour dîner sans m'avertir...!

- Non merci, j'ai déjà un chapeau !

Le soleil se lève
à 07 h 26 mn
et se couche
à 20 h 05 mn.

Sourire

Un galant homme est un monsieur qui, en présence d'une femme entre deux âges, ne voit que le premier .

Riez avec Jean Yanne

" - J'ai rapporté des plages de Californie une recette contre les requins : se baigner avec une tronçonneuse. "

" - D'après une étude américaine, 20 % des habitants de notre planète parlent anglais.
Oui, mais les 80 % restant n'ont pas compris la question."

"- Savez-vous que le paon est réputé pour sa flûte?"

"- Il est grand temps de re-voir les sports autorisés aux Jeux Olympiques. Pourquoi par exemple, ne pas inventer la partie de tennis opposant deux types munis de javelots?"

" - La voiture est le pire des fléaux de notre civilisation. Je m'en suis séparée. Il est en effet anormal que l'on empile des gens en hauteur dans les HLM pour ensuite les allonger en longueur dans les embouteillages ."

Si vous en voulez d'autres, chez votre libraire, demandez les "Pensées, répliques, textes et anecdotes de J. Yanne, édition le Cherche Midi Éditeur.

Un truc pour Madame.

Une pelote de laine détricotée qui frise ou s'enroule... ? Pas de problème, lorsque vous détricotez un vêtement de laine, enroulez la laine au fur et à mesure autour d'une bouteille d'eau minérale. Mouillez ensuite la laine à l'eau froide, remplissez la bouteille d'eau chaude et laissez sécher. Quand la laine est sèche, il ne vous reste plus qu'à en faire une pelote.

Michel Butor, romancier, est né le 14 septembre 1926. Isadora Ducan danseuse , meurt accidentellement étranglée par son écharpe prise sans une roue de la voiture, le 14 septembre 1927. Le 14 septembre 1960, création de l'OPEP (Organisation des Pays Exportateurs de Pétrole). Grace de Monaco meurt dans un accident d'auto le 14 septembre 1982.

- *La société va devoir prévoir rapidement un budget : " Frais de transport..."*

Poème pour sourire
Une Américaine était incertaine
Quant à la façon de cuire un homard.
Si nous remettions cela à plus tard
disait le homard à l'Américaine .

Le soleil se lève
à 07 h 28 mn
et se couche
à 20 h 03 mn.

Histoires insolites

Horrible

Juchée sur un parapet, une femme menaçait de se jeter dans le vide.
Les policiers et les pompiers, eux tentaient de l'en empêcher.
Les discussions ont duré plus de trois heures, créant un embouteillage monstre car cela se passait sur l'un des ponts les plus fréquentés de Seattle. C'est alors que lassés des hésitations de l'aspirante au suicide, des automobilistes voulant reprendre leur route l'ont encouragé à leur façon en hurlant" allez vas-y saute, allez saute, mais saute donc. "
Ce qu'elle a fait ...!

Drôles de chambres

Un hôtelier de Berlin a eu l'idée de décorer ses chambres d'une manière très particulière.

Vous pouvez, chez lui, réserver la chambre " Bloc opératoire" avec pharmacie, goutte à goutte et bouteille de réanimation. Dans la chambre " jardin" il a installé pour vous tenir compagnie une famille de nains de jardin. Une des plus demandées est la chambre "prison" !
Tissu à rayures aux murs, boulet au pied du lit, lequel est tenu par des chaînes à la cloison. Et surtout, avec un trou dans le mur pour vous permettre de vous évader sur le balcon!
Il est possible que la chambre " hôpital psychiatrique" avec camisole soit réservée pour l'usage personnel du patron !

Un truc en plus

Comment les Anciens arrêtaient-ils un rhume de cerveau dans les temps reculés ? En respirant les effluves d'un vieil alcool.
En effet, les alcools aromatiques dégagent des arômes capables de bloquer un début de rhume. Pour cela, versez au fond d'un verre assez évasé un peu de vieux calvados ou de vieille

prune ou tout autre alcool parfumé.
Agitez le verre et respirez profondément, pendant dix à vingt minutes. Il n'est pas interdit, ensuite de vider le verre !

Agatha Christie, célèbre romancière était née le 15 septembre 1891. Jean Renoir réalisateur de films était né le 15 septembre 1894. Les premiers chars de l'armée britannique entrent en action le 15 septembre 1916. Première visite d'un chef d'État soviétique (Khrouchtchev), aux USA, le 15 septembre 1959.

SEPTEMBRE
mardi 16

Sainte Edith
Mourut à 23 ans au monastère de sainte marie de Wilton.

- N'importe quel circuit touristique, pourvu qu'il y ait une visite des caves et des vignobles!

- Sans légende

Le soleil se lève à 07 h 29 mn et se couche à 20 h 01 mn.

Gérard Lejeune : une victime

Mais victime consentante... car Gérard Lejeune, 73 ans aux figues, comme il dit, vit une passion dévorante. Depuis près de quarante ans, il ramasse, bricole, remet en état tout ce qui ressemble à un vélo ou à une moto.

Il a déjà une quarantaine de vélos dont un grand bi de 1871 qui n'est pas facile à manier d'autant que le patin du frein bloque la roue avant, ce qui risque de vous faire passer par-dessus le guidon en cas de freinage brusque.

L'œil vif, la moustache coquine, Gérard Lejeune a des mains qui font merveille pour usiner un cadre, forger une pédale cassée ou bidouiller un câble de freins.

Il a, par exemple, retapé un vélo... en bois venu d'Italie, de l'époque mussolinienne. Il fallait certainement garder l'acier pour faire des canons à l'époque.

Il a pu remettre en état un

- Essayez de trouver pour mon mari un petit coin de montagne où il pourrait pêcher !

Un fait historique peu connu

Très superstitieux, Louis XIII ne voulait pas s'appeler Louis XIII mais Louis XIV. C'est sur l'insistance de sa maman, qui avait déjà brodé ses mouchoirs et ses draps à son nombre, qu'il consentit finalement à rester XIII.

R. Lambert Professeur d'histoire de rire

Mouloudji, était né le 16 septembre 1922. Archevêque de Paris puis cardinal, Jean-Marie Lustiger est né le 16 septembre 1926. Le 16 septembre 1927 naissait Peter Falk, alias l'homme au cigare et au vieil imper, Colombo. Poulbot, dessinateur qui donne son nom au titi parisien est décédé le 16 septembre 1946. Patrick Dewaere s'est suicidé le 16 septembre 1982.

- Moi je n'admettrais pas que ma femme me fasse tourner en bourrique !

- Pour sa femme il est au jardin !

Sourire
Ce n'est pas le premier procès ou se pose la question de savoir dans quelle caisse noire va le bénéfice du doute!

Y. Robin

Le soleil se lève
à 07 h 31 mn
et se couche
à 19 h 59 mn.

d'un cycle infernal

"Michaux", célèbre marque de vélos de 1868 où pour freiner, il fallait enrouler le câble autour du guidon...
Dans ce milieu de "fondus du cycle infernal" comme il dit, on s'échange matériel et informations ; comme avec ce Japonais, fou de vieilles bécanes qui lui a montré un vélo refait d'après des plans retrouvés dans le courrier d'un certain Léonard de Vinci.

Il est tout fier de nous montrer un biclou insensé, équipé de soixante-seize ressorts à chaque roue, en lieu et place des pneus ! Au moins ça restreignait les risques de crevaison.
On peut passer des heures dans son "antre" où s'entassent des milliers de pièces qui un jour, il l'espère, formeront un vélo capable de rouler. Comme ce modèle américain avec pompe en cuivre, ce vélo sans chaîne mais avec cardans ou encore ce vélo kaki, pliant, parachuté sur les plages du débarquement pour les soldats américains. Pas très commode d'ailleurs pour pédaler dans le sable...
Comment s'arrêter dans ce genre de passion dit-il puisque ça touche des engins... roulants.

Sourire
Monsieur appelle la bonne : "Nous avons des invités ce soir, pensez à prendre les parapluies qui sont dans l'entrée et rangez-les dans un placard.
- Monsieur a peur que ses invités les volent?
- Non qu'ils les reconnaissent!

Le 17 septembre 1787, la constitution des Etats-Unis d'Amérique est publiée. Denise Grey qui fut la "mammie" du cinéma français (La Boom) avait vu le jour le 17 septembre 1896. Stirling Moss (16 victoires en F1) est né le 17 septembre 1929. Damon Hill, pilote de F1, est né le 17 septembre 1960. Attentat à Paris, rue de Rennes (7 morts, 53 blessés) le 17 septembre 1986.

SEPTEMBRE jeudi 18

Sainte Nagège
Ne voulant pas renoncer à sa foi, elle fut torturée et décapitée.

- J'étais d'accord pour une virée de 15 jours en Italie avec lui, mais maintenant j'hésite !

- Mon mari prend des cours d'anglais par correspondance et son professeur lui a collé dix minutes de piquet !

Le soleil se lève à 07 h 32 mn et se couche à 19 h 57 mn.

C'est bien le mot
Si vous avez des démangeaisons ayez plutôt de l'eczéma que du psioriasis. C'est plus facile à prononcer.

Chasseurs : certains passent à l'arc

Si l'immense majorité des chasseurs prennent le fusil pour faire l'ouverture, d'autres empoignent de temps à autres, une arme plus étonnante.

Il s'agit de l'arc qui est devenu pour certains l'arme du chasseur nouvelle génération.

Le morceau de bois et la corde des Indiens n'est qu'un lointain souvenir. Ce nouveau matériel de chasse fait appel aux matériaux composites résistants et légers apparus sur le marché ces dernières années.

Les arcs sont devenus aussi puissants que précis et l'on peut aussi bien tuer une caille, un lièvre ou un cerf.

La chasse à l'arc est venue des Etats-Unis voici cinq-six ans et l'on compte déjà près de 10 000 adeptes.

La distance entre le chasseur et le gibier ne doit pas dépasser vingt mètres ce qui implique que le chasseur doit déployer des trésors de patience pour approcher un animal.

D'où une différence énorme dans le nombre d'animaux abattus entre la chasse traditionnelle et la chasse à l'arc.

Il est vrai, aussi, que s'y on revenait à la fronde, la chasse serait vraiment un sport et le gibier serait plus tranquille.

Sourire
Cela se passe en Ecosse.
Au coin d'une rue un mendiant tend la main. Passe un Écossais qui met la main à sa poche : "Tenez mon brave, voilà de quoi boire un bon café." Et il lui glisse dans la main un morceau de sucre...

Greta Garbo "la Divine", était née le 18 septembre 1905. Le 18 septembre 1920, l'équipe du Brésil est battue par celle de l'Uruguay : 6 buts à 0 ! Jimi Hendrix, grand guitariste-chanteur est décédé le 18 septembre 1970. Jacques Anquetil est descendu définitivement de son vélo le 18 septembre 1987. Abolition de la peine de mort en France, le 18 septembre 1981.

Sainte Emilie
Fonda la congrégation de la sainte Famille.

SEPTEMBRE
vendredi 19

- *Quand le ciel se couvre... le reste aussi !*

Humour
L'hiver approche, prenez vos précautions. Pensez à l'isolation de votre béret basque et mettez un double vitrage à vos lunettes.

Le soleil se lève à 07 h 33 mm et se couche à 19 h 55 mm

De gauche ou de droite ?

Question : quel est le point commun entre Bjorn Borg, John McEnroe, Martina Navratilova, Jimmy Connors ? Réponse : ils sont tous gauchers (ils jouent aussi au tennis).
Les gauchers constituent 10 % de la population? C'est maigre. C'est la raison pour laquelle ouvre-boîtes, ciseaux, cannes de golf, appareils photos, etc. Tous les objets courants sont destinés à l'usage des droitiers.
Priorité à droite. Injuste ! Mais avez-vous déjà entendu un gaucher se plaindre, pester contre toutes les petites misères du quotidien ? Hé non ! Les gauchers ne sont pas des râleurs.
Deux gauchers sur trois sont des hommes. Les scientifiques ne parviennent pas à l'expliquer. Ils sont également perplexes devant un autre fait réel : les gauchers arborent souvent un Q.I. très élevé ! Mystère de la gauche ? Regardez la fameuse statue de David par Michel-Ange. Notre héros biblique tient sa fronde de la main gauche. "Aucun texte ne mentionne que David était gaucher" affirment les théologiens toujours graves. Et aux superlogiques de répliquer : "Le modèle qui a posé pour l'artiste devait être gaucher." Oui, c'est logique, mais la polémique continue.

Parmi les célèbres gauchers, citons Marilyn Monroe, Harpo Marx, Picasso, Bill Clinton, Charlie Chaplin, le prince William (fils de Charles et Diana), sans oublier Einstein. Quant à Charlemagne et Jeanne d'Arc, encore un mystère. Les historiens ne sont sûrs de rien. Pour certains, la Pucelle était obligatoirement gauchère puisque c'était une sorcière : l'ambassadeur du sultan de Baghdad, lui, décrivit Charlemagne comme "un bel homme habile de ses deux mains". Alors, peut-on, en déduire que l'empereur était ambidextre ?

Sourire
Ouvreur de parenthèses cherche travail, dans le Midi. Peut aussi fermer les guillemets.

Le 19 septembre 1921, naissance de Daniel Gélin. Emile Zatopeck, un des plus grands coureurs de fond était né le 19 septembre 1922. . Arrestation, le 19 septembre 1939 du ravisseur du bébé Lindberg. Richard Hauptmann sera exécuté bien qu'il ait clamé son innocence. Sabine Azéma est née le 19 septembre 1949.

SEPTEMBRE samedi 20

Saint Davy
Fut torturé en 1537 à Londres

- Mon mari et moi faisons nos courses chacun de notre côté !

Le soleil se lève à 07 h 35 mn et se couche à 19 h 53 mn.

Insolite :
On parle souvent du doigt de Dieu, de la main du destin mais jamais du genou du sort, du coude de la fatalité ou du pied de l'inconscience. Pourquoi ?

Bohémiens et argotiers...

En 1417, les Romes ou Tziganes sont vus près de l'embouchure de l'Elbe et le long de la Baltique. On en dénombre environ trois cents, établis en Hongrie puis en Valachie.
Ils se déplacent à cheval ou à pied. Leurs chefs sont superbement vêtus. Ils se prétendent chassés par le sultan de Turquie.
En 1422, une nouvelle horde arrive en Provence. Une autre à Bologne. On les retrouve à Bâle au nombre de quatroze mille et cinq ans plus tard, à Paris. Leur chef, le Grand Coësre se fait appeler roi de Tunes (Tunis).
Il se fait traîner par deux gros chiens, dans une petite charrette et a sous ses ordres un lieutenant appelé un "cagou" qui initie les apprentis aux secrets de la "mate ougueuserie", créant ainsi une autre sorte de compagnonnage au sein de la capitale, dans ce qui deviendra la Cour des Miracles, située entre Montorgueil et la rue Saint-Sauveur.
Après le cagou, viennent les archisuppôts qui ont pour mission de réglementer la langue de l'argot.
Ils ont le droit de mendier sans payer de redevances à leurs supérieurs hiérarchiques. Le Grand Coësre

- C'est le propriétaire de la porcherie, vous voyez bien que je vous vends du cochon de laid !

Logique :
Dans les camions, il y a toujours eu des photos de nanas en maillot de bains alors, pourquoi dans les journaux de mode, il n'y aurait pas des photos de camions ?

Bataille de Valmy le 20 septembre 1792. Sophia Loren voit le jour le 20 septembre 1934. Patrick Poivre est né le 20 septembre 1947, avant de devenir Poivre d'Arvor. Le célèbre Raimu quitte la scène définitivement le 20 septembre 1946. Premier Festival de Cannes le 20 septembre 1946. Tremblement de terre à Mexico, le 20 septembre 1985.

- Papa n'aime pas beaucoup que je flirte dans le foin...!

- Dans mon taxi l'avantage c'est que les chiens sont admis et qu'on peut fumer !

Humour

Pour mieux vendre vos radis, mettez-les en bottes et vendez-les par deux. Une paire de bottes de radis trouvera plus facilement preneur.

Le soleil se lève
à 07 h 36 mn
et se couche
à 19 h 51 mn.

et la langue des gueux

exige vingt-quatre sous de la part des enfants qui mendient en faux orphelins. Les mercandiers se font passer pour des marchands ruinés par la guerre. Ils sont couverts de plaies factices... Les malingreux sont de faux pèlerins chrétiens, les piètres, de vrais estropiés qui marchent avec des béquilles. Les sabouleux fréquentent les marchés barbouillés de sang et rendent par la bouche l'écume qui est en réalité du savon.

C'est à eux que la population donne le plus ! Les coquillars auquels se joindra François Villon sont de prétendus pèlerins arrivant de Saint-Jacques de Compostelle...

On trouve aussi les millards, les capons, les drilles mendiant l'épée au côté.

L'argot :

Leur langue viendrait d'un certain Rageot dont le nom fut tourné en verlan et qui se donnait le titre de "Capitaine des Gueux". L'argot est un idiome parallèle appelé aussi le jargon, le matois, le narquois destiné à n'être compris que des membres de la communauté. Il se compose de mots allongés ou tronqués, de locutions proverbiales, d'attributs mis à la place du sujet :

- les bras : les lyans
- le boeuf : un cornant
- une bourse : une fouille
- un coq : une horloge
- les jambes : des quilles
- un sou : un rond, etc

On trouve aussi beaucoup de mots dérivés du bohémien, proche du rajasthâni et de l'hindousthâni :

- chemise : lime
- draps : limants (lima en bohémien)
- homme riche : rupin (rup en Tsigani : château et couteau)
- maison : turne
- couteau : chourin etc

Et tous ces mots ne vous disent-ils pas quelque chose ?

Sourire :

Vends piano à deux touches. Ne peut convenir qu'à débutant.

Paul Deschanel met fin à son mandat de Président de la République, le 21 septembre 1920. Marcel Cerdan devient champion du monde en battant Tony Zale par KO, le 21 septembre 1948. François Cluzet, comédien, est né le 21 septembre 1955. Malte obtient son indépendance de l'Angleterre, le 21 septembre 1964. 21 septembre 1980, d'Aboville traverse l'Atlantique à la rame.

SEPTEMBRE lundi 22

Saint Maurice
Fut le protecteur des comtes et ducs de Savoie.

Le soleil se lève à 07 h 38 mn et se couche à 19 h 48 mn.

Saint Maurice saint patron des militaires

A quoi bon tenter de protéger des militaires ! Ce n'est pas un saint patron qu'il faudrait, mais plutôt un Saint Bernard.
Quand il fut appelé, Maurice était un franc-tireur qui ne connaissait rien des troupes. Pour lui, une guerre éclair devait être faite par des foudres de guerre.
Les têtes brûlées étaient sans doute des combattants que l'on avait renvoyés dans leurs foyers.
La division était une opération militaire.
En voyant tous ces gens qui portaient leurs mains à la tempe, il imaginait qu'il s'agissait de l'Armée du Salut.
En somme il débarquait et tous ces corps d'armée étaient pour lui des soldats inconnus.
Jusque-là cantonné à l'état civil, il choisit alors de se réformer et de passer de la culture générale à une véritable culture de général. Aspirant, de bonne guerre, à exécuter correctement sa mission, il suivit un enseignement militaire très nourri afin de rejoindre le gros de la troupe.
Bombardé saint protecteur, Maurice fut finalement une bonne recrue. En fait il avait du génie.
En fréquentant les soldats il trouva une compagnie. Il discute maintenant avec les jeunes du quartier général et leur rend de nombreux services militaires.
Depuis le ciel il n'a pas besoin d'avion pour leur faire coucou et pour les protéger encore mieux que l'armée de l'air.
Il évite surtout de leur donner des conseils de guerre.
Dès qu'ils sont sur le pied de guerre, au contraire, il leur donne un conseil de révision. Il leur explique qu'il n'existe pas de trésor de guerre. Il crie au soldat en joue : ne tire pas au flan, tire ailleurs !
Il les persuade qu'aucune campagne ne vaut leur compagne et les encourage à leur faire une guerre de positions.
Ainsi, les militaires s'approcheront de leur saint et, au septième ciel ce sera pour eux la guerre des étoiles.

Ch.Villard

- Voilà la clef de votre voiture, madame...!

Le grand Eric Von Stroheim était né le 22 septembre 1885. Alain Fournier, l'auteur du "Grand Maulnes" est tué sur le front le 22 septembre 1914. Le 22 septembre 1940 naissait Anna Karina, actrice. 22 septembre 1980 début de la guerre Iran-Irak. Le TGV Paris-Lyon est inauguré le 22 septembre 1981. Ben Johnson perd sa médaille d'or pour dopage le 22 septembre 1988.

Saint Constant
Vécut au 1er siècle et fut l'ami de saint Paul.

SEPTEMBRE mardi 23

- Vous avez le choix entre un retrait de permis ou un calendrier de la police...

VERMO... ROSCOPE BALANCE

23 SEPTEMBRE - 22 OCTOBRE

Le soleil se lève
à 07 h 39 mn
et se couche
à 19h 46 mn.

Accaparé par quelques soucis personnels, vous n'avez pas commencé l'année dans de bonnes conditions.

Mais dès le printemps cela ira mieux.

Il vous faudra pourtant redoubler d'efforts pour gérer et organiser soit vos affaires familiales soit votre vie professionnelle.

- Non, monsieur, c'est un faux numéro...!

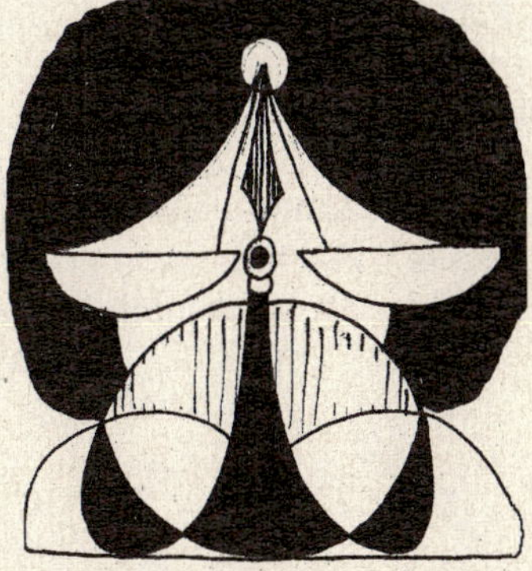

Tout s'améliorera alors, mais tout doucement au cours des mois jusqu'à décembre qui sera particulièrement fructueux.

Coté santé, après la période de stress du début de l'année, vous mènerez votre barque vers une période beaucoup plus calme et plus heureuse.

Néanmoins, il vous faudra prendre en compte les courbatures dues à une petite faiblesse du côté du dos. N'attendez pas qu'on vous oblige à consulter un spécialiste. Il ne sert à rien d' attendre.

Si vous êtes dans le commerce ou dans la communication, vos rapports avec la clientèle s'amélioreront au point de vous apporter de meilleures rémunérations.

Profitez de ces rentrées d'argent pour capitaliser soit pour vos vieux jours soit pour remédier à un mauvais passage de quelques mois l'an prochain.

Comme souvent, les Balances auront une année partagée entre bon et moins bon.

La balance penchant néanmoins plus pour le bon que le contraire pour cette année 2003.

Le 23 septembre 1910, Geo Chavez est le premier à survoler les Alpes en avion. Le 23 septembre 1913, c'est Roland Garros qui traverse la Méditerranée. Romy Schneider était née le 23 septembre 1938. Julio Iglesias est né aussi un 23 septembre, en 1942. Bruce Springsteen, musicien, est né le 23 septembre 1949. Pablo Neruda est décédé le 23 septembre 1971.

SEPTEMBRE mercredi 24

Sainte Thècle
Mourut dans une grotte après avoir longtemps prêché.

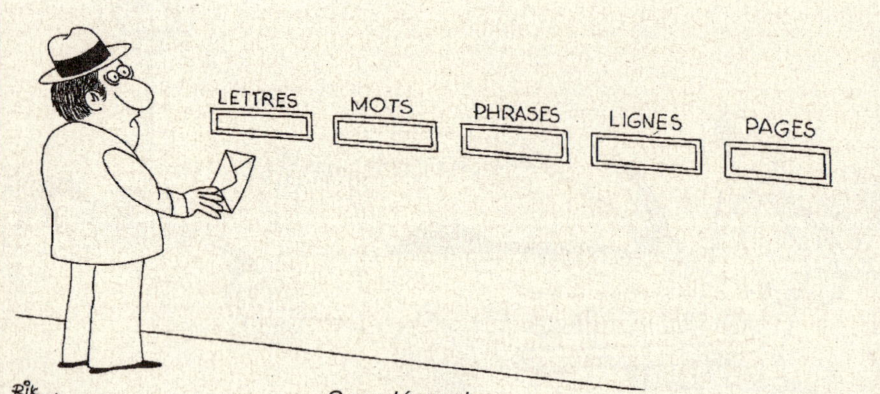

- Sans légende

Le soleil se lève à 07 h 41 mn et se couche à 19 h 44 mn.

Humour
J'ai fait un régime en ne buvant plus et en mangeant peu : en quinze jours, j'ai dû perdre deux semaines !

Sourire

Cela fait des jours et des jours qu'il pleut à torrents. Le stade est innondé mais les deux équipes qui doivent jouer sont là.
L'arbitre ne sait trop quoi faire mais finalement il décide que le match aurait lieu.
Il lance une pièce en l'air pour décider du sort du terrain et du coup d'envoi lorsqu'il entend un joueur dire à son capitaine :
“ Prend le côté gauche, on bénéficiera du courant pour commencer !”

Super champion

Le 24 septembre 1882 naissait Max Decugis. Il jouait au tennis et même si, avant la Grande Guerre, le tennis n'avait rien de comparable avec le tennis actuel, ce fut quand même un phénomène. Voyez son palmarès : vainqueur de Wimbledon en 1896 et 1911 (en double). Mais c'est à Roland Garros qu'il fut le meilleur. Il remporta le titre, chaque année (entre 1902 et 1914) ! Parfois, dans trois catégories (!) : simple, double-messieurs, double-mixte. Vingt-huit fois vainqueur en 12 ans.

Il n'y a qu'en 1910 qu'il n'apparaît pas au palmarès. Il avait sans doute oublié de venir... à moins qu'il n'ait été trop fatigué.

Sourire
Je demandais à un homme pauvre comment il vivait; il répondit : “Comme un savon, toujours en diminuant.”

Aimez vous les Huns les Huns, comme a toujours dit Attila·

- *Sans légende*

Définitions

Bagnole : Vieille voiture dont toutes les pièces font du bruit, sauf la radio.
Jury : Groupe de personnes, réunies par un tirage au sort, pour décider qui, de l'accusé ou de la victime, a le meilleur avocat.
Point G : Point sensible, chez la femme, situé entre les deux gros orteils.

Le 24 septembre 1724, Louis XV décide de créer la première Bourse. La Nouvelle-Calédonie devient Française le 24 septembre 1853. Grave accident de chemin de fer en gare Montparnasse, le 24 septembre 1900. Le 24 septembre 1949, commence le tournage de “Casque d'Or” avec Simone Signoret. Lancement du premier porte-avion nucléaire, le 24 septembre 1960.

Le soleil se lève à 07 h 42 mn et se couche à 19 h 42 mn.

Saint Hermann
Inventa l'astrolabe, écrivit beaucoup sur l'astrologie.

SEPTEMBRE
jeudi 25

MOTS CROISÉS FLÉCHÉS

DYNAMO
BAIN DU PHOTO-GRAPHE
PIÈCE DE JEU
MARAUDEUR
PREMIÈRE CLASSE
GARNIE DE BOIS
REPASSÉE AU BLOC
TITANE
PRÉNOM
TISSU
COURTES REMARQUES
JEU DE CARTES
PORTE L'HABIT
LIAISON
RETOUR
CAPITALE DU BÉARN
ÉVITER
PLAT
POLICE DES POLICES
CHOISIE
VA AU PAS
ARTICLE IMPORTÉ
SUR LA SAALE
ENSEMBLE DE CONTI-NENTS
MAUVAISE ODEUR
MESURE LINÉAIRE
À NE PAS ÉCARTER
PRÉNOM
10 SUR 10
À RÉGLER
CRI DE VIGIE
ESSAYER
RENDU
FERMÉ HERMÉTIQUE-MENT
POÈME
PIED DE VIGNE
RENDIT PLUS RES-PIRABLE
EN GRÈVE
ERBIUM
RÉVOLUTION
RETIRERAI
CAPABLES
PRÉNOM

Solution page 276

William Faulkner, prix Nobel de littérature était né le 25 septembre 1897. Le 25 septembre 1921, les magasins du Printemps sont détruits par un incendie. Henry Ford annonce la semaine de cinq jours le 25 septembre 1926. Michael Douglas, fils de Kirk Douglas, vient au monde le 25 septembre 1944. "Mariage" de Coluche et de Le Luron, le 25 septembre 1985.

SEPTEMBRE vendredi 26

Saint Côme et saint Damien
Ces deux frères avaient des dons de guérison.

- *Si je comprends bien, tout est fini entre nous, tu pars en claquant la porte...*

- Si je vous accorde ce prêt de 60 000 euros il y a une raison... je quitte la banque ce soir !

Le soleil se lève à 07 h 43 mn et se couche à 19 h 40 mn.

"Essayer" l'équipe à Ruquier

photo X.Lahache/Canal +

"L'équipe de Laurent Ruquier" est de plus en plus omniprésente sur nos petits écrans et comme elle s'agrandit régulièrement, on est tranquille pour un bon bout de temps. On la retrouvera toujours avec plaisir. Pourquoi parler de Laurent Ruquier dans le *Vermot* ? Parce qu'on l'a déjà fait dans le *Vermot* de l'année 2001 et que pour nous, le jeu de mots est notre quotidien.

Or Laurent Ruquier pourrait être le chef, le guide, le concepteur chez nous, tellement il en a fait sa spécialité (sauf qu'on a peut-être pas les moyens de le payer !). Comme dit un membre éminent de son équipe, Gérard Miller, Laurent, c'est le jongleur de mots le plus rapide du moment.

Il tire ses traits d'humour plus vite que son ombre, c'est le Lucky Luke du jeu de mots. Et c'est vrai qu'il est déconcertant. Il est capable de faire un jeu de mots à la fin de chaque phrase... et comme il parle beaucoup, c'est une avalanche, un raz-de-marée. On l'écoute depuis toujours. Depuis qu'il était apparu, jeune homme un peu timide, longiligne dans un costume sombre aux côtés de Jacques Martin, le dimanche après-midi.

Autour de lui, il réunit une troupe, une équipe dont les membres les plus présents vont de l'attendrissante Claude Sarraute à Gérard Miller dont l'intelligence dans la répartie est toujours percutante, Franck Dubosc qu'on retrouvera au tout premier plan dans les années qui viennent, Derec dont on se demande toujours où va se situer la chute de ses interventions et à toute une troupe qu'il faut évoquer rapidement, sinon on ferait un *Vermot* entier rien qu'avec ce sujet : Geluck, Isabelle Alonso, Maureen Door, Sophie Garel, Valérie Mairesse, Annie Lemoine, Benguigui, Jean-

George Gershwin, était né le 26 septembre 1898. Le 26 septembre 1930, Joséphine Baker, triomphe au Casino de Paris. 26 septembre 1959, sortie à Paris du film "Certains l'aiment chaud", avec Marilyn Monroe. Bombardement de Guernica le 26 septembre 1937. Tino Rossi nous quitte le 26 septembre 1983 et Viviane Romance, le 23 septembre 1991.

Saint Vincent de Paul
Passa sa vie à se dévouer pour les pauvres.

SEPTEMBRE
samedi 27

Le soleil se lève
à 07 h 45 mn
et se couche
à 19 h 38 mn.

c'est l'adopter !

Luc Lemoine, etc. et un certain Pierre Bénichou qui, lors d'un entretien sur les ondes d'Europe 1 avec Laurent Ruquier fut le premier à nous encourager, car pour lui, *l'Almanach Vermot* est une institution qui devrait être remboursée par la Sécu... Tout comme Ruquier et son équipe, d'ailleurs, car le rire, c'est un gage de bonne santé !

Franck Dubosc
Physique de jeune premier aux splendides yeux bleus (on a fait un portrait de lui dans le Vermot 2001) et dont on attend toujours avec intérêt les interventions, surtout quand il taquine Claude Sarraute.
Il écrit beaucoup et l'année 2003 devrait le voir revenir en force sur scène ou au cinéma.

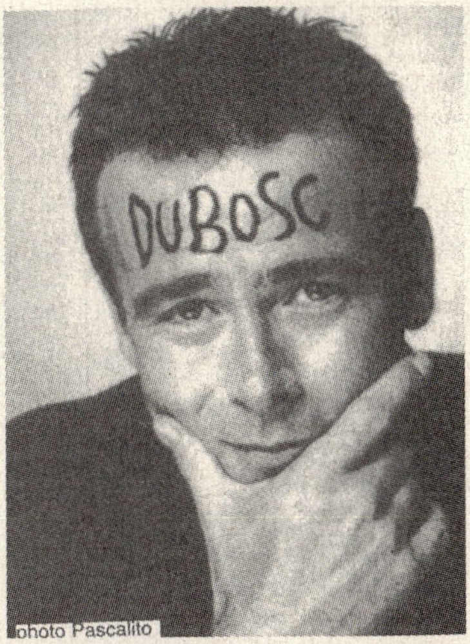

photo Pascalito

Jean-François Derec
Avec son surnom de Gérard Bouchard, le héros à la carte bleue d'un de ses sketches les plus connus, Derec a fait un bon bout de chemin.

Mais ce qui fait qu'on le reconnaît dans la rue, c'est son entrée chez Ruquier avec son bonnet rouge devenu presque aussi célèbre que celui de Cousteau.

Jean-François Derec qui excelle dans ses reparties à la Bourvil, insolites, décalées et souvent percutantes devrait trouver une place au cinéma.
Même si ses apparitions au théâtre, au cinéma et à la télévision sont nombreuses, il serait temps qu'un metteur en scène pense à lui proposer un grand rôle au cinéma.

Définitions

Avocat : C'est une personne qui écrit un document de 10 000 mots et l'intitule "Sommaire".

Économiste : Expert qui saura demain pourquoi ce qu'il a prédit hier n'est pas arrivé aujourd'hui.

Psychiatre: Homme intelligent qui aide les gens à devenir cinglés.

Banquier : Personne qui vous prête un parapluie par beau temps et vous le reprend dès qu'il commence à pleuvoir.

Le 27 septembre 1938, naissance de Jean-Loup Dabadie. Ce même jour, la même année, pour concurrencer le Normandie, l'Angleterre lance le Queen Elizabeth. Yves Régnier naît le 27 septembre 1942. Le comédien Jean-Marc Barr naît lui le 27 septembre 1960. Le 27 septembre 1987, Le Caire inaugure son métro construit par la France.

SEPTEMBRE dimanche 28

Saint Venceslas
Naquit en Bohème et devint le saint patron des Tchèques.

Le soleil se lève à 07 h 46 mn et se couche à 19 h 36 mn.

C'est vraiment bête!
- Qu'est-ce qui est jaune d'un côté et plein de poils?
- A cause de mon chien, la tartine de beurre qui est tombée sur la moquette!

L'ancêtre qui roule

Le baron Marie-Joseph Félix Léon de Cambiaire, vous connaissez?
Peut-être pas. il faut dire qu'il n'a pas laissé une œuvre qui a marqué son temps, bien que...
Né à Marzens dans le Tarn en 1830, ingénieur il travailla à la mise en place de la voie ferrée Toulouse-Castres lorsqu'il eut l'idée de construire une voiture à vapeur. C'était en 1881. Il s'associa avec un mécanicien, Adolphe Joseph Chantaine et bientôt deux automobiles à vapeur virent le jour. Hélas la vapeur, si elle faisait marcher les trains n'était pas idéale pour les voitures. La "chaudière" alimentant le moteur aurait dù avoir des dimensions dépassant le volume du véhicule, lui-même.

La De Cambiaire à vapeur *texte et photo B.Quaglia*

L'idée fut donc abandonnée, jusqu'a ce qu'un mordu de ce genre d'engin ne retrouve au fond d'une grange, un châssis et deux roues. Et Bernard Pujol partit à la recherche de documents concernant cet engin. Après des mois de recherches, B. Pujol retrouva des plans qui lui permirent de reconstruire cette voiture. Et maintenant, elle roule ! Oh, pas longtemps. Après une demi-heure de "chauffe" elle démarre et a une autonomie de circulation de... 7 km. Après quoi il faut refaire de la vapeur... sans compter que si elle a du mal à partir elle en a autant pour s'arrêter. Manque de freins tout simplement!
Mais M. Pujol peut être fier. Tout ceux qui ont vu rouler cette De Cambiaire de 1881 - reconstruite par ses soins - l'ont trouvée aussi belle qu'originale.

SOLUTION DE LA GRILLE PAGE 273

```
*G*J*M*R*A
REVELATEUR
*NOTATIONS
BELOTE*PIE
*RENTRÉE*N
PAU*ENTRÉE
*TRIEE*EL*
NE*G*LIEUE
*URSULE*DU
ARE*TENTER
**LAI*AERA
SCELLE*R*S
*ENLEVERAI
APTES*RENE
```

Georges Clemenceau était né le 28 septembre 1852, Marcello Mastroianni, le 28 septembre 1923 et Brigitte Bardot le 28 septembre 1934. Le 28 septembre 1958, proclamation de la Ve République par le Général de Gaulle. Fernand Raynaud décède dans un accident de voiture le 28 septembre 1973. Miles Davis, trompettiste de jazz, meurt le 28 septembre 1991.

Saint Michel
Était un lieutenant de Dieu.

SEPTEMBRE
lundi 29

- *Tu m'as bien dit : je vais te présenter à mes parents, viens comme t'es en sortant du boulot !*

Humour
De Groucho Marx : le surgelé est une invention remarquable mais qui remplace difficilement une épouse charmante qui vous accueille dans une étreinte vorace...

Le soleil se lève
à 07 h 48 mn
et se couche
à 19 h 34 mn.

Le régime

Un poème pour garder le moral

Des signaux de paresse
Du côté des soupapes
M'ont soumis aux caresses
D'un troublant Esculape.

En palpant ma brioche
Le toubib a conclu :
Ces lourdeurs de bidoche
Sont du gras superflu.

Rabat-joie et hautain
Il s'en prit aux kilos
Et lyncha mes festins
À grands coups de stylo.

Carabin en colère
Pourchassant les abats
Il darda des éclairs
Pour tuer les babas.

Mes banquets désormais
Sont des blancs de poireaux
Et mes pots de Gamay
Sont réduits à zéro.

Par bonheur, ma Lucette,
Qui connaît plus d'un tour,
A trouvé la recette
Du brouet de l'amour.

Ma chérie me soulage
Des menus sans corps gras
En m'offrant son potage
Epicé au Viagra.

Guy Delecraz

- *Permis de quoi ...?*

Sourire

Poisson : Animal dont la croissance est excessivement rapide. Surtout entre le moment où il est pris et le moment où le pêcheur en fait la description à ses amis.

Football : Ce que toute femme épouse sans le savoir.

Fusil : pour certains Africains n'est jamais qu'une lance de 200 ou 300 mètres.

Emile Zola décède le 29 septembre 1902. Le 29 septembre 1936, naissance de Silvio Berlusconi. Jean-Pierre Elkabbach vient au monde le 29 septembre 1943. Félice Gimondi, champion cycliste, est arrivé juste un an avant. Simone Signoret décède le 29 septembre 1985.

SEPTEMBRE mardi 30

Saint Jérôme
Vécut en ermite dans le désert de Chaldé

C'est moins grave que je pensais... La France est à peine touchée...!

- Cramponne -toi émile, on va descendre en piqué..!

Le soleil se lève à 07 h 49 mn et se couche à 19 h 31mn.

Qui croire ?
On cite toujours les travaux d'Hercule. Or c'est entièrement faux. C'est mon mari depuis quinze ans et je peux assurer qu'il n'a jamais bossé de sa vie.

Chanvre à part...

Le chanvre, voilà une drôle de plante. Autrefois, les marins s'en servaient pour tresser des cordages et les bourreaux, la corde qu'ils passaient au cou des condamnés.
Voilà le paradoxe de cette plante, autrefois maudite et maintenant pleine d'espoir.
Car demain votre carrosserie de voiture sera peut-être en chanvre ; on en mettra peut-être dans les réservoirs où il remplacera, qui sait, les matériaux d'isolation.
Oui, mais du chanvre on tire aussi le cannabis.
Mais c'est là qu'il faut faire "chanvre à part". Dans le chanvre dit "cannabis indica", celui que recherche les amateurs de pétards, le taux de THC est de 10 à 20 %. Et même 30 % pour certains plans cultivés en Hollande.
Par contre, le "cannabis sativa" ne contient que 0,2 % de THC.
Au XIXe siècle, on comptait 176 000 hectares de chanvre en France.
En 1970, il en restait 70.
Actuellement on est remonté au-dessus de 12 000 hectares.
Cette indication pour ceux qui, néanmoins, voudraient se rouler des "pétards" avec ce cannabis "sativa", vous n'arriveriez qu'à enfumer vos voisins.

Sourire
Un Malaisien Azmi Salleh a été arrêté à l'aéroport de Manille. Cet homme d'affaires qui tentait de procurer des visas pour l'Arabie Saoudite à des Malaisiens voulant effectuer le pélerinage à la Mecque a pu prouver qu'il n'était pas un terroriste et ce malgré les 104 passeports qu'il avait sur lui et le téléphone portable arborant une carte de l'Afghanistan avec les mots "Oussama Ben Laden" en fond d'écran...

- Henri, ne pars pas sans me dire ce qu'elle avait de raté ma sauce.

Le général Boulanger se suicide le 30 septembre 1837. Mireille 'Le Petit conservatoire) était née le 30 septembre 1906. Elie Wiesel, Nobel de la Paix est né le 30 septembre 1928. Le 30 septembre 1938, signature des Accords de Munich. James Dean se tue au volant de sa voiture le 30 septembre 1955. Anthony Delon, fils d'Alain, vient au monde le 30 septembre 1964.

- *Il y a dix ans au moins que j'espère qu'un jour il pleuvra des cordes !*

- *Dépêchez-vous de hâter la cérémonie, son tranquillisant va bientôt ne plus lui faire de l'effet !*

Mon truc en plus
La soupière en porcelaine est fêlée ? Placez-la dans un faitout, remplissez de lait et faite bouillir très doucement pendant une demi-heure. La fêlure devrait disparaître.

Le soleil se lève à 07 h 51 mn et se couche à 19 h 29 mn.

Le chrysanthème de la toussaint (en avance)

Non, aucune erreur de date quant au fait d'évoquer la Toussaint en octobre, alors qu'elle se célèbre, comme chacun sait, le premier jour du mois de novembre. Rappelons au passage ce qui fait l'objet d'une mise au point chaque année tant l'erreur est commune, que le1er novembre, ce sont tous les saints qui sont à l'honneur et qu'il faut attendre le lendemain pour se recueillir sur l'ensemble des défunts. Mais là n'est pas tout à fait notre propos ! Quiconque aura assisté un jour au ballet des chrysanthèmes comprendra pourquoi nous évoquons cette fleur particulière en octobre. Dans certaines bourgades en effet, la tombe familiale doit absolument être la première du village à être fleurie, c'est une question d'honneur ! C'est ainsi que dès potron-minet on aperçoit dans le cimetière, des ombres furtives qui sortent de la nuit, les bras - ou les brouettes - chargés de ces fameux pots de fleurs, quasiment toutes semblables. Il faut savoir en effet que sur 34 millions de pots déposés chaque année sur les tombes de France, 21 millions sont plantés de chrysanthèmes et qu'un foyer sur deux achète ces fleurs particulières à la Toussaint.

Originaire de Chine, où il est cultivé depuis des millénaires, le chrysanthème fut cultivé ensuite au Japon à partir du XII e siècle. Il s'agit là-bas d'une fleur sacrée, symbole de longévité et d'immortalité, en raison de la disposition de ses pétales qui évoquent le rayonnement solaire. C'est un capitaine de navire, Pierre-Louis Blancard, qui l'introduisit en France en 1789. Une vraie révolution ! Aujourd'hui, on dénombre environ 150 espèces de cette fleur qui symbolise, en Asie comme en Europe, l'automne, la saison de la sérénité. Sérénité qui manque parfois à certains adeptes de la course à la tombe fleurie...

Le modèle T de Ford sort des usines le 1er octobre 1908. Jimmy Carter naît le 1er octobre 1924. Philippe Noiret est né le 1er octobre 1930. Le 1er octobre 1943, naissance de Jean-Jacques Annaud cinéaste. Naissance de la République Populaire de Chine le 1er octobre 1949. Fondation de la NASA le 1er octobre 1958.

OCTOBRE
jeudi 2

Saint Léger
Agressé et tué dans sa cathédrale.
On fête aussi les anges gardiens

- Ça suffit maintenant... On ne rapporte plus !

- Je suis sûr que ta mère à besoin de toi, pendant trois semaines au moins...

Le soleil se lève à 07 h 52 mn et se couche à 19 h 27 mn.

Sourire
Un conseil, si tu prends l'avion, monte dans la boîte noire. On la retrouve toujours quasiment en bon état en cas d'accident !

Insolite : entre serpents et alligators

Le Slovène Martin Strel bravera cet été les serpents, alligators et autres cargos du Mississipi pour battre son propre record du monde de la plus longue distance parcourue à la nage.

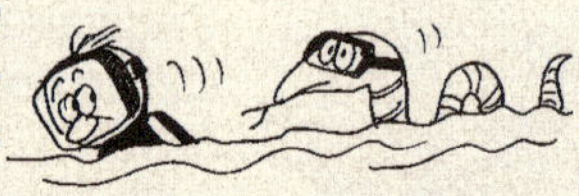

Après avoir parcouru, il y a deux ans les 3 004 km du Danube en 58 jours, l'intrépide nageur souhaite s'attaquer au fleuve américain long de 3 780 km.

- "J'espère le faire environ en 66 jours en nageant en moyenne 58 km par jour" a déclaré Strel, 48 ans.

Le Slovène est bien conscient des dangers qui le guettent tout au long d'un trajet qui le conduira du Minnesota au Golfe du Mexique.

"Le Mexique est plus dangereux que le Danube. En plus des alligators, des serpents et de la vase, il y a d'énormes cargos", dit-t-il.

Mais il emportera de quoi se donner du courage.

"Nous allons prendre avec nous au moins 70 bouteilles de vin rouge slovène, une bouteille par jour pour moi et s'il en reste, je partagerai" a déclaré celui qui écluse une pinte de bière au petit déjeu-

Sourire

Pour un barman, avoir la maladie de Parkinson lui permet de préparer un cocktail en moins de trente secondes...

J'ai arrêté de fumer, mais seulement quand je dors.

- Qu'est-ce qui me dit que tu ne pars pas en rejoindre une autre?

Fait maréchal par Clemenceau, Ferdinand Foch était né un 2 octobre 1851. Gandhi était né le 2 octobre 1869. Jacques Duclos, du PCF était né le 2 octobre 1896. Graham Green, écrivain, était né le 2 octobre 1904. L'Italie envahit l'Ethiopie le 2 octobre 1935. . Rock Hudson, acteur US est décédé le 2 octobre 1985.

- Légionnaire Duchose... il y a quelqu'un qui vous cherche..!

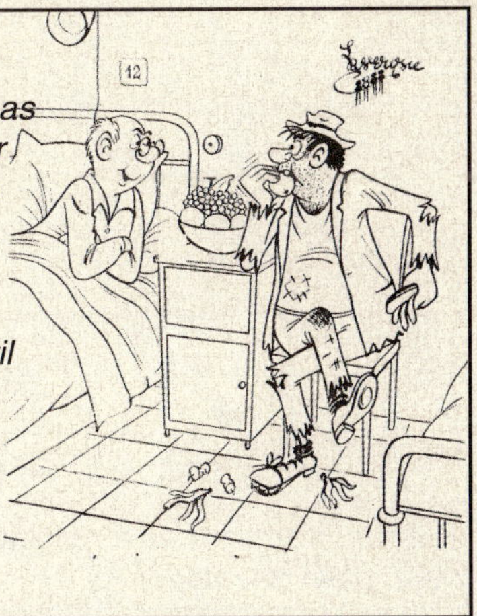

- Je n'arrive pas à me souvenir où nous nous sommes rencontrés, mais c'est vraiment gentil de votre part de venir me rendre visite.

Sourire

Un type qui fait de la peinture c'est un peintre. Mais un type qui fait de la teinture, c'est un teintre ?

Le soleil se lève à 07 h 54 mn et se couche à 19 h 25 mn.

J-L. Chiflet l'homme aux mots !

Epinglé pour son dernier "On ne badine pas avec l'humour" paru aux éditions Mots & Cie,

Jean-Loup Chiflet est autant écrivain qu'éditeur. Il a à son actif une bonne quarantaine de livres consacrés essentiellement aux mots et à l'humour, Jean-Loup Chiflet pose en préambule cette question : "Et si l'humour était drôlement sérieux ?" et il ajoute aussitôt : "Est-ce que l'humour ne devrait pas être pris au sérieux ?" Pendant près de deux cents pages, il assène une partie des innombrables citations qu'il a recueillies pour nous. Cela va de Flaubert à Desproges, en passant par Pierre Dac, Francis Blanche ou Tristan Bernard. En voici quelques unes prises au hasard :

Sur les femmes : "Vingt-cinq ans, le bel âge pour une femme, surtout si elle en a quarante". "C'est entre trente et trente-et-un ans que les femmes vivent les meilleures années de leur vie". "Il y a trois choses qu'une femme est capable de réaliser avec rien : un chapeau, une salade et une scène de ménage."

Pour la bonne bouche, voici ce trait d'humour sur l'amour : "Une fois, j'ai fait l'amour pendant une heure-cinq. C'était le jour du changement à l'heure d'été".

Si vous en voulez d'autres, allez vite chercher "On ne badine pas avec l'humour" de Jean-Loup Chiflet.

Insolite

Vous avez une maîtresse ou un amant? Allez hop, vous êtes virés! Prenez la porte...

C'est ce qui se passe chez Mainland Headwear Holding à Hong Kong, où on ne badine pas avec les relations extraconjugales. Il paraît que les amours adultères font baisser la production! Mais le pire c'est qu'il est recommandé au personnel de dénoncer les collègues en déposant un pli dans une boîte à lettres prévue pour. Dans le temps il existait des boîtes à idées... les temps changent!

Louis Aragon était né le 3 octobre 1897. Jean Lefèbre, comédien, est né le 3 octobre 1922. Christian d'Oriola, escrimeur, est né le 3 octobre 1928. Ruggero Raimondi, célèbre baryton-basse d'opéra est né le 3 octobre 1941. et Julien Clerc le 4 octobre 1947. Le 3 octobre 1980, attentat à la synagogue de la rue Copernic, à Paris. Le 3 octobre 1987, décès de Jean Anouilh, écrivain.

OCTOBRE samedi 4

Saint François d'Assise
On fête aussi les Aure.

- Lequel d'entre-vous a mangé des biscottes, c'est plein de miettes ici…!

- Je pourrais avoir un cric ? C'est pour me remonter le moral.

Le soleil se lève à 07 h 55 mn et se couche à 19 h 23 mn.

Mon truc en plus

La porcelaine dont les craquelures ont jauni retrouveront leur jeunesse si vous mettez l'objet abîmé à tremper pendant une heure ou deux dans de l'eau additionnée d'une cuillerée à soupe d'eau de Javel. Ensuite, savonnez, rincez à l'eau tiède puis à l'eau froide.

Sorties nocturnes

Comme tout le monde, il vous est arrivé de découvrir, d'abord sur de nombreuses feuilles au bas des plantes, des trous de plus en plus gros et jusqu'à atteindre les feuilles du haut. Travail de limaces ? Non, celles-ci laissent des traces luisantes caractéristiques. Non il s'agit le plus souvent du travail destructeur de chenilles baptisées "noctuelles" et non "noctambules" comme disait un vieux jardinier, car celles-ci ont la particularité de se nourrir la nuit et de se reposer le jour. En nombre, elles peuvent venir à bout de plantes à massif ou de potées fleuries et il est impératif de les chasser dès qu'apparaissent les premiers trous dans les feuilles.

Vous pourrez savoir si ce sont bien des "noctuelles" qui viennent réveillonner chez vous en les attendant, le soir, avec une lampe de poche... Les noctuelles se traitent facilement. Demandez à votre jardinerie le produit adéquat. Il est préférable de traiter les plantes en fin de journée.

Sourire

Le pire pour un voyeur qui perd la vue c'est qu'on va le traiter de handicapé mateur...

Qu'est-ce qui fait zzzbbb... zzzbbb... zzzbbb ?
Une abeille qui vole à reculons !

"Bégayer" devrait normalement s'écrire "bébégaygayer"...

Horrible

Au Cambodge, les anthropophages du crématorium de la province de Banteay Meanchey n'ont rien eu à craindre de la justice alors qu'ils avaient été arrêtés pour avoir cassé la croûte avec de la "nourriture" prise sur place.
Ils étaient deux à attendre le départ des parents des chers disparus pour se repaître de chair humaine, arrosée d'un petit alcool du pays.
Mais comme aucune loi ne punit cette pratique alimentaire au Cambodge, ils ont échappé aux poursuites.
On peut se demander par contre si le fait de manger sur place, pendant les heures de boulot, n'était pas après tout répréhensible?

L'auteur de "l'Angélus", Jean-François Millet était né le 4 octobre 1814. Le 4 octobre 1830, la Belgique se déclare indépendante. Le 4 octobre 1939, naissance du comédien Bernard Verley. "Spoutnik 1" est lancé dans l'espace le 4 octobre 1957. Bernard Buffet célèbre peintre s'est suicidé le 4 octobre 1999.

Mon truc en plus

Un téléphone, ça se salit. Il vous suffira de le laver avec un morceau de coton trempé dans un peu d'alcool à 90° et il brillera comme au premier jour.

Le soleil se lève à 07 h 57 mm et se couche à 19 h 21 mm

C'était écrit...

Lu dans "L'Union du Dimanche" 30/12

A propos d'une voiture :

" Double air-bag, direction assistée, volant réglable et lèche-vitres électriques."

La notice était peut-être traduite d'une langue étrangère... enfin ça lèche à désirer...

Lu dans "Lozère Nouvelle" (8/3)

"...Il a pris la peau d'escampette"

Et sur la peau y avait-il des traces de poudre ?

Lu dans "L'Est Républicain" (23/2)

A propos d'un comptable :

"... Ses employeurs finiront par découvrir le poteau rose. "

Manque de pot, pour le comptable.

- Hors d'œuvres variés : 2,50€, steak-frites : 6 € glace vanille : 3€... vin... c'était un bourgogne ou un bordeaux, Monsieur ?

Lu dans "Le Dauphiné Libéré" (30/12)

" Pour le consommateur, il est plutôt conseillé la marraine d'Oléron."

On peut conseiller le parrain aussi ?

SOURIRE

Le prisonnier Texan Calvin Jerold Burdine, condamné à mort, sera jugé à nouveau, a décidé la Cour Suprême des Etats-Unis. La raison est assez étonnante : Calvin J. Burdine ne sera pas exécuté parce que pendant plusieurs audiences, son avocat avait piqué un gros roupillon...

Cette façon de dormir pour défendre un client n'est pas à donner en exemple dans les écoles d'avocats.

Jacques Offenbach, "La Vie Parisienne", est décédé le 5 octobre 1880. Georges Bidault, ex-président du gouvernement provisiore en 1946 était né le 5 octobre 1899. Vaclav Havel ex-président de la République tchèque est né en 1936, le 5 octobre. Marie Laforêt est née le 5 octobre 1939. Libération de la Corse par les Alliés, le 5 octobre 1943.

OCTOBRE lundi 6

Saint Bruno
Fonda l'ordre des Chartreux

Saint Serge
Mourut en martyre en 305

OCTOBRE mardi 7

Le soleil se lève à 07 h 58 mn et se couche à 19 h 19 mn.

Les producteurs de films ont tous des Rolls-Royce parce que dans le métro, il faut payer comptant.
(Michel Audiard)

Le soleil se lève à 08 h 00 mn et se couche à 19 h 17 mn.

Avec un peu de zen ça ira mieux

Les adeptes de la pratique zen peuvent se réjouir, le zen devient très tendance.

“Si tout le monde pratiquait le zen tous les matins, on verrait le monde aller beaucoup mieux” nous disent les spécialistes.

Le zen est une pratique de l'assise silencieuse, une pratique philosophique et spirituelle orientale fondée par un Japonais “ Maître Taisen Deshimaru.

- Je ne vois rien de grave, vous allez pouvoir remettre votre mari dans son bocal...

Les adeptes parlent plutôt de “zazen” qui correspond à la position assise sur un coussin rond, épais et noir (la couleur du zen) tout comme le kimono de cérémonie.

La position assise en lotus ou demi-lotus est l'unique position zen.

Le but du zazen est de calmer l'activité et de trouver la voie de la non-souffrance et celle de la vraie liberté.

On est au-delà de la forme, on est dans l'esprit selon les adeptes.

Il faut savoir que les premiers exercices de zen ont eu lieu en France, à Paris, dans une arrière boutique de macrobiotique. Cétait dans les années 1960.

Sourire

Un conseil, si vous voulez que votre mariage tienne la route, allez au restaurant au moins deux fois par semaine, avec dîner aux chandelles, musique d'ambiance... le mardi pour votre femme et le jeudi pour vous...

C'EST SÛR
En sortant du bar, je marchais de travers.
C'est certain, faut que j'arrête les chips au crabe.

Le Corbusier, était né le 6 octobre 1887. Carole Lombard, actrice américaine était née le 6 octobre 1908. Le premier film “parlant” (Le Chanteur de Jazz) sort sur les écrans, le 6 octobre 1927. Bruno Crémer (Maigret, à la télé) est né le 6 octobre 1929.

Desmond Tutu, prix Nobel de la Paix, est né le 7 octobre 1931. La première photo infra-rouge est prise à New -York, le 7 octobre 1931. Bernard Lavilliers est né le 7 octobre 1946. La “dodoche”, la célèbre deux-chevaux Citroën est présentée au Salon à Paris, le 7 octobre 1948. L'Allemagne est séparée en deux, RFA et RDA, le 7 octobre 1949.

Sainte Pélagie
Se donna la mort pour ne pas être souillée

OCTOBRE
mercredi 8

- Papa a fini sa sieste? Quelqu'un voudrait lui parler!

- Si ton jokey ne sait pas nager ça va être encore plus drôle qu'on ne croyait !

Sourire

Ma femme est allée au ski le mois dernier et, hélas, ça s'est terminé par une jambe cassée. Heureusement ce n'était pas la sienne.

Le soleil se lève à 08 h 01 mn et se couche à 19 h 15 mn.

Postier, ne te fie pas à la poste !

Il voulait trouver un emploi à la poste britannique, mais le facteur n'a pas fait son travail !

Russel Sealy qui avait envoyé, par courrier, une plainte pour licenciement abusif, arrivée après la période légale, a été débouté de sa demande par la Cour d'appel : il n'aurait pas dû compter sur la poste pour que sa lettre envoyée en courrier prioritaire arrive le lendemain...

Selon le Code du travail britannique, Sealy avait trois mois pour soumettre une plainte pour licenciement abusif, après avoir été renvoyé pour faute grave. Or, il avait envoyé sa lettre au tribunal des Prud'hommes le 6 octobre 2000 mais elle n'était arrivée que le 10, deux jours après la date limite.

En première instance, un tribunal avait estimé que Russel Sealy n'avait pas été déraisonnable en confiant sa lettre aux services de la poste, en courrier prioritaire (un service plus cher qui garantit la distribution de la lettre le lendemain) afin qu'elle arrive au tribunal dans les temps.

La poste, rebaptisée Consignia, a fait appel et les juges ont débouté Russel Sealy : "Dans le cas d'espèce, un plaignant sait qu'il prend un risque en postant sa plainte en courrier prioritaire, la veille de la date-butoir" a déclaré le juge de la Cour d'appel.

L'avocat du plaignant a jugé "ironique" que Consignia ait fait appel, en citant comme principal argument, le manque de fiabilité de ses propres services !

La seule différence que je vois entre une avocate et un pitbull, c'est le rouge à lèvres.

Le 8 octobre 1871, un incendie dévaste Chicago. Le 8 octobre 1895 voit la naissance du futur président argentin Juan Peron. Julien Duvivier, cinéaste est né le 8 octobre 1896. Paulette Dubost est née le 8 octobre 1911, Pierre-Elliot Trudeau (Canada), le 8 octobre 1919. Jean-Claude Gaudin est né le 8 octobre 1938 et Jean-Jacques Beneix le 8 octobre 1946.

OCTOBRE jeudi 9

Saint Denis
Fut baptisé par saint Paul.

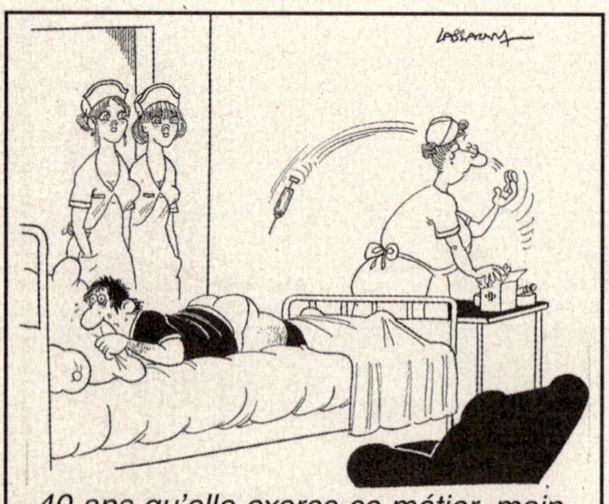

- 40 ans qu'elle exerce ce métier, maintenant elle les fait les yeux fermés...

_ Bonjour M. Norbert, quoi de neuf à la caisse ce matin?

Le soleil se lève à 08 h 03 mn et se couche à 19 h 13 mn.

Sourire
C'est Jules Renard qui disait à propos d'un ami malade : "Sauf complications, il va mourir ..."

Depuis la base de Kourou (Ariane)

Petites histoires en direct depuis la base de Kourou

Petite annonce : A vendre, occasion cause double emploi, fusée spatiale ayant très peu volé. 585 000 000 km au compteur.

Un Américain (de Cap Kennedy) visite Kourou. Il échange quelques confidences avec un responsable du lancement des fusées :
- "Avez-vous des enfants ?"
- "Oui, quatre..."
- "Et quel âge ont-ils ?"
- "4, 3, 2, 1... an...!"

Un politicien visite le centre de lancement et assiste à l'entraînement des cosmonautes. S'adressant au responsable, il demande :
- "Quels sont vos principaux problèmes ?"
- "Il y en a deux : l'apesanteur et la paperasserie !"

Sourire

Un gars consulte chez le médecin :
- "Docteur, tous les matins quand je me lève et que je me regarde dans la glace, j'ai envie de vomir... Qu'est-ce que ça peut bien être ?"
Le médecin lui répond :
- "Ah, je ne sais pas, mais ce qui est sûr, c'est que votre vue est excellente !"

C'était pourtant vrai!

Au début du XXe siècle, un avocat très respecté de l'ouest des Etats-Unis eut a remplir un questionnaire pour son assurance personnelle.
Cela ne lui posa aucun problème jusqu'à ce qu'il arrive au paragraphe : "Si vos parents sont décédés, veuillez indiquer la cause de leur mort."
Ne voulant à aucun prix révéler que son père avait été pendu pour vol de bétail, l'avocat écrivit : "Mon père est mort au cours d'une réception donnée en son honneur.
Au cours de la cérémonie, l'estrade sur laquelle il était monté se déroba sous lui."

Alfred Dreyfus était né le 9 octobre 1859. Le 9 octobre 1890, Clément Ader s'élève de quelques centimètres avec son "Eole". Jacques Tatischeff (Tati) était né le 9 octobre 1908. Danielle Delorme est née le 9 octobre 1926. Nicole Croisille est née le 9 octobre 1947. Jacques Brel nous a quittés le 9 octobre 1978.

Saint Ghislain
Ne voulant pas être soldat, entra au couvent et fonda une abbaye

OCTOBRE vendredi 10

- Il y a quelqu'un parmi vous qui s' appelle Léon ?

Vermot jardin : le fumier

Si vous faites partie des jardiniers qui mettent du fumier dans leur jardin avant l'hiver, il vous faut dès maintenant partir en quête du précieux amendement.
Ce qui n'est pas si facile de nos jours, sauf si vous habitez en pleine campagne. Là vous pouvez toujours trouver (il suffit souvent de demander) une ferme qui vous dépannera.
S'il est bien "mûr", c'est-à-dire de couleur foncée et pratiquement sans paille, vous pourrez l'enfouir directement en bêchant ou en labourant à grosses mottes.
Sinon, étalez-le après avoir bêché et laissez-le subir les rigueurs de l'hiver.
La pluie, le gel, la neige et le soleil se chargeront de le transformer. Et au printemps, vous l'enfouirez avant les semis ou les repiquages.

Le soleil se lève à 08 h 04 mn et se couche à 19 h 11 mn.

Sourire

"La différence entre l'amour et l'argent, c'est que si on partage son argent il diminue, tandis que si on partage son amour, il augmente. L'idéal étant d'arriver à partager son amour avec quelqu'un qui a du pognon." (Philippe Geluk)

Le sculpteur Alberto Giacometti était né le 10 octobre 1901. Inauguration du Canal de Panama, le 10 octobre 1913. Ludmilla Tchérina (célèbre danseuse) était née le 10 octobre 1924. Louis Malle était né le 10 octobre 1932 et Guy Roux, le 10 octobre 1938. Le 10 octobre 1964, ouverture des J.O. de Tokyo. Luis Fernandez, footballeur, est né le 10 octobre 1959.

OCTOBRE samedi 11

Saint Firmin
Célèbre orateur mort vers 550.

Saint Wilfied
Prêcha en Hollande

OCTOBRE dimanche 12

- Sans légende

Le soleil se lève à 08 h 06 mn et se couche à 19 h 09 mn.

Mon truc en plus

Minou s'est oublié sur la moquette ? Un chiffon et de l'eau gazeuse devrait effacer les traces de pipi de chat.

Le soleil se lève à 08 h 07 mn et se couche à 19 h 07 mn.

Le rendez-vous mondial annuel du dessin

Saint-Just-le-Martel, près de Limoges a réalisé un des rêves les plus fous, être le centre mondial de l'humour dessiné. Et cela fait plus de vingt ans que ça dure.

L'an passé, le Salon de l'Humour fêtait ses vingt ans (voir l'énorme gâteau d'anniversaire qui trônait dans le hall d'entrée du salon). Près de six cents dessinateurs

français exposent leurs œuvres fidèlement chaque année depuis sa création en 1982 (40 exposants et 2 dessinateurs présents).
A cette époque, l'équipe mise sur pied par Gérard Vandenbroucke, ne pensait peut-être pas que le succès irait grandissant et surtout durerait plus de vingt ans. C'est tout-à-fait exceptionnel pour le genre de manifestations (cette année,. plus de cinq cents dessinateurs exposeront et près de deux cents seront présents). Il est vrai que les dessinateurs de presse ont toujours répondu présents au Salon de Saint-

Sourire

Une cordée d'alpinistes assez inexpérimentés fait halte a mi-chemin du sommet. Un alpiniste lance un sonore : "On continue !" et l'écho répond : "A vos risques et périls !"

François Mauriac de l'Académie Française était né le 11 octobre 1885. Bobby Charlton, footballeur est né le 11 octobre 1937.

Jean-Jacques Goldman est né le 11 octobre 1951. Le 11 octobre 1963 disparaissaient Jean Cocteau et Edith Piaf.

Le 12 octobre 1924, Anatole France, décède. Le 12 octobre 1934, Violette Rozière est condamnée à mort pour assassinat. Luciano Pavarotti, ténor, est né le 12 octobre 1935. Frank Alamo (chanteur yéyé) est né le 12 octobre 1943. Ouverture des J.O. de Mexico, le 12 -10-1968.

Saint Géraud
Vécut en moine

OCTOBRE
lundi 13

<u>Encore des sobriquets de Christian Plume</u>

<u>Pasqua Charles :</u>
Il continue...Ya Pasqua en rire.

<u>Perret Pierre :</u>
Zizi, j'en meurs.

<u>Personne Paul :</u>
On ne l'a pas vu monter.

<u>Piers Mary :</u>
Sur le court, on a vu Piers.

<u>Rabane Paco :</u>
Se prendre pour Nostra l'amuse.

<u>Robin Muriel :</u>
Muriel : Grosse ? Non un peu en robin. Robin d'émoi.

<u>Ruquier Laurent :</u>
S'il se fâche le Père Ruquier, monte sur ses grands cheveux. Pas de jugement à tifs pour le Père Ruquier.

- Décide toi rapidement sinon ce sera des rognures...!

Sourire
Si j'invente une histoire, c'est que ma mémoire me fait des faux...
C'est pas que j'ai peur de mourir, mais je préfèrerais ne pas être là le jour où ça m'arrivera...

Le soleil se lève à 08 h 09 mn et se couche à 19 h 05 mn.

d'humour, c'est ici!

Just-le-Martel. De Cabu à Wolinski, en passant par l'équipe du *Canard Enchaîné* ou de *Charly Hebdo*, peu rateraient l'épopée de Saint-Just en septembre.
Du monde entier, les dessinateurs affluent. Le Salon de l'Humour a explosé à Saint-Just-le-Martel dans une multitude de lieux d'expositions, même parfois en dehors de la commune. Les rues, les lieux publics sont décorés des dessins les plus marquants du siècle, des caricatures les plus drôles... ou les plus féroces.
Cette réussite et ce succès permanents ne sont pas le fait du hasard. C'est celui d'un travail passionné et sérieux d'une équipe enthousiaste de bénévoles, de la complicité de la population de Saint-Just et des amitiés nouées au fil des expositions.
Aujourd'hui, cette petite commune toute proche de Limoges est devenue la capitale incontestable de l'humour dessiné.
Si tous les dessinateurs du

Sourire
C'est un type qui est présenté au tribunal.
Le juge : - Vous savez pourquoi vous êtes-là?
- Ben, oui... mais est-ce que c'est de ma faute si l'État fabrique les mêmes billets de banque que moi!

Yves Allégret, cinéaste, était né le 13 octobre 1907. Yves Montand, Margaret Thatcher, Raymond Kopa et Nana Mouskouri sont aussi nés un 13 octobre : en 1921 pour Montand, 1925 pour Thatcher, 1931 pour Kopa et 1934 pour Nana. Sami Frey est né lui le 13 octobre 1937, juste un an après le champion de boxe Jean-Claude Bouttier.

OCTOBRE mardi 14

Saint Juste
Évêque de Lyon.

Sainte Thérèse d'Avila
Créa les Carmélites

OCTOBRE mercredi 15

- Il était temps que vous veniez réparer la télé..!

Le soleil se lève à 08 h 10 mn et se couche à 19 h 03 mn.

Sourire

Comment je vois que mon salaire est très maigre ? Quand je le touche...

Le soleil se lève à 08 h 12 mn et se couche à 19 h 01 mn.

Saint - Just l'humour... suite

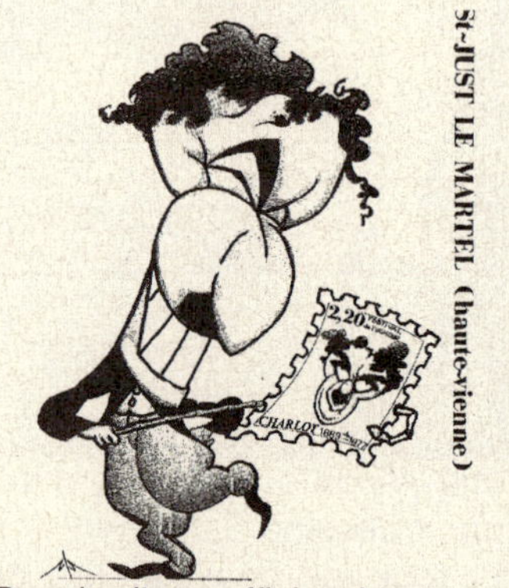

Dessin d'une affiche de SOLO, certainement le meilleur caricaturiste actuel.

moment sont présents, il ne faut pas oublier l'hommage rendu chaque année aux "grands anciens". De Bosc à Chaval, on retrouvera les œuvres de Poulbot, Jean Eiffel, Dubout, Moisan, Peynet, Reiser, et bien d'autres, tous ceux qui nous ont donné un jour envie de prendre un crayon et de caricaturer nos contemporains.

Depuis le premier salon, la distribution des prix n'a cessé d'augmenter. On notera le "Prix de l'Humour vache" très convoité ; un prix peu ordinaire puisque le gagnant emporte une vache offerte par le Groupement Limousin Bétail et Viande ! Le "Prix de l'Humour Tendre" à l'intention des enfants et de ceux qui les font sourire. Le "Prix du Grand Public", les "Crayons de Porcelaine", le grand prix "Anti-mal-bouffe" bien venu dans ce Limousin

Dwight Eisenhower (Ike) trente-quatrième président des USA était né le 14 octobre 1890. Roger Moore, acteur est né le 14 octobre 1927. Le 14 octobre 1959, le célèbre "Errol" Flynn décédait et Léonard Bernstein,le 14 octobre 1990.

Le 15 octobre 1920 naissait le cinéaste Henri Verneuil. Raymond Poincaré, dixième président de la IIIe République, est décédé le 15 octobre 1934. Le "Dictateur" célèbre film de Chaplin sort sur les écrans le 15 octobre 1940 à New-York. Eric Charden, chanteur est né le 15 octobre 1942. Didier Deschamps, capitaine des "Bleus" est né le 15 octobre 1968.

Sainte Edwige
Née en Bavière en 1174.

OCTOBRE
jeudi 16

- *Je me suis remis à fumer depuis que je viens ici...!*

Humour
L'an passé, à Noël, on a eu ma belle-mère. Mais moi, je préfère la dinde.

- Il faut trois moutons pour faire un pull-over.
- Ah, je ne savais pas qu'ils savaient tricoter !

Le soleil se lève à 08 h 13 mn et se couche à 18 h 59 mn.

réputé pour ses bonnes tables.
Si vous êtes amateurs de dessins de presse et d'humour, ne manquez pas ce monument incontournable qu'est le Salon de Saint - Just- le- Martel, d'autant qu'à l'heure actuelle le dessin humoristique fait cruellement défaut dans la presse française. Sauf dans le *Vermot*, mais que vous ne trouvez qu'une fois par an en fin d'année.
Alors, si vous passez par le Limousin fin septembre, début octobre, renseignez-vous et ne ratez pas Saint-Just-le-Martel, le rendez-vous mondial du dessin de presse.
Chaque année, le cru est sinon meilleur que le précédent, du moins aussi attractif. Merci à Gérard et à toute l'équipe qui l'entoure et à l'an prochain à Saint - Just...

Le saviez-vous?
16 octobre 1966. Cléo de Mérode nous quitte. C'était la "mondaine" qui fit le plus de scandale à la Belle Epoque.
Diane Cléopâtre de Mérode entra très jeune à l'école du ballet de l'Opéra de Paris.
Elle commença sa carrière publique au Casino de Royan en 1896. Elle gagna le concours de beauté de "L'Illustration". Gros scandale, elle posa nue pour le sculpteur Falguière. Elle afficha sa liaison avec le roi des Belges Léopold II. Issue d'une riche famille belge d'origine autrichienne, elle s'éteint à Nice, dans la pauvreté.

- *Vous êtes encore fâchés?*

Roger Vaillant, écrivain, était né le 16 octobre 1907. Georges Wilson, comédien est né le 16 octobre 1921. Pascal Sevran est venu au monde le 16 octobre 1945. Le créateur de la Coupe du Monde de Football, Jules Rimet est décédé le 16 octobre 1956. Colette Besson remporte le 400 mètres aux J.O. de Mexico, le 16 octobre 1968. Election du Pape Jean-Paul II, le 16 octobre 1978.

OCTOBRE vendredi 17

Saint Baudoin
Vécut au cours du VIIIe siècle.

Le soleil se lève à 08 h 15 mn et se couche à 18 h 57 mn.

Le saviez-vous?
En l'an 1870, l'urine servait au dégraissage des vêtements. Les teinturiers de l'époque plaçaient une urne devant leur échoppe qu'ils baptisaient vespasienne, pour récupérer le précieux liquide !

Monde insolite : le baiser de la mort

Peut-être pas encore mais si l'on en croit le *New England Journal of Mede-cine*, un simple baiser peut vous expédier à l'hôpital. Cest une étude publiée par ce journal qui nous révèle qu'un nombre important de personnes allergiques aux cacahuètes éprouverait des démangeaisons après avoir embrassé une personne ayant mangé des arachides, jusqu'à six heures auparavant.

Moralité : pas de baiser sur la bouche sans contrôle médical ou une attestation (par le docteur ou l'épicier ?) comme quoi la personne n'a pas mangé de cacahuètes...

Humour

Au bureau, si tus as des diplômes, t'as l'air intelligent. Si t'as un climatiseur, t'as l'air conditionné !

"Le secret de ma longévité, c'est le sport, " disait Wilson Churchill...Je n'en fais pas..! "

Sourire

- Tu connais un moyen d'éviter la chute des cheveux ?
- Ouais, tu fais un pas de côté.

- Ma femme, je lui ai tout donné... Elle est partie avec !

- Pourquoi tu t'inquiètes, il n'était pas à toi ce navire...

Frédéric Chopin décède le 17 octobre 1849. Arthur Miller, écrivain, qui fut l'époux de Marilyn Monroe, était né le 17 octobre 1915. Rita Hayworth était née le 17 octobre 1918. Montgomery Clift était né lui aussi un 17 octobre, en 1920.

Saint Luc
Il reçut les confidences de la Vierge.

OCTOBRE samedi 18

Sourire-
Parlant d'une pièce de théâtre : "Je n'ai pas aimé la pièce ", disait Groucho Marx, mais il est vrai que je l'ai vue dans les pires conditions... le rideau était levé !

Le soleil se lève à 08 h 16 mn et se couche à 18 h 55 mn.

Ce monde insolite

Au Japon, l'usage veut que l'on ajoute le suffixe "san" au nom de la personne à laquelle on s'adresse, même s'il s'agit d'un ami.
Or M. Takayuki Niimi a volontairement occis M. Ryuji Sakamoto parce que celui-ci ne respectait pas l'étiquette : "J'étais en colère parce qu'il ne me donnait pas mon titre honorifique" a-t-il dit à la police.
Espérons qu'en prison, M.

Rakayuki Niimi aura droit à toutes ses marques honorifiques. Et ça pendant de longues années.

Pour la truffe, gare au péril jaune

Depuis quelques années, les producteurs français se battent pour que l'on ne confonde pas la truffe noire de chez nous, avec la truffe noire venue de Chine.
La première vaut près de 600 euros le kilo (entre 3 500 et 4 000 FF), la seconde à peine 60. La première a une odeur de feuille morte et de vieille pierre, bref sent la truffe, la seconde ne sent rien. Mais la seconde arrive sur nos marchés à raison de 10 à 20 tonnes chaque année.
Pour être sûr que vous avez entre les mains la vraie truffe noire de chez nous, il doit être indiqué sur les boîtes "tuber menalosporum". La "ménalosporum" ne pousse qu'en Périgord, en Poitou, vers Cahors, dans la Drôme, le Var et le Vaucluse.

On a bien essayé de cultiver la truffe comme les haricots, hélas... Mais la truffe noire est capricieuse. Il faut souvent plus de dix ans pour qu'une truffière de chênes donne ses diamants noirs. Et encore, un seul chêne sur trois verra apparaître quelques truffes.
Dernière astuce de certains "fraudeurs" : la truffe noire exhale un parfum si fort qu'il suffit d'en enfermer un peu dans un bocal à olives pour, au bout d'un an, faire passer la chair des olives pour de la truffe pure...

Naissance de la BBC, le 18 octobre 1922. Mélina Mercouri était née le 18 octobre 1923. Thomas Edison, inventeur est décédé le 18 octobre 1931. Le 18 octobre 1937, naissait Lee Harvey Oswald (assassin présumé de John F. Kennedy). Jacques Higelin chanteur, est né le 18 octobre 1940. Martina Navratilova, championnse de tennis est née le 18 octobre 1956.

OCTOBRE dimanche 19

Saint René
Fut tué par les Iroquois au Canada.

Sainte Adeline
Construisit un monastère

OCTOBRE lundi 20

- *Maintenant vous aurez la même opinion sur ma façon de peindre!*

Le soleil se lève à 08 h 18 mn et se couche à 18 h 53 mn.

Sourire

Comme son nom l'indique : A Bué, 18300 Sancerre, un vigneron s'appelle V. Pinard !

Le soleil se lève à 08 h 19 mn et se couche à 18 h 51 mn.

Le village aux boîtes

Le village de Saint-Martin d'Abbat près d'Orléans cherchait quelque chose pour faire parler de lui : pas la moindre cathédrale à l'horizon, ni le plus petit musée, ni même un joli château du XIVe siècle. Alors, les habitants ont eu une jolie idée : poser devant leur porte les plus jolies ou les plus pittoresques boîtes aux lettres ! On reste béat devant la créativité des Saint-Martinois d'Abbat (?). Depuis le bidon de lait, au panier de cerises, en passant par les cœurs, les boîtes à lettres font assaut d'originalité. Les plus belles ont même fait l'objet d'un livre "Boîtes aux Lettres" aux éditions Alternative.

Sourire

Je m'étonnais que cette chorale belge ait chanté "Léon" pendant la messe de minuit jusqu'à ce que je constate que les choristes avaient pris leurs livres de chant à l'envers.

Sourire

- Chérie, tu n'as jamais eu envie d'être un homme ?
- Non chéri, et toi ?

Au tribunal, le juge demande son âge à une dame :
- J'ai eu trente ans.
- Oui, en quelle année?

HUMOUR

Il y a des gens qui sont chauves dans leur tête : ceux qui n'ont pas d'humour !

Un proverbe de François Cavanna : "Qui rit vendredi, c'est toujours ça de pris..."

Alphonse Allais vit le jour à Honfleur le 20 octobre 1855. Jean-Pierre Melleville était né le 20 octobre en 1917, comme Roger Lévy (Hanin), né lui aussi un 20 octobre, mais en 1925. Daniel Prévost, humoriste est né le 20 octobre 1939 et Claude Sérillon, le 20 octobre 1950. Maurice Chevalier fait ses adieux à la scène, au Théâtre des Champs-Elysées, le 20 octobre 1972.

Début, le 19 octobre 1920 de Michel Simon au théâtre. John Le Carré, romancier est né le 19 octobre 1931. Robert Hue est né dans le Val d'Oise, le 19 octobre 1946. Alain Bombard traverse l'Atlantique, sur un canot pneumatique, le 19 octobre 1952.

Saint Céline
Naquit vers le milieu du Ve siècle.

OCTOBRE
mardi 21

Le soleil se lève à 08 h 21 mn et se couche à 18 h 49 mn.

Insolite
L'œil de l'autruche est plus gros que son cerveau. L'étoile de mer n'a pas de cerveau, et les ours polaires sont gauchers... Le saviez-vous ?

MOTS CROISÉS FLÉCHÉS

EMPEUREUR – ACCUEILLE LE VOYAGEUR – EXPÉRIMENTÉE – NOBLESSE – ENTERREMENT – PRÉLEVÉ – TRANCHANT – POÈTE CHILIEN – INTERPRÈTES – DIEU

CHIMISTE FRANÇAIS – ŒUVRE DE RODIN

576 M – LAC

BRAME – CONCERT NOCTURNE – PANTOUFLES – BOURDAINE

PIÈCES ORCHESTRALES

PEINTRE ITALIEN – SCARABÉE – OUTIL – VUE

POINT DE SAIGNÉE – GROUPE DE NOTES

JAPONAISE – PORTE DÉROBÉE – DÉPARTEMENT

DISTANCE LOITAINE – CAPITALE BALTE

VILLE DE L'OISE – BICHE – VIEUX RUMINANT – CHOISI

JAMBIÈRE ANTIQUE – EN LES

UNITE ROUMAINE – NARINE – VAPOREUX

FERMENT

Solution page 302

Lamartine (Alphonse de) était né le 21 octobre 1790. L'amiral Nelson remporte la bataille de Trafalgar le 21 octobre 1805. "Dizzy" Gillespie est né le 21 octobre 1917, Pierre Bellemare le 21 octobre 1929. Le 21 octobre 1945, les femmes obtiennent le droit de votre en France. Assassinat du juge Pierre Michel, par deux motards, le 21 octobre 1981.

OCTOBRE
mercredi 22

Sainte Élodie
Fut décapitée tout comme sa sœur.

- *Sans légende*

- *Avant-hier je coupe une jambe, paf ! ma main glisse, j'entaille la table d'opération...*

Le soleil se lève à 08 h 22 mn et se couche à 18 h 47 mn.

Mon truc en plus

Les touches du piano ont jauni. Pour y remédier, nettoyez-les avec un coton imbibé d'eau oxygénée à 20 volumes ou bien un coton trempé dans un jus de citron. Restera à frotter énergiquement.

Mariage pour la pluie

La nouvelle est venue de New Delhi.

"Des habitants d'un village reculé de l'état indien du Tamil Nadu frappé par la sécheresse ont organisé un mariage entre ânes pour implorer la déesse hindoue de la pluie" a rapporté l'agence Press Trust of India.

Les habitants de Sakkayanayakanur ont arrêté toutes leurs activités pour assister à la cérémonie qui a eu lieu dans un temple et a été suivie d'une grande fête. L'ânesse portait une jupe et le mari un pantalon vert.

L'histoire ne dit pas comment ils se sont dit "oui". Si les mariages entre ânes sont rares en Inde, ceux entre grenouilles sont plus fréquents, notamment dans la tribu des Adivasi.

Les membres de cette tribu qui travaillent dans les plantations de thé,

dans l'état indien de l'Assam, organisent ce genre de cérémonies pour obtenir des pluies abondantes.

De nombreuses tribus indiennes attribuent des pouvoirs magiques a certains animaux.

Sourire

Un très bon conseil d'Eric Satie : "Si vous voulez vivre longtemps, vivez vieux..."

Personne n'accepte de conseils ; mais tout le monde acceptera de l'argent : donc l'argent vaut mieux que les conseils!

Franz Liszt, compositeur, est né le 22 octobre 1811. Joseph Kosma, musicien, est né le 22 octobre 1905, Georges Brassens, le 22 octobre 1921 et Catherine Deneuve, le 22 octobre 1943. Attentat à Beyrouth (Liban) le 22 octobre 1983 (300 morts).

- Fernande, il y a une guêpe dans la voiture...
- Ah, s'il te plaît, reste poli avec ma mère !

- Il tombe bien, vous voyez que j'ai l'œil !

Sourire

À l'ANPE : - J'ai une femme et neuf enfants, et je cherche du travail.
- Oui, et à part çà, vous savez faire quoi ?

Le soleil se lève à 08 h 24 mn et se couche à 18 h 45 mn.

VERMO... ROSCOPE
SCORPION
23 OCTOBRE - 22 NOVEMBRE

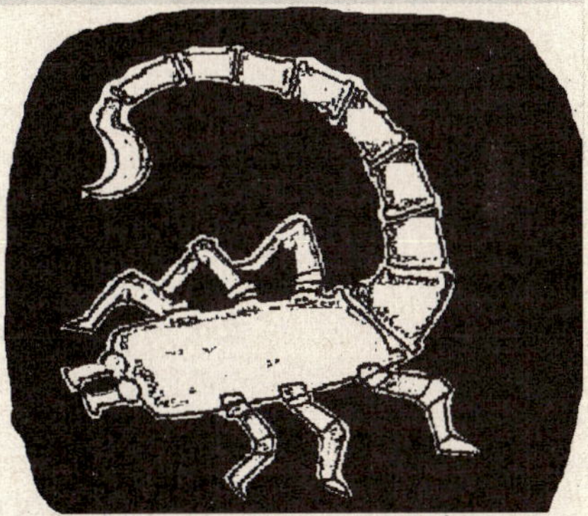

Ne vous fiez pas à la mauvaise atmosphère qui va régner autour de vous en ce début d'année 2003. C'est provisoire et ça ne devrait pas durer très longtemps. Vous n'êtes pas du signe à attendre que ça passe sans réagir. Quelques soient les conséquences vous entrerez dans le vif du sujet pour limiter les dégâts.

Ne ménagez pas votre peine et vous constaterez une nette amélioration dans votre travail. Faites un tri dans vos relations. Certaines n'étaient là que parce qu'elles y trouvaient un intérêt.

C'est peut-être le moment de vous lancer dans une entreprise soit professionnelle, soit familiale ou encore humanitaire si votre temps vous le permet.

Côté santé, après quelques soucis au printemps, une nette amélioration, peut-être due aux vacances, se fera sentir.

Vous devriez aborder la fin de l'année dans une forme spectaculaire.

Ne transformez pas votre intérieur de fond en comble comme on vous le suggère mais certaines améliorations devraient vous valoir des félicitations de votre entourage.

Si vous avez des dons pour les arts, prenez votre courage à deux mains et lancez-vous dans l'aventure.

Vous serez certainement étonné de votre réussite.

Sourire

Deux SDF discutent ; comment tu fais pour avoir des ongles aussi sales?
- Simple, je me gratte !

A l'agence matrimoniale:
- Je voudrais un homme qui ne boive pas, qui soit d'accord avec ce que je dis et qui soit amusant.
- Achetez-vous une télé...

Pierre Larousse (dictionnaire) est né le 23 octobre 1817. André Turcat (premier pilote du Concorde) est né le 23 octobre 1921. Pierre Vassiliu, chanteur, naît le 23 octobre 1937. Le 23 octobre 1940 naissait le roi du ballon rond, Edson Arantes do Nascimento, dit le roi Pelé. Lino Ventura s'en est allé le 23 octobre 1987.

OCTOBRE vendredi 24

Saint Florentin
Fils de paysan, il avait le don de guérir.

- *Sans légende*

Le soleil se lève à 08 h 25 mn et se couche à 18 h 44 mn.

Mon truc en plus
La casserole avec le lait à été oubliée sur le feu . Tout partira si vous faites bouillir dedans un peu d'eau de javel . Mais si vous n'avez pas de javel, prenez du marc de café, imprégnez - en du papier roulé en boule et frottez!

Halloween, c'est citrouille et trouille

On n'est pas obligé de fêter Halloween - chacun est libre - mais il sera difficile d'aller contre, car ce sont les enfants qui en font le succès. Chacun sait que les enfants adorent se déguiser et là, ils sont à la fête ! Ceux ou celles qui sont contre peuvent en vouloir à Richard Roizen, l'homme qui a ressuscité Halloween en France.

Une société lyonnaise spécialisée dans le déguisement a fusionné avec une autre société qui possédait une filiale aux USA.

Lors d'un séjour Outre-Atlantique, Richard Roizen découvre l'ampleur du phénomène Halloween. Il se renseigne, fait des comptes et, de retour en France, fait le pari de lancer la fête dans le pays.

L'idée a fait son chemin, pas facilement au début, et puis les enfants s'y sont mis, ce que voyant, nombre de restaurants, boîtes de nuit ou dancings se sont lancés dans la brèche et les grandes surfaces ont compris qu'il y avait là un intérêt financier certain, à cette période particulièrement creuse. La fête est vraiment partie en 1998 et depuis, le phénomène s'amplifie chaque année. Le chiffre d'affaires de la société lyonnaise a été multiplié par vingt depuis le tout début et ça continue... Alors, même si chaque année on prédit que c'est un effet de mode et que ça peut fléchir, on est confiant. Pour l'instant, la citrouille et la trouille qu'elle procure, ça marche fort !

Sourire

De qui sont ces maximes qui persiflent sur nos têtes?

- Dieu a dit : "Il faut partager". Les riches auront la nourriture, les pauvres l'appétit.

- L'hirondelle ne fait pas le printemps, mais le chameau fait le désert.

- Un optimiste est celui qui achète à un Juif pour vendre à un Écossais. Et inversement.

(Desproges- Cavanna- Yanne)

Gilbert Bécaud était né le 24 octobre 1927, le même jour et la même année que Jean-Claude Pascal. Le krack boursier de Wall Street débute le 24 octobre 1929. Le 24 octobre 1940, rencontre entre Hitler et Pétain à Montoire. Le 24 octobre 1973 fin de la guerre du Yom Kippour.

Saint Crépin
Fut sauvagement supplicié.

OCTOBRE samedi 25

- C'est un parent éloigné qui est décédé à Cayenne !

- Sans légende

Mon truc en plus
A quoi peuvent servir les cotons-tige?
A nettoyer les oreilles mais aussi beaucoup d'autres choses, notamment les becs de cafetières ou de théières exigus et qu'aucun goupillon ne peut pénétrer.

Le soleil se lève à 08 h 27 mn et se couche à 18 h 42 mn.

S.O.S. sauvetage...

Un chien échappe à la noyade... grâce à un phoque.
Un phoque a sauvé un chien de la noyade dans les rapides d'une rivière du nord de l'Angleterre.
Selon les témoins occulaires de la scène, le berger allemand apparemment blessé était tombé dans la rivière Tess et avait tenté en vain de rejoindre la rive à la nage avant dêtre emporté par le courant.
Un phoque a alors surgi des profondeurs pour le pousser doucement jusqu'à la berge.
"Je n'ai jamais rien vu de pareil et je crois que je ne le reverrai jamais", a déclaré Reuters Chris Hind. Le phoque est venu de nulle part... comme un ange gardien."
Aucun propriétaire ne s'étant fait connaître, le chien a été pris en charge par la Société Royale de Protection des Animaux (RSPCA). "Les phoques ne sont pas réputés pour entretenir des affinités particulières avec les chiens, mais ce sont des animaux naturellement curieux et joueurs" a expliqué la RSPCA.

- Effectivement, il vaudrait mieux aller se garer plus loin!

Johan Strauss, était né le 25 octobre 1825. Georges Bizet, le compositeur de Carmen est né le 25 octobre 1838. Pablo Ruiz y Picasso est né le 25 octobre 1881. Abel Gance, cinéaste, est né le 25 octobre 1889. Annie Girardot est née aussi un 25 octobre mais en 1931. Christian Dior, le grand couturier décède le 25 octobre 1957.

OCTOBRE
dimanche 26

Saint Dimitri
Naquit en Yougoslavie au IIIe siècle.

- *D'accord je lui ai conseillé la promenade, mais pas comme ça !*

Le soleil se lève à 07 h 29 mn et se couche à 17 h 40 mn.

Mon truc en plus
On a depuis longtemps résolu le problème des bougies qui coulent sur la nappe. Mais pour éviter ce problème et donner un air de fête à vos bougies mettez les dans de jolis verres ou coupes que vous aurez rempli d'eau colorée, de sable, de pois cassés, de lentilles, etc.

Vermot Jardin

C'est le début du repos pour la végétation. Mais vous pouvez encore semer en couche, en place, les carottes pour une récolte au printemps prochain. On sème aussi les cerfeuils pour une récolte en début d'année.
Pensez que les espèces potagères les plus rustiques résistent au froid sans trop de protection. Toutefois, vous seriez bien avisé de recouvrir le sol de paille, de feuilles mortes ou de fougères sèches. Cela vous aidera en cas d'arrachage par temps de gel, en empêchant la terre de durcir en profondeur.

Insolite
Charles Stratton naquit dans le Connecticutt en 1838. C'était un beau bébé comme beaucoup d'autres sauf qu'il oublia de grandir. Alors sous le nom de Tom Pouce, il devint la star du cirque Barnum. Il deviendra également millionnaire ce qui lui permit de vivre enfin sur un grand pied.

Sourire
On le croyait en cavale à l'autre bout du pays, or Raymond Tudor, 48 ans, enfermé pour meurtre, s'il avait disparu, n'était pas aller loin. On l'a retrouvé quinze jours plus tard, caché dans la gaine d'aération de la prison canadienne dans l'Alberta ou il séjournait.
Il avait bien pris l'air mais pas tout à fait comme il l'avait souhaité!

Le 26 octobre 1900 prenaient fin les J.O. de Paris. Georges Danton et François Mitterrand sont nés le même jour, le 26 octobre en 1759 pour Danton et en 1916 pour Mitterrand. Le 26 octobre 1917, une naissance, celle de Félix-le-Chat en dessin animé. Alain Prost remporte le 26 octobre 1986 un second titre de champion du monde de F1.

OCTOBRE
lundi 27

Sainte Émeline
Fut le type même de la religieuse vertueuse.

Mon truc en plus
Attraper une salade et la faire entrer dans le sac en plastique est souvent un sport.
Enfilez votre main dans le sac, attrapez avec cette main la salade par le pied et retournez le sac comme une chaussette!

Le soleil se lève à 07 h 30 mn et se couche à 17 h 38 mn.

Les géants du Nord

Depuis plus de dix ans maintenant, les géants se retrouvent pour la fête saisonnière de Montigny-en-Ostrevent. Ils sont conviés à l'anniversaire du mariage d'Hélène et Floris de Montmorency.
Floris, seigneur de Montigny-en-Ostrevent servit le roi Philippe II.
L'effigie ambulante, géant de carton, est apparue un peu plus de quatre sièces après sa mort. Il est désormais accompagné de son épouse, Hélène de Melun.
Le défilé de ces géants (trois à quatre fois la hauteur d'un homme), est de plus en plus suivi. En souvenir du voyage de noce en Espagne de Floris et Hélène, musiques, danses et saveurs ibériques se mêlent généreusement au long d'un week-end d'octobre. Mais les "Automnales de Montigny" s'emploient aussi à valoriser les ancestrales traditions régionales. Avant d'assister à la parade des géants, il vous faudra passer par la brocante, écouter chanteurs et guitaristes, boire la sangria ou le "Florius" et déguster les mets régionaux.
En attendant l'année prochaine pour revoir "Floris et Hélène" les géants de Montigny-en-Ostrevent.

Sourire
Un médecin chinois, le docteur Jiao Donghai de Shanghai est entré dans le Livre Guinness des Records.
Et pourquoi? Pour avoir fait maigrir un jeune obèse de 53,5 kg en onze mois, à raison d'une perte de 4,8 kg par mois.
Li Zhuxuan pesait 131 kg et souffrait de problèmes cardiaques lorsqu'il a consulté. Maintenant il peut manger presque normalement et s'il fait maigre tous les jours c'est surtout physiquement !

Paganini, violoniste virtuose était né le 27 octobre 1782. Albert Préjean était né le 17 octobre 1894. Madeleine Sologne était née le 27 octobre 1912. Gilles Vigneault, chanteur canadien, est né le 27 octobre 1928. Deux grands boxeurs sont morts le 27 octobre, en 1949, Marcel Cerdan (accident d'avion) et en 1975, Georges Carpentier, ex-champion du monde des mi-lourds.

OCTOBRE mardi 28

Saint Simon
Disciple du Christ, assistait au repas de la cène.

- Ah non, merci bien, il y a déjà assez d'un clone à la maison !

- Chut, si tu ne veux pas qu'il se fâche comme la dernière fois, réveille le doucement...!

Le soleil se lève à 07 h 32 mn et se couche à 17 h 36 mn.

Sourire

A la fin d'un concert : " Il est bien ce violoniste, mais ce qu'il lui manque, c'est une sébille..."

Ferrugineuses ou pas ... Faites confiance

Prôné du temps des Romains, l'idée "d'aller aux eaux" n'est plus pratiqué au Moyen-Age. La mode reviendra à la Renaissance qui redécouvre l'Antiquité.

Au XVIe siècle, les bains de Cauterets, Balaruc, Néris, La Bourbonne sont connus des seuls habitants des alentours, les médecins étant réticents pour les longs déplacements. En effet, les villes d'eaux sont desservies au siècle suivant mais les diligences ne se mettent en route que lorsque le plein est fait. Il faut parfois attendre plusieurs jours.

Les carrosses de route ainsi nommés à l'époque, mettent dix jours pour aller de Paris à Lyon alors que l'on peut s'y rendre en péniche dans le même temps.

Les embarcations sont pourvues de chambres particulières comme nos paquebots de croisières.

Ils bénéficient en outre d'une parfaite sécurité, contrairement aux carrosses qui sont souvent pillés... Compte tenu de cette insécurité, on songe à faire venir les eaux à Paris.

Sans compter les réticences de certains praticiens qui ne se gênent pas pour brocarder cette mode.

"Les eaux minérales font plus de cocus qu'elles ne guérissent de malades" disent même les mauvaises

SOLUTION DE LA PAGE 295

*T*V*I*F*A
PIGEONNIER
*BERTHELOT
PENSEUR*LI
*REE*MULES
SERENADE*T
**O*ETAMPE
VASARI*ARS
NIPPONNE
POTERNE*LI
*MERU*URUS
VA*CNEMIDE
*LEU*LEGER
NASEAU*ASE

Le 28 octobre 1886, inauguration de la statue de la Liberté à New-York. Le 28 octobre 1938, naissance de Bernadette Lafont. En 1942 naît Olivier Mazerolles (A2) et Henri Michel (footballeur), le 28 octobre 1947. Juste avant était né Coluche le 28 octobre 1944. Le 28 octobre 1963 est né Eros Ramazzotti, chanteur, et le 28 octobre 1967, Julia Roberts.

Saint Narcisse
Devint évêque de Jérusalem à cent ans.

OCTOBRE mercredi 29

- Un, deux et trois... impair et manque !

- Qu'est-ce que je dis si on te téléphone..?

Le soleil se lève à 07 h 33 mn et se couche à 17 h 35 mn.

aux eaux, bien de chez nous...

langues. A Louis XIV il est ordonnée une cure des eaux de Forges.
Cette cure a lieu à Fontainebleau, à raison de six verres le premier jour et de huit les jours suivants.
Au fil des années, Balaruc, Vichy, Forges, Plombières, Cauterets, Spa se développent.
Les hôteliers et les habitants se frottent les mains en louant à des prix exhorbitants la moindre chambre.
Les eaux de Passy bénéficient d'un demi-tarif pour les Parisiens étant donné la proximité de la capitale et le transport assez facile.
Sur tout le territoire, les cures sont taxées dès le XVIIe siècle et les charlatans pullulent.
Un petit malin avait même eut l'idée de puiser de l'eau de Seine en face de ce qui est aujourd'hui l'Institut.
Depuis longtemps les cures sont reconnues pour leurs bienfaits ce qui prouve que nos ancêtres avaient raison de croire dans les eaux... ferrugineuses ou pas comme disait Bourvil.

- Sans légende

Jean Giraudoux, auteur dramatique, était né le 29 octobre 1882. Joseph Goebbels, ministre d'Hitler, était né le 29 octobre 1897. Edwige Feuillère était née le 29 octobre 1907. Eddie Constantine était né aussi un 29 octobre en 1917, deux ans plus tôt que Félix Marten. Gérard Klein est né le 29 octobre 1942. Première parution, le 29 octobre 1959, du journal "Pilote".

Sainte Bienvenue
Connue pour sa foi profonde

Saint Quentin
Parcouru la Gaule en prêchant

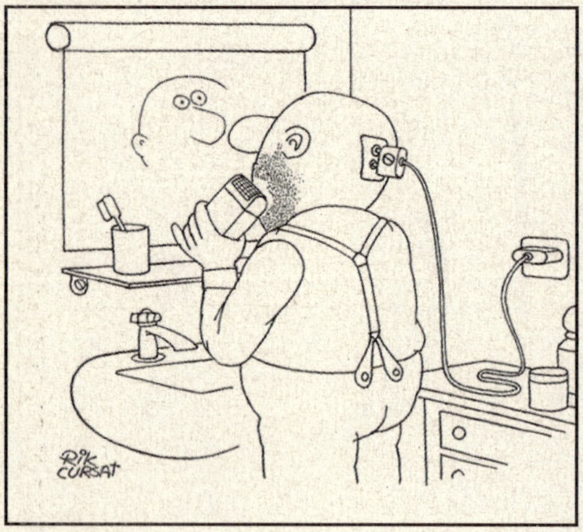

- Il pourrait prévenir quand il y a de la fesse à la télé...

Le soleil se lève à 07 h 35 mn et se couche à 17 h 33 mn.

Mon truc en plus
Si vous aimez l'andouillette pensez à la badigeonner de moutarde et d'un peu de chapelure avant de la mettre sous le grill.

Le soleil se lève à 07 h 37 mn et se couche à 17 h 31 mn.

L'aspirine, un médicament à risques

Plus de 60 % des Français ne considèrent pas l'aspirine comme un médicament. Mais c'est bien à tort, hélas. Malgré la très grande utilisation que l'on en fait, l'aspirine est à prendre avec précaution. Il existe en effet des contre-indications, comme l'allergie à l'aspirine et ses dérivés, les ulcères digestifs, les gastrites, la goutte, l'asthme, les troubles de la coagulation, les règles abondantes. En cas de grossesse, l'aspirine, dans certains cas, peut retarder le terme ou rendre l'accouchement plus difficile. Prenez garde aussi à certains mélanges de médicaments et d'aspirine. Demandez toujours conseil à votre médecin et surtout ne prenez pas d'aspirine pour un oui ou pour un non...

Le danger du café

The Daily Telegraph de Londres apporte un fait atroce. Un Américain a été tué par sa tasse de café. Joseph Stroyer a trébuché à Long Island. il est tombé, sa tasse s'est brisée et un éclat de quelques centimètres lui a transpercé la carotide. Certains ont raison de dire que le café est mauvais pour la santé.

Henri Dunant, fondateur de la Croix Rouge décède le 30 octobre 1910. Jacques Faizant, dessinateur humoriste est né le 30 octobre 1918. Louis Malle naît le 30 octobre 1932, Claude Lelouch en 1937 et Diego Maradona, légendaire footballeur naît le 30 octobre 1960.

Le 31 octobre 1925 naissait Roger Nimier, écrivain. L'année suivante, le 31 octobre, naissance de Bud Spencer, comédien et en 1943 de Salvador Adamo. Le 31 octobre 1958, c'est Jeannie Longo qui prend le départ dans la vie. Brassens et Fellini sont morts un 31 octobre, en 1981 pour Georges, en 1993 pour Frederico.

- *Yes, Mamy, je apprends encore à lire le français...*

Mon truc en plus

Un pot de moutarde qui ne se dessèche pas ? Possible si vous glissez une rondelle de citron dans le pot. N'oubliez pas de mettre une nouvelle rondelle après chaque usage.

Le soleil se lève à 07 h 38 mn et se couche à 17 h 30 mn.

Il pointe son nez (le rhume)

Dans nos régions dites tempérées, le rhume de cerveau est la plus répandue de toutes les affections, celle à qui pratiquement personne ne peut échapper et qui frappe chaque année la majorité des gens, parfois même à plusieurs reprises.

Pourquoi d'ailleurs ce nom : rhume de cerveau ? Ce sont des médecins de l'Antiquité qui lui ont donné ce nom. Ils croyaient, en effet, que le liquide s'écoulant abondamment par les narines des enrhumés était une sécrétion du cerveau ! Comme cette croyance est abandonnée depuis longtemps, les médecins désignent maintenant le rhume en question sous les noms de "rhinite aiguë banale" ou "coryza aigü banal". Le terme banal signifie que le rhume en question est commun et quasi insignifiant. Car sauf complications assez rares, le coryza est plus désagréable qu'inquiétant. Pourtant, ce "rhume insignifiant" que souvent on prend pour le début de la grippe est un fléau puisque aucune autre maladie ne fait perdre autant de journées de travail, dans les pays où il sévit.

Alors, dès qu'il montre son nez (qui coule bien sûr) un peu d'aspirine, restez au chaud, quelques gouttes d'huile au goménol ou une pommade au camphre et un peu de patience, et vous le verrez partir comme il est venu.

Humour

Un pou sur le crâne d'un chauve est-il considéré comme un sans abris ?

Poème pour sourire

Entre Louisette et Aline c'est l'embarras du choix.
Mais Aline, je l'imaginais assez coquine,
Aussi à Pékin, j'ai choisi, je pense pour cette fois,
Souvenons - nous de la chanson, nuit de Chine, nuit qu'Aline...!

L. Pouly

Le 1er novembre 1179 voit débuter la guerre de Cent Ans. Naissance le 1er novembre 1939 de Bernard Kouchner et le 1er novembre 1951 de Fabrice Lucchini. Le 1er novembre 1952 explosion de la première bombe à hydrogène dans le Pacifique. La sonde Voyager 1 nous envoie des photos de Saturne dès le 1er novembre 1980.

NOVEMBRE
dimanche 2

Défunts
Saint Malachie, le pape le nomma légat pontifical de l'Irlande

- Bander, toujours bander, le soir on se sent fatigué, vous savez !

Le soleil se lève à 07 h 40 mn et se couche à 17 h 28 mn.

Humour
Je n'ai pas voulu que ce chirurgien fasse sur moi une opération esthétique quand j'ai vu dans son bureau un tableau de Picasso·

Bétisier des impôts

Voici quelques perles écrites par le service des impôts :

- Votre lettre de réclamation a été transmise par erreur à notre service réclamation.

- Sauf erreur de notre part, une erreur s'est glissée dans notre courrier du 22 mars dernier.

- Nous préciser si le sexe de votre conjoint est aussi de nationalité française.

- La colonne B est réservée aux utilisateurs de la colonne C.

- A compter du 1er septembre, les guichets seront ouverts avant la fermeture.

- Votre déclaration est illisible, bien que tapée à la machine.

- Le tiers provisionnel n'est pas une suggestion de payer, mais un commandement.

SOURIRE

C'est par erreur que les CRS ont lancé des bombes lacrymogènes sur les manifestants.
- La gaffe, quoi ?
- Oui, la gaffe lacrymogène en somme !

Sur TF1, La Gaff' ne veut travailler qu'en soirée.

Tout ça parce qu'il se lève tard. Il fait La Gaff' matinée.

Au moment de monter sur le ring, le boxeur demande à son soigneur : "Dis-donc, les vestiaires sont loin du ring ?"
- "Ne t'inquiète pas, pour le retour tu sais bien qu'on te portera."

- C'est une pommade contre les coups? Elle empêche d'en prendre ?

Luchino Visconti voit le jour le 2 novembre 1906 et Burt Lancaster le 2 novembre 1913. George Bernard Shaw est décédé un 2 novembre en 1950 et Jacques Mesrine, considéré comme l'ennemi public n° 1, est abattu par la police le 2 novembre 1979.

Mon truc en plus

Un bouquet de fleurs séchées toujours beau ? Vaporisez sur les fleurs un nuage de laque pour fixer les couleurs et nettoyez-les avec un sèche-cheveux (à faible vitesse) pour enlever la poussière.

Le soleil se lève à 07 h 41 mn et se couche à 17 h 26 mn.

3 novembre - Saint Hubert Saint Patron des garde - forestiers

Dès qu'Hubert sut ce qu'on devait aux hommes des bois, il leur offrit sa protection.
Il descendait d'une autre branche, mais se recommanda d'une souche commune.
Et même s'il n'était pas très futaie, il saurait quoi faire pour éviter la gueule de bois.
Son argumentation était un peu touffue, mais ils furent sensibles à cette langue de bois.
C'est ainsi que maintenant, garde-forestiers, Saint Hubert est votre garde à vous!
Les jeunes quittent les sentiers battus et sont toujours fourrés à la ville. Ils ne sont plus du bois dont on fait les forestiers. Assis devant leur télévision, ils préfèrent être à l'intérieur alors que l'on manque de gardes des saules.
Le garde - forestier est un garde - mobile qui court les chemins.
Il y traque les pilleurs de troncs et ceux qui brisent les chênes.
Il surgit à la moindre odeur de pin grillé pour montrer aux incendiaires, avant qu'ils ne se taillent, de quel bois il se chauffe. Tout ceci fait partie de son boulot.
Un arbre pouvant cacher la forêt, il lui faut parfois monter la garde.
Pour ce faire, il grimpe aux arbres, s'appuyant sur les branches mères fort de son droit de garde.
Le soir, il rejoint sa Sylvie sensible au corps de garde.
Et comme il n'est pas de bois, il lui fait un tour de garde. La belle touche du bois et fait le vœu que très longtemps, même en si bonne santé, il garde la chambre.

Humour

Que doit-on mettre sur la carte d'identité quand on a le crâne rasé à la demande : couleur des cheveux ?

Charles Bronson de son vrai nom Charles Buchinsky est né le 3 novembre 1920. Le premier "journal d'informations" verra le jour sur les ondes de TSF le 3 novembre 1925. Henri Matisse lâchera ses pinceaux définitivement le 3 novembre 1954. "Laïka", la petite chienne russe est lancée dans l'espace, le 3 novembre 1957.

NOVEMBRE
mardi 4

Saint Charles
Naquit à Milan au XVIe siècle.

Sainte Sylvie
Vécut au VIe siècle

NOVEMBRE
mercredi 5

- Ça va de plus en plus mal… Il demande si le combat est en deux ou trois sets!

- Tu veux bien dire aux copains que je descends fêter ton départ !

Le soleil se lève à 07 h 43 mn et se couche à 17 h 25 mn.

Pour mon chat, j'ai cherché, sans trouver, une pâtée pour chat, à saveur de souris…

Le soleil se lève à 07 h 45 mn et se couche à 17 h 23 mn.

Vermot jardin : je plante, tu plantes,

A la Sainte-Catherine, tout bois...etc. tout le monde connaît l'adage. C'est en novembre qu'il faut planter. C'est lorsque les végétaux plongent dans le grand sommeil de l'hiver que l'on a le plus de chance de planter avec succès. Vos arbres ou arbustes vivront alors au ralenti et supporteront le mieux le stress du changement de lieu et de sol.

La plante a tout son temps pour s'ancrer dans son nouvel emplacement et parfaire son système racinaire.

Vous réussirez mieux vos plantations en suivant ces simples conseils que pourraient vous donner n'importe quel professionnel : plongez toute la motte dans l'eau avant de mettre la plante en place ; dans un trou trois fois plus grand que le sujet à planter, mettez un bon engrais de fond en faisant attention qu'il ne touche pas directement les racines nues. Puis posez le sujet dans le trou. Disposez les racines nues bien à plat, sans le filet plastique, comblez et tassez bien avec le pied tout autour du tronc. Attachez le tronc des arbres à un tuteur solide, sans trop serrer les liens. Pralinez les racines nues. On trouve ce produit prêt à l'emploi dans le commerce.

SOURIRE

Le directeur de la prison a un détenu qui va être libéré :
- "Vous allez repartir dans la vie, avez-vous un plan, au moins ?"
- "Trois, Monsieur le Directeur. Deux d'une banque et un d'une bijouterie ."

Le 5 novembre 1854 naissait un chimiste, prix Nobel, Paul Sabatier. Lény Escudéro est né le 5 novembre 1932. Joe Dassin était né le 5 novembre 1938, Bernard-Henry Lévy le 5 novembre 1948 et Jean-Pierre Papin, le 5 Novembre 1963. Le 5 novembre 1981, la barre des deux millions de chômeurs est franchie en France.

Marlène Jobert voit le jour le 4 novembre 1943. Dominique Voynet, le 4 novembre 1958 et Canal + apparaît dans le paysage télévisé le 4 novembre 1984. F. D. Roosevelt est élu président des USA le 4 novembre 1940.

Sainte Bertile
Abesse du monastère de Chelles
au VIIe siècle

NOVEMBRE
jeudi 6

- Après une désinfection complète, on verra ce qu'on peut faire !

- A signes particuliers, je mets néant !

Mon truc en plus
Votre micro-ondes a de mauvaises odeurs ? Mettez un bol d'eau dans lequel vous ajouterez un jus de citron et laissez deux minutes à puissance maximale.

Le soleil se lève à 07 h 46 mn et se couche à 17 h 22 mn.

Un peu de jardin

En novembre, au potager, vous récolterez et rentrerez les derniers légumes-racines : carottes, navets, radis d'hiver, topinambours betteraves et fenouils. Vous commencerez les labours et les bêchages en terrain lourd. Epandez aussi grossièrement le fumier ou le compost en surface.
Vous planterez aussi l'ail, les oignons blancs et les échalotes.

LU DANS

"La Nouvelle République du Centre-Ouest" (12/3)
" Etat civil - Publication de mariage : René avaleur de façades..."
Ce René, il a été fait comme un rat... valeur de façades, bien sûr!

"L'Echo de la Presqu'île (Guérande/Saint-Nazaire (18/3)
" Malgré l'amputation de quelques bons joueurs, le groupe de Guy Lotode s'est battu pour gagner "
On s'étonnera après que les joueurs aient eu les jambes sciées...

Humour
Et toujours les sobriquets... de Christian Plume

Madelin Alain :
L'arrogance de Maître Madelin.
Maïté :
A l'état de grasse.
Mamère Noël :
Veut nous faire croire au Père Noël (Mamère).
Marceau mime :
L'art muet des ombres.
Mathieu Mireille :
Mimi pinson, non, momie pincée.
Mauresmo Amélie :
"Honni soit qui mâle y pense".
Nougaro Claude :
(je suis saoûl ta fenêtre).
Le gars saoûl est toulousain !

Sourire
C'est dans un bled d'Afrique, On est à la gare et le chef de gare annonce : " Attention, attention, au guépard, fermez les panthères.."

L'inventeur du saxophone, Adolphe Sax avait vu le jour le 6 novembre 1814. L'architecte de l'Opéra Charles Garnier était né le 6 novembre 1825. Michel Bouquet est né aussi un 6 novembre, en 1925. Florant Pagny est né plus tard, le 6 novembre 1961.Le père d'Astérix et Lucky Luke, René Goscinny a quitté ses héros le 6 novembre 1977.

NOVEMBRE vendredi 7

Sainte Carine
Mariée à un soldat elle se convertit

NOVEMBRE samedi 8

Saint Geoffroy
vécut à l'abbaye du Mont saint-Martin

- Ton père est en train de nous faire un gros complexe de supériorité...

- C'est facile à comprendre : la porte du garage est trop large à droite et pas assez à gauche!

Le soleil se lève à 07 h 48 mn et se couche à 17 h 20 mn.

Humour

C'est-on déjà demandé pourquoi le mot abréviation est si long ?

Le soleil se lève à 07 h 49 mn et se couche à 17 h 19 mn.

Poujeaux un bourgeois gentilhomme à l'Elysée

Le président Georges Pompidou avait un coup de fourchette présidentiel. Il appréciait particulièrement les plats en sauce, comme la blanquette de veau, le bœuf bourguigon ou le lapin à la moutarde.

Son amitié avec les Rothschild le poussait à apprécier les vins du Médoc, notamment le château Lafite. Un jour il arriva que lors d'un repas avec le Baron, il fut servi un château Poujeaux, ce Moulis généreux et délicat enthousiasma les convives et ils identifièrent ce cru bourgeois comme étant un château Lafite.
Ravi de la méprise, le président de la République qui avait un faible pour Poujeaux multiplia son service, popularisant ainsi en haut lieu un cru considéré aujourd'hui comme l'équivalent d'un troisième cru classé.
Ce bourgeois devenu gentilhomme connaît un vif succès grâce à sa chair onctueuse et un soyeux digne des plus grands.

Logique

En temps de guerre, il faut bien savoir qu'être sous les drapeaux n'est pas le meilleur moyen de se camoufler.

Léon Trotsky était venu au monde le 7 novembre 1879, Albert Camus aussi, un 7 novembre en 1913. Un certain Terence Steven Mc Queen, connu sur le nom de Steve Mc Queen est décédé le 7 novembre 1980. Le 7 novembre 1933, premier tirage de la loterie nationale.

Katharine Hepburn (4 oscars) est née le 8 novembre 1907. Alain Delon est venu au monde, lui, le 8 novembre 1935. Avant lui, le 8 novembre 1922, c'était Christian Barnard (premier à transplanter un cœur) qui était né en Afrique du Sud. Le 8 novembre 1960, John Fitzgerald Kennedy remportait les élections présidentielles des USA.

Saint Théodore
Soldat romain, fut décapité pour avoir confessé sa foi

NOVEMBRE
dimanche 9

- Pardon, où peut-on prendre un caddy ?

- C'est juste une machine qui a besoin d'être réparée... C'est juste une machine qui à besoin d'être réparée...

Humour
Quand le dernier arbre sera abattu, la dernière rivière empoisonnée, le dernier poisson pêché, alors vous découvrez que l'argent ne se mange pas.

Le soleil se lève à 07 h 51 mm et se couche à 17 h 17 mm

Vermot Jardin : Souffler n'est pas jouer

Souffler n'est pas jouer mais presque...
C'est l'époque où les feuilles s'amoncellent dans le gazon ou le jardin. Bien sûr, il y a toujours le traditionnel râteau, mais en plus, on souffle ou on aspire.
Des appareils de plus en plus pratiques et à un prix abordable ont fait leur apparition.
Le "souffleur" et l'aspirateur-souffleur" fonctionnent sur le même principe. Un moteur, le plus souvent électrique, entraîne un ventilateur à grande vitesse.
Le jet d'air permet d'aller chercher les feuilles dans les endroits les plus inaccessibles. D'un emploi facile, il ne devrait pas vous falloir longtemps pour manier le "souffleur" même si au début, les feuilles n'ont pas l'air de vouloir se rendre là où vous voulez qu'elles aillent !

Sourire

Dans un cocktail, deux snobinardes de la jet set discutent :
- Beaucoup d'hommes vont être malheureux quand je vais me marier !
- Vraiment ? et combien d'hommes penses-tu épouser ?

Je m'adonne à l'adultère car c'est un sport qui se pratique aussi bien en plein air qu'à l'intérieur.

Rien ne prouve que Crésus soit l'inventeur de la soupe à l'oseille.

Le 9 novembre 1918, disparaît Guillaume Appolinaire et le 9 novembre 1970, le général Charles de Gaulle rendait les armes à la Boisserie. La mère Denis, vedette de la pub télé à 79 ans était née le 9 novembre 1893. Raymond Devos est né en Belgique, à Mouscron, le 9 novembre 1922.

NOVEMBRE lundi 10

Saint Léon
Devenu pape, il dissuada Attila de piller Rome.

- Si tu me mets ce PV, Henri, je te préviens, tu vas manger des nouilles ou des patates pendant huit jours pour le payer...

Le soleil se lève à 07 h 53 mn et se couche à 17 h 16 mn.

Humour
Le monde appartient à ceux dont les ouvriers se lèvent tôt.
(Un grand patron)

La plante du mois

Comme les rhododendrons, les gaulthérias font partie de cette famille.

Il existe près de 170 espèces présentes surtout dans les sous-bois rocailleux et humides. Les gaulthérias sont aussi proches des airelles et des myrtilles.

Utilisée comme plante médicinale sous le nom de "thé du Canada", ses feuilles une fois séchées ont une odeur de vanille. Mais il faut éviter de les consommer car elles peuvent occasionner des troubles digestifs. Ce sont justement ces fruits qui leur donnent une allure spectaculaire : une multitude de petites baies roses, rouges, pourpres, blanches ou noires qui tiennent tout l'hiver... Enfin, si les oiseaux le permettent, car il en sont très friands : planter des gaulthérias, c'est aussi une façon de nourrir les oiseaux en hiver.

Peu sensibles aux maladies, très décoratives, vous pouvez les cultiver sur balcon ou terrasse.

En voiture, attachez-la !

Attention aux réflexes de la tortue. Réputée lente, elle a tout de même du mordant. La preuve! A Trimbach, dans le canton suisse de Soleure, une tortue, installée sur le siège passager d'une voiture, a mordue sa conductrice.

Sans raison apparente. En tout cas, l'automobiliste est entrée en collision avec un bus roulant en sens inverse. Persorme n'a été blessé dans l'accident, mais les dégâts sont importants. La police suisse rappelle - avec un certain humour- qu'il convient d'attacher efficacement les passagers quelle que soit leur taille" !

Le 10 novembre 1483, naissance de Martin Luther, théologien, à l'origine du protestantisme. Andreï Tupolev, le père des avions du même nom, était né le 10 novembre 1888. François Périer était né le 10 novembre 1919. Le 10 novembre 1928, couronnement de l'Empereur Hiro-Hito. Ennio Morricone (musique de films) est né un 10 novembre, en 1928.

- On ira à l'école demain, mon horoscope me conseille de rester au chaud !

Humour
Il vaut mieux fréquenter les méchants que les imbéciles. On peut espérer que les premiers se reposent de temps en temps.

Le soleil se lève à 07 h 54 mn et se couche à 17 h 15 mn.

Vermot insolite

La voisine utile

Chiens policiers et hélicoptères à l'appui, Scotland Yard a lancé une vaste opération dans une maison du sud-est de Londres destinée à arrêter un homme dangereux, soupçonné de trafic de drogue.
L'homme recherché, un certain Paul Kelly ne fut pas arrêté malgré les moyens mis en œuvre. En fait il était déjà arrêté depuis quelques semaines pour un cambriolage et était sous les verrous en attendant d'être jugé.
Tout cela, les policiers devaient l'apprendre, une fois la maison suspecte investie, d'une charmante voisine toute heureuse de montrer, qu'elle, était bien renseignée. Scotland Yard a reconnu un fâcheux manque de communication.

La vengeance des babouins

Dans le sud-ouest de l'Arabie saoudite, un automobiliste avait écrasé un babouin sur une route montagneuse.
Les primates de sa tribu ont attendu trois jours, et lorsque la même voiture est revenue, ils l'ont attaquée à coups de pierre.
Le conducteur est sorti indemne, mais sans parebrise !

Sourire

On est en train de mettre au point une nouvelle molécule baptisée Viazac.
Le Viazac combine les effets du Viagra et du Prozac. L'avantage? Messieurs, si la molécule (viagra) ne vous procurait pas l'effet escompté, grâce à l'autre vous vous en ficheriez complètement !

Le 11 novembre 1885 naissait Georges Patton qui devient un grand général lors de la dernière guerre. René Clair, cinéaste, est né le 11 novembre 1898. Demi Moore est née le 11 novembre 1963 et Léonardo DiCaprio, le 11 novembre 1974. 11 novembre 1918, signature de l'armistice et arrêt des combats de la Grande Guerre.

NOVEMBRE mercredi 12

Saint Christian
Moine polonais martyrisé

Saint Brice
Devint évêque de Tours

NOVEMBRE jeudi 13

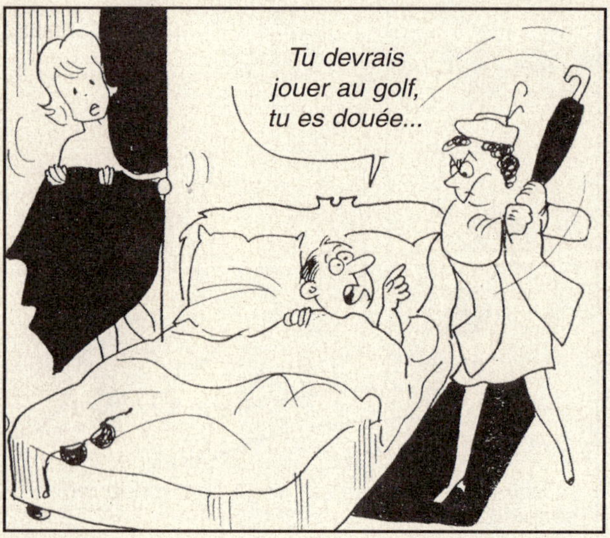

Le soleil se lève à 07 h 56 mn et se couche à 17 h 13 mn.

Humour
Il y a des gens qui ont une bibliothèque comme les eunuques ont un harem !

Le soleil se lève à 07 h 57 mn et se couche à 17 h 12 mn.

Le beaujolais nouveau

Il est des rendez-vous dont on ne se lasse pas ! Ainsi de celui du troisième jeudi de novem-bre. Ce jour-là, des dizaines et des dizaines de milliers d'hectolitres

de beaujolais nouveau déferlent dans les cafés, les restaurants ou plus tranquillement, à l'abri des regards chez soi.
Et ce, dans le monde. En effet, hormis un léger décalage horaire à peine perceptible après deux ou trois verres, au même moment des millions de buveurs, occasionnels ou habituels, de Guéret, Paris, New York ou Tokyo goûtent le divin breuvage. Et y vont de leur petit couplet. Alors, cette année ? Banane ! Ah, non vous n'y êtes pas, il sent la mûre ! Sans cracher dans la soupe, disons qu'il sent surtout une opération de marketing rondement menée ! A l'origine de ce succès mondial, le cépage Gamay depuis longtemps consommé dans la région lyonnaise et goûté, lors de la seconde guerre mondiale, par quelques journalistes parisiens, qui, de retour à Paris, en parlent à leurs bistrotiers du coin. De tache d'huile en bouche à oreille, le vin régional gagne du terrain et en 1954, la "Coupe du meilleur pot" est décernée pour la première fois au bistrot parisien servant le meilleur beaujolais. Opération reconduite depuis, chaque année. Avec le succès que l'on sait!

Poème pour sourire

On m'avait dit : "Les plantes souffrent, ont des douleurs."
J'ai pris mes généraniums et mes coquelicots,
Les ai montrées au jardinier, euh...au docteur :
"Vos plantes crèvent, dit-il, car elles sont mal dans leurs pots !"

Marguerite Long, pianiste, est née le 13 novembre 1874. Jean Seberg, actrice, est née le 13 novembre 1938 et Woopi Goldberg, actrice noire, le 13 novembre 1949. Thierry Le Luron est parti le 13 novembre 1986 et Edwige Feuillère le 13 novembre 1998. Le 13 novembre 1907 voyait le premier décollage d'un hélicoptère près de Lisieux.

Auguste Rodin est né le 12 novembre 1840. Frank Sinatra est venu au monde le 12 novembre 1915. Grace Kelly est née le 12 novembre 1929 avant de devenir Princesse de Monaco. Philippe Gildas est né le 12 novembre 1935 .

- *Viens, je crois que tu ennuies monsieur avec ton bavardage...!*

- *Vous êtes sûr qu'il peut remplacer mon chien?*

Mon truc en plus

Du goût dans une farce de viandes hachées ? Remplacez les épices et les herbes par un sachet de potage aux oignons. Votre farce sera onctueuse et relevée.

Le soleil se lève à 07 h 59 mn et se couche à 17 h 11 mn.

Gare, ça mord

Une Norvégienne de 28 ans a été condamnée par un tribunal d'Oslo à 90 jours de prison - avec sursis - et une amende de 2000 couronnes, pour avoir planté ses dents dans le dos d'une passante. L'incident s'était produit alors que la jeune femme - irascible il faut le dire - promenait un chien et son chiot. Attendrie par le petit animal, la passante s'était hasardée à caresser le petit animal, provoquant la colère de la propriétaire. Celle-ci l'avait frappée et surtout mordue dans le dos.
La prochaine fois on peut conseiller à la pauvre dame de faire attention, si elle veut caresser un chien dans la rue, non pas que celui-ci la morde mais que sa propriétaire ne montre les dents…!

Jardin d'automne

Pour ceux d'entre vous qui ont un verger, vous aurez le plaisir de récolter les dernières pommes et poires, les coings et les kiwis et dans certaines régions, les châtaignes.
C'est aussi le moment où vous pouvez visiter les marchés aux plantes pour commander vos arbres sans tarder.
Vous devrez préparer vos plantations à racines nues. Préparez les trous et les supports de palissage. A la chute des feuilles, pensez à traiter les arbres à la bouillie bordelaise.

Humour

Les chanceux sont ceux qui arrivent à tout, les malchanceux, ceux à qui tout arrive…

SOURIRE-

"Je vais vous donner l'adresse du médecin apiculteur"
- Celui qui pique avec des petites aiguilles ?

"Moi, je digérais mal et on m'a soigné ma faune intestinale"

- "Au besoin, prenez de l'aspirine, Côte-du-Rhône"

- ou de l'aspirine à faire descendre.

Le 14 novembre 1832, le premier tramway fait son apparition à New-York. Inauguration le 14 novembre 1888 de l'Institut Pasteur. Le peintre Claude Monet est venu au monde le 14 novembre 1840, le Pandit Néhru est né le 14 novembre 1889. Le Prince Charles d'Angleterre est né le 14 novembre 1948 et Bernard Hinault le 14 novembre 1954.

NOVEMBRE samedi 15

Saint Albert
Dominicain, docteur de l'église.
Écrivit beaucoup de manuscrits sur la foi.

- Dites - lui de venir me voir à sa sortie de l'hôpital ..;!

Le soleil se lève à 08 h 00 mn et se couche à 17 h 09 mn.

Humour

Les jolies femmes, c'est comme les girouettes, elles se fixent quand elles se rouillent.

Musique pour serpents

Il s'appelle Doktör Strange, et il l'est sans aucun doute. Quarante-trois ans, ancien étudiant des Beaux-Arts et passionné par les serpents. Depuis trente ans, il en élève de toutes sortes, jusqu'à quatre-vingts dans son petit appartement.

Actuellement, il en a seulement treize et sa dernière passion est la composition musicale... pour le bien-être de ses protégés.

Il a déjà produit un CD, “Animorph”, une musique planante à base de sifflements : “une atmosphère feutrée et grouillante qui relaxe” ses serpents.

Et lorsqu'on lui dit que les serpents n'ont pas d'oreilles, il explique que les reptiles reconnaissent les vibrations infimes par la langue et ressentent les sons par le corps.

Il a actuellement un projet d'opéra électronique en trois actes avec diffusion sur écran d'images de synthèse de ses reptiles.

Espérons qu'il n'y aura pas que les serpents à être “charmés”, même si son orchestre ne comporte pas de haut-boa...

Jardin

Chauffage nature.

Votre serre n'est pas chauffée. Voici un petit truc bien connu des jardiniers pour augmenter légèrement la température.

Entreposez dans un coin de la serre un tas de compost frais. En fermentant, il dégagera de la chaleur. Bien sûr cela n'a rien à voir avec un poêle à charbon ou le chauffage au gaz, mais tout de même...

Placé dans une compostière ou des coffres sous les tablettes de culture, ce sera toujours un appoint certain.

Mon truc en plus

Une brûlure légère ?

Vite de l'eau fraîche en attendant de mettre dessus de la pulpe de pommes de terre ou de miel.

Comment arrêter de saigner après une petite coupure ? Si vous n'avez pas de pharmacie, deux solutions : mettre du sel fin sur la coupure ou bien un sachet de thé que vous aurez trempé dans de l'eau chaude.

Le 15 novembre 1891 naissait Erwin Rommel qui allait devenir le général Rommel, Petula Clark est née un 15 novembre en 1932. Daniel Barenboïm, célèbre chef d'orchestre est né le 15 novembre 1942. Tyrone Power est décédé le 15 novembre 1976 et Jean Gabin le 15 novembre 1976. Le 15 novembre 1971 voit la naissance du microprocesseur.

Sainte Marguerite
Petite - fille du roi d'Angleterre
martyrisée, elle fut décapitée

NOVEMBRE
dimanche 16

- Jean-Luc laisse tomber ton repassage et viens ici tout de suite ! On demande le chef de famille...

Humour
Comme disent les spécialistes de la machine à écrire ou de l'ordinateur, un clavier AZERTY en vaut deux.

Le soleil se lève à 08 h 02 mn et se couche à 17 h 08 mn.

Barbecue tragique

Pendant un an, la quinquagénaire avait été suivie à la trace grâce à un satellite. Des milliers d'enfants avaient vu sur internet ses mouvements tout au long de la côte pacifique du Mexique. Et puis, la tortue géante (110 kg) n'a plus donné signe de vie. En fait, elle avait fini ses jours sur un barbecue géant. Une centaine de personnes avait participé au festin. Mais les scientifiques de San Diégo, ne sont, eux, pas contents. Les cinq espèces de tortue de mer du littoral mexicain doivent être protégées et c'est pour cela que certaines sont équipées d'émetteurs afin que l'on sache où elles vont. Cependant, les autorités responsables de l'Université de La Paz reconnaissent que près de 30 000 d'entre elles finissent chaque année dans les assiettes de certains consommateurs.

Le passage de Jésus

Une barbe fournie, des cheveux longs, des traits christiques, Fathi Aref Abdallah, appelé "Jésus" par ses amis, a été retenu et interrogé pendant deux jours à l'aéroport de Rome.
Il faut dire qu'il avait des revolvers dans sa valise. Heureusement, "Jésus" a pu prouver qu'il était acteur de théâtre et qu'il revenait d'un festival à Carthage, que les armes étaient destinées à la pièce.
Malgré tout, c'est peut-être un miracle qu'il n'ait pas eu plus d'ennuis à l'aéroport !

SOURIRE

Dans un rapport d'hôpital :

"La patiente se plaint de douleurs. Mais au bout de deux jours, son genou allait beaucoup mieux. A la fin de la semaine, il avait disparu ..."

"La patiente paraissait déprimée. Elle était en larmes et pleurait constamment ."

"Papillon" alias Henri Charrière,évadé du bagne de Cayenne était né le 16 novembre 1906. Sœur Emmanuelle et Peynet le dessinateur des amoureux sont nés le 16 novembre 1908. Renée Saint-Cyr, comédienne est née le 16 novembre 1907. Clark Gable est décédé le 16 novembre 1960. Le 16 novembre 1945 voyait la création de l'Unesco.

NOVEMBRE lundi 17

Sainte Élisabeth
Mourut très jeune

Sainte Aude
Honorée à Paris au XIIe siécle

NOVEMBRE mardi 18

- Tu me croiras si tu veux, mais cette fois on a fait le coup sans laisser de traces...

Le soleil se lève à 08 h 03 mn et se couche à 17 h 07 mn.

Humour
L'amour rend fou et la guerre Rambo....

Le soleil se lève à 08 h 05 mn et se couche à 17 h 06 mn.

Vermot Jardin

En novembre, incorporez du compost lors des bêchages de parcelles libres. Vous n'avez pas besoin de casser les mottes car les alternances de gel et de dégel s'en chargeront.
Pensez à diviser les plantes vivaces. Déterrez les touffes et divisez-les d'un coup de bêche pour obtenir plusieurs fragments.
Ne conservez pas les éclats de la partie centrale mais replantez les plus beaux plants du pourtour.
Il faudra aussi terminer la plantation des oignons à fleurs de printemps avant décembre, surtout si vous avez choisi des variétés précoces.

Mon truc en plus

Automne, les rhumes arrivent... Par précaution, épluchez 50 g d'ail, mélangez à un quart de litre d'eau, ajoutez une cuillérée à café de vinaigre.
Laissez reposer une journée. Passez, ajoutez du sucre à votre goût. Dose moyenne : une cuillerée à thé par jour.

Sourire

- *"Patron, voilà un employé qui prive quelque part, un village de son idiot !"*

- "Tu as ouvert un commerce ?
- Oui une banque, sans que le gardien ne me voit".

"Monsieur, je suis fâché avec vous. La prochaine fois qu'on se verra, rappelez-moi de ne pas vous parler."

"Monsieur, dit la bonne, plusieurs de vos créanciers ont téléphoné toute la journée.
Ils demandent tous quelles mesures vous comptez prendre ?
- Euh... une seule, débrancher le téléphone."

Le 17 novembre 1925 naissait Rock Hudson. Toni Sailer-skieur- le 17 novembre 1935. Martin Scorsese, cinéaste, est né le 17 novembre 1942, juste deux ans avant Danny De Vito et Sophie Marceau le 17 novembre 1966.

Le 18 novembre 1787 naissait Louis Daguerre, inventeur et photogtaphe, en 1901, le 18 novembre est né Georges Gallup, fondateur d'un institut de sondage mondialement connu. Yves Brayer, peintre de la Provence est né le 18 novembre 1907, Alain Barrière le 18 novembre 1935. Le 18 novembre 1944, parution du premier numéro du journal Le Monde.

Humour
De Sacha Guitry, apprenant qu'il était cocu: “ çe qui m'exaspère c'est de penser que ce monsieur sait maintenant de quoi je me contentais.”

Le soleil se lève à 08 h 07 mn et se couche à 17 h 05 mn.

Vermot Santé : grâce à la cuisine

L'ail, l'oignon, le persil ou la ciboulette relèvent le goût des mets et contribuent à votre bonne santé. Sachez donc que l'oignon a la réputation d'enrayer de nombreuses épidémies et de favoriser la longévité. Les anciens, à la campagne, croquaient un oignon au petit déjeuner.

Le romarin apaise les nerfs et stimule la digestion. A consommer plutôt le soir. En cas de fatigue nerveuse, une infusion de romarin frais sera la bienvenue avant d'aller se coucher.

La menthe fraîche regorge de bienfaits, surtout en ce qui concerne la digestion.

L'ail est utile pour éviter les infections. Antiseptique et stimulant du système nerveux, il mérite une place de choix dans notre alimentation.

Le cerfeuil a des propriétés anti-infectieuses et calmantes. Quelques pincées de cette plante d'origine russe sur le potage ou la salade et voilà votre plat transformé.

La sauge est anti-transpirante et digestive. Le dicton : “Avec de la sauge dans son jardin, il n'est pas besoin de médecin. ”

Le basilic est une plante aux vertus antispasmodiques. Le persil, véritable mine de vitamine C, renforcera votre résistance à la fatigue et vous aidera à lutter contre la grippe.

Pour la digestion, quelques feuilles de laurier dans les plats mijotés. Il est utile aussi contre les rhumatismes.

La ciboulette ou civette apporte des vitamines (A et C) qui fixent le calcium et le phosphore dans l'organisme. Vive les aromates aux mille vertus.

SOURIRE

“Henri, qu'est-ce que c'est que ce carnet de notes où je lis : “Pratiquement toujours dans les nuages. Ne redescend sur terre que sous forme de perturbation?”

Le 19 novembre 1917, naissance d'Indira Gandhi, femme politique indienne . Patrick de Cairolis (télévision) est né le 19 novembre 1953. Jodie Foster, le 19 novembre 1962. Laurent Blanc (footballeur) le 19 novembre 1965. Le 19 novembre 1949, intronisation du Prince Rainier III de Monaco, succédant à son grand'père Louis II.

Saint Édmond
Mourut sous les flèches de Vikings.

Présentation de la Sainte Vierge

Le soleil se lève à 08 h 08 mn et se couche à 17 h 04 mn.

Humour
Si vous devez tirer au sort, adressez-vous à plusieurs hommes de paille.

Le soleil se lève à 08 h 10 mn et se couche à 17 h 03 mn.

La façon de faire du poulet...

Les premiers poulets industriels (sans produits chimiques !) datent de longtemps.
L'engraissement artificiel des poulets était déjà pratiqué par les Gaulois qui le tenaient des Romains. On privait ces poulets de lumière et de mouvements en les gorgeant d'une nourriture féculente.
Au XVIe siècle, on les castrait pour obtenir une chair plus savoureuse. Pour la première fois, l'éclosion des œufs par la chaleur artificielle est effectuée sur ordre de François 1er.
Au château de Montrichard en Touraine, sous les yeux du Roi, on fait chauffer un petit four avec un feu doux et continu. Au bout d'une vingtaine de jours, les poussins sortent.

A la même époque, Paris possède des poulaillers célèbres : la cage du Roi à l'Hôtel Saint-Pol, dans la rue Saint-Antoine, la cage de Messire Hugues Aubriot et la cage Charlot dans deux rues du quartier du Marais qui portent encore leur noms.
L'Egypte des Mamelouks travaillait à beaucoup plus grande échelle. Voici le surprenant témoignage de George Sandys, voyageur et diplomate anglais en 1611 et 1612 : "Aucune ville ne peut être plus peuplée que Le Caire, ni mieux approvisionnée en poulets.
On couve ici les œufs, en nombre infini, par la chaleur artificielle. De chaque côté d'un couloir s'élèvent deux rangées de fours, l'une audessus de l'autre. Sur le plancher de la rangée inférieure, on met des déchets de lin, sur ceux-ci des nattes et sur elle des œufs... au moins six mille dans un même four. Les planches

SOURIRE
"Patron, je peux vous dire, à propos de Durand, que cet employé ira loin ! Et le plus vite il partira, le mieux ce sera !"

Henri - Georges Clouzot était né le 20 novembre 1907. Gene Tierney, actrice, était née aussi un 20 novembre, en 1920, Robert Kennedy, frère du président, en 1925 et Edouard Leclerc, le 20 novembre 1926. Le général Franco est décédé le 20 novembre 1975.

Le 21 novembre 1694 naissait François Marie Arouet, dit Voltaire. Le peintre René Magritte naissait le 21 novembre 1898. Maria Casarès est née le 21 novembre 1922 et Daniel Guichard le 21 novembre 1948. Le 21 novembre 1921 s'ouvrait le procès de Landru. Le 21 novembre 1945 naissait le magazine féminin "Elle".

Mon truc en plus

Assez de couettes qui se promènent dans leur housse. A l'intérieur de la housse cousez des attaches à chaque coin et des boutons sur la couette. Boutonnez. Ça ne bouge plus.

Le soleil se lève à 08 h 11 mn et se couche à 17 h 02 mn.

depuis toujours

des fours supérieurs servent de toit aux fours inférieurs. Ils sont grillagés comme les nôtres, présentant seulement des cheminées au centre. Ces grillages sont couverts de nattes. Sur ces nattes est posée de la bouse de chameau ou de buffle séchée et réduite en poudre. Sur les côtés les plus élevés et les plus éloignés de ces fours supérieurs, se trouvent des couches de glaise épaisses d'une main et larges de deux.
Là, on brûle de la bouse qui donne une chaleur suffocante, sans flamme visible. Sous les bouches des fours supérieurs s'ouvre un passage pour la fumée.
Les toits sont ronds et pourvus d'ouvertures que l'on peut ouvrir et fermer. Les œufs restent ainsi dans les fours inférieurs pendant un laps de temps de huit jours et l'on veille soigneusement à ce que la chaleur soit modérée. Ensuite, on sépare les mauvais œufs des bons à l'aide d'une lampe, par transparence. Deux jours plus tard, on éteint le feu et l'on transfert par le passage du milieu, la moitié des œufs dans les fours supérieurs.
Puis, fumant tout, on les laisse encore pendant dix jours. Alors ils éclosent en un instant.
On pratique cela du début janvier à la mi-juin. Ainsi, les œufs ne sont pas affectés par le tonnerre..."
Il faut dire qu'on craignait le tonnerre qui pouvait faire "éclater" les œufs...

- Taisez-vous, grand fou, vous allez me faire chavirer !

Sourire

Lu dans un résumé pour une assurance :
" Ma femme a glissé sur le verglas et apparemment ses jambes allèrent dans des directions opposées début décembre."

Le 22 Novembre 1890 naissait Charles de Gaulle, président-fondateur de la Ve République. Le même jour mais en 1902 naissait celui qui allait devenir le maréchal Leclerc-Philippe de Hautecloque. Roger Bambuck est né le 22 novemlbre 1945. Le 22 novembre 1962 décédait le président René Coty et le même jour, mais l'année suivante, c'est J.F. Kennedy qui était assassiné.

NOVEMBRE dimanche 23

Saint Clément
successeur de Saint Pierre

Sainte Flora
Fut décapitée

NOVEMBRE lundi 24

- *Sans légende*

Le soleil se lève à 08 h 13 mn et se couche à 17 h 01 mn.

Humour
Le chauffeur est de loin la partie la plus dangereuse de l'automobile.

Le soleil se lève à 08 h 14 mn et se couche à 17 h 00 mn.

Fâcheuses histoires

L'an passé, on a appris une triste nouvelle. Le tout nouveau ministre turkmène des Chemins de fer, en visite d'inspection au dépôt de locomotives d'Achgabat a été victime d'un accident.
Il s'est fait écraser par un train qui manœuvrait.
Le magazine russe *Kommersant* qui rapporte les faits précise que la mort a été immédiate et que le ministre n'a pas souffert. Sauf peut-être dans son amour propre!

Moins tragique et simplement cocasse, l'autre histoire du ministre des Transports, celui-ci britannique. Si l'on en croit le *Sunday Times*, Mr. Stephen Byers ministre des Transports, n'aurait pas son permis de conduire. Il est vrai qu'on lui demande de conduire la politique des transports et pas une voiture.

Poème pour sourire

J'ai connu un mercenaire
qui avait fait toutes les guerres.
Sur ces vieux jours il écrivait
de jolis poèmes qu'il signait :
Arthur Rambo

Mon truc en plus

Vous ne reviendrez à votre maison de campagne que dans quelques mois, alors mettez un morceau de sucre dans votre théière ou votre cafetière. Elle ne prendront pas d'odeur désagréable.

Sourire

Il y a des mûriers dans mon jardin. Aussi parlez à voix basse et méfiez-vous, les mûres ont des oreilles.

Dans le Haut-Dijon, je ne sais pas, mais dans le Bas-Dijon, vous trouverez des peintres.

"Comment ? Vous me donnez deux jours pour payer mon loyer ?
Deux jours...
OK, on est en novembre, disons le 14 juillet et Noël suivant !

Le 23 novembre 1859 naissait celui qui allait devenir un hors-la-loi sous le nom de Billy-the-Kid. Boris Karloff (Frankenstein) est né le 23 novembre 1887. Jean-Pierre Foucault et Francis Cabrel sont nés un 23 novembre, en 1947 pour le premier et en 1953 pour le chanteur. André Malraux est décédé , le 23 novembre 1976.

Henri de Toulouse-Lautrec était né le 24 novembre 1864. Sophie Daumier, longtemps partenaire de Guy Bedos, est née le 24 novembre 1934. Thierry Lhermitte est né le 24 novembre 1952. Alain Chabat (l'un des Nuls) est né le 24 novembre 1958. Jacques-Yves Cousteau entre à l'Académie Française le 24 novembre 1988 (sans sa Calypso !).

Sainte Catherine
L'empereur Maximilien la fit décapité

NOVEMBRE
mardi 25

Le soleil se lève à 08 h 15 mn et se couche à 16 h 59 mn.

MOTS CROISÉS FLÉCHÉS

AFRICAIN / EMPORTE LA BERGÈRE		VISIBLE / ENSEMBLE TOURISTIQUE		ATTENTION / SUJET DU MAÎTRE		D'UN GROUPE DE PEUPLES / PLANTES		LOPIN / THÉOLOGIEN MUSULMAN	
SPONTANÉE / GAILLARD									
				BALTE / MALADIE DU BLÉ					MANCHE DE PINCEAU
ON Y FAIT DU PLAT / PANIER					A PERDU LA TÊTE / FINESSE				
			VIEILLE ROGNE / COLÉREUX				DURÉE / TABLETTE		
PRÉPOSÉE AU NETTOYAGE / PAS ICI								ÉCULÉ	
		PRONOM / AVERTISSEUR				LIQUIDE / RAYON			
ÉCARTERAS / IL Y A UN MONDE FOU									DANSE AFRO-CUBAINE
					VIEUX / BLANC EN AFRIQUE				
DÉCOUVERT	ÎLE / APPÂT			PETITE VOLEUSE / RÈGLES				À TOI	
						STATION / NOTE			
INHUMÉES / COMPRIMÉE									
							POSSESSIF		

Solution page 326

Léon Zitrone avait vu le jour le 25 novembre 1914 et il a quitté le monde le même jour, mais en 1995. Le général Augusto Pinochet est né le 25 novembre 1915. En 1917, le 25 novembre naissait Francis Lemarque, compositeur, et Armand Mestral, célèbre basse et comédien. Gérard Philippe décédait le 25 novembre 1959.

NOVEMBRE mercredi 26

Sainte Delphine
Vécut très pieusement

Saint Séverin
Vécut en ermite

NOVEMBRE jeudi 27

Le soleil se lève à 08 h 17 mn et se couche à 16 h 58 mn.

Humour
Méfiez-vous, il peut ariver qu'un agent donne le change.

Le soleil se lève à 08 h 18 mn et se couche à 16 h 58 mn.

Codes-barres humains

Cette nouvelle nous a été rapportée par le *Mustang Daily :* le Brésil disposerait bientôt d'une puce qui serait implantée sous la peau des personnes qui craignent pour leur vie en risquant d'être pris en otage.
Cela permettrait aux autorités de localiser les victimes d'enlèvements. La puce coûterait près de cinq cents euros, plus un abonnement mensuel "pour le suivi". Deux mille cinq cents personnes se sont déjà offertes pour être implantées. Certaines ne pensent pas forcément au kidnapping mais à ce que pourraient contenir ces puces : dossier médical pour intervention urgente, par exemple.
Sans compter que Madame saurait toujours si Monsieur est au bureau ou au bar du coin...

Eau de... toilette!

Le service britannique de la répression des fraudes a saisi un stock d'eau de toilette qui s'est avéré être, littéralement, de l'eau des toilettes! Des tests sur de faux flacons de Chanel N°5, vendus sur un marché en plein air, ont révélé que le parfum avait été dilué avec de l'urine. L'urine est de la même couleur que la plupart des parfums et possède la propriété de conserver les odeurs, tandis que sa propre odeur est masquée par le parfum avec lequel il est mélangé.

Lu dans...

"La Dépêche du Midi" 27/3
" Un jour son père Jack Pugh, boulanger de profession, est victime d'une arnaque cérébrale ."
On espère pour lui que maintenant, il est d'attaque...

"Corse-Matin" (26/2)
" Recherche veilleur à temps partiel"
On lui demandera d'ouvrir l'œil. Mais un seul devrait suffire!...

Poème pour sourire

Ce n'était plus le phénix des hôtes de ces bois,
Mais avec le temps,
il était un peu moins sot.
Il espérait recommencer la fable, une fois,
Car le très vieil oiseau noir était... encore beau !

Louis Pouly

Michel Galabru, comédien, est né le 27 novembre 1924. Bruce Lee (son nom signifiait Petit Dragon) était né le 27 novembre 1940. Aimé Jacquet est venu au monde (sans ballon) le 27 novembre 1941 et Jimmy Hendrix l'année suivante, le même jour. Le 27 novembre 1942, la flotte française se saborde à Toulon pour ne pas tomber aux mains des Allemands.

John Harward qui fonda l'Université qui porte son nom etait né le 26 novembre 1607, Eugène Ionesco était né le 26 novembre 1909 et Henri Vidal, comédien, le 26 novembre 1919. Tina Turner est venue au monde le 26 novembre 1938.

- *Je finis deuxième, c'est pas si mal !*

Humour
L'or d'un côté, le jade de l'autre,
ça ne se mélange pas.
Et pourtant, l'orangeade ça existe.

Le soleil se lève à 08 h 20 mn et se couche à 16 h 57 mn.

Paquet-cadeau

Le journal de Hong-Kong, *Economic Review*, a donné à ses lecteurs, la manière de recevoir chez eux, une call-girl, sans éveiller les soupçons de leurs voisins.
Il suffit de s'adresser à la société Aman qui s'est spécialisée dans la livraison, à domicile, de jeunes femmes nues, empaquetées dans une jolie boîte. Le transport est effectué par trois livreurs, car, dit la société : "On ne peut pas trimballer une jolie fille comme on trimballe une commode."
Par contre, on hésite à livrer par temps trop froid : les call-girls peuvent attraper du mal ou par temps de pluie : le fond du carton peut se détacher s'il est mouillé!

- Je serais d'avis de tenter une greffe de moteur...

Sourire
J'ai arrêté de chasser la tourterelle parce qu'on m'a dit qu'il y avait un afflux de touristes. Mais si c'est la saison des touristes, peut-on les tirer avec du 12 ?

Lu dans...
"Ouest France" 18/2
" Une fois circoncis, le feu ne présentait pas de risques particuliers".
On ne... coupera pas... à une rectification.
"Le Berry Républicain" (14/2)
A propos de jeunes délinquants :
" Ils n'ont plus aucun repaire"
Par contre, les repères, il les cachent ?

"Ouest-France"(19/2)
"L'association des secouristes buzois sera présente lors de cette journée d'information et de démonstration des gestes des pommiers secours."
C'est une race de pommiers qui fait "pim... pom" quand on la greffe?

Jean-Batiste Lully était venu au monde le 28 novembre 1632. Alberto Moravia, romancier, est né le 28 novembre 1907 et Pierre Joxe, le 28 novembre 1934. Deux ans plus tard, le même jour, est né Philippe Sollers. Mort du général Leclerc le 28 novembre 1947. Le 28 novembre 1954, Gaston Dominici est condamné à mort pour le triple crime de Lurs.

NOVEMBRE samedi 29

Saint Saturnin
Martyrisé à Toulouse

Saint André
Fut disciple du Christ

NOVEMBRE dimanche 30

Le soleil se lève à 08 h 21 mn et se couche à 16 h 56 mn.

Humour

Têtu un bébé ?
Seulement s'il est en tétée.

Le soleil se lève à 08 h 22 mm et se couche à 16 h 56 mm

Nostalgie

J'ai dans un tiroir un vieux, très vieux carnet d'adresses. Les pages y sont jaunies, raturées, presque en lambeaux. Mais je ne parviens pas à m'en défaire. J'y tiens trop à ce vieux carnet ! Il ne sert plus à rien, oui mais chaque page renferme un souvenir, une histoire, trop bête ou très drôle, une histoire à moi. Des noms, des adresses, le tout rédigé à la main.
Parents, camarades de classe, collègues, voisins, amis, vagues connaissances. Certains ont déménagé à l'autre bout du globe. D'autres se sont mariés, ont divorcé, se sont remariés. Il y a ceux qui ne sont plus de ce monde... Je passe du sourire aux larmes en feuilletant ce vieux carnet d'adresses. Et puis, avec un soupir, je le remets soigneusement dans le tiroir...

- Sans légende

SOLUTION DE LA GRILLE PAGE 323

*S*N*G*C*A
DEMENAGEUR
*NATURELLE
VERT*ESTE*
*GIEN*SEME
VAN*IRE*AN
*LAVEUSE*T
LA*ILS*TUE
ISOLERAS
ASILE*AGES
**RE*PIE*A
EVENTE*RTL
*ENTERREES

Sourire

Appelé chez son directeur, le chef du service de recrutement explique :

- J'ai reçu un candidat qui a déposé sur mon bureau une mallette en me disant que s'il n'était pas embauché, une bombe exploserait. Je lui ai dit que le poste était déjà pourvu, alors il a actionné un bouton et il est parti.
Rassurez-vous, monsieur le directeur, personne n'a été blessé mais, à l'étage, on a besoin de nouveaux bureaux.

W. Churchill est venu au monde le 30 novembre 1874. Laurent Jalabert prenait le départ d'une grande course, celle de la vie, le 30 novembre 1968. Le 30 novembre 1939 : les gaz lacrymogènes font leur apparition. Cary Grant mettait le mot fin au film de sa vie le 30 novembre 1986.

Jacques Chirac et Michel Duchaussoy sont nés le même jour, le 29 novembre, en 1932 pour le Président et en 1938 pour le comédien. Le 29 novembre 1877, Thomas Edison invente le phonographe. Le 29 novembre 1970, Nina Ricci décède.

Connaissez-vous la véritable recette de l'omelette écossaise ?
- On commence par emprunter 3 œufs...

Le soleil se lève à 08 h 24 mn et se couche à 16 h 55 mn.

Vermot santé : petits conseils

Il est un accessoire indispensable dans une trousse à pharmacie d'urgence. C'est le bâtonnet stérile qui au contact du sang, forme un gel qui active la coagulation. Il protège la peau et les muqueuses nasales et c'est l'idéal pour les saignements de nez ou les plaies superficielles.
Demandez cet hémostatique à votre pharmacie.

Faîtes le tri dans votre armoire à pharmacie au moins une fois par an.
Près de 10 % des médicaments sont achetés sans ordonnances. Or cette automédication ne poserait pas de problèmes si vous respectez les doses indiquées et les dates de péremption.
Et bien sûr que vous ne mélangez pas plusieurs traitements.
Alors deux solutions, jetez ce qui ne vous paraît plus valable ou demandez conseil à votre pharmacien avant de conserver n'importe quoi...

- Réponds Jules, tu es fâché pour ce qui vient d'arriver ?

Lu dans "LA VOIX DU NORD" (28/7)

" Le voleur l'a alors suivie dans la rue et lui a arraché le panier en oseille où était rangé son portefeuille."

Un panier en... oseille, pour ranger de l'argent, ça coule de source, mais tout de même...

Lu dans "NICE-MATIN" (30/7).

" Les réfections de chaussées et de trottoirs poursuivent leurs sots de puce de rue en rue."

Quelle façon sotte de sauter...

Woody Allen est venu au monde le 1er décembre 1935, Pierre Arditi le 1er Décembre 1944, Antoine de Caunes le 1er décembre 1953 et Claire Chazal le 1er décembre 1956.
Dario Moréno est parti lui le 1er décembre 1968 et Stéphane Grappelli le 1er Décembre 1997.

DÉCEMBRE
mardi 2

Sainte Viviane
Vécut au milieu du IVe siècle.

- Sans légende

Le soleil se lève à 08 h 25 mn et se couche à 16 h 55 mn.

A propos d'amour
Deux personnes mariées peuvent fort bien s'aimer... si elles ne sont pas mariées ensemble...

Ici Londres en Médoc

Si le Médoc abrite aujourd'hui les meilleurs terroirs du monde, c'est grâce aux palais anglais qui avaient compris dès le XVIIe siècle les bienfaits des vins de la rive gauche de la Gironde.

- Je me demande si un jour tu pourras faire quelque chose tout seul !

Terre de misère jusqu'au règne du bon roi Henri, la presqu'île médulienne doit son salut à l'assèchement de ses marais par les Hollandais et au commerce Outre-Manche de ses crus qui sont hautement appréciés par la noblesse et la haute-bourgeoisie. Alors que la cour de Versailles célébrait les vertus des crus de Champagne et de Bourgogne.

Londres se pâmait pour les meilleurs Médoc et le château Haut-Brion sur Pessac. Dès cette époque, les châteaux Margaux, Latour, Lafite se vendaient de cinq à dix fois plus cher que les autres crus de la région.

Une certaine forme de snobisme poussait la gentry de la capitale anglaise à servir ces crus pour affirmer son identité sociale. Ces grands crus deviennent ainsi de véritables marques commerciales répertoriées par les négociants bordelais et anglais, jetant les bases d'une notoriété bien en place aujourd'hui.

Sourire
- Bonjour, vous vendez des oiseaux, je voudrais un perroquet pour avoir quelqu'un avec qui parler.
- Je n'en ai pas en ce moment, mais j'ai un pic-vert.
- Il parle?
- Il connaît le morse !

Edmond Rostand à quitté ce monde le 2 décembre 1918 . Le 2 décembre 1959 c'est la rupture du barrage de Malpasset et inondation de Fréjus: 296 morts. 2 décembre 1971 atterrissage sur Mars de la sonde Mars 3. Le 2 décembre 1973 naissance de Monica Seles. L'écrivain Romain Gary s'est suicidé le 2 décembre 1980.

Saint Xavier
Fit partie des membres de la "compagnie de Jésus"

DÉCEMBRE
mercredi 3

Sourire
A ton avis, qu'est-ce qui pourrait faire que les joueurs du PSG mouillent leurs maillots?
- J'sais pas... une bonne averse ...

Le soleil se lève à 08 h 26 mn et se couche à 16 h 54 mn.

MOTS CROISÉS FLÉCHÉS

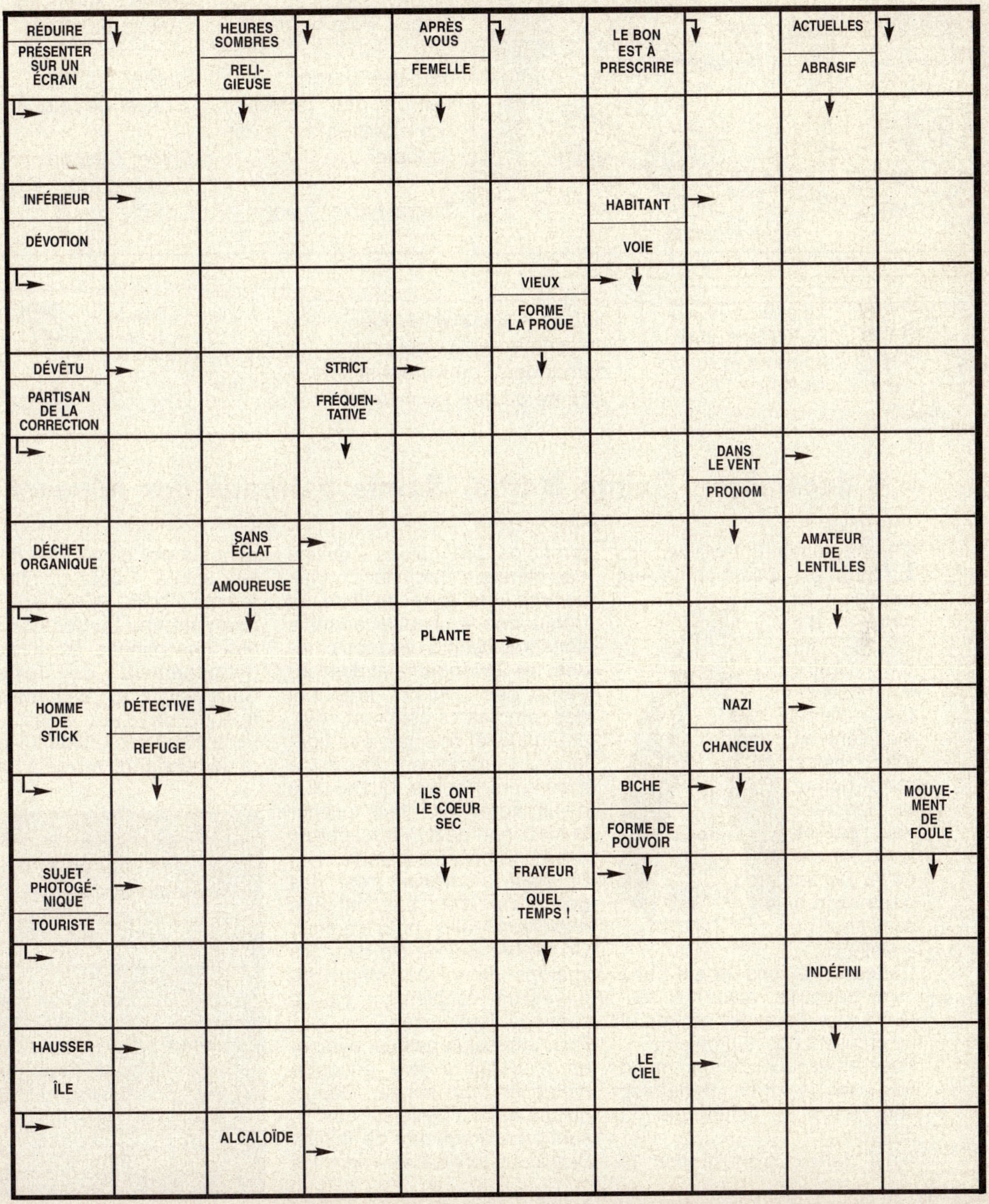

solution page 342

3 décembre 1930 naissance de Jean-Luc Godard. Le 3 décembre 1919 mort du peintre Auguste Renoir. Le 3 décembre 1946 Vincent Auriol est élu président de l'Assemblée nationale. Le 3 décembre 1970 est né Ch. Karembeu. Le 3 décembre 1987, au vingt sixième Congrès du PCF, Georges Marchais est élu secrétaire général.

DÉCEMBRE jeudi 4

Sainte Barbara
Vécut au milieu du IIIe siècle.
Saint Gérald
Composa de nombreux

DÉCEMBRE vendredi 5

- Sans légende

De Christian Plume :

Journaliste - humoriste - animateur de radio, ces sobriquets et autres définitions humoristiques de certains grands noms connus.

Salviac Pierre :
Rugby. Fête de pack.

Séllières Baron :
Patron des patrons. "Le Séllières, c'est l'adopter".

Sheila, Annie Chancel :
Sheila mémoire qui flanche.

Sheller William :
Sheller de quoi ?

Shiffer Claudia :
Merci d'être Vénus. Croupe circuit.

Le soleil se lève à 08 h 27 mn et se couche à 16 h 54 mn.

Votre enfant devient adolescent lorsqu'il cesse de demander d'ou il vient et qu'il ne dit plus où il va !

Le soleil se lève à 08 h 27 mn et se couche à 16 h 54 mn.

4 décembre - Sainte Barbe, Sainte patronne des mineurs

Dans certaines familles, dès qu'on est majeur on devient mineur. Et alors les soucis ont fini d'être mineurs. Ces hommes font en effet grise mine quand on les envoie par le fond car on ne va pas au charbon sans crier « ouille ».

Certes les patrons parlent d'une mine tranquille, mais eux restent à la surface des choses et ne creusent pas le problème.
Pour les mineurs, le fond ne va pas avec la forme. Beaucoup sont en effet minés par la maladie .
Ainsi parfois n'ont-ils pas le temps de dire « filons » qu'une eau minérale surgit de la roche, comme une lame de fond, et transforme le chantier en mine flottante. Dehors, visages creusés, les ascendants et descendants des mineurs prennent des remontants espérant, avec des hauts et des bas, que finalement ils remontent. Et c'est la ruée vers l'orifice quand l'un d'eux, après avoir failli toucher le fond, sort de son trou, perdu, avec une mine de déterré.
Pourtant ce travail n'est pas une mine d'or. Les mineurs exploitent le filon pour d'autres. On ne fait pas de blé dans les champs de mines. Même en travaillant doublement ça ne paie pas deux mines.
Pour amuser la galerie, personne n'oserait à leur encontre même un lazzi mineur. Depuis qu'une femme veille sur eux, ils sont tous dragueurs de mines. Beaucoup font carrière dans les mines à ciel ouvert afin de voir leur sainte. A défaut d'être une femme à poils, Sainte Barbe est une patronne au poil. Ce n'est pas une minette qui incite au détournement de mineurs. Cette sainte est leur mère. Et quand l'un d'eux a une sale mine il sait que toujours il pourra demander du savon à Barbe.

Le 5 décembre 1360 voyait la naissance du franc. Mort le 5 décembre 1791 de Wolfgang Amadeus Mozart. Le 5 décembre 1901, naissance de Walt Disney. Décès le 5 décembre en 1926 de Claude Monet. La prohibition est supprimée aux Etat-Unis le 5 décembre 1933. Le 5 décembre 1966 naissance de Patricia Kaas. Le 5 décembre 1984, l'ONU déclare illégale la torture.

Richelieu mourut un 4 décembre en 1642 et Maurice Barrès le 4 décembre 1923. Gérard Philippe était né le 4 décembre 1922. Le président (à vie) de Centrafrique, Jean Bedel Bokassa est sacré empereur le 4 decembre 1977. Franck Zappa est décédé le 4 décembre 1993. Le stade de Saint-Denis prend le nom de "Stade de France" le 4 décembre 1995.

Saint Nicolas
Naquit à la fin du IVe siècle en Grèce.

DÉCEMBRE samedi 6

... SUITE

Solaar M.C. Claude M'Barali :
Aime c'est Solaar.

Souchon Alain :
Le philo-soft Alain, toujours comptant.

Stallone Sylvester :
Rambo pour être vrai.

Tessier Elisabeth :
Label aux tarots ?

Thatcher Madame :
Ancien premier ministre. Adepte de Lady commandements.

Wolinsky Georges :
Adepte de la table à des seins.

- Sans légende

Normal
Ma belle-mère avait trouvé un truc infaillible pour toujours prendre son train à l'heure.
Elle s'arrangeait pour rater le précédent.

Le soleil se lève à 08 h 30 mn et se couche à 16 h 53 mn.

Pour bien dormir

Des spécialistes ont dressé la liste de ce qu'il ne fallait pas faire pour arriver à bien dormir. Et notamment, ils déconseillent de faire ses comptes avant d'aller se coucher.
Il est vrai que si votre compte bancaire est à découvert, vos impôts pas encore payés, votre loyer en retard et que vous en dressez l'inventaire avant d'aller au lit vous avez toutes les chances de ne pas fermer l'œil tout de suite.
A moins d'être un peu inconscient ou d'avoir une certaine propension au "jemenfoutisme".

Un conseil s.v.p

J'ai acheté un patch pour ne plus fumer.
Mais quand je me le suis mis sur la bouche je me suis aperçu qu'il était trop petit et que je pouvais encore glisser une cigarette dans le coin de mes lèvres.
Que faire?

- *Heureusement qu'il s'agit d'une caisse de comprimés contre la douleur...!*

Saint Nicolas est le patron des hommes célibataires et surtout des enfants à qui l'on offre en ce jour des bonbons et des gâteaux, surtout dans le Nord et en Belgique. A Valenciennes et dans bien d'autres villes c'est l'occasion de grande fêtes enfantines. Un dicton dit : " C'est Saint Nicolas qui marie les filles avec les gars ."

Pour moi l'argent ne sert qu'à une chose : à vous aider à supporter la pauvreté.

Le 6 décembre 1492 Christophe Colomb découvre Haïti. Le 6 décembre 1917 voit l'indépendance de la Finlande, le 6 décembre 1921 c'est Irlande du Sud qui devient indépendante. Le 6 décembre 1929 arrivait au monde celui qui fera rire pendant des années, Philippe Bouvard. Le 6 décembre 1962, Jacques Chaban-Delmas est élu président de l'assemblée nationale.

DÉCEMBRE dimanche 7

Saint Ambroise
Naquit au milieu du IVe siècle. Fut évêque de Milan.

- Tu as encore essayé de baigner le chat je parie..!

- Je peux vous posez une question sur la manière dont vous dilapidez mon héritage ?

Le soleil se lève à 08 h 31 mn et se couche à 16 h 53 mn.

Bonne question
A propos d'un proverbe : Pourquoi faut-il battre le frère pendant qu'il est chaud?
On ne prête qu'aux riches? Forcément les autres ont trop de mal pour rembourser.

Vermot cuisine : Rossini ou la légende d'un tournedos

Comme Alexandre Dumas, Rossini aimait croquer la vie à pleines dents et ses frasques gastronomiques comptent autant que ses compositions musicales. Si une légende prétend qu'il fit ses gammes dans la boucherie-charcuterie, on ne peut nier en revanche sa passion pour l'harmonie des saveurs. Si le foie gras, la truffe et le madère guidèrent ses papilles, ces produits furent à la base de beaucoup de ses préparations.

Un jour, au Café de Paris, le compositeur fait la moue devant son Châteaubriant qu'il trouve insipide. Pour relever l'ensemble, il demande de la sauce ; le maître d'hôtel outré lui indique que cela se révèle contraire aux usages du bien manger. Rossini lui réplique alors qu'il se servira pendant que les serveurs lui tourneront le dos. Cette histoire fit le tour de Paris, mais elle semble peu plausible car il semble que la recette traditionnelle ait été concoctée par le compositeur du Barbier de Séville avec l'aide du restaurateur Magny.

- Non je ne te déconseille pas ce plat à cause du prix, je pense seulement à son nombre de calories !

Le tournedos doit être saisi juste à point en même temps que des croûtons frits ; le foie gras escalopé doit être sauté au beurre, puis on ajoute un jus de truffe et de madère, ou mieux encore le jus de madère et des lamelles de truffe fraîche.

Tradition

Une très vieille tradition voulait que les trois jeudis précédant Noël, pendant la nuit, garçons et filles allaient frapper aux portes des maisons, tirer les sonnettes et lancer des pois, des haricots secs contre les fenêtres.
Cela annonçait la venue du sauveur et du bonheur pour l'année à venir aux personnes qui ouvraient leur porte pour donner des fruits ou des friandises en échange.

Décès le 7 décembre 1894 de Ferdinand de Lesseps (Canal de Suez). Jean Mermoz est né le 7 décembre 1901. Le 7 décembre 1941, attaque de Pearl Harbour par les japonais.Tristan Bernard est parti le 7 décembre 1947. Fabien Pelous, rugbyman de l'équipe de France est né le 7 décembre 1973. Fabrice Santoro est né lui, le 7 décembre 1972.

Sainte Frida
Pour sa foi refusa d'épouser un prince.

DÉCEMBRE
lundi 8

- Vous avez l'air résistant et courageux... goûtez donc le ragoût du chef..!

- Sans légende

C'est logique
J'ai connu un ivrogne qui disait : " Si j'avais encore l'argent que j'ai dépensé pour boire, qu'est-ce que je pourrais me payer comme pinard!

Le soleil se lève à 08 h 32 mn et se couche à 16 h 53 mn.

Femme en solde

Un Sri - Lankais était prêt à vendre sa femme au plus bas prix après avoir découvert qu'elle lui était infidèle. Il avait donc décidé de l'abandonner à son amant et, pour rendre la transaction légale (car au Sri - Lanka on prélève une taxe sur les dons et les ventes de biens) avait demandé deux roupies.

Embarrassée par ce cas que la loi n'a pas prévu, la police s'est opposée au singulier compromis. Mais peut-être est-ce le prix qui a posé problème, deux roupies... c'est à peine deux centimes d'euros.

Sourire

Un jardinier qui sabote une pelouse est un assassin en herbe...

Je ne sais pas si vous l'avez remarqué mais ce sont souvent les gens qui sont célibataires qui vous donnent des conseils pour élever les enfants.

À méditer :

Le mariage et la mort sont tous les deux souhaitables : l'un promet le bonheur, l'autre le garantit.

Mark Twain

Ne bougeons plus on recommence

Il y aura le même gâteau et la même décoration. Elle, elle remettra sa robe de mariée, les invités, eux, se réuniront à nouveau, même ceux venus de loin et l'on refera les photos. "C'est ce que veut la compagnie d'assurances " a déclaré le marié Darren Phillips.

En effet, les photos égarées par la poste britannique avaient été assurées par le photographe. L'assurance a décidé de financer une cérémonie-bis.
Reste à espérer que le photographe ne rate pas les photos, cette fois...

Le 8 décembre 1865 Jean Sibelius venait au monde. Sammy Davis Jr. lui aussi venait au monde le 8 décembre 1925. Nick Nolte est né le 8 décembre 1940. Francis Huster est né le 8 décembre 1947. Kim Bassinger est elle aussi né le 8 décembre 1953. John Lennon ex-leader des Beatles est parti le 8 décembre 1980.

DÉCEMBRE mardi 9

Sainte Léocadie
Fut torturée et enfermée dans un cachot

Saint Romaric
Soldat, entra au couvent

DÉCEMBRE mercredi 10

- Essayez en fermant les yeux pour voir..!

- Si l'opération réussit, j'en connais un qui essayeras.;.!

Le soleil se lève à 08 h 33 mn et se couche à 16 h 52 mn.

Quand votre femme vous fait un cadeau attendez-vous à deux surprises :
- d'abord le cadeau, ensuite ce qu'il vous coûte !

Le soleil se lève à 08 h 33 mn et se couche à 16 h 52 mn.

Gare au froid

Attention, vos rosiers craignent le froid. Le point de greffe est la partie la plus sensible au froid. Dans les régions les plus froides, vous ramènerez de la terre mélangée à du sable jusqu'au cœur de l'arbuste, sur une vingtaine de centimètres d'épaisseur. Il faudra, par contre, penser à enlever cette protection au printemps, sous peine de voir apparaître nombre de rejets du porte-greffe.

De même, s'il vous reste des légumes au potager, des carottes, navets, poireaux ou rutabagas, vous risquez des difficultés pour les arracher s'il gèle. Alors pensez à répartir une bonne couche de paille sèche entre les rangs de légumes encore en place. Cela suffit le plus souvent pour éviter tours de rein ou cassage de la fourche-bêche ou d'abîmer les légumes si tout est gelé.

SOURIRE

Que vous soyez gros ou maigre, quand vous êtes mort, la différence est pour les porteurs du cercueil.

LA GUICHE A L'EAU

Philibert de Gramont, comte de Guiche, devint Lieutenant général du Bearn. Un jour, à la Cour, le Roi-Soleil disait que le pouvoir du roi sur ses sujets était illimité.
Si je vous demandais de

vous jeter à la mer, vous devriez y sauter la tête la première... C'est alors que de Gramont se dirigea vers la porte.
Le roi lui demanda où il allait.
- "Apprendre à nager", répondit le comte, qui était aussi un homme d'esprit!

Le 10 décembre 1817 le Mississippi devient le 20e état des USA. Alfred Nobel est décédé le 10 décembre 1896. César Frank était né le 10 dé-cembre 1822. Ils étaient nés un 9 décembre : en 1916, Kirk Douglas; en 1929, John Cassa-vetes. Otis Redding a quitté le monde le 10 décembre 1967.

- Sans légende

- Docteur, ça sera aussi costaud qu'une couture à la main ?

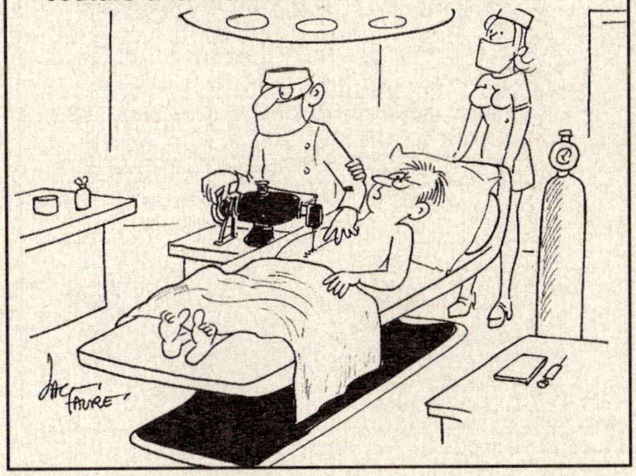

Mon truc en plus
Pour éviter que les bocaux se cognent dans un stérilisateur, entourez - les avec des vieilles rondelles de caoutchouc . Celles d'anciens bocaux par exemple.

Le soleil se lève à 08 h 35 mn et se couche à 16 h 52 mn.

Le sapin de Noël

Que serait le mois de décembre sans la célébration de Noël, mais que serait cette fête sans un sapin du même nom ?
Pourtant, si la première célébration de la naissance du Christ remonte au 25 décembre 354, la coutume de lui associer un superbe conifère n'est née qu'au début du XVIe siècle, en Alsace. Le beau sapin des Vosges, roi des forêts, est resté en effet le symbole de l'arbre de Paradis, sur lequel on accroche la pomme d'Eve et moult sucreries...
Au milieu du XVIIe siècle, Hélène de Mecklenmbourg, duchesse d'Orléans, l'introduisit aux Tuileries, mais c'est surtout après la guerre de 1870, durant laquelle des milliers d'Alsaciens durent fuir leur province, que la coutume s'étendit à la France entière.

Du moins aux régions riches en sapins...
Mais, pour ne pas être en reste avec ce qui allait devenir une tradition ô combien agréable, les autres adoptèrent "l'arbre de Noël", genévrier dans le sud du pays et gui en Bretagne, arbuste à baies sous lequel il est de surcroît de bon ton de s'embrasser lorsque vient l'an neuf..
De nos jours, bon an, mal an, il se vend environ 15 millions de sapins chaque année, qui seront parés et décorés par toute une famille, dont l'unique préoccupation à ce moment bien précis consiste à s'interroger longuement sur la couleur de l'étoile qui ornera la plus haute branche...

Sourire
Pourquoi certains fonctionnaires ne regardent-ils pas par la fenêtre, le matin, en arrivant au bureau?
- Pour garder quelque chose à faire l'après-midi !

Hector Berlioz était né le 11 décembre 1803. Alfred de Musset est né lui aussi un 11 décembre 1810. Jean-Louis Trintignant est né le 11 décembre 1930. Enrico Macias est né aussi un 11 décembre 1938 et Jermaine Jackson, frère du célèbre Mickael est né le 11 décembre 1954.

DÉCEMBRE vendredi 12

Saint Corentin
Vécut au VIe siècle en Bretagne
Sainte Lucie
Elle eut une vision sur la tombe de sainte Agathe

DÉCEMBRE samedi 13

- Hé ! les gars !... Bordeaux mène par 3 à 0 !

Le soleil se lève à 08 h 36 mn et se couche à 16 h 52 mn.

J'ai toujours pensé qu'il fallait faire des enfants quand on est vieux. Comme ça on les emmerde moins longtemps !

Le soleil se lève à 08 h 36 mn et se couche à 16 h 52 mn.

Sacré têtu

Après huit essais infructueux et cinq cents cours de conduite, George Francis a enfin obtenu son permis de conduire.

Ce dynamique et surtout têtu Britannique, résidant à Ipswich, dans le Suffolk a mis du temps et fait preuve de ténacité, car il vient de fêter ses 73 ans.

On comprend qu'il ait dignement fêté l'événement, car c'était devenu un rêve quasi inaccessible. Mais ce rêve a eu un prix : près de 15 000 Euros !

Cependant, comme il l'a dit avec sagesse, cette somme énorme, il l'avait économisée en n'ayant pas eu à payer des voitures, des assurances automobiles, des frais d'essence, de parking et de P.V., pendant toute sa vie de piéton ! Ce qui évidemment est à prendre en compte.

-Tu ne trouves pas qu'il pousse un peu...

Va et viens.

L'un était employé au 30e étage, l'autre au second. Ils se sont retrouvés devant l'ascenseur au 15e étage.

Comme l'un voulait monter, l'autre descendre, ils en sont venus aux mains et même à s'asperger à coup de bombe lacrymogène.

Plusieurs étages du gratte-ciel de Montréal où travaillaient les deux employés ont dû être évacués !

Henri IV roi de France est né le 13 décembre 1553, Surcouf, roi des corsaires était né aussi un 13 décembre en 1773. Georges Washington premier président des USA est né le 13 décembre 1799. Richard Dourthe membre de l'équipe de France de rugby est né bien plus tard le 13 décembre 1974.

Le 12 décembre 1821 venait au monde Gustave Flaubert. Le 12 décembre 1912 voit les premiers essais du siège éjectable de Odolek. Jean Marais était né le 12 décembre 1913, Sinatra le 12 décembre en 1915. Le 12 décembre 1913 la "Joconde" volée deux ans avant est retrouvée intacte. Emerson Fittipaldi champion de monde de F1 est né le 12 décembre 1946.

- C'est bien moi qui ai crié par la fenêtre pour avoir du secours, mais la bagarre a finalement tourné en ma faveur !

C'est Clémenceau qui a dit :
Les fonctionnaires sont un petit peu comme les livres d'une bibliothèque.
Ce sont les plus hauts placés qui servent le moins!

Le soleil se lève à 08 h 38 mm et se couche à 16 h 52 mm

Vermot jardin : attention danger

Chaque année, en France, plus de quatre cents personnes sont encore touchées par le tétanos. Bien sûr, cette maladie est de moins en moins mortelle, mais elle secoue terriblement la personne atteinte. Il faut savoir que les soins sont longs et éprouvants.
Alors, avant de bricoler au jardin (c'est l'époque où l'on remet debout les clôtures, les abris, les murets), pensez à renouveler votre vaccination antitétanique (valable 10 ans).

La vaccination, comme le rappel, est rapide, indolore, le vaccin n'entraînant pas de conséquences fâcheuses.

- T'attends quelqu'un que tu fais le ménage à fond ?

La panique.

Le personnel d'une société de prêt de Pennsylvanie a bien cru à une attaque terroriste en recevant une enveloppe remplie de poudre.
Il s'agissait en fait d'un certificat de crémation et de deux cuillerées de cendres.
C'est ce qu'une mère de famille envoyait à la société car on refusait de croire à la mort de son fils qui s'était endetté dans la dite société.

A défaut de convaincre de sa bonne foi, la dame a déclenché une belle panique jusqu'à ce que l'on établisse qu'il s'agissait bien de cendre et non du bacille du charbon.

L'Alabama devient le 22e état des USA le 14 dé-cembre 1819.Jane Birkin est née un 14 décembre en 1946. Marcello Mastroianni a quitté le monde du cinéma et de la vie le 14 décembre 1996. 14 décembre 1906, la France lance la construction des sous-marins "Naïades" à propulsion électrique.

DÉCEMBRE
lundi 15

Sainte Ninon
Vécut en Russie

Sainte Alice
Devenue veuve se retira au couvent

DÉCEMBRE
mardi 16

- Je pars avec les meubles, toi tu peux garder la vaisselle .

Le soleil se lève à 08 h 39 mn et se couche à 16 h 52 mn.

Chez moi, à la ferme, quand on tuait le cochon, c'était la fête, tout le monde s'amusait, riait, sauf le cochon !

Le soleil se lève à 08 h 39 mn et se couche à 16 h 53 mn.

Premiers voyages organisés en caravanes

Caravane : du turc kiarvan, en langue persane: kiafil...

Les caravanes, c'était pour des raisons impératives de sécurité, le mode de transport en groupe obligatoire, même à travers l'Europe.

Et au XVIIe siècle cela se faisait en Pologne, en Valachie, en Transylvanie, en Perse, en grande et petite Tartarie (républiques musulmanes de l'ex-empire soviétique), en Géorgie, Arabie, Egypte, Grèce, et Barbarie (actuels pays du Maghreb).

De Pologne vers Constantinople : départ tous les mois de Cracovie en carrosses et chevaux. Vers Raguse (Doubrovnik), Alexandrie, La Mecque : une fois par an en chariots et chevaux.

De France vers Damas et La Mecque, le départ se faisait début avril et pendant quarante-huit jours et quarante nuits à dos de chameaux avec un séjour obligatoire de vingt jours minimum pour revenir sain et sauf...

D'Ormuz vers Ispahan, un départ se faisait tous les deux jours, de décembre à mars, afin d'éviter les grosses chaleurs. De Smyrne à Constantinople : tous les huit jours à cheval uniquement.

Le trajet Constantinople-Alexandrie se faisait par

Le 16 décembre 1431, Henri VI d'Angleterre est sacré roi de France . Ludwig Von Beethoven était né un 16 décembre en 1770. Alphonse Daudet est parti le 16 décembre 1897. L'auteur de 2001 l'odyssée de l'espace, Arthur C. Clarke était né le 16 décembre 1917 et Camille Saint-Saëns est décédé le 16 décembre 1921.

Gustave Eiffel était venu au monde le 15 décembre 1832, Antoine - Henri Becquerel (colauréat du prix Nobel avec Pierre et Marie Curie) est né le 15 décembre 1852. Glenn Miller (et son orchestre) sont portés disparus entre l'Angleterre et la France le 15 décembre 1944. Walt Disney a quitté ses crayons le 15 décembre 1966.

- Ne joue pas avec les piranhas que j'ai mis dans la baignoire...!

Jardinage
Les jardiniers s'inquiètent toujours à propos du temps qu'il va faire. En fait ils redoutent le temps sec, le temps pluvieux et le temps en général !

Le soleil se lève à 08 h 40 mn et se couche à 16 h 53 mn.

mer sur un galion du Grand Turc avec escale à Chio et à Rhodes, départ début septembre, retour vers le mois de février... rien avant ! Informations trouvées dans “Les voyages et observations” du sieur de La Boullaye-Legouz (1623-1668), diplomate et grand voyageur qui se déplaça de ces diverses manières.

Vermot santé

Gargarisme au navet

Au Moyen-Age, on consommait le navet comme légume, mais on en faisait aussi un remède des voies respiratoires et de la gorge.

Il est reconnu au navet des propriétés adoucissantes et calmantes.

Si vous avez un début d'angine, vous pouvez essayer le gargarisme au navet.

Lavez deux navets bio si possible. Coupez-les en petits morceaux, sans les peler et plongez-les dans une casserole contenant 3/4 de litre d'eau froide. Laissez bouillir dix minutes et infuser 20 minutes. Filtrez soigneusement en exprimant tout le liquide contenu dans les navets. Pendant trois à quatre jours, faites trois à quatre gargarismes par jour avec cette décoction un peu tiède. Mais que cela ne vous empêche pas de consulter votre médecin, si l'angine n'a pas commencé à diminuer.

Sourire

Parfois, quand vous pleurez personne ne remarque vos larmes...
Parfois, quand vous êtes triste personne ne remarque votre peine...
Parfois, quand vous êtes heureux personne ne remarque votre sourire...
Mais... lâchez un pet, juste une fois...et vous verrez!

Raimu le célèbre comédien, était né le 17 décembre 1883.Le premier sens interdit est inauguré le 17 décembre 1791 dans une rue de New-York. Le 17 décembre 1903 l'avion des frères Wright vole pendant douze secondes. Marguerite Yourcenar, première femme élue à l'Académie française est décédée le 17 décembre 1987.

DÉCEMBRE jeudi 18

Saint Gatien
Vécut au IVe siècle. Il fut le premier évêque de Tours.

- Pour vous dire à quel point il y a de la houle mon commandant, c'est qu'on ne sait plus dans quel sens on navigue!

- Au premier demi, je vérifie ma monnaie... Au bout du dixième, je fais confiance...!

Le soleil se lève à 08 h 41 mn et se couche à 16 h 53 mn.

Façon de parler
Ce n'est pas nous qui faisons passer le temps, mais bien le temps qui nous fait passer.
C'est quand on serre une femme de trop près qu'elle trouve qu'on va trop loin..

A propos d'huîtres

Si vous dégustez le jour même de l'achat, ouvrez-les une heure à l'avance, videz l'eau et conservez-les au frais.
Elles referont autant d'eau qu'au début.
Par contre, si vous souhaitez les conserver quelques jours, disposez-les dans un endroit frais ou dans le bac à légumes de votre réfrigérateur, sans les ouvrir, creux de la coquille vers le bas en les couvrant de quelque chose de lourd. Vous pouvez les garder une dizaine de jours.
Mais l'idéal c'est de déguster les huîtres deux ou trois jours après leur sortie de l'eau.
Pour cela vérifiez la date de conditionnement sur l'étiquette.

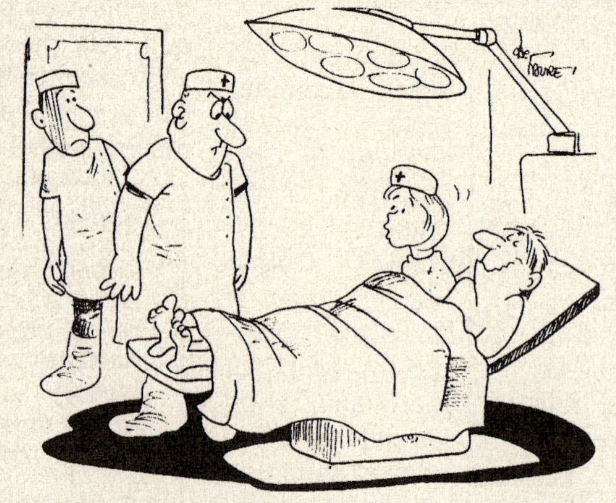

- Il n'arrivait pas à s'endormir tout seul !

SOURIRE

Noël : en cette période de cadeaux, il est bon de rappeler qu'il est vrai qu'on a plus de plaisir à donner que de recevoir. C'est surtout vrai pour les coups de pied au cul.

A MEDITER

Amitié des grands, serments des jolies femmes et soleil d'hiver, tout cela ne dure guère.

La nature est prévoyante : elle fait pousser les pommes en Normandie parce que c'est dans cette région qu'on boit le plus de cidre.

Le 18 décembre 1737 naissait Antoine Parmentier le "père" de la pomme de terre en France. Willy Brandt prix nobel de la paix (1971) était né le 18 décembre 1913. Steven Splielberg est né le 18 décembre 1947, et Laurent Voulzy, un an plus tard. Brad Pitt est né lui le 18 décembre 1963. L'esclavage est aboli aux USA par le 13e amendement le 18 décembre 1865.

Saint Urbain
Fut conseiller du pape Calixte.

DÉCEMBRE vendredi 19

- *Viens voir, inutile d'acheter une nouvelle niche pour le chien!*

- *Entre maman, Henri est là mais tu n'as rien à craindre..;!*

A méditer :
- Se marier, c'est partager à deux les problèmes que l'on n'aurait pas eu tout seul !
Ce n'est pas en tournant le dos aux choses qu'on leur fait face!

Le soleil se lève à 08 h 42 mn et se couche à 16 h 54 mn.

Pour le réveillon

Comme toutes les fêtes de famille, au réveillon, il arrive un moment où tout le monde chante, raconte des histoires ou évoque des souvenirs.

Si vous êtes du genre à placer quelques bons mots, en voici, puisés dans - Jean Yanne, "Pensées, répliques, textes et anecdotes", publiés aux éditions - Le Cherche-Midi Editeur :
-"Vivre seul, c'est prendre plaisir à manger du céleri rémoulade dans son papier d'emballage."

- *"Il va bien falloir qu'on fasse des chiens-robots puisqu'il n'y a plus d'endroits pour faire pisser les vrais."*

- "Qu'est-ce qu'on trouve dans les livres de messe ?
- Du beurre... demi-sel !"

- *Montrez à Madame nos sapins en solde, de l'an passé..!*

- *"L'amour, c'est un sport... Surtout s'il y en a un des deux qui ne veut pas".*

- "Dans le temps, pour le supplice du pal, on jouait de la musique. On appelait ça les flonflons du pal."

- *"Vous ne pensez pas que l'idéal serait de pouvoir déduire ses impôts de ses impôts ?"*

Et si vous en voulez d'autres pour le réveillon ou d'autres soirées entre amis, vite voyez "Jean Yanne, - le cherche-midi éditeur".

Sourire

Quelle est la différence entre les cocus et les députés ?
Il est rare que les cocus assistent aux séances.

- Le travail d'équipe est essentiel. En cas d'erreur, ça permet d'accuser quelqu'un d'autre.

Emilie Brontë est décédée le 19 décembre 1848. Henri II devient roi d'Angleterre le 19 décembre 1154. Le 19 décembre 1915 naissait Edith Giovanna Gassion plus connu sous le nom de Edith Piaf. Premier numéro du journal "le Monde" le 19 décembre 1944 Béatrice Dalle est née le 19 décembre 1964. .

DÉCEMBRE samedi 20

Saint Théophile
On lui doit la libération de chrétiens enfermés

Saint Pierre Casinus

DÉCEMBRE dimanche 21

- Attend une seconde, je lui fais faire des bons de garantie pour les montres...!

Le soleil se lève à 08 h 42 mn et se couche à 16 h 54 mn.

Le meilleur moyen de faire tourner la tête à une femme, c'est de lui dire qu'elle a un joli profil.
Pierre Dac

Le soleil se lève à 08 h 43 mn et se couche à 16 h 54 mn.

Avec beaucoup d'assurance...

Trois courtiers en assurances se retrouvent autour du buffet d'un séminaire de ventes. Ils en profitent pour frimer un peu sur leurs compagnies d'assurances respectives. Le premier dit aux deux autres:
"Lorsqu'un de nos assurés meurt accidentellement un lundi, si on est informés dans la journée, on peut préparer la prime pour l'épouse le jour même et elle aura son chèque le mercredi matin par la poste!

Le deuxième ne veut pas être en reste:
"Si l'un de nos assurés meurt par accident un lundi ; on est au courant dans les deux heures et on peut founir à la veuve son chèque dans la soirée!

Le dernier vendeur leur annonce triomphalement:
"Tout ce que vous venez de dire n'est rien. Ma boîte se trouve dans la tour Montpamasse au dixième étage. Un jour, l'un de nos assurés était en train de laver les carreaux au 53e étage lorsqu'il a glissé et est tombé de sa passerelle. Eh bien, vous me croirez si vous voulez, mais on lui a donné son chèque au moment ou il est passé devant nos bureaux...

- Jusqu'au dernier moment il a espéré du secours...

SOLUTION DE LA PAGE 329

*D*N*I*U*P
VISUALISER
*MOINS*AME
PIETE*AGES
*NU*SEVERE
PURISTE*IN
*E*TERNE*T
UREE*AUNEE
**PRIVE*SS
PARA*E*VA*
*SITE*PEUR
VISITEUR*U
*LEVER*NUE
RE*ESERINE

Joseph Staline était né le 21 décembre 1878. Paul Meurisse, acteur de cinéma, le 21 décembre 1912. Le *New york World* publie la première grille de mots croisés le 21 décembre 1913. Jane Fonda est née le 21 décembre 1937, Franck Zappa est né le 21 décembre 1940. Le 21 décembre 1958, le général de Gaulle devient premier président de la Ve République.

Le 20 décembre 1922, 14 états décident de former l'URSS. Premier mariage de Brigitte Bardot qui épouse son metteur en scène, Roger Vadim le 20 décembre 1952. John Steinbeck, prix Nobel de littérature est décédé le 20 décembre 1968. Création de Médecin sans frontière le 20 décembre 1971. Romain Gary s'est suicidé le 20 décembre 1980.

Sainte Françoise Xavier Calvini
Très malade elle fonda malgré tout une congrégation.

DÉCEMBRE lundi 22

- J'ai quelque chose pour vous dans la nuit du 24 au 25 décembre!

- La banque m'a prévenu que sur notre compte commun tu étais à découvert...!

Sourire
Dieu a dit "il faut partager". Mais qui a dit : "Les riches auront la nourriture, les pauvres auront de l'appétit.

Le soleil se lève à 08 h 43 mn et se couche à 16 h 55 mn.

VERMO... ROSCOPE
CAPRICORNE
23 DÉCEMBRE - 20 JANVIER

Au cours du premier semestre de cette année 2003, vous chercherez les moyens, soit de faire évoluer votre carrière, soit de bien vivre une retraite méritée. Vos talents de gestionnaire devraient vous permettre de bien envisager les meilleures possibilités pour y réussir.

Lu dans "L'Indépendant du Midi (10/4)"
" Les quatre blessés , sortis indemnes..."
Il y en a qui sont vraiment champions pour donner le change!

Les Capricorne ont l'habitude de savoir gérer l'intendance, mais ils doivent se garder d'écouter les conseilleurs.
Vous avez trop souvent tendance à faire confiance et croire que votre sagesse légendaire vous met à l'abri des déconvenues.
Heureusement, une de vos qualités est de savoir jusqu'où il ne faut pas aller trop loin et vous avez l'art de retomber sur vos pieds.
Moment de déprime pour les vacances.
Tout ne se présente pas comme envisagé, mais là aussi vous saurez redresser la barre.

Sachez aussi prendre du repos.
Vous avez pas mal tiré sur la corde depuis un moment et

des douleurs vous ont rappelé qu'il est un moment où il faut savoir se mettre en roue libre.
Au lieu de vous lancer à corps perdu dans des activités aussi diverses qu'étonnantes, passez plus de temps auprès de vos proches ou de vos amis.

Giacomo Puccini, était né le 22 décembre 1858. Pierre Brasseur était venu au monde le 22 décembre 1905. Le Japon envahit les Philippines le 22 décembre 1941. Un couple de l'écran s'unit le 22 décembre 1951 : Simone Signoret et Yves Montand. Vanessa Paradis est née le 22 décembre 1972. Samuel Beckett est décédé le 22 décembre 1989.

DÉCEMBRE
mardi 23

Saint Armand
Décéda en bon chrétien en Vénétie en décembre 1164.

- Sans légende

- Je vous dirais bien que je suis le Père Noël mais je sens que vous n'allez pas me croire...

Le soleil se lève à 08 h 44 mn et se couche à 16 h 55 mn.

Logique
Un conducteur dangereux, c'est celui qui vous dépasse malgré tous vos efforts pour l'en empêcher.

Noël d'autrefois

Noël 1846 : Les premières cartes de Noël apparaissent à Londres. Une idée de Sir Henry Cole. Mille cartes furent vendues à un shilling la pièce. Succès inouï.
C'est en 1841 que les Anglais découvrent émerveillés le sapin de Noël joliment décoré. Une mode allemande introduite par le prince Albert, le mari de la reine Victoria. Le premier sapin fut installé en grande pompe au château de Windsor.

Sourire

Je ne suis pas sûr que l'informatique soit une invention récente. Regardez sur toutes les gravures, Adam et Eve avaient déjà un... Apple !

Toute chose à une fin... sauf peut-être le saucisson qui en a deux !

Avoir des enfants n'est pas à la portée de toutes les bourses...

Sourire

L'institutrice à un petit garçon :
Dis-moi, c'est ta grand-mère qui t'a amené à l'école aujourd'hui ?
- Oui, Madame. Elle reste avec nous pour les fêtes de Noël.
- Ah oui, c'est bien ça. Et où habite- t- elle, quand elle n'est pas avec vous dans ta maison ?
- A l'aéroport... C'est toujours là qu'on va la chercher !

- Non les enfants, aujourd'hui c'est dimanche, réveillez papa doucement !

Akihito, empereur du Japon est né le 23 décembre 1933. Carla Bruni vedette de cinéma est née le 23 décembre 1968. Albert 1 devint roi des Belges le 23 décembre 1909. René Coty est élu Président de la République le 23 décembre 1953.

Sainte Adèle
Née en Allemagne, était la fille du Roi Dagobert.

DÉCEMBRE mercredi 24

- Noël tu oublies le piano de mademoiselle Angèle...!

- C'est tout ! je t'ai pourtant envoyé une lettre longue comme ça !

Mon truc en plus
Un très vieux truc pour une volaille fondante. Avant de mettre au four poulets ou pintades, introduisez deux petits - suisses ou un peu de fromage blanc à l'intérieur et faites cuire normalement.

Le soleil se lève à 08 h 44 mm et se couche à 16 h 56 mm

Noël tragique

24 décembre 1942 : Assassinat de l'amiral Darlan. Fils d'un ministre de la IIIe République, il sortit de l'école navale en 1901.
Amiral de la flotte en 1939, ministre de la Marine en 1940, il se rallia au maréchal Pétain; il fut même désigné comme son éventuel successeur.
Au début de 1941, après l'éviction de Pierre Laval, il fut nommé vice-président du Conseil, ministre des Affaires étrangères et de l'Intérieur. Puis, il s'engagea, hélas, dans la collaboration avec l'ennemi et rencontra Adolf Hitler à Berchtesgaden en mai 1941.
Il se heurta au général Weygand qui fit capoter des accords. Les Allemands obtinrent alors le retour de Laval au pouvoir.
L'amiral Darlan se trouvait par hasard - maladie de son fils - à Alger lors du débarquement allié en Afrique du Nord.
Désavoué officiellement par Pétain - mais encouragé en secret, dit-on - il prit la tête du gouvernement avec l'accord des Américains.
Son assassin : le jeune Bonnier de La Chapelle, payé et armé par l'abbé Cordier. Il s'agissait d'un complot monarchiste destiné à porter au pouvoir le Comte de Paris.
En cette veille de Noël, le jeune étudiant royaliste assassina l'amiral Darlan à coups de revolver, dans le Palais d'Eté à Alger. Condamné à mort par un tribunal militaire, Bonnier de La Chapelle fut fusillé le 26 décembre à 7 h 30 du matin.
Sur la tombe de l'amiral Darlan, on lit ces mots "Mort pour la France" et sur la tombe de Bonnier de la Chapelle, on lit les mêmes mots "Mort pour la France".

Sourire

Dans un grand magasin, le 24 décembre, une petite fille s'approche du Père Noël qui l'invite à monter sur ses genoux et qui lui demande :
- Bonjour, ma petite fille. Alors, dis-moi, qu'est-ce que tu aimerais, pour Noël ?
La petite fille le fixe alors avec des grands yeux pleins d'angoisse, et les larmes ne tardant pas à couler et elle sanglote :
- Ca veut dire que tu n'as pas reçu mon e-mail ?

Louis Jouvet est arrivé sur la scène de la vie le 24 décembre 1887. La Libye obtient son indépendance le 24 décembre 1951. Diane Tell, chanteuse est née le 24 décembre 1960, Ricky Martin est est né le 24 décembre 1971. Premier tir de la fusée Ariane le 24 décembre 1979. Louis Aragon est décédé le 24 décembre 1982.

DÉCEMBRE jeudi 25

Noël
Une des grandes fêtes chrétienne.

Saint Étienne
Juif helleniste de la Diaspora

DÉCEMBRE vendredi 26

- Moi, j'avais bu au réveillon ? Ne commence pas à inventer n'importe quoi !!

Le soleil se lève à 08 h 45 mn et se couche à 16 h 56 mn.

C'est Sacha Guitry qui a dit à propos des femmes : il y a celles qui disent qu'elles ne sont pas à vendre, et qui n'accepteraient pas un centime de vous. Ce sont généralement celles-là qui vous ruinent.

Le soleil se lève à 08 h 45 mn et se couche à 16 h 57 mn.

N'attendez pas deux mille huîtres... pardon ,

Les huîtres tiennent le haut du panier. Pas de fêtes sans huîtres. La France est le premier producteur européen d'huîtres et le quatrième mondial derrière les Etats-Unis, le Japon et la Corée. On peut compter sur une production ostréicole répartie sur 20 000 hectares de culture et sur six grandes régions de production.

D'abord à Marennes-Oléron ou dans les eaux de l'estuai-

re de la Charente et celui de la Gironde on trouve les "fines de claire" qui ont obtenu un label rouge depuis 1989.

La Bretagne n'est pas en reste avec diverses variétés produites sur 600 km, du Mont Saint-Michel à l'estuaire de la Loire.

En Normandie, les huîtres sont élevées et affinées sur le fond des pentes douces du littoral où tous les arômes marins se donnent rendez-vous: Baie de Veys, Port-Bail,Pirou, Granville, etc... Vous avez le choix.

Au Centre-Ouest-Ile-de-Ré, on trouve trois grands sites sur l'estuaire de la Loire, l'Anse de l'Aiguillon et la côte abritée de l'Oléron.

Arcachon bien sûr où les parcs prolifèrent dans une

Mao Tsé Toung, était né le 26 décembre 1893. Raspoutine est décédé le 26 décembre 1916. Régine est née le 26 décembre 1929. Jean Ferrat est venu au monde le 26 décembre 1930. Harry S. Trumann, président des USA est mort le 26 décembre 1972 Marcello Rios, tennisman est né le 26 décembre 1975.

SOURIRE

- Dis, Maman, demande une petite fille à sa mère, si je me marie, j'aurais un mari, comme toi ?
- Evidemment, ma chérie.
- Et si je ne me marie pas, je resterais vieille fille, comme Tante Lucie ?
- Bien sûr, ma chérie.
- Eh bien, me voilà dans de beaux draps !

Le 25 décembre 1899 naissait Humphrey Bogart; Little Richard, chanteur, est né le 25 décembre 1932. Françoise Durr est née le 25 -12-1942. Gaston Gallimard est décédé le 25 décembre 1975. Charlot, Charles Spencer Chaplin est décédé le 25 décembre 1977. Dean Martin est décédé le 25 décembre 1995.

Humour
- Un conte de fées, en décembre... c'est juste une histoire de fées d'hiver.

Le soleil se lève à 08 h 45 mn et se couche à 16 h 58 mn.

2008 pour en manger!

sorte de “mer intérieure”. Les amateurs leur trouvent beaucoup de goût.
Enfin, sur la Méditerranée, on trouve les “Bouzigues” d'un goût corsé et qui se différencient de leurs parentes de l'Atlantique.
On ne dispose plus les huîtres sur un lit de glace car on s'est aperçu que le froid atténue l'arôme des huîtres. Préférez plutôt un lit de fucus (algues) ou de gros sel.
Si vous faîtes des huîtres chaudes, il faut prévoir une cuisson très rapide et pas trop forte.
Ne soyez pas partisan des sauces relevées, piment, beurre d'escargot, etc.
Vous enlèveriez une trop grande part des saveurs iodées qui sont particulières aux huîtres.

Danser, boire et fermer les yeux...

On s'est encore étonné, après les dernières statistiques du nombre record d'adolescentes britanniques victimes d'une grossesse non désirée.
Selon une enquête effectuée auprès des généralistes, les jeunes patientes ont avoué qu'elles continuaient à croire qu'il suffit, pour éviter de tomber enceintes, de fermer les yeux au moment critique... ou encore de sauter sur place et de boire du lait.
D'où les huit mille bébés nés, chaque année, chez les moins de seize ans !

SOURIRE
- C'était bien votre réveillon de Noël ?
- Oui, on avait droit à Rois Mages ou désert.

•••

Au tribunal :
- Vous êtes venu accompagné d'un pamplemousse ?
- Oui, j'ai pas trouvé d'avocat.

Louis Pasteur né le 27 décembre 1822 a découvert le vaccin contre la rage. Marlène Dietrich est née un 27 décembre 1901 et Michel Piccoli le 27 décembre 1925. Maurice Ravel (celui du Boléro) est décédé le 27 décembre 1937. Gérard Depardieu est né aussi un 27 décembre en 1948. Le nouveau Franc remplace le Franc le 27 décembre 1958.

DÉCEMBRE dimanche 28

Saint Gaspard
Naquit en Italie à la fin du XIIe siècle

Le soleil se lève à 08 h 45 mn et se couche à 16 h 59 mn.

Mon truc en plus
Comment mettre un peu d'huile dans un endroit quasi inaccessible ? Glissez une paille dans le goulot du bidon; une fois l'huile montée dans cette pipette, fermez avec le doigt et dirigez la paille où vous voulez et laissez couler à la demande...

Vermot jardin : mon beau sapin

La coutume veut qu'après les fêtes, on replante le sapin de Noël, quand il a des racines et pas quand il est en plastique, au fond du jardin.
Il faut savoir que même les variétés dites naines peuvent très bien atteindre une hauteur appréciable à l'âge adulte.
Pas trop d'espérance non plus. Les sapins cultivés en bacs sur des terrasses ne grandissent que de quelques centimètres par an. Si votre sapin a des racines nues, il n'aura aucune chance de reprendre et donc de grandir.
Première précaution si vous voulez replanter votre sapin : mettez-le dans un bac, entourez le pied d'une toile humide ou de journaux que vous arroserez souvent.

Les boules de décoration coûtent cher et se cassent souvent. Prenez plutôt une bombe de peinture dorée et laquez des pommes de pin que vous pouvez trouver n'importe où. Renseignez-vous auprès de votre jardinerie et demandez des rosiers fleurissant à Noël. Sans que cela soit sûr à cent pour cent, hélas...
Si vos rosiers sont de cette race, soyez attentif, couvrez-les, disposez autour des piquets sur lesquels vous poserez du voile de forçage sans les couvrir totalement et vous risquez de décorer votre sapin avec vos propres roses.
En décembre, si vous ne l'avez pas enrore fait, nettoyez votre jardin.
Ramassez les feuilles mortes et les fleurs desséchées. S'il ne gèle pas, vous pouvez bêcher pour préparer les massifs ou le potager.
Si vous avez des fruits conservés sur des claies, veillez à éliminer ceux qui seraient abîmés et pourraient contaminer les autres.

Sourire

Quand un homme ment à une femme, il a l'impression qu'on le rembourse!

L'argent est plus utile que la pauvreté, ne serait-ce que pour des questions financières.

Fais confiance à Dieu, mais ferme ta voiture à clé !

Gilbert Montagné est né le 28 décembre 1951 et Dany Brillant, autre chanteur est venu au monde le 28 décembre 1965. Bonne nouvelle pour les amateur William F. Semple dépose le 28 décembre 1869 le brevet du chewing-gum. La première séance de cinéma payante à lieu au Grand Café de Paris le 28 décembre 1895.

Saint David
Il eut douze fils qui furent les chefs des douze tribus d'Israël.

DÉCEMBRE lundi 29

Ça tombe sous le sens
- Savez-vous quel est l'endroit le plus calme du monde?
- C'est le service des réclamations d'un club de parachutisme!

Le soleil se lève à 08 h 46 mn et se couche à 17 h 00 mn.

"La tête dans le pâté"

Avec les excès des réveillons, la gueule de bois vous pend au nez. D'ailleurs, on ne dit plus "la gueule de bois" mais "le nez dans le seau", "la tête dans le pâté" ou "le portable en dérangement".
Excès dont les signes sont les aigreurs d'estomac, les nausées ou la migraine.
Comment soigner tout cela ? Chacun a sa méthode. Tout d'abord, si vous êtes sujet à des "lendemains qui déchantent", tapissez avant les agapes, votre estomac d'une cuillerée d'huile. Après le repas, prenez une infusion à base de thym et de romarin. Le mélange mauve, guimauve, camomille et serpolet soignera les brûlures d'estomac. Pour la crise de foie, le mélange boldo, fumeterre, artichaut, serpolet, camomille et fenouil fera merveille.

Reste que vous aurez tout intérêt à avoir à portée de la main, Alkaseltzer, citrate de bétaïne, oxyboldine et autre Hépatoum.
Reste aussi que pour ne pas avoir "le picvert qui tape dans la tête", le mieux est de manger plus légèrement et de boire de même...

Pas touche au gland
Au Swaziland, on a une recette très ancienne pour lutter contre le sida. Et le roi Mswatti III a décidé de remettre à l'honneur cette recette afin de protéger ses sujets. Pour décourager les assauts des mâles, les jeunes femmes sont encouragées à porter une ceinture ornée de glands en laine.
La tradition prévoit en effet que tout homme surpris en train de taquiner cet accessoire devra fournir gratuitement une tête de bétail à la famille de l'offensée...

Mieux vaut tard
Evando dos Santo, cantonnier brésilien, fut longtemps analphabète. Et puis il a ramassé un livre, puis d'autres...
Aujourd'hui, son garage abrite près de 20 000 livres qu'il met gracieusement à la disposition des habitants de son quartier, dans la banlieue de Rio.

Sont nés un 29 décembre, en 1808 Andrew Johnson 17e président des USA et en 1915 la célèbre Ingrid Bergman. Mireille, une grande dame de la chanson a quitté son piano le 29 décembre 1997. Le Texas devient le 28e état des USA le 29 décembre 1845. Création du FMI le 29 décembre 1945.

DÉCEMBRE mardi 30

Saint Roger vécut en Haute -Provence.

Saint Sylvestre Convertit l'empereur

DÉCEMBRE mercredi 31

Le soleil se lève à 08 h 46 mn et se couche à 17 h 00 mn.

"Les jambes permettent aux hommes de marcher et aux femmes de faire leur chemin."

" La misère a cela de bon qu'elle supprime la crainte des voleurs .

Le soleil se lève à 08 h 46 mn et se couche à 17 h 01 mn.

Les bons mendiants dans votre assiette

Vous avez mangé des mendiants? En avez-vous mangés sans le savoir? Les "mendiants" sont de délicieux desserts constitués, à l'origine, par un mélange de fruits secs : des figues, des noisettes, des raisins secs et des amandes.

Savez-vous pour quelle raison le nom de mendiants fut attribué à ce mélange?

Tout simplement par allusion à la couleur de la robe des quatre ordres mendiants du Moyen-Age (qui vivaient des aumônes qu'ils recevaient) : Augustins, Carmes, Dominicains et Franciscains.

Jadis, dans les monastères, les fruits crus étaient servis au début des repas,et les fruits cuits ou confits dans le miel, en fin de repas.

La belle saison passée, les fruits frais étaient remplacés par des fruits secs qui prirent, au XVIe siècle, le nom de "mendiants'.

Sourire.

C'est le *Sunday Telegraph* qui nous a appris, cette étonnante histoire : afin d'expliquer sa politique de santé, le ministère de la Santé britannique a édité une publication NHS Magazine.

Cela a coûté un million et demi d'euros car la revue en question a finalement été vendue à... vingt-deux exemplaires!

L'inventeur du Coca-Cola, AG Candler est né le 30 décembre 1851. Rudyard Kipling est né le 30 décembre 1865. Robert Hossein est né le 30 décembre 1927, et Tiger Woods le nouveau champion de golf est né 30 décembre 1975. Sam Spiegel cinéaste est décédé le 30 décembre 1985.

Jacques Cartier était né le 31 décembre 1441. Anthony Hopkins le 31 décembre 1937. Donna Summer chanteuse américaine est née le 31 décembre 1948. Premier vol officiel du Tupolev 144 le 31 décembre 1968 et le 31 décembre 1972 naissance de la troisième chaine de la télévision française.

LE MAGAZINE
DE L'ÉLECTRONIQUE
APPLIQUÉE POUR TOUS
ELECTRONIQUE PRATIQUE
263
ELECTRONIQUE PRATIQUE
3,81€
25F
Février 2002 www.eprat.com
Carte de développement
POUR PIC
la programmation sur site
très complète et facile
pour les PIC les plus célèbres
et les plus performants.
Détecteur de sens de passage
RETROUVEZ AUSSI :
Labo miniature
Ampli passif pour téléphone portable
Commande optique
Expanseur de dynamique
EN VENTE CHEZ TOUS
LES MARCHANDS DE JOURNAUX
4,50 €